Rainer Thesen

Deutschland stürzt ab

Die Selbstaufgabe der Deutschen

Impressum

Bielefeld – Garmisch-Partenkirchen

ISBN 978-3-9819738-0-8

Herausgeber: Gerhard Hubatschek

Satz: Creativ.Consulting, Meckenheim

Printed in EU

www.osning-verlag.de
info@osning-verlag.de

Rainer Thesen

Deutschland stürzt ab

Die Selbstaufgabe der Deutschen

„Ich schwöre, daß ich meine Kraft dem Wohle des deutschen Volkes widmen, seinen Nutzen mehren, Schaden von ihm wenden, das Grundgesetz und die Gesetze des Bundes wahren und verteidigen, meine Pflichten gewissenhaft erfüllen und Gerechtigkeit gegen jedermann üben werde. So wahr mir Gott helfe."
Amtseid des Bundeskanzlers, Art. 64, 56 des Grundgesetzes

„Je länger das Dritte Reich tot ist, umso stärker wird der Widerstand gegen Hitler und die Seinen."
Johannes Gross

„Es ist sehr gut, daß es gelbe, schwarze und braune Franzosen gibt. Sie zeigen, daß Frankreich offen ist für alle Rassen und daß es eine universelle Bedeutung hat. Aber unter der Bedingung, daß sie eine Minderheit bleiben. Sonst wäre Frankreich nicht mehr Frankreich. Wir sind vor allem ein europäisches Volk von weißer Rasse, griechischer und römischer Kultur und christlicher Religion... Die Leute, die die Integration anpreisen, haben ein Kolibrihirn, auch wenn sie sonst viel wissen mögen... Araber sind Araber, Franzosen sind Franzosen. Glauben Sie denn wirklich, daß der französische Volkskörper 10 Millionen Muslime aufnehmen kann, die morgen 20 Millionen und übermorgen 40 Millionen sein werden?"
Charles de Gaulle

Vorwort

Das vorliegende Buch beinhaltet ausgewählte Texte aus meinem Blog, der im Internet unter der Aufforderung „sapere aude!“ erscheint und umfaßt die Jahre 2015 bis 2017 einschließlich. Die publizistischen Möglichkeiten sowohl für Journalisten als auch andere Teilnehmer an der öffentlichen Diskussion sind durch die elektronischen Medien in einem früher nicht für möglich gehaltenen Ausmaß erweitert worden. Das fordert natürlich dazu heraus, sich an der öffentlichen Diskussion zu beteiligen, allein schon, um das Feld nicht allein denen zu überlassen, deren Lautstärke im umgekehrten Verhältnis zum Gehalt ihrer Beiträge steht. Bewußt habe ich mich dagegen entschieden, die sogenannten sozialen Medien wie Facebook, Twitter und andere zu nutzen. Die Einrichtung einer eigenen Internetseite erschien mir doch deutlich seriöser, als die Teilnahme an Foren oder die Verbreitung von Texten an „Follower“ oder gar mittels auf 140 Zeichen limitiertem „Gezwitscher“ (twitter).

Ebenso bewußt habe ich meine Veröffentlichungen unter das Motto „sapere aude!“ gestellt. Es stammt ursprünglich von dem römischen Dichter Quintus Horatius Flaccus (65-8 v.Chr.), gemeinhin als Horaz bekannt. Bedeutung für die deutsche und europäische Geistesgeschichte erlangte es durch den großen Philosophen Immanuel Kant (1724-1804). In seinem Aufsatz „Was ist Aufklärung?“ vom 30.09.1784 findet sich dieser Satz in der deutschen Übersetzung „Habe den Mut, dich deines eigenen Verstandes zu bedienen!“ Dies sei der Wahlspruch der Aufklärung, als deren Wegbereiter er seither gilt. Ihr Anliegen war es, die Menschen aus ihrer als gedankenlos empfundenen Obrigkeitshörigkeit und daraus resultierenden Unmündigkeit herauszuführen. Der erste Schritt dazu mußte es natürlich sein, zunächst einmal zu denken. Für ihn war der solchermaßen zum eigenständigen Denken geführte Mensch auch erst der mündige Staatsbürger, der sich an seine berühmt gewordene Forderung hält: „Handle so, daß die Maxime deines Willens jederzeit zugleich als Prinzip einer allgemeinen Gesetzgebung gelten kann.“

Ich schreibe keine Chronik im engeren Sinne. Es handelt sich vielmehr um Bemerkungen zum Zeitgeschehen. Es ist damit ein Lese-Buch dergestalt, daß es nicht wie eine Erzählung von Anfang bis Ende berichtet, was geschehen oder der Phantasie des Autors entsprungen ist. Vielmehr steht jeder Beitrag für sich. Dennoch wird im Buch die zeitliche Reihenfolge beibehalten. Daran wird auch deutlich, daß unser Land in zunehmendem Maße gesellschaftlich und rechtlich verwahrlost. In diesem Sinne ist es allerdings eine Chronik des Niederganges. Das ist natürlich die Wahrnehmung vom Standpunkt eines Konservativen, der bewahren will, was der Bewahrung wert ist, und der ändern will, was geändert werden muß. Zu bewahren ist die Nation in allen ihren großen Traditionen, was insbesondere Kultur, Lebensweise und Wissenschaft angeht. Zu ändern sind immer wieder auftretende Fehlentwicklungen, gleichgültig ob im Lande entstanden oder von außen hereingetragen. Zu bewahren ist vor allem die Freiheit als konstituierendes Element der Demokratie und Grundlage einer funktionierenden Wirtschaft. Gemessen daran geben die auf den folgenden Seiten wiedergegebenen Tagesereignisse, vor allem jedoch die beschriebenen tieferen Ursachen des Handelns und Unterlassens unserer – häufig nur vorgeblichen – Eliten Anlaß zu ernster Sorge. Wenn in einem der nächsten Jahre ein Lese-Buch dieser Art erscheinen könnte, das die grundlegende Wende dieser Entwicklung beschreibt, wäre das vielleicht Grund genug, sich dann nur noch schöngeistigen Dingen zuzuwenden.

Die deutsche Krankheit

Woher kommt das Geschichtsverständnis der Deutschen?

In seiner Rede zum 70ten Jahrestag der Zerstörung der Innenstadt von Dresden durch Bomberflotten der Briten und Amerikaner am 13. Februar 1945 erklärte Bundespräsident Joachim Gauck diese apokalyptische Schreckensnacht zur gerechten Strafe für das deutsche Volk, denn ein Land, das für eine Ungeheuerlichkeit wie den Völkermord gestanden habe, habe nicht damit rechnen können, ungestraft und unbeschädigt aus einem Krieg hervorzugehen, den es selbst vom Zaun gebrochen habe. Damit hat Gauck mit dem für ihn typischen pastoralen Ton der Grundbefindlichkeit der deutschen Intellektuellen seit den 60er Jahren Ausdruck verliehen, was ihr Selbstverständnis als Deutsche betrifft. Daß ein in der DDR sozialisierter und damit doch von der westdeutschen akademischen Welt und dem philosophisch-politischen Diskurs abgekoppelter Pfarrer aus Rostock sich 25 Jahre nach der Wiedervereinigung so perfekt in den intellektuellen Mainstream unseres Landes einreihen konnte, kann nur diejenigen überraschen, die die Wirkmächtigkeit akademischer Vordenker unterschätzen. Dies betrifft vor allem die Deutung der Geschichte, die man inhaltlich an der Behauptung eines deutschen „Sonderweges" abweichend von der geistesgeschichtlichen Entwicklung Europas im übrigen, aber auch der USA, und personell, stellvertretend für die große Mehrheit der maßgeblichen Denker in Deutschland seit 1968, an Jürgen Habermas darstellen kann. Seine Schriften zum Geschichtsverständnis haben großen Widerhall gefunden und das Denken von Generationen deutscher Intellektueller geprägt.

Was also ist der Kern bundesdeutscher Geschichtsdeutung? Habermas knüpft zunächst an die Überlegungen von Karl Jaspers über die Schuld und Verantwortung für die Verbrechen des Nationalsozialismus aus dem Jahre 1946 an. Darin hat sich der Philosoph sehr differenziert zu diesen Fragen geäußert und dabei insbesondere erklärt, ein Volk könne nie als Ganzes moralische Schuld tragen, weil es keine allgemein verbindende Moral oder Unmoral eines ganzen Volkes gebe. Das reicht Habermas nicht aus. Er sucht eine Erklärung dafür, daß so Ungeheuerliches geschehen konnte und findet sie darin, daß die Deutschen eine Art Erbsünde in sich tragen, die so etwas wie einen Völkermord möglich gemacht hat. Der habe am Ende eines Sonderweges gestanden, den dieses Volk in der Mitte Europas gegangen sei. Es habe einen Traum von einer Hegemonie der Mittelmächte geträumt und sei einer Ideologie der Mitte gefolgt, die von der Romantik bis zu Heidegger im „antizivilisatorischen, antiwestlichen Unterstrom der deutschen Überlieferung“ (Theodor W. Adorno) tief verwurzelt gewesen sei. Das an die geographische Mittellage fixierte Selbstbewußtsein sei während der Nazi-Zeit noch einmal sozialdarwinistisch zugespitzt worden. Und diese Mentalität gehöre zu den Faktoren, die erklärten, wie es dazu kommen konnte, daß eine ganze zivilisierte Bevölkerung vor Massenverbrechen die Augen verschlossen habe. Wir Deutschen hätten uns damals von der westlichen, ja von jeder Zivilisation losgesagt. Dafür, und deswegen nenne ich das die Zuschreibung einer Erbsünde, müsse das „Unterlassungshandeln“ (sic!) der Eltern und Großeltern den Nachgeborenen zur Last gelegt werden.

Denn, so wörtlich: „Nach wie vor gibt es die einfache Tatsache, daß auch die Nachgeborenen in einer Lebensform aufgewachsen sind, in der *das* möglich war. Mit jenem Lebenszusammenhang, in dem Auschwitz möglich war, ist unser eigenes Leben nicht durch kontingente (zufällige, der Verf.) Umstände, sondern innerlich verknüpft. Unsere Lebensform ist mit der Lebensform unserer Eltern und Großeltern verbunden durch ein schwer entwirrbares Geflecht von familialen, örtlichen, politischen, auch intellektuellen Überlieferungen – durch ein geschichtliches Milieu also, das uns erst zu dem gemacht hat, was und wer wir heute sind. Niemand von uns kann sich aus diesem Milieu herausstehlen, weil mit ihm unsere Identität, sowohl als Individuen wie als Deutsche, unauflöslich verwoben ist.» Was uns allein von dieser Erbsünde zu erlösen vermag, ist die Einnahme einer geschichtlichen Distanz und Gewinnung eines reflexiv gebrochenen Verhältnisses zu den identitätsbildenden Überlieferungen und geistigen Formationen der Vorfahren. Dieser Prozeß hat seines Erachtens nach 1945 eingesetzt. Das soll seiner Zielsetzung nach zu einer vollständigen geistigen

Abkoppelung von unserer Geschichte führen, wörtlich: „Wenn unter den Jüngeren die nationalen Symbole ihre Prägekraft verloren haben, wenn die naiven Identifikationen mit der eigenen Herkunft einem eher tentativen (tastenden, versuchenden, der Verf.) Umgang mit der Geschichte gewichen sind, wenn Diskontinuitäten stärker empfunden, Kontinuitäten nicht um jeden Preis gefeiert werden, wenn nationaler Stolz und kollektives Selbstwertgefühl durch den Filter universalistischer Wertorientierungen hindurchgetrieben werden – in dem Maße, wie das wirklich zutrifft, mehren sich die Anzeichen für die Ausbildung einer postkonventionellen Identität."

Die Unterstellung eines mentalitätsbedingten Sonderweges der Deutschen durch die Geschichte setzt allerdings voraus, daß all die negativen Eigenschaften und Entwicklungen, die diesen Sonderweg kennzeichnen, tatsächlich einzigartig sind und nur bei uns Deutschen gefunden werden können. Ein Blick in die Vergangenheit lehrt uns jedoch, daß davon keine Rede sein kann. Demokratiefeindliche Episoden kennt die Geschichte der meisten europäischen Länder, auch der westeuropäischen. So finden wir in England die diktatorische Herrschaft Oliver Cromwells im 17. Jahrhundert, in Spanien und Portugal die diktatorischen Regime von Franco und Salazar, denen jeweils eine beträchtliche Dauer beschieden war, in Italien den Faschismus Mussolinis, und auch die als Geburt der modernen Demokratie betrachtete französische Revolution mündete zunächst in die despotische Herrschaft der Jakobiner und dann in die zeitgemäß in eine monarchische Form überführte Alleinherrschaft Napoleons. Die vorherrschende Regierungsform der osteuropäischen Staaten im 19. und 20. Jahrhundert auch vor der alles erstickenden Gewaltherrschaft Lenins und seiner Nachfolger war ebenfalls die Alleinherrschaft, mal in monarchischer, mal in autokratisch bis diktatorischer Form.

Wenn Habermas den Deutschen einen antizivilisatorischen, antiwestlichen Charakterzug zuschreibt, der sich in der deutschen Romantik wie auch der Philosophie Heideggers exemplarisch zeige, dann muß darauf hingewiesen werden, daß selbstverständlich auch anderswo der besondere Rang der eigenen Nation und die Kraft ihrer Überlieferung sinnstiftend herausgestrichen wurden. Die Bestrebungen der Deutschen, sich nach Jahrhunderten der Zersplitterung in verschiedene Staaten, teilweise auch als nationale Minderheiten in anderen Staaten, endlich in einem Nationalstaat wiederzufinden, liefen parallel mit den gleichartigen Bewegungen in Italien, Polen und anderen Regionen. Allerdings waren Großmachtphantasien wie etwa im Falle Polens, dessen Ultranationalisten von einem Reich zwischen dem Schwarzen Meer und Berlin träumten, oder im Falle Italiens, dessen Faschisten mit breiter Unterstützung die Wiederherstellung des Römischen Imperiums auf ihre Fahnen geschrieben hatten, in Deutschland nicht festzustellen.

Weil Auschwitz gewissermaßen der Fixpunkt der Theorien Habermas‘ und seiner Adepten ist, soll auf den sozialdarwinistischen Antisemitismus der Polen im 19. und 20. Jahrhundert hingewiesen werden, der noch in der 30er Jahren die Juden in Scharen zur Flucht aus Polen nach Deutschland veranlaßt hatte, wie überhaupt der Rassismus gerade keine deutsche Erfindung war, sondern sich beispielhaft im Umgang der Briten, aber auch der Belgier und Niederländer mit den Völkern in ihren Kolonien gezeigt hat. Über den Rassismus der (weißen) Amerikaner muß nicht eigens gesprochen werden, seine Virulenz bis zum heutigen Tage ist offenkundig.

Von einem deutschen „Sonderweg“ durch die Geschichte kann keine Rede sein. Somit sind auch alle Überlegungen hinfällig, die nach der Ursache dafür in der Mentalität der Deutschen suchen. Es muß deswegen auch keine Erbsünde getilgt werden, vor allem nicht dadurch, daß die Nachfahren jener angeblich so furchtbaren Deutschen der Zeit zwischen 1815 und 1945 „nationalen Stolz und kollektives Selbstwertgefühl durch den Filter universalistischer Wertorientierungen hindurchtreiben“, wie Habermas das von ihnen fordert.

Man sollte angesichts der offensichtlichen Unhaltbarkeit der Geschichtsrezeption, wie sie Habermas und sein Umfeld propagieren annehmen, daß diesen Theorien kein langes Leben beschieden gewesen sei und wir es hier nur noch mit einem Kapitel der deutschen Geistesgeschichte zu tun haben. Bekanntlich ist dem nicht so. Der Erfolg dieser Denkschule zeigte sich erstmals in der 68er Bewegung augenfällig. Die Theorien von Theodor W. Adorno, Jürgen Habermas, Herbert Marcuse, aber auch Historikern wie Fritz Fischer und Hans-Ulrich Wehler wurden von großen Teilen der Studenten jener Jahre begeistert aufgenommen und lieferten die Grundlagen der sogenannten Studentenbewegung, die sich zunächst im Sozialistischen Deutschen Studentenbund (SDS) und dann in seinen diversen Abspaltungen durchweg linksradikaler Natur bis hin zu den heute aus der politischen Landschaft der Bundesrepublik Deutschland nicht mehr hinwegzudenkenden GRÜNEN zeigte. Welch abstruse Gedanken dort populär wurden, zeigt beispielhaft der Ausspruch des SDS-Funktionärs Frank Wolff, der die Aufgabe seines Musikstudiums damit begründete, nach Auschwitz könne man eigentlich nicht mehr Cello spielen.

Den entscheidenden Sieg, jedenfalls für die nächsten Jahrzehnte, erfochten Habermas und seine publizistischen Unterstützer im sogenannten Historikerstreit 1986. Ausgangspunkt war die Veröffentlichung des Manuskripts einer Rede, die der Historiker Ernst Nolte eigentlich während einer Veranstaltung in Frankfurt hätte halten sollen, in der FAZ vom 06.06.1986 unter der Überschrift „Vergangenheit, die nicht vergehen will“. Darin stellte er eine Verbindung zwischen dem als „Archipel GULag“ bekannt gewordenen sowjetischen Lagersystem zur Disziplinierung oder Vernichtung politischer Gegner und dem Nationalsozialismus her, wobei er aus der zeitlichen Priorität des ersteren eine Kausalität für letzteren folgerte. Schärfer konnte der Widerspruch zur Habermas‘schen Erbsündentheorie wohl kaum ausfallen, weswegen es zu heftigen Kontroversen zwischen den Vertretern einer an der sogenannten kritischen Theorie ausgerichteten Geschichtsdeutung, allen voran Habermas selbst auf der einen Seite, und den eher konservativen Historikern wie Stürmer, Hillgruber, Nolte und anderen kam. Bemerkenswert daran ist, daß damals noch die konservativen Historiker, die sich um eine Interpretation der deutschen Geschichte im Sinne einer respektablen Entwicklung, die eben lediglich in den Verbrechen der Nazis eine Unterbrechung ins Negative gefunden habe, in den renommierten Zeitungen wie FAZ und ZEIT publizieren konnten. Am Ende behielten Habermas und seine Mannen bekanntlich die Oberhand, seine Kontrahenten verloren deutlich an Einfluß auf die öffentliche Debatte, Nolte wurde gar zur Unperson.

Die Entwicklung nahm nun den Verlauf, den sie unter den Gesetzmäßigkeiten des akademischen und journalistischen Betriebes einfach nehmen mußte. In den Studiengängen Politologie, Soziologie, Philosophie und Geschichte dominierten seit der Studentenrevolte von 1968 die Linken vor allem zahlenmäßig. Der wissenschaftliche Nachwuchs übernimmt regelmäßig die Lehren seiner Professoren. Etwa 20 Jahre nach dem Abschluß des Studiums hat man entweder selbst einen Lehrstuhl erklommen, oder man ist Redakteur, Oberstudienrat, Verlagslektor, vielleicht auch Berufspolitiker auf der Ebene Abgeordneter, Staatssekretär, Minister gar. Der „Marsch durch die Institutionen" ist erfolgreich absolviert. Habermas und seine Kampfgefährten konnten mit Wohlgefallen auf die erfolgreiche Durchdringung des deutschen Geisteslebens durch ihre Jünger blicken. Die Probe aufs Exempel konnte man dann bei der nächsten öffentlich ausgetragenen Kontroverse um die Deutung der deutschen Geschichte machen. Martin Walser hielt anläßlich der Verleihung des Friedenspreises des Deutschen Buchhandels an ihn am 11.Oktober 1998 in der Frankfurter Paulskirche eine Rede, in der er die Überfrachtung der Rezeption unserer Geschichte mit dem Holocaust ansprach. Das war natürlich eine Todsünde wider den bundesrepublikanischen Tugendkatalog, dessen Bedeutung für uns noch vor dem Dekalog zu liegen hat. Die daraufhin entbrannte moralisch aufgeladene öffentliche Diskussion ist als Walser-Bubis-Debatte in die Geistesgeschichte der Bundesrepublik Deutschland eingegangen und dürfte den Dichter Walser auch vor weiteren höheren Ehrungen bewahrt haben. Die Editorials und Feuilletons prangerten erwartungsgemäß nahezu einhellig den Walser'schen Mißgriff an, wobei natürlich ein wenig brauner Schmutz am weißen Hemd des Gescholtenen gesehen wurde.

Wer damit noch nicht genügend gewarnt war, der konnte wenige Jahre später nicht mehr im Zweifel darüber sein, daß jede auch nur behauptete Abweichung vom Pfade der geschichtspolitischen Tugend zum bürgerlichen Tod führen mußte. Der Bundestagsabgeordnete Martin Hohmann (CDU) hielt am 03.Oktober2003 zum Tag der deutschen Einheit in der hessischen Provinz eine Rede, in der er neben anderen Mißständen auch die seines Erachtens bestehende Schieflage bei der Wahrnehmung der deutschen Geschichte in den Medien beklagte, was das Verhältnis der 12 Jahre Nationalsozialismus zur übrigen deutschen Geschichte angehe. Aus heutiger Sicht mutet es dabei als Treppenwitz der Geschichte an, daß Hohmann Joachim Gauck mit der Aussage zwei Tage zuvor zum gleichen Thema zitieren konnte, daß die in Deutschland dominierende politische Klasse und Wissenschaft „fast neurotisch auf der deutschen Schuld beharre". Diese politische Klasse konnte so viel eigenständiges Denken nicht vertragen und belegte Hohmann deswegen mit der Höchststrafe. Er habe eine antisemitische Rede gehalten. Das geht in Deutschland absolut nicht. Antisemitische Passagen sucht man in dieser Rede vergebens, dennoch wurde Hohmann auf Geheiß seiner Parteivorsitzenden aus der CDU ausgeschlossen und vom Scherbengericht der politisch korrekt denkenden Medienfürsten, Lehrstuhlbesitzer und politischen Lehensmänner (und -frauen selbstverständlich) zum Paria erklärt. Wer noch Charakter hatte und ihm deswegen Mut machte, erlitt das gleiche Schicksal. Durch einen krassen Verstoß eines dieser medialen Sprechautomaten gegen die Regeln des journalistischen Anstandes wurde bekannt, daß der damalige Kommandeur des Kommandos Spezialkräfte der Bundeswehr Martin Hohmann brieflich zu seiner Rede beglückwünscht hatte. Das führte dazu, daß ihn der Verteidigungsminister *cum infamia* schasste, und zwar *subito*. Auch wenn man über Verstorbene nichts Böses sagen soll, so kann ich nicht umhin, in diesem Falle dem damaligen Minister Struck zu attestieren, daß er mit Begründung und Durchführung dieser Generalsentlassung mit Schimpf und Schande den bisherigen Tiefpunkt des Wirkens eines Oberbefehlshabers unserer Bundeswehr markiert hat.

Seine Bewunderer nennen Habermas gerne den „*praeceptor germaniae*" (Lehrer Deutschlands). Er selbst sieht sich offenbar als eine Art Hoher Priester des „herrschaftsfreien Diskurses". Tatsächlich ist der

Diskurs in Deutschland alles andere als herrschaftsfrei, jedenfalls was die sogenannte Geschichtspolitik angeht, und hier insbesondere die Rezeption und Deutung der deutschen Geschichte seit den Befreiungskriegen, insbesondere der Geschichte des Nationalsozialismus. Hier herrscht eine erzwungene Gleichförmigkeit, die vor allem damit durchgesetzt wird, daß jede noch so geringfügige Abweichung von der herrschenden Meinung nicht nur als falsch, eventuell auch als wissenschaftlich nicht haltbar, sondern als moralische Verfehlung der schlimmsten Sorte gebrandmarkt wird und der Betreffende als Wiedergänger des Nationalsozialismus auf dem medialen Scheiterhaufen verbrannt wird. Das erklärt natürlich auch, warum die Medien so einseitig sind und läßt sogar ein gewisses menschliches Verständnis dafür entstehen, daß Journalisten, Nachwuchspolitiker und junge Geisteswissenschaftler selbst dann, wenn sie es besser wissen, ihre Meinung mit der „Schere im Kopf" karriereverträglich zurechtschneiden. Man hat ja schließlich Kinder zu ernähren und muß die Raten für sein Haus abbezahlen.

Kann sich etwas ändern? Es kann und wird sich etwas ändern, nicht nur weil es sich ändern muß. Zum einen sei an die Erkenntnis Schopenhauers erinnert, daß die Wahrheit warten kann, weil sie ein langes Leben hat. Zum anderen kann man auf den natürlichen Oppositionsgeist der Jugend setzen. Irgendwann empfindet eine Generation die Lehren ihrer Väter als Unfug. Sie weiß es eben besser. Und weil auch im Bereich der Geschichte eine Dichotomie von Lüge und Wahrheit vorzufinden ist, und es ein Drittes nicht gibt, wird die Lüge dann durch die Wahrheit ersetzt. Die ist dann neu und generiert für Generationen Auskommen und Lehrstühle. Die Zeit dafür ist reif, woran das Internet mit seinen unbegrenzten Möglichkeiten der freien Meinungsäußerung einen nicht unerheblichen Anteil hat. Das Monopol der Medien ist gebrochen. Wir sind nicht mehr zum Schweigen verdammt.

15. Februar 2015

Frau komm…

Verbrechen der Sieger des II. Weltkrieges

Die massenhaften Vergewaltigungen in den letzten Wochen des Zweiten Weltkrieges, aber auch bis in die fünfziger Jahre hinein, sind sehr lange ein Tabuthema in Deutschland geblieben. Dies, obgleich schon 1954 in einer offiziellen Dokumentation der Bundesregierung zur Vertreibung der Deutschen aus Ost-Mitteleuropa auch dieses Thema ausführlich behandelt worden ist. Allerdings beschränkt sich diese Dokumentation auf die Geschehnisse im Osten. Die Untaten alliierter Soldaten im Westen und Süden Deutschlands werden darin nicht behandelt, was ja auch der Aufgabenstellung entspricht. Der Grund für diese bewußte Aussparung liegt auf der Hand: Das Verhältnis der bundesdeutschen Bevölkerung zu den neuen Alliierten sollte nicht durch die Darstellung von ihren Soldaten wenige Jahre zuvor massenhaft begangener Verbrechen belastet werden. Hinsichtlich der Staaten des Warschauer Pakts, insbesondere der Sowjetunion, galt natürlich das Gegenteil. Die Erinnerung daran, wie ihre Soldaten marodierend und vergewaltigend durch die östlichen Landesteile und Berlin gezogen waren, sollte durchaus wach gehalten werden. Wie ich aus eigener Erinnerung weiß, hatte das jedenfalls in den Jahren des Kalten Krieges auch einen positiven Einfluß auf die Motivation der wehrpflichtigen Soldaten und die Einstellung der Deutschen zu NATO und Bundeswehr.

Dennoch verblaßte im Lauf der Jahre auch die kollektive Erinnerung an diese Vorgänge im Osten. Erst in den letzten Jahren ist das Thema publizistisch und wissenschaftlich wieder in den Focus gerückt. Erstmals wurden nun auch die im Grunde genommen durchaus bekannten Verbrechen amerikanischer, britischer und französischer Soldaten zum Thema von Büchern und Zeitschriftenartikeln gemacht. Zwei dieser Arbeiten habe ich gelesen. Trotz des gleichen Themas könnten sie jedoch inhaltlich nicht unterschiedlicher sein. Es handelt sich zum einen um das Buch „Frau, komm!“ – Die Massenvergewaltigungen deutscher Frauen und Mädchen 1944/45 des Juristen Ingo von Münch (Ares Verlag, Graz 2009 ISBN 978-

3-902475-78-7) und zum anderen um das Buch „Als die Soldaten kamen – die Vergewaltigung deutscher Frauen am Ende des Zweiten Weltkriegs“ der Historikerin Miriam Gebhardt (Deutsche Verlags-Anstalt, München, 2015 ISBN 978-3-421-04633-8). Ingo von Münch beschränkt sich thematisch auf die Vorgänge im Osten, während Miriam Gebhardt auch die Ereignisse im Westen und Süden Deutschlands behandelt.

Die Arbeit der Historikerin Gebhardt ist in mehrfacher Hinsicht bemerkenswert. Daß sie hauptsächlich soziologisch angelegt ist, und nicht in erster Linie Ereignisgeschichte schreibt – „wie es denn gewesen ist“ (Leopold von Ranke, Thukydides) – ist der heute vorherrschenden Auffassung von Geschichtswissenschaft geschuldet. Nicht umsonst firmiert das wohl meistgenutzte Internetportal dieser Disziplin unter dem Titel „H-Soz-Kult“, einem Akronym für „Humanities – Sozial und Kulturgeschichte“. Die Forschungsschwerpunkte der Autorin spiegeln sich auch in den Titeln ihrer Werke wieder, die sie im Literaturverzeichnis des besprochenen Buches nennt („ Die Angst vor dem kindlichen Tyrannen. Eine Geschichte der Erziehung im 20. Jahrhundert“, „Alice im Niemandsland. Wie die deutsche Frauenbewegung die Frauen verlor“, und „Eine Frage des Schweigens? Forschungsthesen zur Vergewaltigung deutscher Frauen nach Kriegsende“). Welche Fragen die moderne historische Forschung offenbar bewegen, zeigt sich auch an Titeln in ihrem Literaturverzeichnis wie „Umkämpfte Maskulinität. Zur Historischen Kultursoziologie männlicher Subjektformen und ihrer Affektivitäten vom Zeitalter der Empfindsamkeit bis zur Postmoderne“.

Ob es allerdings dieser Herangehensweise geschuldet ist, daß ihre Angaben zu den Opferzahlen insbesondere hinsichtlich der Vorgänge im Osten im Vergleich zu anderen Autoren außerordentlich niedrig ausfallen und auch zum Teil schlicht nicht nachvollziehbar sind, mag zunächst offen bleiben. Daß Opferzahlen nur grob geschätzt werden können, liegt auf der Hand und ist auch unstrittig. Gebhardt selbst erklärt, daß ihre Schätzungen sehr vorsichtig sind. Sie gibt die Gesamtzahl der von alliierten Soldaten vergewaltigten Frauen in

Deutschland mit 860.000 an. Ihre auf der Basis der ebenfalls nur geschätzten Zahl der sogenannten Besatzungskinder hochgerechneten Opferzahlen legten dann nahe, daß annähernd 190.000 in der Bundesrepublik lebende Frauen amerikanischen Tätern zum Opfer gefallen seien, 50.000 Frauen französischen Tätern, 45.000 britischen, 15.000 sowjetischen und 10.000 belgischen. Gebhardt zitiert allerdings auch andere Schätzungen, so von Helke Sander und Gerhard Reichling, wonach die Zahl der Vergewaltigungen auf rund 110.000 Fälle allein in Berlin und weitere 1,9 Millionen Fälle in der SBZ, in den ehemaligen deutschen Ostgebieten und während Flucht und Vertreibung geschätzt würden. Somit wären 2 Millionen deutsche Frauen einer kriegsbedingten Vergewaltigung durch Sowjetsoldaten zum Opfer gefallen. Ingo von Münch gibt Schätzungen verschiedener Autoren wieder, die von 1.400.000 bis 2.000.000 Opfern ausgehen. Aber nicht nur die im Vergleich zu anderen Untersuchungen auffallend niedrige Gesamtzahl von 860.000 Opfern fällt auf, sondern auch die in sich nicht stimmige Verteilung auf die Tätergruppen. Denn die Addition der genannten Zuordnungszahlen ergibt nun einmal 310.000 und nicht 860.000. Falls die Angaben zu den Tätern aus den westalliierten Armeen zutreffen sollten, dann müßten nicht 15.000, sondern 565.000 Frauen den Übergriffen der sowjetischen Soldaten zum Opfer gefallen sein.

Im Schwerpunkt befaßt sich die Verfasserin mit den Motiven der Täter einerseits und den Auswirkungen ihrer Taten auf die Opfer andererseits. Die Motive der Täter sucht sie offenbar vorwiegend in den Kriegserlebnissen der Soldaten, ihrer Wahrnehmung des Feindes, und zwar nicht nur des feindlichen Soldaten, sondern des feindlichen Volkes überhaupt, so wie in kulturellen und psychischen Ursachen wie dem Verhältnis der Geschlechter, gruppendynamischen Prozessen und ähnlichem mehr. Erwähnt wird auch die Propaganda, gerade auf sowjetischer Seite. Auch wenn sie ausführt, das „berühmte" Flugblatt, in dem der Schriftsteller Ilja Ehrenburg zur massenhaften Vergewaltigung und Schändung deutscher Frauen aufruft, werde ihm nur zugeschrieben, so macht es doch wohl keinen Unterschied, ob es von ihm oder einer unbekannten Person verfasst worden ist. Nachweislich wurde es in der Roten Armee verbreitet. Und sein Text ist an Unmenschlichkeit nicht zu überbieten: „Tötet. Es gibt nichts, was an den Deutschen unschuldig ist, die Lebenden nicht und die Ungeborenen nicht. Folgt der Weisung des Genossen Stalin und zerstampft für immer das faschistische Tier in seiner Höhle. Brecht mit Gewalt den Rassenhochmut der germanischen Frauen! Nehmt sie als rechtmäßige Beute! Tötet, ihr tapferen Soldaten der siegreichen sowjetischen Armee!“

Damit ist aber auch klar, warum die Rote Armee wenn überhaupt, nur sehr selten gegen Vergewaltigungen eingeschritten ist. Auch wenn sogar in Einzelfällen Soldaten wegen solcher Taten zum Tode verurteilt und hingerichtet worden sind, so haben es die Kommandeure und Befehlshaber mindestens geduldet, daß ihre Soldaten sich so verhalten haben. Anders wäre es ja auch nicht möglich gewesen, daß dies in so ungeheurem Ausmaß geschehen konnte.

Der Verdienst der Arbeit liegt sicher darin, daß die ebenfalls objektiv sehr große Zahl von Vergewaltigungen durch amerikanische, britische und französische sowie auch belgische Soldaten einer breiteren Öffentlichkeit bekannt gemacht wird. Auch hier fällt auf, daß die Offiziere nur sehr selten gegen diese Täter eingeschritten sind. Natürlich sind auch Strafverfahren vor Kriegsgerichten durchgeführt worden, insbesondere in der US-Armee. Deren Zahl ist zwar nicht exakt belegt, und kann deswegen auch nur vorsichtig geschätzt werden. Im Verhältnis zur Gesamtzahl der Taten ist sie verschwindend gering. Auch dies mag daran liegen, daß auch den Soldaten der westlichen Alliierten die Frauen des besiegten Feindes und sogar der befreiten europäischen Länder (Frankreich, Italien) gewissermaßen als Beute versprochen wurden. Traurige Berühmtheit haben die Massenvergewaltigungen durch nordafrikanische Soldaten der französischen Armee in Italien erlangt. Der Kommandierende General des französischen Expeditionskorps hatte seine Soldaten für den verlustreichen Durchbruch durch die deutsche Gustav-Linie bei Monte Cassino motiviert, indem er ihnen erklärte, die Frauen in den Dörfern jenseits der Front gehörten für die nächsten drei Tage ihnen. Gebhardt schreibt:

„Wie wir mittlerweile wissen, war die Kriegsprämie in Gestalt einer europäischen Frau durchaus ein Rekrutierungsargument der US Armee gewesen.“ Unter diesen Umständen nimmt es nicht wunder, daß die Armeeführungen weder disziplinarisch noch kriegsgerichtlich in nennenswertem Umfang gegen diese Täter eingeschritten sind. Inwieweit auch die diffamierende Kriegspropaganda gegen die Deutschen an sich und nicht lediglich gegen die Nationalsozialisten hier mitgespielt hat, untersucht die Verfasserin leider nicht.

Was an dem Buch von Miriam Gebhardt jedoch besonders ins Auge fällt, ist ihr Erklärungsmuster, wonach die Opfer dieser Untaten gewissermaßen objektiv durch ihre Unterstützung des Nazi-Regimes eine Ursache für ihr späteres Schicksal gesetzt hätten. So findet sich gleich im Vorwort der an sich unglaubliche Satz: „Vielmehr sollen die Opfer selbst zu Wort kommen, sie sollen rehabilitiert werden, ohne daß sie damit zugleich von den deutschen Verbrechen im Nationalsozialismus freigesprochen sind. Es erscheint mir wichtig, diese Ambiguität der Täter- und Opferrolle anzuerkennen.“ Mit diesem Ansatz steht sie offenbar nicht alleine. Sie weist darauf hin, daß es sich eingebürgert habe, daß die wenigen „Historikerinnen und Historiker“, die das Thema Massenvergewaltigungen an deutschen Frauen überhaupt beschäftigt, ihren Ausführungen lange Exkurse über die Verbrechen der Wehrmacht, die Wehrmachtbordelle und die Zwangsprostitution in Konzentrationslagern voranstellen. Erst wenn von den eigenen Untaten ausführlich gesprochen worden sei, dürfe von den eigenen Opfern die Rede sein. Diese Rhetorik sei verständlich und sympathisch, allerdings lege sie ihres Erachtens eine problematische Kausalität nahe – weil die Deutschen so unendlich gewütet haben, wurden die deutschen Frauen anschließend vergewaltigt. Diese innere Logik trifft für sie allerdings für amerikanische und kanadische Soldaten nicht zu, weil die Wehrmachtssoldaten nicht zuvor den Frauen jenseits des Atlantiks sexuelle Gewalt angetan hätten.

An dieser Stelle ist bemerkenswert, worüber die Verfasserin schweigt. Sie setzt stillschweigend voraus, daß die deutschen Soldaten während des Krieges ebenfalls massenhaft derartige Verbrechen begangen hätten. Dem war aber nicht so, was die Verfasserin eigentlich wissen müßte. Ingo von Münch zitiert in seinem bereits 2009 erschienenen Werk die Arbeit von Birgit Beck, „Wehrmacht und sexuelle Gewalt. Sexualverbrechen vor deutschen Militärgerichten 1939-1945“, die bereits 2004 erschienen ist. Er zitiert auch das ebenfalls von Gebhardt ausgewertete Werk von Helke Sander/Barbara Johr, woraus sich ergibt, daß „Ereignisse wie in Nanking oder in Berlin für die Wehrmacht nicht belegt“ sind. Von Münch zieht daraus den Schluß, daß dies konkret und eindeutig bedeutet, daß es keine – den Massenvergewaltigungen deutscher Frauen und Mädchen durch russische Soldaten 1944/1945 vergleichbaren – Massenvergewaltigungen durch deutsche Soldaten gegeben hat, übrigens auch keine sogenannten systematischen Vergewaltigungen, die entweder Terror verbreiten sollten, oder wie im Bosnien-Krieg von serbischer Seite, mit dem Ziel der „ethnischen Säuberung“ im Zusammenhang standen. Vielmehr weist von Münch darauf hin, daß die Wehrmacht vor allem aus Gründen der Disziplin gegen Vergewaltigungen auch in Russland regelmäßig und auch mit drakonischen Strafen eingeschritten ist. Dies habe im übrigen sogar für die Waffen-SS gegolten. Tatsächlich sind von den Wehrmachtgerichten eine Vielzahl von Soldaten wegen solcher Verbrechen sogar mit dem Tode bestraft worden. Gebhardt hätte somit Gelegenheit gehabt, das Rachemotiv, das den Soldaten der Roten Armee nicht selten mit einem gewissen Verständnis unterstellt wird, in das Reich der Fabel zu verweisen. Daß sie es nicht tut, und die Arbeiten von Beck und von Münch nicht einmal erwähnt, läßt nur die Schlussfolgerung zu, daß auch sie an dem Bild von den marodierenden und vergewaltigenden Wehrmachtssoldaten festhalten will. Entgegenstehende Fakten werden dann lieber erst gar nicht erwähnt.

Empörend ist jedoch die Auffassung der Verfasserin, die vergewaltigten Frauen und Kinder (!) hätten gewissermaßen objektiv eine Ursache dafür gesetzt, daß die alliierten Soldaten so mit ihnen umgegangen seien. Sie behauptet wörtlich: „Seit den neunziger Jahren ist es kein Geheimnis mehr, daß deutsche Frauen und Kinder nicht nur Opfer waren. Sie haben mehrheitlich der nationalsozialistischen Ideologie zugestimmt, sie waren im schlimmsten Fall aktiv an der

Verfolgungs- und Vernichtungspolitik beteiligt. Ohne die zahllosen Denunziantinnen wäre etwa die Erfassung der jüdischen Bevölkerung zur späteren Ausplünderung, Vertreibung und Vernichtung nicht möglich gewesen. Die Annahme, daß deutsche Frauen überlebenswichtig seien für die ‚arische' Rasse, ließen sie die sogenannten minderwertigen Frauen und Völker spüren. Frauen waren KZ-Wärterinnen, Kolonistinnen in den besetzten Gebieten, Anstifterinnen, Mitläuferinnen, Profiteurinnen oder zumindest Zuschauerinnen der nationalsozialistischen Verbrechen.... Auch vermeintlich apolitische Hausfrauen glaubten an die Überlegenheit des deutschen Volkes und an die Gerechtigkeit des Krieges, hofften auf den Endsieg und hielten ganz entscheidend die Kriegsmaschinerie am Laufen... Frauen waren zu jener Zeit von der Abhärtungsideologie, von der Notwendigkeit von Sachlichkeit und Empathielosigkeit genauso überzeugt wie Männer, sie haben ihre Kinder entsprechend erzogen. Wir müssen davon ausgehen, daß eine deutsche Durchschnittsfrau von den nationalsozialistischen Verbrechen wie dem Judenmord und den Greueltaten der Wehrmacht wissen konnte... Es ist vollkommen klar, daß viele Vergewaltigungsopfer mindestens potenziell auch Täterinnen waren. Selbst Kinder waren nicht immer nur unschuldig, sondern haben sich unter Umständen an Schikanen von Zwangsarbeitern beteiligt, jüdische Mitschüler gemobbt und sich für Angehörige einer Herrenrasse gehalten."

Die Verfasserin behauptet also allen Ernstes, die Frauen und Kinder jener Zeit hätten nicht einfach wie Frauen und Kinder in allen anderen kriegführenden Ländern sich um ihre Ehemänner, Söhne bzw. Väter gesorgt, sondern aktiv nicht lediglich ihr Land, sondern die nationalsozialistische Ideologie unterstützt. Sogar Kindern eine bewußte Unterstützung des Regimes zu unterstellen, verschlägt einem schon den Atem. Natürlich liegt Gebhardt damit auf einer Linie mit dem Bundespräsidenten Gauck, der den hunderttausenden von Opfern des alliierten Bombenterrors bescheinigt hat, sie hätten angesichts des Leides, das die Deutschen über Europa gebracht hätten, indem sie jenen Krieg vom Zaun gebrochen und in verbrecherischer Weise geführt hätten, eigentlich erwarten müssen, daß ihnen derartiges geschieht. Es ist müßig, darauf hinzuweisen, daß selbst die Minderheit der Wähler, die Hitler in freien Wahlen ihre Stimme gegeben haben, zu diesem Zeitpunkt nicht wissen konnten, was Jahre später geschehen würde, und daß die allermeisten Deutschen auch während des Krieges wegen der strikten Geheimhaltungsmaßnahmen des Regimes von seinen großen Untaten nichts gewußt haben. Es ist bedrückend, daß eine deutsche Hochschullehrerin einen solchen Ursachenzusammenhang nicht für völlig abwegig und unhistorisch erklärt, sondern diesen Zusammenhang lediglich nicht für eine ausreichende Erklärung hält, sondern, so wörtlich: „Eine empathische Auseinandersetzung mit der Massenvergewaltigung sollte vielmehr unter dem Vorzeichen der Verklammerung der beiden Kategorien Geschlecht und Ethnie stehen.“ Da hilft es wenig, daß sie immerhin in rechtlicher Hinsicht ausführt, es gebe generell keine Legitimation eines Verbrechens aus einem anderen Verbrechen. Denn auch diese Argumentation fußt auf der Grundannahme, daß es gleichartige Verbrechen auf der Seite der Opfer gegeben hat.

Die Autorin hat auch offenbar erhebliche Vorbehalte gegen die Vorstellungen der Deutschen in der Kriegs-und Nachkriegszeit über das Verhältnis der Geschlechter zueinander. Deswegen setzt sie sich auch entsprechend kritisch mit dem Umgang der deutschen Gesellschaft mit den Opfern dieser massenhaften Vergewaltigungen auseinander. Tatsache ist jedoch, daß es zwar leider vielfach nicht gelungen ist, den Opfern wenigstens Entschädigung zu gewähren, von Gerechtigkeit und Genugtuung ganz zu schweigen. Alles jedoch auf Gesellschaftsordnung jener Zeit zurückzuführen, halte ich für unzulässig.

Ingo von Münch beschränkt sich auf die Vorgänge im Osten, wie ausgeführt. Diese untersucht er sorgfältig und faktenreich. Ebenso wie Gebhardt zitiert er in großem Umfang die Aussagen von Opfern. Die Lektüre dieser Erzählungen ist bedrückend. Dennoch muß man sie lesen um einen Eindruck davon zu bekommen, was damals geschehen ist. Von Münch sieht die Ursache für dieses Verhalten der sowjetischen Soldaten meines Erachtens zutreffend einerseits in der Hasspropaganda des Regimes und andererseits in der Tat in der Psyche der Soldaten. Gebhardt indessen meint, lange Zeit, vielleicht bis heute, habe die „Karikatur des barbarisch vergewaltigenden Russen“ das Geschichtsbild hierzulande beherrscht. Dieses Zerrbild bündelte all die historisch angestauten Ressentiments und Befürchtungen der deutschen Bevölkerung gegenüber dem Bolschewismus und den im Nationalsozialismus herabgewürdigten „Untermenschen“ aus dem Osten. Die Massenvergewaltigungen hätten dieses Bild bestätigt. Leider muß man sagen: Sie haben es bestätigt. Ähnliches muß auch für das Verhalten der nordafrikanischen Soldaten in der französischen Armee gesagt werden. Denn ihr Anteil an diesen Verbrechen ist überwältigend. Offenbar hat man jedoch Angst, sich dem Vorwurf des Rassismus auszusetzen, wenn man diese Fakten benennt. Es geht jedoch nicht an, Tatsachen auszublenden, nur weil sie geeignet sein könnten, Vorurteile zu schüren.

Zusammenfassend muß festgehalten werden, daß die Arbeit von Miriam Gebhardt sich nahtlos in die lange Reihe von Büchern einfügt, die den Deutschen in der Zeit des Nationalsozialismus allgemein und ihren Soldaten im besonderen eine grundsätzliche Übereinstimmung mit dem System bescheinigen. Sie haben demnach alle Verbrechen des Systems mit zu verantworten. Sie können sich deswegen nicht darüber beschweren, daß sie selbst Opfer von Kriegsverbrechen geworden sind. Somit waren sie Täter und Opfer zugleich. Wir Nachgeborenen müssen nach ihrer Ansicht 70 Jahre nach Kriegsende so viel Ambiguitätstoleranz eben aufbringen. In diesem Zusammenhang scheint ihre größte Sorge zu sein, daß die Schilderung jener Greueltaten der alliierten Soldaten in Ost und West den sogenannten Revisionismus fördern könnte. Nüchterne wissenschaftliche Arbeit ebenso wie Empathie mit den Opfern sieht anders aus. Daß ein angesehener Lehrer des Staats- und Völkerrechts wie Ingo von Münch erst gar nicht erwähnt wird, könnte zu Spekulationen darüber Anlaß geben, daß manche Historiker wohl den juristischen Zugang zur Geschichte fürchten.

14. Juni 2015

Euromania

nicht Europa, sondern EU und Eurozone

Wer einer Wahnvorstellung anhängt, umgangssprachlich von einer fixen Idee besessen ist, dem entgleitet immer mehr die Wirklichkeit, bis er endgültig in seiner Traumwelt angekommen ist, der er auch nicht mehr entrinnen kann. Diesen Eindruck erwecken die führenden Politiker der Eurozone, allen voran unsere Bundeskanzlerin. Anders kann man es nicht erklären, daß gegen allen Sachverstand die sogenannten Rettungsprogramme für Griechenland fortgeführt werden. Es dürfte inzwischen in Deutschland, aber auch in den anderen Zahlmeisterländern der Eurozone bekannt sein, daß es sich bei Griechenland nicht um einen Staat im herkömmlichen Sinne handelt, sondern um ein Gebilde, das lediglich die äußere Form eines Staates aufweist. Seine Einwohner – von Bürgern will ich nicht sprechen, denn zum Bürger gehört der Bürgersinn – haben zu diesem Staatswesen ganz offensichtlich ein feindseliges Verhältnis. Dies ist sicherlich aus der Geschichte des griechischen Volkes gut erklärbar. Man hat immerhin gut 400 Jahre Joch und Knute der Osmanen ertragen und eine Überlebensstrategie entwickelt, deren Grundlage es war, die feindlichen Besatzer zu hintergehen, wo es nur ging. Gerade dabei wurde eine Klientelwirtschaft entwickelt, die im Sinne des klassischen *do ut des* die Gunst der Herrschenden mit der Gefolgschaft der Beherrschten erkaufte. Nur so ist es verständlich, daß auch heute noch politische Ämter im Wege der Bestechung der Wähler mittels Posten- und Arbeitsplatzvergabe erlangt werden, und die Macht mit dem Reichtum zusammengehört, weshalb dieses nur dem Namen nach als Staat firmierende Gebilde seit Jahrhunderten die Beute der griechischen Oligarchie ist, die politische Ämter und Reichtümer des Landes unter sich aufteilt, selbstverständlich selbst keine Steuern bezahlt und ihr Geld auf Schweizer Banken wohlverwahrt weiß.

Unter diesen Umständen nimmt es doch nicht wunder, wenn etwa die Bewohner griechischer Inseln sich weigern, ihre Steuereinnahmen an die Athener Regierung abzuführen, oder wenn selbst die Angehörigen der politischen Klasse für ihre längst erwachsenen Kinder noch Kindergeld kassieren, wie das jüngst im Falle der griechischen Parlamentspräsidentin (!) bekannt geworden ist. Demgemäß darf es auch keine Liegenschaftskataster und Grundbuchämter geben, ebensowenig wie eine Steuerfahndung. Denn dann könnte ja irgendwann eine Regierung auf den Gedanken kommen, auch die Reichen des Landes zu besteuern. Doch selbst bei Vorliegen der technischen Voraussetzungen dürfte das kaum eintreten, denn dazu müßte sich ja erst einmal die kollektive Mentalität des Volkes fundamental ändern. Es liegt also auf der Hand, daß keine von der derzeitigen oder auch einer künftigen griechischen Regierung versprochene Reform umgesetzt werden kann. Denn dazu fehlen sowohl die technischen Voraussetzungen als auch der politische Wille des Volkes.

Wir müssen davon ausgehen, daß unsere Politiker all dies wissen. Denn diese Dinge sind allgemein bekannt. Selbst wenn die Politiker nicht selbst Sachbücher und Zeitungen lesen sowie die Wissensmagazine der Rundfunkanstalten in Anspruch nehmen, so werden sie doch von ihren umfangreichen Beraterstäben informiert. Daran schließt sich die Frage an, warum sie wider besseres Wissen weiter zig Milliarden Euro in ein Faß ohne Boden kippen. Die Antwort liegt auf der Hand. Wir hören seit Monaten das Mantra von der europäischen Idee, die nicht sterben darf. Was diese europäische Idee genau sein soll, sagen unsere Politiker allerdings nicht. Vielmehr hören wir immer nur nebulöse Formulierungen wie etwa „mehr Europa". Gelegentlich hören wir auch von der Notwendigkeit einer gemeinsamen oder gar europäischen, also Brüsseler Finanzordnung. Ebenso notwendig scheint wohl eine in diesem Sinne gemeinsame Außen- und Sicherheitspolitik zu sein. Das bedeutet nichts anderes, als die Aufgabe des herkömmlichen Nationalstaats zugunsten eines europäischen Zentralstaates. Denn zum Kernbestand eines Staates ebenso wie zur Demokratie gehört die Verfügung seiner Bürger und Parlamente über Finanzmittel und die Streitkräfte sowie die existenzielle Frage von Krieg und Frieden. Wenn dies in die Hände einer europäischen Institution gelegt wird, dann sind deren Mitgliedsstaaten nur noch leere Hülsen ohne Souveränität.

Hinzu kommt, daß jedenfalls nach der derzeitigen Konstruktion sowohl der Europäischen Union als auch der Eurozone hinsichtlich dieser Gebilde von einer Demokratie nicht entfernt die Rede sein kann. Wesensmerkmal des modernen demokratischen Staates ist es doch, daß jeder wahlberechtigte Bürger in gleichem Maße an der Willensbildung teilnehmen kann. Die Eurozone kennt überhaupt keine parlamentarische Willensbildung. Das Europaparlament ist nach einem Schlüssel zusammengesetzt, der den Wählern etwa aus Malta und Luxemburg ein Vielfaches des Stimmengewichts zumißt, das einem Wähler aus Deutschland zukommt. Hinzu kommt die mit Händen zu greifende Tatsache, daß es ein europäisches Staatsvolk nicht gibt. Nach allgemeiner Anschauung ist ein Volk eine Abstammungs-, Kultur-und Erlebnisgemeinschaft. Zur Kultur gehört eine gemeinsame Sprache. Demgemäß sind die meisten Nationalstaaten auch solche, deren weit überwiegende Mehrheit von Bürgern einem Volk in diesem Sinne angehört. Vielvölkerstaaten sind in der europäischen Vergangenheit zum einen selten gewesen, und zum anderen immer gescheitert. Eine europäische Sprache gibt es nicht. Die Kulturen der europäischen Völker mögen sich mehr oder weniger ähneln, wobei etwa zwischen Finnland und Griechenland doch erhebliche Unterschiede vorliegen, ebenso wie etwa zwischen Rumänien und den Niederlanden.

Die Verbissenheit, mit der die politische Klasse der europäischen Länder die Traumvorstellung eines europäischen Zentralstaates verwirklichen will, erstaunt unter diesen Umständen. Das legt die Vermutung nahe, daß es hier nicht um Rationalität, sondern um eine Glaubensvorstellung geht. Gegenüber religiösen Überzeugungen versagen alle rationalen Argumente. Und so muß dann eben dieses europäische Projekt weiterverfolgt werden, koste es was es wolle. Wenn eben im Falle Griechenlands eine Angleichung an wirtschaftlich stabile Verhältnisse wie in Mitteleuropa aufgrund der dortigen Kultur einfach unmöglich ist, dann verschließt man davor eben die Augen und stellt wie Palmström fest, daß nicht sein kann was nicht sein darf. Dann werden massenhafter Subventionsbetrug und systematische Steuerhinterziehung als Folklore verharmlost.

Natürlich weiß man auch, daß jedenfalls eine immer weiter wachsende Zahl von Bürgern dieses Spiel durchschaut. Ob Arbeiterin, Arzthelferin oder Apothekerin, ob Müllmann, Metzgermeister oder Ministerialrat, inzwischen ist der Bildungs- und Wissensstand allgemein so hoch, daß Politiker vor ihren Wählern keinen Wissensvorsprung mehr haben. Daß sie dennoch ganz offen bekennen, die Bürger zu belügen, ist ein weiteres Mirakel unserer Zeit. Wir verdanken ja dem derzeit höchstrangigen Europapolitiker Jean-Claude Juncker die Erkenntnis, daß man in der Europapolitik bisweilen lügen muß und nach der Methode verfährt, erst einmal etwas zu tun, was Europa in die gewünschte Richtung verändert, abzuwarten was geschieht und dann, wenn die Proteste ausbleiben, den nächsten Schritt zu gehen. Die Frage ist nur noch, wann der Schritt getan wird, der in den Abgrund führt. Die Milliarden, die in dieses Projekt buchstäblich geschaufelt werden, wirken wie der Sprengstoff, mit dem die Bombe angefüllt wird. Je größer die Ladung, so gewaltiger die Explosion. Bis jetzt können Frau Palmström – pardon, Frau Merkel – und ihre Kollegen sich der mehrheitlichen Zustimmung ihrer Wähler sicher sein. Bertolt Brecht hatte ja recht: nur die allerdümmsten Kälber wählen ihre Metzger selber.

14. Juli 2015

Fragwürdige Willkommenskultur

Asyl – Flüchtlinge – Migranten

Der Strom von Flüchtlingen, Asylbewerbern und, sagen wir einmal, Wirtschaftsmigranten schwillt in einem ungeahnten Ausmaß an. Behörden kommen mit der Einrichtung von Unterkünften und Sammellagern nicht nach. Turnhallen werden zur Unterbringung von Flüchtlingen benutzt mit der Folge, daß voraussichtlich auf lange Zeit der Sportunterricht in den Schulen ausfallen wird, und Sportvereine auf die Nutzung dieser Hallen verzichten müssen. Die Kosten für die Unterbringung und Versorgung der Flüchtlinge gehen bereits in die Milliarden. Die Verwaltungsgerichte kommen mit der Bearbeitung von Asylverfahren nicht mehr nach. Deswegen müssen andere Verfahren, etwa wegen Baugenehmigungen, liegenbleiben. Die juristische Bewältigung der Schleuserkriminalität beginnt Staatsanwaltschaften und Amtsgerichte zu überfordern.

Politik, Kirchen und Medien werden indessen nicht müde, von den Bürgern eine „Willkommenskultur“ einzufordern. Will heißen, wir sollen auf vieles verzichten und Zustände dulden, die in den Ländern herrschen, welche die Flüchtlinge aus welchen Gründen auch immer verlassen haben. Es ist also an der Zeit, sich kritisch damit auseinanderzusetzen, was hier eigentlich abläuft, und was von uns letztendlich verlangt wird.

Zunächst einmal frage ich mich doch, warum ich Leute willkommen heißen soll, die ich nicht eingeladen habe. Natürlich steht es außer Frage, daß jeder Mensch, der sich legal oder illegal in unserem Lande aufhält, einen Rechtsanspruch auf Sicherung der wesentlichen Lebensgrundlagen hat. Das bedeutet, ein Dach über dem Kopf, ausreichende Ernährung und notwendige medizinische Versorgung. Das bedeutet natürlich auch einen korrekten Umgang mit diesen Menschen einschließlich der Wahrung der bei uns üblichen höflichen Umgangsformen. Nicht mehr, aber auch nicht weniger. Über das Strafgesetzbuch sollte man in diesem Zusammenhang erst gar nicht reden müssen. Wer etwa zum Haß auf Asylbewerber oder andere Flüchtlinge aufruft, oder dem sogar Taten in Form von Brandstiftungen folgen läßt, stellt sich als Straftäter außerhalb der Gesellschaft.

Gerade die ungeheure und weiter anschwellende Zahl der Flüchtlinge muß uns jedoch zu denken geben. Zwar gebietet Art. 16 a des Grundgesetzes, daß Asylsuchende und Bürgerkriegsflüchtlinge von uns aufzunehmen sind. Indessen steht auch dieses Grundrecht unter dem Vorbehalt der sonstigen Gesetze. So ist es ja ausdrücklich zulässig, gewisse Quotenregeln, auch in internationalen Verträgen, zu statuieren. Ein Blick über die Grenzen zeigt allerdings auch, daß längst nicht alle europäischen Staaten – von der übrigen Welt soll an dieser Stelle einmal keine Rede sein, – bereit sind, Flüchtlinge in größerer Zahl aufzunehmen. Manche wollen das überhaupt nicht.

Man kann auch nicht sagen, daß es sich dabei um undemokratische Unrechtssysteme handelt. Vielmehr handelt es sich um geachtete Mitglieder der internationalen Gemeinschaft.

Das wirft die Frage auf, ob es tatsächlich zu den menschenrechtlichen Standards gehört, uneingeschränkt oder doch in großem Umfang Asyl zu gewähren und Bürgerkriegsflüchtlinge aufzunehmen. Auch wenn Deutschland diese Verpflichtung in seine Verfassung aufgenommen hat und durchaus großzügig handhabt, so muß doch geprüft werden, ob dies auch dann noch Geltung beanspruchen muß, wenn sich die tatsächlichen Grundlagen, auf denen eine solche Rechtsgewährung beschlossen worden ist, so massiv verändert haben, wie das derzeit der Fall ist. Der Vorbehalt der *clausula rebus sic stantibus* (unter den gegebenen Umständen) gehört ja nun einmal zu den juristischen Grundlagen ebenso wie der Rechtssatz, daß Verträge nach dem Grundsatz von Treu und Glauben auszulegen sind. Dies gilt umso mehr, wenn es durchaus möglich ist, das Vorliegen von Asyl- und Fluchtgründen bereits in der geographischen Nähe der jeweiligen Heimatländer zu prüfen. Dies setzt die Schaffung entsprechender Einrichtungen dort voraus, allerdings auch den Willen der Staatengemeinschaft, dies durchzusetzen. Und wer sagt denn, daß man vor Verfolgung erst sicher ist, wenn man ein Dutzend Länder durchquert hat? Wird man etwa als Eritreer auch in Ägypten verfolgt? Als Syrer auch in Saudi-Arabien? Auch ist es möglich, etwa Bootsflüchtlinge im Mittelmeerraum nach ihrer Rettung nicht etwa nach Norden in die Zielländer, sondern nach Süden in die Herkunftsländer zu verbringen. Denn damit würde den Schleuserorganisationen ihr Geschäft verdorben, anstatt es wie derzeit zu fördern. Heute ist es doch so, daß Flüchtlinge, die ein Schlauchboot an der libyischen Küste besteigen, sich sicher sein können, auch in Italien anzukommen. Entweder schaffen sie es selbst, oder sie werden von Schiffen der italienischen Küstenwache bzw. diverser NATO-Staaten, darunter Deutschland, in Italien an Land gebracht und betreut. Danach erfolgt die Weiterreise nach Deutschland.

Was wirklich auf uns zukommt, erfährt man ja auch ungeschminkt aus dem Munde der Schleuser. O-Ton eines Schleusers, der bei Passau aufgegriffen worden ist: „Was wollt ihr, wir sind tausende und wir scheißen euch mit Flüchtlingen zu!“ Der Mann hat unreflektiert und drastisch zwei Grundtatsachen benannt. Zum einen die Schlagkraft der Schleuserorganisationen, vor der die Polizeibehörden der Zielländer schon längst kapituliert haben, und den Zustrom der Flüchtlinge nur noch kanalisieren. Zum anderen die ungeheure Zahl der Flüchtlinge, die unsere Gesellschaft bei weitem überfordert. Wir stehen vor der Wahl, entweder unsere Lebensstandards im wesentlichen zu halten, oder aber im Sinne eines immer selbstloseren Teilens unsere Lebensverhältnisse denen in den Herkunftsländern anzunähern. Darüber wird zu reden und zu entscheiden sein.

15. August 2015

Die Multikulti Nation

Das Selbstverständnis der Deutschen

Der rapide anschwellende Zustrom (Flut ist politisch nicht korrekt) von Zuwanderern, seien es Asylsuchende, Bürgerkriegsflüchtlinge oder Leute, die bei uns ihr Glück machen wollen, gemeinhin Wirtschaftsmigranten genannt, beherrscht die Schlagzeilen und Leitartikel der Tagespresse ebenso wie die Nachrichtensendungen und politischen Magazine der öffentlich-rechtlichen Sendeanstalten. Inzwischen schimmert auch schon bei dem ein oder anderen Politiker so etwas wie der Ernst der Lage, zumeist aber schlicht Ratlosigkeit durch. Man wurstelt eben vor sich hin und reagiert auf die aktuelle Situation mit immer neuen Aufnahmeeinrichtungen und immer eindringlicheren Appellen an die Bürger, alle diese Leute willkommen zu heißen und Großmut zu zeigen.

Eine neue Qualität hat nun der Bundespräsident in die Debatte gebracht. Jüngst hat er in einem Interview mit dem Bonner Generalanzeiger auf die Frage, ob Flüchtlinge und Zuwanderer auch eine Chance für Deutschland seien, geantwortet: „Ich sehe das so, ja. Und ich glaube, daß die Diskussion über die Chancen der Zuwanderung an Fahrt gewinnen wird, wenn sich noch mehr Menschen als bisher von dem Bild einer Nation lösen, die sehr homogen ist, in der fast alle Menschen Deutsch als Muttersprache haben, überwiegend christlich sind und hellhäutig... Ich meine, wir müssen Nation neu definieren: als eine Gemeinschaft der Verschiedenen, die allerdings eine gemeinsame Wertebasis zu akzeptieren hat." Gauck fordert also allen Ernstes, daß wir uns nicht mehr als Nation in dem Sinne begreifen sollen, der dieser Vokabel sowohl etymologisch (sprachlich) als auch inhaltlich innewohnt. Sprachlich ist das eigentlich völlig unstrittig. Das lateinische Wort „*natio*" deckt das Begriffsfeld Geburt, Abstammung, Volksstamm, Volk ab. Deswegen konnte beispielsweise noch der Große Brockhaus in seiner 16. Aufl., erschienen während der fünfziger Jahre des vergangenen Jahrhunderts, definieren: „Volk, ein altes germanisches Wort, das in sehr vielfältigen, zum Teil sich durchkreuzenden Bedeutungen gebraucht wird, die sich aus dem Begriffswandel im Laufe von Jahrhunderten ergeben. Im politischen Sprachgebrauch sowie im geschichtlichen Sinn ist Volk im wesentlichen gleichbedeutend mit Nation. Ein Volk ist durch gemeinsame geistige und kulturelle Entwicklung, in die das Erbe von Generationen eingegangen ist meist – aber nicht notwendig, zum Beispiel die Schweiz – durch eine gemeinsame Sprache verbunden; dazu tritt in steigendem Maße das Streben nach politischer Einheit." Und die Nation wird im Großen Brockhaus damals noch sprachlich in der Tat vom lateinischen *natio*, also Volk, Volksstamm, von *nasci* = geboren werden, abgeleitet. Der Begriff ist seit dem 14. Jahrhundert gebräuchlich für das in einem Land „erborene" Volk. Die durch Einheit der Sprache und Kulturüberlieferung bestimmte Kulturnation ist unabhängig von staatlichen Grenzen, während die Staatsnation durch die gemeinsame staatlich-politische Entwicklung geformt ist. Seit dem 18. Jahrhundert entwickelte sich die Nation zum Kernbegriff des staatlich-politischen Denkens.

Im Grundsatzprogramm der CDU aus dem Jahre 1954 ist zu lesen: „Der Mensch wächst aus der Gemeinschaft von Mann und Frau. Sie bilden die Familie. Die Familie weitet sich aus zur Sippe, Gemeinde, und schließlich zum Stamm und Volk. Das Wesensmerkmal des Volkes besteht also nicht in einer quantitativen Vielheit von Menschen.

Das wäre Masse. Volk ist mehr. Volk ist eine qualitative Vielheit von Menschen mit folgenden Übereinstimmungen: Sie haben eine Blutsverwandtschaft, sie leben in einem bestimmten Raum, sie sprechen dieselbe Sprache, unter Umständen und in den meisten Fällen haben sie auch die gleiche Geschichte." Und noch die weichgespülte Version des Parteiprogramms von 2007 führte dazu aus: „Der Zusammenhalt unserer Gesellschaft hat sein Fundament in unserer Zusammengehörigkeit als Nation. Unsere gemeinsame Sprache, unsere Geschichte sowie das Leben und Handeln in einem wiedervereinten Nationalstaat begründen ein patriotisches Zusammengehörigkeitsgefühl. Wir bekennen uns zu unserer schwarz-rot-goldenen Fahne und zu unserer Nationalhymne als Symbole unserer Demokratie. Die Nation ist eine Verantwortungsgemeinschaft für die Vergangenheit, für die Gegenwart und für die Gestaltung der Zukunft. Jeder, der zu uns kommt und auf Dauer bei uns bleiben will, ist aufgefordert, sich mit diesem Land und seiner Geschichte vertraut zu machen und dadurch seinen Platz im Land zu finden."

Das alles ist, ohne es so zu definieren und darüber zu reflektieren, die Wahrnehmung der allermeisten von uns. Warum auch sonst fallen sich einander wildfremde Deutsche in die Arme, wenn ihre Fußball-Nationalmannschaft den Weltmeistertitel erringt? Warum ziehen die allermeisten von uns im alltäglichen Leben die gewohnten Speisen vor, auch wenn sie gerne mal Italienisch oder chinesisch essen? Warum konzentriert sich das Mitleid für die Opfer von Naturkatastrophen, Flugzeugabstürzen oder Terroranschlägen grundsätzlich auf die eigenen Landsleute? Die Reihe ließe sich beliebig fortsetzen.

Die offenbar von Gauck, aber auch so manchen anderen Angehörigen der politisch-medialen Klasse propagierte Ausweitung, besser: Ersetzung, des Nationenbegriffs durch eine „Gemeinschaft der Verschiedenen" ist bei Lichte besehen nichts anderes als die Kopfgeburt einer blutleeren Intellektuellenkaste. Weder die Geschichte, noch die Wirklichkeit geben den stümperhaften Architekten dieses Nationenkonstrukts Recht. Vielmehr zeigt die Erfahrung, daß nur diejenigen Staaten, deren Staatsvolk im wesentlichen homogen war und ist, auf Dauer ungefährdet und harmonisch existieren können.

Um nur wenige Beispiele aufzuzählen, seien etwa Finnland, Portugal, Norwegen, Ungarn oder Japan genannt. Vielvölkerstaaten indessen sind regelmäßig gerade an den Konflikten gescheitert, die aus dem Nebeneinander verschiedener Nationen zwangsläufig entstehen. Das vielgerühmte Beispiel der k. und k. Donaumonarchie zeigt, daß dieses Staatswesen nur so lange Bestand haben konnte, wie die führende und beherrschende Nation das ganze zusammen halten konnte. Von einem gleichberechtigten Nebeneinander der verschiedenen Staatsvölker konnte nicht die Rede sein. Vielmehr dominierte der deutsche Anteil, genauer gesagt, das deutsch-österreichische Volk, die übrigen Völker. Auch der spanische Teil der Habsburger Monarchie konnte auf Dauer die Autonomiebestrebungen zum Beispiel der Niederländer, aber auch ihrer überseeischen Kolonien, nicht unterdrücken. China, das bei Lichte besehen durchaus ein Vielvölkerstaat ist (Tibeter, Uiguren, Mandschu, Mongolen) funktioniert nicht nur wegen seiner diktatorischen Staatsform, sondern auch deswegen, weil das Mehrheitsvolk der Han-Chinesen auch quantitativ von erdrückender Dominanz ist. Von dem Vielvölkerstaat Sowjetunion, der nach dem Zusammenbruch des Kommunismus nicht mehr zu halten war und seinem Nachfolgestaat Rußland, der mit seinen ethnischen Minderheiten massive Probleme hat, wollen wir erst gar nicht reden. Ebensowenig von dem multiethnischen Jugoslawien, das nur von der eisernen Faust Titos zusammengehalten werden konnte. Das hochgelobte Beispiel der USA ist eine nähere Betrachtung wert. Zunächst einmal muß gesehen werden, daß die weißen Einwanderer nach fast vollständiger Ausrottung der Ureinwohner in der Tat ein neues Volk gebildet haben. Das war im wesentlichen angelsächsisch-deutschen Ursprungs. Massive Probleme traten jedoch auf, als in großem Umfang Schwarzafrikaner hinzukamen, und zwar nicht nur deswegen, weil sie zunächst Sklaven waren. Weitere Probleme traten mit der massiven Zuwanderung sogenannter Latinos aus Mexiko und anderen lateinamerikanischen Ländern auf. Man wird nicht ernsthaft bestreiten können, daß die USA bis heute mit

Rassenunruhen und ethnischen Konflikten zu kämpfen haben. Konflikte, die in einem Staat mit homogener Bevölkerung erst gar nicht entstehen.

Die naive Vorstellung Gaucks von einer Gemeinschaft der Verschiedenen läßt völlig außer acht, daß mit der derzeitigen massenhaften Zuwanderung von Menschen aus völlig fremden Kulturkreisen Probleme entstehen, die keinen Vergleich mit der in der Tat massenhaften Zuwanderung von Flüchtlingen und Vertriebenen in unser Land nach 1945 aushalten. Kamen damals Menschen aus dem eigenen Volk, mit der gleichen Sprache und Kultur, mit der gleichen Geschichte und Religion, so trifft das alles auf die derzeitige Zuwanderung nicht zu. Vertriebene aus Ostpreußen etwa mußten nicht erst Deutsch lernen, mußten sich nicht erst den deutschen Sitten und Gebräuche anpassen und brachten auch keine andere Religion mit. Demgegenüber handelt es sich bei nahezu allen heutigen Zuwanderern um solche, die nicht nur anders aussehen, als die einheimische Wohnbevölkerung, die nicht nur eine völlig fremde Sprache (mit Englisch oder Französisch käme man ja noch zurecht) als die einheimische Wohnbevölkerung sprechen, die nicht nur aus der Sicht der einheimischen Wohnbevölkerung zum Teil merkwürdige, zum Teil unverständliche und der eigenen Kultur diametral entgegengesetzte Überzeugungen und Verhaltensweisen mitbringen, wie etwa ein extrem patriarchalisches Familienverständnis, und die auch häufig religiösen Vorstellungen anhängen, die nicht nur unseren Wertvorstellungen und Alltagsbräuchen, sondern vielfach auch unseren Gesetzen diametral entgegengesetzt sind. Hinzu kommt, daß diese neuen Bevölkerungsgruppen insbesondere dann, wenn sie über eine gewisse Zahl verfügen, dazu neigen, sich abzukoppeln und Parallelgesellschaften zu bilden. Wir können doch nicht darüber hinwegsehen, daß etwa der Prozentsatz der Türken in zweiter, dritter und vierter Generation, die Ehepartner außerhalb ihrer Ethnie wählen, nach wie vor im geringen einstelligen Bereich verharrt. Man kann nicht ernsthaft behaupten, der in Deutschland real gelebte Islam füge sich problemlos in das Alltagsleben der Deutschen ein. Vielmehr erscheint nach wie vor den allermeisten Deutschen diese Religion fremdartig, ja unwillkommen. Kleidungsvorschriften, die junge Frauen schlicht verunstalten, Speisevorschriften, die mit dem Alltagsleben der Deutschen nicht vereinbar sind, die offen gelebte Ungleichheit von Männern und Frauen, das alles wird doch nicht etwa von der deutschen Mehrheit freudig begrüßt. Demgegenüber war beispielsweise die Integration der Hugenotten im 17. Jahrhundert kein Problem. Es handelte sich bei ihnen nun einmal auch um christliche, hellhäutige Menschen, wie Gauck das ausdrückt, mit einer Kultur – der französischen – die der deutschen doch sehr ähnlich war.

Die Gauck'sche Vorstellung eines Multikulti-Staatsvolks muß schon deswegen scheitern, weil mit Sicherheit die gemeinsame Wertebasis, von der er spricht, nicht entstehen wird, es sei denn, wir Deutschen geben unsere liberalen und rechtsstaatlichen Vorstellungen weitgehend auf. Denn insbesondere Zuwanderer aus islamischen Gesellschaften sind regelmäßig nicht bereit, ihre Wertvorstellungen zugunsten der von ihnen als dekadent empfundenen westlichen Werte aufzugeben. Daran ändern auch die wenigen Verfassungspatrioten, die man auch unter den Abkömmlingen von Zuwanderern bisweilen antrifft, gar nichts. Wer mit offenen Augen durch dieses Land geht, der wird diese Gauck'sche Idee als Hirngespinst abtun. Aber vielleicht führt der Dissens in der Wahrnehmung des Zuwanderungsproblems zwischen Regierenden und Regierten zu der Erkenntnis, die Bertolt Brecht im Jahre 1953 formuliert hat: „Das Volk hat das Vertrauen der Regierung verscherzt. Wäre es da nicht doch einfacher, die Regierung löste das Volk auf und wählte ein anderes?" Der Gauck'sche Vorschlag läuft genau darauf hinaus.

31. August 2015

„Der Islam gehört zu Deutschland"

Wann gehört Deutschland zum Islam?

Sie kommen. Es sind viele. Erst sollten es heuer ca. 400.000 sein, dann 800.000, dann 1 Million und nun sprechen bayerische Politiker von 1,2-1,3 Millionen Menschen, die allein in diesem Jahr nach Deutschland kommen. Es wird schon lange nicht mehr danach unterschieden, ob es sich um legale Zuwanderer mit Arbeitsplatz, Asylbewerber oder Kriegsflüchtlinge handelt. Mangels Registrierung kann man das in vielen Fällen auch gar nicht feststellen. Sie kommen eben. Wie viele es sein werden, nachdem die Kanzlerin erklärt hat, für die Zahl von Asylsuchenden und Kriegsflüchtlingen gebe es in Deutschland keine Obergrenze, wissen wir nicht. Wir wissen nur, daß in Afrika und im Nahen Osten Millionen von Menschen vor Krieg, Verfolgung und Hunger fliehen. Wir wissen, daß sie zum größten Teil nur ein Ziel haben: Germany.

Der bei weitem größte Teil von ihnen ist muslimischen Glaubens. Derzeit beträgt der Anteil der Muslime an der Bevölkerung unseres Landes ca. 5 %. Es ist durchaus nicht abwegig anzunehmen, daß in den nächsten Jahren jährlich wenigstens 1 Million Muslime hinzukommen, möglicherweise auch mehr. Denn wir sehen, daß die Flüchtlinge zu gut zwei Dritteln allein reisende junge Männer sind. Sie werden ihre Familien nachholen, sobald sie in Deutschland ein Bleiberecht haben. Und das wird in den meisten Fällen so sein, denn aufgrund der neuesten Beschränkungen für Zuwanderer vom Balkan werden künftig im wesentlichen Menschen aus Afrika und dem Nahen Osten zu uns kommen. Sie werden anerkannt oder mindestens geduldet. Und das sind nahezu ausschließlich Muslime. Der muslimische Bevölkerungsanteil wächst grundsätzlich schneller, als der deutsche. Dieser wächst eigentlich überhaupt nicht, sondern sinkt, weil die Geburtenrate der deutschen Frauen mit durchschnittlich 1,4 Kindern nicht einmal ausreicht, die Zahl der deutschen Einwohner unseres Landes auf dem gleichen Stand zu halten, während hier lebende Türkinnen durchschnittlich 1,8 und hier aufgewachsene Afrikanerinnen 2,6 Kinder haben, die direkt aus diesen Ländern ankommenden Frauen allerdings drei, vier oder noch mehr. Damit ist es unausweichlich, daß auch der Anteil der muslimischen Bevölkerung in Deutschland rasch ansteigen wird, während der Anteil der christlichen oder religionslosen Einwohner drastisch sinken wird. Der bayerische Finanzminister Markus Söder hat in diesem Zusammenhang darauf hingewiesen, daß diese Zuwanderung geeignet ist, die kulturelle Statik unseres Landes, wie er sich ausgedrückt hat, zu verändern. Im Klartext: wir laufen Gefahr, unser Land in einigen Jahren nicht mehr wiederzuerkennen.

Was bedeutet es eigentlich, wenn der Islam in einem Land die Mehrheit der Bevölkerung stellt und somit auch seine Politik bestimmt? Es gibt kein Land mit muslimischer Mehrheit, geschweige denn nahezu ausschließlich muslimischer Bevölkerung, in dem andere Religionsgemeinschaften auch nur annähernd gleichberechtigt sind. Je stärker der muslimische Bevölkerungsanteil ist, umso intensiver werden andere Religionsgemeinschaften unterdrückt. Anderen Religionsgemeinschaften ist es nicht erlaubt, zu missionieren. Dies hat in Regionen des Nahen Ostens, die jahrhundertelang christlich geprägt waren, dazu geführt, daß dort entweder keine oder fast keine Christen mehr leben. Die Türkei etwa, die in den ersten Jahrhunderten nach Entstehung des Christentums insbesondere im Bereich ihrer West- und Südküste eine Vielzahl von christlichen Gemeinden beheimatet hatte, und aus der im übrigen der Apostel Paulus stammt, weist heute noch einen christlichen Bevölkerungsanteil von 0,2 % auf; Ende des 19. Jahrhunderts waren es noch 25 %. Syrien und der Irak liegen ebenfalls in einer Region, die mit Fug und Recht als die Wiege des Christentums angesehen werden kann. Wir erleben jedoch, daß gerade jetzt die letzten Christen von dort vertrieben werden. Auch in Ländern wie Somalia, das von einer erdrückenden muslimischen Mehrheit geprägt ist, findet Christenverfolgung statt. Wer es wagt, vom Islam zum Christentum überzutreten, muß damit rechnen getötet zu werden. In Saudi-Arabien ist jegliche Form von christlicher Religionsausübung verboten. Es gibt keine christlichen Kirchen oder Pfarreien. Öffentlich etwa die Bibel zu verkaufen oder auch nur in der Hand zu haben, ist strengstens verboten. Auf dem Übertritt vom Islam zum Christentum steht die Todesstrafe, die auch vollzogen wird. In Pakistan liegen die Dinge ähnlich. Auch im Iran werden die christlichen Kirchen unterdrückt. Insbesondere ist es christlichen Kirchen wie in den erwähnten Ländern praktisch nicht möglich, zu missionieren. Denn auf dem Abfall vom islamischen Glauben steht im „Gottesstaat" Iran gemäß Gesetz vom 09.09.2008 (!) die Todesstrafe. Auch in Afghanistan kann den Konvertiten diese Strafe treffen. In Ägypten wird die Minderheit der Kopten, einer frühchristlichen Religionsgemeinschaft, trotz eher liberaler Verlautbarungen des Präsidenten tatsächlich massiv unterdrückt. Die Reihe ließe sich beliebig fortsetzen. Ein muslimisches Land, in dem auch nur annähernd Religionsfreiheit, die natürlich auch die Freiheit, nicht religiös zu leben, beinhaltet, gibt es nicht. In dem ob seiner angeblichen Toleranz vielgerühmten Libanon leben die Religionsgemeinschaften lediglich nebeneinander her. Das kann sich ändern, sobald die Mehrheitsverhältnisse das hergeben.

Deutsche Politiker und sogar Islamfunktionäre werden derzeit nicht müde zu betonen, daß in Deutschland das Grundgesetz gilt, und zwar auch für muslimische Einwohner und Zuwanderer. Indessen müssen wir in der Praxis feststellen, daß viele, viel zu viele Muslime die Gebote der Scharia über die Gesetze des Landes stellen. In Ländern, in denen sie die Mehrheit der Bevölkerung stellen und die politische Macht haben, gilt die Scharia gewissermaßen als Grundgesetz. Für die staatliche Gesetzgebung bleiben praktisch nur noch Ausführungsbestimmungen und die Straßenverkehrsordnung.

Was bedeutet es für eine liberale Gesellschaft wie die deutsche, wenn sich ihr Leben nach und nach an den muslimischen Rechtsvorschriften ausrichten muß? Natürlich wie in Saudi-Arabien auch mit dem Anspruch auf Beachtung dieser Vorschriften durch Nichtmuslime? Wir wollen dabei den real existierenden und praktisch gelebten Islam betrachten. Das muß man auch tun, denn ein liberaler Euro-Islam, wie er bei uns in Deutschland, wo die Muslime noch eine Minderheit von 5 % der Bevölkerung bilden, von weltfremden Professoren, „toleranten" Pfarrern und sich weltoffen gerierenden Politikern herbeigeredet wird, ist in islamischen Ländern nirgends anzutreffen. Er wird auch hier immer ein Hirngespinst bleiben. Selbst wenn auf unseren Universitäten künftige Islamlehrer in diesem Sinne ausgebildet werden, so darf doch füglich bezweifelt werden, daß sie die religiösen Überzeugungen der jungen Muslime nachhaltig beeinflussen können. Vielmehr muß erwartet werden, daß ihr Unterricht in den Koranschulen der Moscheen als bestenfalls unverbindlich bezeichnet, eher jedoch als sündhafte Irrlehre verdammt werden wird. Und das ist maßgeblich für die religiöse Bildung der Kinder.

Was bedeutet eigentlich das Leben nach strengen islamischen Regeln? Diese sind nun einmal für die erdrückende Mehrheit der Muslime maßgeblich. Es kann nicht übersehen werden, daß Männer und Frauen im Islam keinesfalls gleichberechtigt sind, wofür es auch aus dem Koran durchaus Begründungen gibt. Gläubige Muslime meinen nach wie vor, zur Genitalverstümmelung (verharmlosend Beschneidung genannt) ihrer männlichen Kinder verpflichtet zu sein. Gläubigen Muslimen sind strenge Kleidungs- und Speisegebote auferlegt. Natürlich halten sie sich daran, denn den Zorn ihres Gottes wollen sie nicht auf sich herabrufen. Frauen sind verpflichtet, sich häßlich zu verhüllen, in Abstufungen vom nur das Gesicht frei lassenden Kopftuch bis hin zur Ganzkörperverhüllung namens Burka oder Niqab. Schweinefleisch darf nicht nur nicht gegessen werden, vielmehr muß sichergestellt werden, daß selbst die Messer und sonstigen Arbeitsgeräte der Metzger nicht damit in Berührung kommen. Alkoholische Getränke sind ebenfalls verboten. Das heißt also, Gott wird korrigiert. Der Mensch ist von ihm wohl fehlerhaft erschaffen worden, denn man muß erst einmal an ihm herumschneiden, soweit er männlich ist, und man muß Frauen und Mädchen auch über die Bedeckung der Scham hinaus in unterschiedlichem Ausmaß den Blicken der (offenbar sexuell völlig unbeherrschten) Männer entziehen. Tiere, deren Fleisch wohlschmeckend ist, hätte er wohl besser nicht erschaffen, denn sie scheinen doch unrein zu sein. Und auch der köstlichste Wein ist ebenso wie das schäumende Bier ersichtlich eine Fehlleistung des Schöpfers, weswegen sich der Mensch ihres Genusses zu enthalten hat. Die Reihe ließe sich fortsetzen. Kurz und gut, jedenfalls aus unserer Sicht ist doch das Leben als Muslim sauertöpfisch und von widernatürlichen Verboten geprägt. Wollen wir das haben?

Eine solche Lebensweise ist auch mit den bei uns in Jahrtausenden gewachsenen kulturellen Prägungen unvereinbar. Wir haben doch nicht vor 300 Jahren mit der Aufklärung die mittelalterlichen Fehlentwicklungen des Christentums zu einem von rigiden Verboten eingeengten Leben überwunden, um heute tatenlos zuzusehen, wie uns eine importierte Religion nicht nur auf diesen Stand zurückwirft, sondern noch tiefer in die Unmündigkeit versinken läßt.

Das von Freiheit und Lebensgenuß geprägte Dasein des Europäers würde abgelöst von einem freudlosen Leben unter der Knute einer unduldsamen und von Verboten strotzenden Religion. Von der Frohbotschaft zur Drohbotschaft. Wem das übertrieben vorkommt, der stelle sich nur einen Augenblick lang vor, etwa in Saudi-Arabien leben zu müssen.

Es ist auch nicht zu erwarten, daß muslimische Zuwanderer sich wirklich in die liberale deutsche Gesellschaft integrieren. Das würde ja bedeuten, daß sie mit der Zeit in ihr aufgingen und die Lebensweise der weit überwiegenden Mehrheit in diesem Lande annehmen würden. Die Erfahrung der letzten Jahrzehnte zeigt jedoch, daß Muslime in ihren eigenen, abgeschlossenen Gesellschaften leben. Auch wer im Beruf von christlichen und nichtreligiösen Kollegen umgeben ist, auch wer in der Schule mehrheitlich nichtmuslimische Schüler um sich hatte, auch wer auf der Straße, im Bus und im Kaufhaus von mehrheitlich nichtmuslimischen Menschen umgeben ist, auch der lebt in aller Regel in der arabischen oder türkischen Gemeinde – neudeutsch: Community – seiner Stadt. Er heiratet grundsätzlich eine Muslimin, schon weil dieser die Ehe mit einem Nichtmuslim verboten ist, und der Vater das in der Regel auch anordnet. Wirkliche Integration dergestalt, daß junge Muslime außerhalb ihrer Religionsgemeinschaft heiraten und so nach und nach die ursprüngliche Herkunft bedeutungslos wird, findet bis heute in aller Regel nicht statt. Vielmehr sehen wir bis in solche Lebensäußerungen hinein, wie den Jubel bei einem Sieg der türkischen Fußballnationalmannschaft auch von Menschen mit deutschem Paß, sowie der Weigerung türkischstämmiger deutscher Fußball-Nationalspieler, die deutsche Nationalhymne mitzusingen, daß man auch nach Generationen noch tief in der Kultur seiner Vorfahren verhaftet ist. Bei den Nachfahren von Einwanderern z. B. italienischer oder polnischer Nationalität ist das bei weitem nicht der Fall. Vielmehr stellen wir hier regelmäßig in der dritten, vierten und fünften Generation fest, daß es sich um Deutsche in jeder Hinsicht handelt. Nur der Nachname weist noch auf Familiengeschichte hin. Auch hier ist die Ursache leicht darin zu finden, daß es die Herkunft aus einem europäischen und christlich geprägten Land ist, die diese Entwicklung ermöglicht hat. Soweit Politiker und Journalisten davon faseln, daß wir nach 1945 auch Millionen von Flüchtlingen und Vertriebenen aufgenommen und integriert haben, lohnt es sich über solchen Unsinn erst gar nicht zu reden. Deutsche mußte man in Deutschland nicht erst integrieren.

Was ist zu tun? *Principiis obsta!* (Wehret den Anfängen) lautet ein altes lateinisches Sprichwort. Es ist an der Zeit, den Zustrom von Zuwanderern jeder juristischen Kategorie zu begrenzen und zu ordnen. Die Aufnahmefähigkeit eines jeden Landes ist begrenzt, auch des angeblich so reichen und starken Deutschlands. Auch die Deutschen haben das Menschenrecht, ihre Identität bewahren zu können. Politmodisches Geschwätz von der Bereicherung unserer Kultur durch Veränderung muß in die Mülleimer der Kanzleien und Redaktionsstuben entsorgt werden. Auch wenn die Kanzlerin erklärt hat, Asylrecht und Zuflucht für Bürgerkriegsflüchtlinge hätten keine zahlenmäßige Obergrenze, ist das nicht richtig. Verlautbarungen von Politikern haben keineswegs die Qualität, die für Katholiken vom Papst *ex cathedra* verkündete Glaubenssätze haben, auch wenn ihre medialen Sprachrohre diesen Eindruck in langsam peinlich werdender Servilität zu erwecken suchen. Insbesondere ist Deutschland nicht gehindert, das im Grundgesetz verankerte Asylrecht entsprechend zu beschränken. Denn entgegen weit verbreiteter Desinformation gehört der einschlägige Artikel des Grundgesetzes nicht zu denen, die auch von einer verfassungsändernden Mehrheit nicht erheblich verändert oder gar abgeschafft werden dürften (sogenannte Ewigkeitsgarantie). Diese betrifft vielmehr nur Art. 1 (Menschenwürde) und Art. 20 (demokratische Ordnung). Lassen wir also die Politik wissen, daß wir nicht gewillt sind, einen Irrweg mitzugehen.

Leider ist aber auch von den christlichen Kirchen nichts zu erwarten. Weit und breit ist nicht zu sehen, daß sie unter den Muslimen hierzulande Missionsarbeit leisten. Vielmehr enthält man sich dessen ganz offensichtlich. Man scheint das für religiöse Toleranz zu halten. Auch die sogenannte Zivilgesellschaft tut nichts, um ihr liberales Gedankengut bei den Muslimen heimisch zu machen. Denn außer dem Lippenbekenntnis, daß bei uns doch das Grundgesetz und nicht die Scharia gelte, geschieht nichts.

Natürlich können Zuwanderer wertvolle Mitglieder der Gesellschaft ihrer neuen Heimat werden. Dann sind sie auch willkommen. Wer zu uns kommt und sagt, er wolle einer von uns werden, dem wollen wir dabei auch helfen. In der Tat sind zu allen Zeiten Menschen zu uns gekommen. Immer haben sie sich integriert. Jeder von uns hat Vorfahren, die von irgendwo her eingewandert sind, ebenso wie Vorfahren, deren eigene Vorfahren schon immer hier gelebt haben. Dabei soll es auch bleiben.

15. September 2015

Was nun?

Die unkontrollierte Einwanderung wird zur Krise

Die Flut schwillt an. Man mag sich an dem Ausdruck „Flut" stoßen, weil nicht die Wogen des Meeres über unsere Grenzen schwappen, sondern sich Ströme von Flüchtlingen (und Trittbrettfahrern) über unsere Grenzen ergießen. Dennoch will ich den Ausdruck Flut nicht verwerfen, denn das, was wir derzeit erleben müssen, wird zutreffend mit dem Bild der Überflutung beschrieben. Sprach man im Sommer noch von ca. 400.000 Flüchtlingen, aus denen im frühen Herbst 800.000 wurden, so sind wir jetzt bei einer Schätzung von 1,5 Millionen. Städte und Landkreise suchen jetzt schon händeringend nach Unterkünften und Wohnungen für Asylbewerber und Kriegsflüchtlinge. Weil leerstehende Kasernen und Hotels nicht mehr ausreichend zur Verfügung stehen, und auch die Bereitschaft der Bürger, ihre Häuser und Wohnungen mit Zuwanderern zu teilen, oder wenigstens an sie zu vermieten, so gut wie nicht vorhanden ist, werden bereits Rechtsgrundlagen für die Zwangseinweisung in private Immobilien geschaffen. Die Zustände in den Sammelunterkünften werden immer unerträglicher. Die Polizei ist an den Grenzen ihrer Möglichkeiten angekommen. Wie etwa Schulbildung und berufliche Integration gelingen sollen, weiß kein Mensch. Selbst Andrea Nahles rechnet damit, daß allenfalls 10% dieser Leute beruflich Fuß fassen können, der Rest aber dauerhaft Sozialhilfe erhalten wird. Von der erfahrungsgemäß nur äußerst selten gelingenden Integration muslimischer Zuwanderer aus archaischen Gesellschaften einmal ganz zu schweigen. Natürlich wird das alles von Politik und Medien schöngeredet. Die Kanzlerin trägt ihr: „Wir schaffen das“ wie eine Monstranz vor sich her. Unterstützt von ihren Hofschranzen lädt sie mit ihrem törichten Gerede von der rechtlich unbegrenzten Aufnahmeverpflichtung und der wirtschaftlich unbegrenzten Aufnahmefähigkeit ihres Landes die Mühseligen und Beladenen dieser Erde dazu ein, doch zu uns zu kommen, wo man sie willkommen heißen werde.

Natürlich ist der Zeitpunkt absehbar, in dem gar nichts mehr geht, und er ist auch näher, als die Politik und ihre medialen Herolde zugeben wollen. Eines eint Merkel und ihre wenigen Kritiker wie Seehofer: die Angst vor diesem Tag, denn dann müssen sie harte Entscheidungen treffen. Dann müssen sie tatsächlich den Menschen, die sie durch ihr unverantwortliches Gerede geradezu eingeladen haben, zu uns zu kommen statt „Willkommen“ zu sagen, die Tür weisen. Doch wie soll das geschehen? Wird man dann israelische Mauerarchitekten und ungarische Zaunfabrikanten zu Hilfe rufen? Wird man Obama nach seinen Erfahrungen mit dem Grenzwall zwischen den USA und Mexiko fragen? Wird man auf die Erfahrungen der Grenztruppen der ehemaligen DDR zurückgreifen? Das sind zugegeben überspitzte und polemische Formulierungen. Doch angesichts der erbarmungslos harten Wirklichkeit, vor der die Politik noch die Augen verschließt, die jedoch bereits in naher Zukunft unerbittlich zum Handeln zwingen wird, kann die Sirene nicht laut genug heulen, die vor dem Kanzleramt in Gang gesetzt werden muß. Zu befürchten ist allerdings, daß die aktuellen Akteure auf der politischen Bühne dann entweder nichts tun oder sich ins Privatleben zurückziehen werden. Doch wer kommt dann? Müssen wir mit politischen Glücksrittern rechnen? Manche Leute, die sonst auf jeden Topf einen Deckel setzen können, hört man seit Monaten überhaupt nicht mehr. So zum Beispiel das Schlaumeierlein Lindner von der FDP. Erscheinen sie dann wie Kai aus der Kiste mit dem ultimativen Patentrezept? Oder fällt die politische Klasse komplett aus und es geschieht – nichts?

Wenn überhaupt irgend etwas helfen kann, dann sind es Vernunft und Tatkraft der Bürger, die bis jetzt allenfalls in den Leserbriefspalten und Kommentarfunktionen der gedruckten und elektronischen Medien zu Wort kommen. Hier stellt man einen unüberbrückbaren Gegensatz zwischen Realitätssinn auf Seiten der Bürger und den Phantasmagorien der Politiker und Journalisten fest. Wer sich mit wachen Sinnen in seinem persönlichen Umfeld bewegt und die Äußerungen von Freunden wie Kollegen registriert, der wird feststellen, daß zwischen den offiziell genannten Zahlen über die Zustimmung zur Flüchtlings- und Zuwanderungspolitik der Kanzlerin und seinen eigenen Wahrnehmungen Welten liegen. Von den wahlweise 60% oder gar 80 % Unterstützern der Merkel'schen Politik habe ich selbst noch keinen einzigen getroffen. Die Zeitung mit den vier großen Buchstaben, die sich seit Monaten offenbar als Zentralorgan der Regierung versteht, soll bei einer Umfrage zu diesem Thema unter ihren Lesern zwar die stolze Zahl von 340.000 Antworten erhalten haben, muß jedoch zur großen Enttäuschung ihrer Herausgeber und Redakteure zur Kenntnis genommen haben, daß etwa 90 % dieser Leser mit Mutti Merkels Flüchtlingspolitik gar nicht einverstanden sind. Wenn das trotz Propaganda in Goebbels'scher Manier der Fall ist, um wieviel mehr muß das bei den Bürgern der Fall sein, die „nur" der Indoktrination von ARD und ZDF ausgesetzt sind, und nicht noch obendrein täglich verBILDet werden?

Liebe Leser, haben Sie den Mut, sich Ihres eigenen Verstandes zu bedienen!

10. Oktober 2015

Im hellen Deutschland

Ein virtueller Gedankenspaziergang

Ich weiß nicht mehr, wer mich zu dieser Veranstaltung eingeladen hatte. Festrede des Bundespräsidenten zur Woche des Flüchtlings oder so. Ehrlich gesagt, hatte ich mehr auf den Ort als auf den Titel geachtet. Immerhin, die Paulskirche in Frankfurt, durchwabert vom

Geist der Geschichte und irgendwo da drinnen muß er ja wohnen, der Geist von Freiheit und Demokratie. Da saß ich nun, hörte nun frisch, dennoch getragen von einem Jugendorchester intonierten Mozart und sah dann den Bundespräsidenten zum Rednerpult gehen. Unwillkürlich konzentrierte sich meine Aufmerksamkeit dann auf die Gäste in meinem Blickfeld. Weil ich nun in einer der ersten Reihen, allerdings am Rand (beim besten Willen kann ich nicht mehr sagen, ob links oder rechts) plaziert worden war, musterte ich unwillkürlich die Gesichter meiner Nachbarn in den Reihen, die ich bequem überblicken konnte, ohne meine Nackenmuskulatur allzusehr dehnen zu müssen. Eine nur wenige Meter entfernt sitzende Dame fesselte meine Aufmerksamkeit. Wieso eigentlich bleibe ich an diesem Gesicht hängen? Sicher, sie ist elegant, geschmackvoll gekleidet, sie hat ihr mittellang geschnittenes nachtschwarzes Haar mit einer jener kaum angedeuteten Bewegungen in den Nacken geworfen, die ihre Herkunft aus gutem Hause und ihre Erziehung in einem teuren Internat verraten. Bei den ersten Worten des Bundespräsidenten spielt ein wissendes Lächeln um ihre Lippen, die den sündhaft teuren Stift, mit dem sie dezent betont werden, erahnen lassen. Ihre perfekt gezeichneten Augenbrauen heben sich leicht. In diesem Augenblick entsteht der Eindruck habitueller Arroganz.

Und nun weiß ich, was mich an dieser Dame so fesselt: ich bin gerade in ihre Gedankenwelt eingetreten. Ich kann Gedanken lesen! Sie legt den Kopf leicht in den Nacken und schließt ihre Augen halb. Ich lese, nein ich höre sie zu sich selbst sprechen:

Ach, hin und wieder müssen wir doch unter uns sein. Wir, die wir gebildet, kultiviert und weltoffen sind, wir Intellektuellen, Künstler und Medienschaffenden. Wir, die wir in den Redaktionen der Qualitätszeitungen, den Vorständen der Dax-Unternehmen und auf den Lehrstühlen der Universitäten sitzen. Wenigstens für zwei Stunden müssen wir nicht den Anblick all dieser Banausen, Pegidisten und Populisten ertragen. Mein Gott, all diese Typen mit ihrem gesunden Menschenverstand, ihrer biederen Bürgerlichkeit in ihren Mittelklasse-Autos und Lieferwagen, ihrer Biergartenrhetorik und ihrem hinterwäldlerischen Nationalismus. Klar, man kommt ja ganz ohne sie auch nicht aus. Wenn ich nur an diesen Installateur denke, der letzten Samstagabend das Gäste-WC in meinem Loft wieder gangbar gemacht hat. Der es nicht lassen konnte, mit seinem Brunftbariton über Flüchtlinge herzuziehen! Und nach Schweiß gestunken hat er auch noch! Naja, er mußte sich auch ziemlich abmühen. Aber eine unverschämte Rechnung hatte ich doch schon am Dienstag in der Post! Ich habe es dann gleich Mirjam erzählt, die für so etwas auch gar kein Verständnis aufbringen kann.

Überhaupt Mirjam. Eigentlich sollte sie heute auch hier sein. Doch ihre weiche warme Hand spüre ich nicht. Sie muß ja noch die Nachprüfung der beiden Studierenden aus ihrem Hauptseminar über die Implementierung von Gender und Diversity in die Didaktik der gymnasialen Unterstufe durchführen.... Die Geigerin da vorne, die mit diesem zarten, feingeschnittenen Gesicht, mit der leichten Röte auf de Wangen, die natürlich von der Aufregung über den Auftritt herrührt, gleicht sie nicht Leonie? Leonie. Daß dieser ekelhafte Kerl von meinem Bruder eine so wunderbare Tochter haben kann, verstehe wer will. Ups, wohin führen mich meine Gedanken? Nein wirklich, Wilhelm – unsere Eltern haben ihm den Namen als Programm gegeben, und leider hat er sie nicht enttäuscht. Jurist und Reserveoffizier ist er geworden, schreibt wirklich rechtsradikale Leserbriefe und sähe seine Tochter am liebsten so schnell wie möglich als Mutter von wenigstens drei Kindern. Dieses zarte Geschöpf! Furchtbar! Dagegen muß man an! Vielleicht sollte ich ihr zusätzlich zum ZEIT-Abo noch die Habermas-Reihe schenken. Oder eine Karte für das Willkommens- und Benefizkonzert für die Flüchtlinge mit Herbert Grönemeyer am nächsten Sonntag.

Oh, Gauck kommt langsam zum Schluß. Der Duktus seiner Predigt verläßt den Bereich des Erhabenen und setzt zur Landung auf den launigen Floskeln an, die nun einmal den Übergang einer guten Rede zur Ankündigung des zweiten Musikstücks bilden, das uns jene wunderbaren jungen Menschen nun vortragen werden. Jetzt habe ich gar nicht so richtig darauf geachtet, ob er meinen Text auch unverändert vorgetragen hat... Ich habe es doch wirklich auf den Punkt gebracht, was der Bundespräsident bei dieser Gelegenheit und in diesem Zusammenhang sagt. Ach ja, der Beifall tut gut. Er (eigentlich ich!) hat wieder einmal gesagt, was gesagt werden mußte...

Mozart hat mich dann doch unwiderstehlich aus den Gehirnwindungen dieser Dame herausgezogen. Eigentlich kenne ich sie doch irgendwo her. Habe ich sie nicht neulich in irgendeiner dieser Talkshows gesehen? Hat sie moderiert oder räsoniert? Ist auch egal. Hierhin habe ich mich eh nur verlaufen. Aber die Paulskirche, die war den Besuch trotz allem Wert.

13. Oktober 2015

Was will und was soll Merkel?

Ist unsere Regierung noch <u>unsere</u> Regierung?

Das Chaos wird täglich größer. Niemand kann überhaupt noch genau sagen, wie viele Menschen derzeit in unser Land kommen, wo sie dort leben und wer von ihnen auf Dauer hier bleiben wird. Am wenigsten weiß dies offenbar die Bundeskanzlerin, am meisten davon wissen vielleicht Bürgermeister und Landräte. Die nur noch mit dem durchwinken und kanalisieren der Menschenströme beauftragte Polizei sollte man besser nicht fragen. Die Maulkörbe tragen nur ihre Hunde sichtbar. Ob die Bundeskanzlerin überhaupt irgendwelche Absichten verfolgt, und wenn ja, welche, ist schwer zu sagen. Sie muß sich daher nicht wundern, wenn allerlei Verschwörungstheorien ins Kraut schießen und die Rufe nach ihrem Rücktritt zahlreicher und lauter werden. Wir wissen also nicht genau, was sie will. Schauen wir doch einmal, was sie eigentlich soll.

Auch wenn es in der gegenwärtigen Situation, die vom fortdauernden Rechtsbruch der Regierenden gekennzeichnet ist, geradezu frivol erscheint, im Grundgesetz nachzusehen, was gewählte Politiker eigentlich tun sollen, wollen wir das dennoch tun. Denn was kann maßgeblich sein, wenn nicht die Verfassung? Art. 56, 64 GG legen fest, was Bundespräsident, Bundeskanzler und Bundesminister zu Beginn ihrer Amtszeit schwören:

„Ich schwöre, daß ich meine Kraft dem Wohle des deutschen Volkes widmen, seinen Nutzen mehren, Schaden von ihm wenden, das Grundgesetz und die Gesetze des Bundes wahren und verteidigen, meine Pflichten gewissenhaft erfüllen und Gerechtigkeit gegen jedermann üben werde. So wahr mir Gott helfe."

Es ist also das deutsche Volk, dem die Bundeskanzlerin verpflichtet ist, was ihr Amtseid auch bekräftigt. Es bedarf eigentlich keiner Nachfrage oder Definition, was ein Volk und somit auch das deutsche Volk ist. Wer insoweit Zweifel hat, kann jedoch aus dem Grundsatzprogramm der Partei, deren Vorsitzende Frau Merkel ist, Klarheit gewinnen. Ziffer 32 des Grundsatzprogramms aus dem Jahre 2007 – das ist das aktuell gültige Programm der CDU – lautet:

„Der Zusammenhalt unserer Gesellschaft hat sein Fundament in unserer Zusammengehörigkeit als Nation. Unsere gemeinsame Sprache, unsere Geschichte sowie das Leben und Handeln in einem wieder vereinten Nationalstaat begründen ein patriotisches Zusammengehörigkeitsgefühl. Wir bekennen uns zu unserer schwarz-rot-goldenen Fahne und zu unserer Nationalhymne als Symbole unserer Demokratie. Die Nation ist eine Verantwortungsgemeinschaft für die Vergangenheit, für die Gegenwart und für die Gestaltung der Zukunft. Jeder, der zu uns kommt und auf Dauer bei uns bleiben will, ist aufgefordert, sich mit diesem Land und seiner Geschichte vertraut zu machen und dadurch seinen Platz in unserem Land zu finden."

In Ziffer 33 fährt das Programm fort:
„Ohne die gemeinsame Wertschätzung unseres freiheitlichen Gemeinwesens, ohne Patriotismus, ohne die Bereitschaft, in Heimat und Nation Pflichten zu erfüllen, Verantwortung zu übernehmen und Solidarität zu üben, kann ein Staat nicht gedeihen."

Ziffer 34 stellt klar, was diesen Staat trägt:
„Nur mit dem klaren Bekenntnis zu uns selbst als einer durch Geschichte und Kultur geprägten Gemeinschaft freier Bürger können wir Integration und Teilhabe überzeugend fordern. Denn

Teil dieser Gesellschaft zu sein, heißt, an ihrer Geschichte, ihren Traditionen und Erfahrungen, ihren Formen und Normen des Zusammenlebens, also an ihrer Kultur teilzuhaben. Das gilt für jeden Deutschen und für Zugewanderte oder Zuwandernde und ihre Kinder."

Was also anzustreben und umzusetzen ist, ist jedenfalls nach dem geltenden Programm der Partei, der die Bundeskanzlerin vorsitzt, völlig klar: es gilt, die so definierte deutsche Nation zusammen zu halten. Wer von außen hinzukommt, muß sich ihre Geschichte, ihre Traditionen und Erfahrungen, ihre Formen und Normen des Zusammenlebens, kurz ihre Kultur, zu eigen machen. Gemessen an diesen Forderungen ist die Integration von Zuwanderern in den letzten Jahrzehnten zum großen Teil nicht gelungen. Warum sie hinsichtlich der nun unkontrolliert hereinströmenden Menschenmassen besser gelingen soll, erschließt sich nicht. Wenn es einfach hingenommen wird, daß selbst in der zweiten und dritten Generation von Zuwanderern ersichtlich keine Identifikation mit der deutschen Kultur und Tradition stattfindet, dann muß man sich schon fragen, warum unsere gewählten Politiker nichts dagegen unternehmen. So ist es zum Beispiel kein unwesentliches Detail, sondern eine plakative Demonstration des Andersseins, wenn Spieler der deutschen Fußball-Nationalmannschaft grundsätzlich die deutsche Nationalhymne nicht mitsingen und dafür als Entschuldigung anführen, der Respekt vor ihren türkischen Eltern verbiete das eben. Und es ist nachgerade der Beweis mangelnder Identifikation mit dem deutschen Volk, wenn türkischstämmige Jugendliche mit deutschem Paß nicht etwa nach dem Sieg der deutschen Fußball-Nationalmannschaft im Autokorso mit deutschen Fahnen durch die Innenstädte fahren, sondern nach dem Sieg der türkischen Fußballnationalmannschaft im Autokorso mit türkischen Fahnen jubelnd die Plätze der Innenstädte umrunden. Von den Parallelgesellschaften in deutschen Großstädten, den Stadtvierteln, in die sich die Polizei schon gar nicht mehr hineintraut und wo statt der deutschen Gesetze die Scharia verbindlich ist, von alledem will die Politik offenbar nicht einmal Kenntnis nehmen.

Die Frage nach einer Identifikation mit der deutschen Geschichte, zum Beispiel den Abwehrkämpfen gegen die Hunnen im Mittelalter, mit der deutschen Kultur wie etwa den Werken Goethes oder Mozarts, den bahnbrechenden Leistungen deutscher Wissenschaftler oder auch der Schaffung des freiheitlichen demokratischen Rechtsstaates, diese Frage zu stellen, heißt sie zu verneinen. Einem großen Teil der Zuwanderer in dieses Land ist das alles völlig gleichgültig, sie interessiert ausschließlich ihr wirtschaftliches Wohlergehen, das ihnen dieser Staat zu garantieren hat. Soweit sie sich überhaupt in Teilen von der Kultur ihrer Herkunftsgesellschaft lösen, geschieht das allenfalls zugunsten eines diffusen „One World Feelings", was man vielleicht zutreffend auch mit Coca-Cola Kultur umschreiben kann. Wer jedoch in Deutschland mit Nachdruck einfordert, was zum Beispiel im Grundsatzprogramm der Partei steht, der die Bundeskanzlerin vorsteht, der muß sich anhören, er sei ein Hetzer, Ausländerfeind und Schlimmeres.

Auch wenn das aktuelle Flüchtlingschaos zur Zeit das beherrschende Thema der deutschen Politik ist, so wollen wir darüber nicht vergessen, was die große Mehrheit der deutschen Politiker, angeführt von der Bundeskanzlerin, uns sonst noch so beschert. Die nur noch in Billionen Euro zu messende Verschuldungspolitik, die Aufgabe des eigenen politischen Gestaltungswillens zu Gunsten einer Fremdbestimmung durch die Europäische Union und die Vereinten Nationen, die mit bloßer Naivität nicht mehr erklärbare Tatenlosigkeit gegenüber knallharter nationaler Interessenpolitik von Verbündeten wie Frankreich, all das stellt bei Lichte besehen die permanente Verletzung der Amtspflichten dar, wie sie im Amtseid der Bundeskanzlerin und ihrer Minister beschrieben werden.

Es wäre also zunächst einmal von Nöten, daß die Bundeskanzlerin das Ziel ihrer Flüchtlingspolitik definiert. Dieses Ziel muß die Integration der Zuwanderer in das deutsche Volk sein. Sie kann nur gelingen, wenn sie zum einen wirklich gewollt ist, und zum anderen jährlich nur eine sehr überschaubare Zahl von Menschen aus fremden Kulturen aufgenommen wird. Denn nur dann wird es möglich sein, diesen relativ wenigen Menschen kurzfristig eine gute Kenntnis der deutschen Sprache zu vermitteln, sie mit der deutschen Kultur vertraut zu machen und sie für den deutschen Arbeitsmarkt zu qualifizieren. Frau Merkel indessen läßt es wissentlich geschehen, daß genau das Gegenteil geschieht. Wir werden in den nächsten Jahren Millionen von Menschen unter uns haben, die unsere Sprache nicht oder nur unzureichend sprechen, von unserer Kultur nichts wissen und nichts wissen wollen, und unsere Wirtschaftskraft nicht stärken, sondern durch Bezug von Transferleistungen schwächen. Solange Frau Merkel und ihre Herolde in den Medien jedoch sicher sein können, daß das Volk dies alles hinnimmt, weil es sich selbst gar nicht als Volk, sondern allenfalls als Bevölkerung versteht, wird sich nichts ändern, jedenfalls nichts zum Besseren.

Vor einigen Jahren erschien in Deutschland ein heißumstrittenes Buch. Sein Titel war prophetisch: Deutschland schafft sich ab. Das ist sprachlich natürlich verkürzt, aber prägnant. Tatsächlich erleben wir eine Veränderung der Grundlagen dieses Staates. Wenn nationale und internationale Rechtsregeln permanent ignoriert oder gar gebrochen werden, wenn das Staatsvolk nicht davor geschützt wird, daß seine kulturellen und rechtlichen Grundlagen ausgehöhlt und die so entstandenen Leerräume mit anderen Inhalten gefüllt werden, dann wird es Zeit, erneut in unsere Verfassung zu schauen. Art. 20 Abs. 4 GG lautet:
„Gegen jeden, der es unternimmt, diese Ordnung zu beseitigen, haben alle Deutschen das Recht zum Widerstand, wenn andere Abhilfe nicht möglich ist."

Andere Abhilfe ist durchaus möglich, aber auch geboten. Die Bürger müssen eben den Mut haben, ihre Regierenden unmißverständlich daran zu erinnern, für wen sie von Verfassungs wegen eigentlich da sind. Und sie müssen in der Minute, in der sie auch tatsächlich der Souverän sind, nämlich in der Wahlkabine, den Politikwechsel in Gang setzen. Das erfordert allerdings auch den Mut, Neulinge und Außenseiter an die Schalthebel der Macht zu setzen. Wer nicht wagt, der nicht winnt.

25. Oktober 2015

Mit brennender Sorge...

Die Kirchen und die Flüchtlingskrise

Es ist nicht zu übersehen, daß die Mehrheit der Deutschen den Zustrom von Flüchtlingen bzw. Menschen, die allgemein in den Medien so genannt werden, kritisch sieht. Die meisten wollen, daß das einfach aufhört. Am 6.10.2015 waren 59 % der Befragten nach einem führenden Meinungsforschungsinstitut der Auffassung, daß die Entscheidung der Bundeskanzlerin, syrische Flüchtlinge aus Ungarn unregistriert einreisen zu lassen, falsch gewesen sei. Allensbach berichtet am 21.10.2015, daß 69 % der Befragten sagen, aus ihren persönlichen Gesprächen mit Freunden, Nachbarn und Kollegen gehe hervor, daß sie die Aufnahme weiterer Flüchtlinge ablehnten. Nach Forsa waren am 5.11.2015 69 % der Befragten für die Einrichtung von Transitzonen. Politiker wollen gewählt werden. Man wird gewählt, wenn man in den Augen seiner Wähler tut, was sie für richtig halten. Horst Seehofer weiß das. Von den führenden Politikern in Deutschland dürfte er derjenige sein, der zumindest rhetorisch am nächsten bei seinen Wählern ist. Daß sein tatsächlicher Wirkungsgrad in Sachen Begrenzung der Zuwanderung eher bescheiden ist, steht auf einem anderen Blatt. In der Politik gilt vor allem, wie man sich in den Medien darstellt.

Die Divergenz zwischen der großen Mehrheit des Volkes und der in der Eigenwahrnehmung Eliten des Volkes ist ebenfalls unübersehbar. Das ist natürlich auch denen klar, die uns dazu bewegen wollen, unbegrenzt viele Menschen mit offenen Armen aufzunehmen. In vorderster Front stehen dabei neben den üblichen Verdächtigen (Grüne, Künstler, Intellektuelle) zunehmend die Vertreter der christlichen Kirchen. Nahezu täglich hören wir von einschlägigen Appellen der Bischöfe beider Konfessionen. In Bayern haben nun 45 führende Ordensgeistliche einen offenen Brief an Horst Seehofer gerichtet, der ihn zu einem menschenfreundlichen Engagement für Geflüchtete anhalten soll. Es lohnt sich, diesen offenen Brief in Auszügen wiederzugeben. Über die Flüchtlinge heißt es:

„Sie kommen zu uns, weil sie vor Krieg, Verfolgung und Hunger flüchten. Bei uns hoffen sie, auf ein Land zu treffen, in dem sie geachtet werden unabhängig davon, welcher Religion und Nation sie angehören, welche politisch-demokratische Gesinnung sie vertreten und ob sie arm oder krank sind. Weil in ihren Heimatländern jede Perspektive fehlt, ihre Familien durch redliche Arbeit zu ernähren, wollen sie ihre Arbeitskraft bei uns einsetzen und damit ihr tägliches Brot verdienen."

Im Klartext heißt das, daß die Unterzeichner wünschen, Menschen in unbegrenzter Zahl bei uns aufzunehmen, die in ihrer Heimat keine wirtschaftliche Perspektive haben. Solche Leute haben sich aktuell zum Beispiel in großer Zahl aus Nigeria zu uns aufgemacht und durchqueren derzeit die Sahara in Richtung Norden. Insoweit fehlt natürlich auch nicht der populäre Glaubenssatz der Linken:

„Wir stellen auch beschämt fest, wie sehr unser Reichtum auf dem Rücken der Menschen in Afrika, Asien und dem vorderen Orient erwirtschaftet wurde."

Selbstverschuldete Ursachen wie Korruption, Vetternwirtschaft und religiös begründete Wissenschaftsfeindlichkeit kommen im Weltbild der Unterzeichner nicht vor. Dafür umso mehr die Vorstellung sozialistischer Umverteilung, wenn es heißt:

„Als Menschen ist es unsere Pflicht, anderen zu helfen. Als Christinnen und Christen treten wir ein für eine Kultur des Teilens. Als Ordensleute solidarisieren wir uns mit den Geflüchteten in vielfältigen Engagements, Hilfsaktionen und konkreten Initiativen."

Deswegen hat der bayerische Ministerpräsident nach ihrer Auffassung auf die Meinung der Bevölkerung einzuwirken, was dann in die Form des Aufrufs gekleidet wird:

• Wir appellieren an Sie, dringend von einer Rhetorik Abstand zu nehmen, die Geflüchtete in ein zwielichtiges Licht stellt. Wir plädieren vielmehr dafür, in den politischen Debatten und Entscheidungen die Geflüchteten zuerst als Mitmenschen zu sehen, die als Schwestern und Brüder zu uns kommen und unsere Solidarität brauchen.

• Wir appellieren an Sie, unbedingt von der Maßnahme Abstand zu nehmen, Transitzonen und Auffanglager einzurichten. Wir plädieren vielmehr dafür, auch die Asylanträge von Geflüchteten aus sogenannten sicheren Herkunftsstaaten individuell und mit einem wohlwollenden Blick auf die Schicksale dieser Menschen zu prüfen. Denn nur die Einzelfallprüfung entspricht dem Grundgedanken unseres deutschen Asylrechts.

• Wir appellieren an Sie, sich einzusetzen, daß die Erklärung, die Westbalkanstaaten Bosnien, Serbien, Mazedonien, Albanien, den Kosovo und Montenegro als sogenannte sichere Herkunftsstaaten zu deklarieren, wieder zurückgenommen wird. Wir plädieren vielmehr dafür, die Korruption und damit Willkürherrschaft sowie die Unterdrückung von Minderheiten ernst zu nehmen, die in diesen Ländern nach wie vor herrschen und Menschen Angst machen und zur Flucht drängen, und den Status als sicheres Herkunftsland so lange auszusetzen, bis die demokratischen Kräfte in diesen Ländern sichtbar weiter gekommen sind als dies bislang der Fall ist.

• Wir appellieren an Sie, den oft menschenunwürdigen Zuständen in den Flüchtlingsunterkünften Einhalt zu gebieten und die in manchen Unterkünften eingeführten Kontrollen der Geflüchteten abzustellen. Wir plädieren vielmehr dafür, auf allen Ebenen der Politik und Gesellschaft – im Bereich der Schulen, Universitäten, Handwerkskammern u. a. – Regelungen zu finden, die es den Geflüchteten erlauben, möglichst schnell für sich und unser Land an einer menschenwürdigen Zukunft zu bauen.

Man übt also Druck auf einen Ministerpräsidenten aus, mit dem Ziel, ihn dazu zu bewegen, seine bisherige Politik auf diesem Felde vollständig umzukehren. Woher Ordensobere das Mandat haben, derartig hochpolitische Forderungen zu erheben, und zwar wohlgemerkt, nicht als Privatpersonen, sondern in ihrer geistlichen Funktion, wird nicht mitgeteilt. Das nimmt auch nicht Wunder, denn ein politisches Mandat haben die christlichen Kirchen nicht, was sie unter anderem vom Islam unterscheidet. Vielmehr hat Jesus Christus selbst es abgelehnt, sich in die Händel dieser Welt einzumischen. Berühmt ist seine Antwort auf eine einschlägige Frage: „So gebt dem Kaiser, was des Kaisers ist, und Gott was Gottes ist".

Diese Geschichte ist im Neuen Testament offensichtlich von so zentraler Bedeutung, daß sie immerhin von drei der vier Evangelisten nahezu wortgleich berichtet wird. Die modernen Diener Christi indessen scheinen das nicht mehr zu beherzigen. Vielmehr nehmen sie nicht nur ein zeitgeistig von falscher Moral triefendes Wächteramt war, sondern schämen sich nicht einmal, wenn sie in diesem offenen Brief den Titel der Enzyklika des Papstes Pius XI. vom 14.3.1937 zitieren und für sich in Anspruch nehmen. Das natürlich in dem Zusammenhang, der in einem derartigen Appell der Bessermenschen dieser Republik nicht fehlen darf:

„Als Ordensleute nehmen wir ***mit brennender Sorge*** *(Hervorhebung des Verf.) wahr, wie auch in unserem Land rechtsnationale Kräfte und Meinungen wieder sprach- und öffentlichkeitsfähig werden, die ein Klima der Angst und Bedrohung schüren und gegen Geflüchtete und Menschen anderer Religionen hetzen und inzwischen schon tätlich gegen sie vorgehen."*

Man vergleicht nicht nur, nein man setzt die kritische, allerdings zu 99,9 % friedliche Haltung der Deutschen zur Flüchtlingspolitik ihrer Bundesregierung mit der Situation in Deutschland vier Jahre nach der Machtergreifung der Nazis gleich, als die Entrechtung von Minderheiten, Verfolgung und Ermordung politischer Gegner und die Errichtung einer brutalen Diktatur schon im vollen Gange waren. Wer die demokratische Willensbildung, auch wenn ihm deren Richtung nicht paßt, sprachlich mit der nationalsozialistischen Diktatur gleichsetzt, der versündigt sich am Frieden in unserem Volk. Denn er überantwortet die Mehrheit des Volkes dem sozialen Tod. Wer nämlich auch nur der Sympathie für braunes Gedankengut geziehen wird, der ist damit bereits aus der Gemeinschaft der Anständigen ausgestoßen. Genau das will, wer vom politisch korrekten Mainstream abweichende Meinungen als rechtsnationale Hetze diffamiert.

Daß inzwischen auch prominente Geistliche zu solchen Mitteln greifen, sehe ich nun mit brennender Sorge.

11. November 2015

An die Gewehre!

Der Terror bedarf einer kompromißlosen Antwort

Die Ereignisse vom 13. November 2015 in Paris machen deutlich, um was es geht. Es ist eben nicht einfach so, daß Terroristen auf ihre Anliegen aufmerksam machen wollen, wie das in der Vergangenheit so oft gesagt worden ist. Nein. Diese Glaubenskrieger wollen uns unterwerfen. Es geht ihnen nicht etwa lediglich um die Eroberung der arabischen Halbinsel oder die Auslöschung des Staates Israel. Es geht Ihnen glasklar um den Sieg des Islam. Dem Islam, jedenfalls so wie sie ihn verstehen, ist unsere westliche Lebensweise zuwider. Ihre Äußerungen im Bekennerbrief zu den Anschlägen in Paris belegen das. Sie wollen nichts anderes, als uns zu unterwerfen. Wir sollen entweder ihren Glauben annehmen, oder wenigstens uns als ungläubige Bürger zweiter Klasse ihnen dienstbar machen. Wer das nicht in aller Klarheit sieht, der wird in einer Haltung verharren, die von Ängstlichkeit und Verständnislosigkeit geprägt ist. Wer indessen begriffen hat, daß es hier um einen Weltanschauungskrieg geht, der weiß auch, daß es um Sein oder Nichtsein geht. Rüsten wir uns also geistig für diesen Krieg. Seien wir entschlossen, den Kampf aufzunehmen und den Feind zu besiegen. In der Begrifflichkeit der militärischen Taktik bedeutet das, den Feind nicht nur zu werfen (laienhaft: zurückzudrängen), nicht nur zu zerschlagen (laienhaft: seine Macht zu brechen und seine Truppen entscheidend zu schwächen), sondern zu vernichten (laienhaft: seine Truppen so nachhaltig aufzureiben, daß von ihnen nichts mehr übrig bleibt, und somit keine Gefahr mehr von ihnen ausgeht). Nur wenn wir alle innerlich diese Entschlossenheit in uns tragen, wird es auch unseren Sicherheitskräften, und zwar ausdrücklich einschließlich der Soldaten gelingen, diese tödliche Gefahr zu beseitigen. In diesem Sinne: An die Gewehre!

14. November 2015

Das Sprachgesetzbuch

Die Presse bringt sich selbst um die Pressefreiheit

Man hat es ja geahnt. Der Sprachgebrauch in den Medien wird seit Jahren immer einförmiger. Die *political correctness* verbietet Journalisten ganz offensichtlich bestimmte Begriffe. Das „Schnitzel mit dem verbotenen Namen" (Zigeunerschnitzel) ist keineswegs nur eine skurrile Arabeske der öffentlich wahrnehmbaren Sprache. Die immer groteskeren Umschreibungen von Sachverhalten und schönfärberischen Wortneuschöpfungen hat man zunächst amüsiert, dann irritiert zur Kenntnis genommen. Inzwischen macht sich Verständnislosigkeit breit. So wurde der Neger erst zum Schwarzen, dann zum Farbigen um inzwischen als Afrodeutscher politisch korrekt in den Medien zu erscheinen. Man kann Wetten darauf abschließen, daß auch dieser Begriff irgendwann als diskriminierend betrachtet und durch eine noch absurdere Vokabel ersetzt werden wird.

Natürlich ist allgemein bekannt, daß unter den Medienschaffenden, um einmal einen „gendergerechten" geschlechtsneutralen Begriff zu benutzen, die Anhänger der linken Parteien (SPD, Grüne, Linke) mit rund 70 % nicht nur quantitativ dominieren, sondern auch die veröffentlichte Meinung prägen. Daß es jedoch schon ein Wörterbuch des politisch korrekten Sprachgebrauchs gibt, überrascht den Zeitungsleser und die Fernsehzuschauerin dann doch. Es ist wohl der Erkenntnis geschuldet, daß der Zensur, die ja immer erst nach der Erstellung von Artikeln und Manuskripten aktiv werden kann, eine vorherige Schulung der Textverfasser vorzuziehen ist. Denn dann muß die Zeitung nicht mit peinlichen Schwärzungen erscheinen.

Vielmehr sorgt die soziale Selbstkontrolle der beteiligten Journalisten schon dafür, daß keiner aus der Reihe tanzt. Im Dritten Reich und in der DDR hat das ja auch prima funktioniert. Für die Umsetzung dieser wirklich bahnbrechenden Erkenntnis sorgt ein eingetragener Verein namens „Neue deutsche Medienmacher". Er gibt bereits in 3. Aufl. ein Glossar, also ein Verzeichnis von Begriffsdefinitionen, heraus, das den unmißverständlichen Titel trägt: „Formulierungshilfen für die Berichterstattung im Einwanderungsland". Dies mit freundlicher Unterstützung der Amadeu Antonio Stiftung unter dem Vorsitz der bekannten Frau Annetta Kahahne, weniger bekannt als von 1974-1982 für die Stasi tätige IM Victoria. Auf über 50 Seiten werden hier die politisch korrekten Bezeichnungen für Personen und Sachverhalte rund um das Thema Einwanderung vorgegeben. Wenn man aufmerksam gedruckte und gesendete Medien verfolgt, so wird man schnell feststellen, daß dieses Sprachgesetzbuch peinlich genau befolgt wird. Die soziale Kontrolle funktioniert hervorragend. Niemand will in das gesellschaftliche und berufliche Abseits geraten. Der Disziplinierungsfaktor der sozialen Selbstkontrolle ist hier deutlich höher, als der des Strafgesetzbuches. Wer beispielsweise in diesem Glossar die Definition für Rechtsextremismus nachliest, der wird feststellen, daß sie höchstwahrscheinlich auch auf ihn selbst zutreffen dürfte, es sei denn, er gehöre zu denen, die an diesem Wörterbuch mitarbeiten oder es freudig benutzen.

Es wäre in der Tat interessant zu wissen, ob dieses Wörterbuch in den Redaktionen auf den Schreibtischen liegt, oder inzwischen als elektronische Datei oder bedrucktes Papier gar nicht mehr benötigt wird, weil die Damen und Herren Journalisten es auswendig herunterbeten können.

17. November 2015

Hilfe! Der Nationalstaat kommt zurück!

Deutschland und die EU

Was in der Euro-Krise noch mit Billionenaufwand mühsam zu verdecken versucht wurde, wird nun in der Flüchtlingskrise offensichtlich: das Projekt Europa ist eine Schönwetterveranstaltung, jedenfalls in der Ausformung, welche die politisch-mediale Klasse in Europa sich vorstellt. Die Weigerung der meisten Staaten der Europäischen Union, Zuwanderer aus dem Orient und Afrika aufzunehmen, jedenfalls in dem Ausmaß, das sich Frau Merkel und ihre politischen Freunde vorstellen, bringt es an den Tag: das gemeinsame Haus Europa steht auf einem brüchigen Fundament. Deswegen reiten Europapolitiker wie Juncker und Schulz abwechselnd wütende Attacken gegen die angeblich unsolidarischen Staaten vor allem Osteuropas, aber auch zum Beispiel Großbritannien, oder lamentieren über das angeblich bevorstehende Auseinanderbrechen der Europäischen Union.

Als Schreckgespenst aus angeblich überwundener Vergangenheit, gewissermaßen als Zombie der Geschichte, muß dabei der Nationalstaat herhalten, dessen Wiederauferstehung zu nichts als Krieg und Elend führen kann. Dabei wird zunächst einmal völlig übersehen, daß der Nationalstaat selbstverständlich immer noch existiert, ja die völkerrechtliche Grundlage für supranationale Bündnisse und Vereinigungen wie die Europäische Union, die NATO oder die UNO darstellt. Daran wird deutlich, daß diese Klageweiber der Europapolitik den Tod eines Gebildes bejammern, das es tatsächlich nie gegeben hat, nämlich eines europäischen Bundesstaates.

Es mag ja sein, daß nach dem Zweiten Weltkrieg der Wunsch nach der Überwindung des Nationalstaates an der Wiege des Projektes einer europäischen Einigung gestanden hat. Indessen ging es doch zunächst einmal um eine vertiefte wirtschaftliche Zusammenarbeit, die selbstverständlich nur im Wege der Institutionalisierung und Schaffung verbindlicher Regeln, wie etwa einer Zollunion, zu haben war. In diesem Umfang waren natürlich auch nationale Souveränitätsrechte aufzugeben. Die Vorläuferin der Europäischen Union, die gute alte

EWG, hatte eigentlich alle Regeln geschaffen, die zur Überwindung künstlicher Handelsschranken erforderlich waren. Sie war auch zunächst auf solche Mitgliedsstaaten beschränkt, deren Wirtschaftskraft und Gesellschaftsordnung gleichartig oder zumindest miteinander kompatibel waren. Der nach dem Zweiten Weltkrieg besonders verständliche Wunsch, daß europäische Völker niemals mehr gegeneinander zu den Waffen greifen sollten, fand seine Erfüllung in der Gründung der NATO. Die Struktur dieses Bündnisses mit ihren integrierten Kommandostäben und multinationalen Verbänden geht weit über das hinaus, was bis dahin Koalitionen in Kriegszeiten ausmachte. Die NATO ist eben kein anlaßbezogenes und zeitlich auf eine bestimmte Situation beschränktes Bündnis, in dem verbündete Staaten ihre Armeen Seite an Seite kämpfen lassen, sondern eben eine supranationale Organisation, auf unbefristete Zeit angelegt und mit einer eigenen militärischen Struktur ausgestattet. Allerdings tut auch ihr die uferlose Ausweitung nicht gut.

Damit war sowohl dem Wunsch nach einer wirtschaftlichen Zusammenarbeit, die den allgemeinen Wohlstand der europäischen Völker heben konnte, als auch der Sehnsucht nach einem dauerhaften Frieden in Europa nachhaltig Rechnung getragen. Doch den Verfechtern eines europäischen Einheitsstaates, der die verhassten Nationalstaaten ablösen sollte, war das natürlich nicht genug. Diese Spezies von Politikern und Publizisten stürzte die Völker Europas in das Abenteuer einer nahezu unbegrenzt erweiterten Europäischen Union mit einer gemeinsamen Währung. Das konnte nicht gut gehen. Diese Veranstaltung lieferte den Fernsehzuschauern zwar beeindruckende Bilder von immer prächtigeren Kongressen und gab den Politikern Stichworte für immer blumigere Sonntagsreden. Als jedoch die ersten wirklichen Belastungen dieser Konstrukte auftraten, begann sich das Bild zu verdüstern. Schon die Bankenkrise von 2008 konnte nur mit einer abenteuerlichen Verschuldungspolitik mehr verkleistert als gelöst werden. Die sogenannte Eurokrise, tatsächlich die Erkenntnis, daß die südeuropäischen Länder (und auch Frankreich) wirtschaftlich mit den mittel- und nordeuropäischen Ländern nicht mithalten können, brachte bereits an den Tag, daß Eurozone und Europäische

Union jedenfalls in der heutigen Gestalt eine Fehlkonstruktion sind. Endgültig aus dem Rausch erwacht sind die Hohen Priester des vereinten Europa nun in der Flüchtlingskrise. Sie zeigt schonungslos die Fehlkonstruktion dieses Gedankengebäudes auf, gegen das ein Luftschloß als ein Musterbeispiel solider Statik erscheint. In ihrer Panik rufen sie nun: „Haltet den Dieb!"

Müssen wir tatsächlich die Rückkehr des Nationalstaates fürchten? Abgesehen davon, daß er natürlich weiterhin existiert, denn den Staat Europa gibt es glücklicherweise nicht, ist er keineswegs das Erzübel, das Juncker, Schulz und Co. an die Wand malen möchten. Weder erdrosselt er die Wirtschaft, noch schürt er Aggressionen gegen andere Völker. Vielmehr ist er die natürliche Organisationsform eines Volkes. Auch wenn der Begriff des Volkes in Deutschland, jedenfalls in seiner politisch-medialen Klasse, verpönt ist, so hat er überall sonst auf dieser Erde keinen ranzigen Geruch und keinen bitterem Beigeschmack. Vielmehr verstehen sich alle Völker dieser Erde als natürliche, gewachsene Einheit. Stolz, aber keineswegs überheblich, pflegt man auch seine nationalen Symbole. Da man in Deutschland zu diesem Thema am besten immer Ausländer zitiert, lasse ich hier einen US-Amerikaner zu Wort kommen. Der Publizist und Politiker Patrick Buchanan formuliert in seinem Buch „Irrweg Einwanderung" aus dem Jahre 2007: „Sprache, Religion, Kultur und Geschichte sowie Blut und Boden sind es, die ein Staatsvolk hervorbringen und nicht eine Ideologie..."

Natürlich findet man auch anderenorts, selbst im Programm der Partei unserer europabeflissenen Kanzlerin, ähnliche Passagen. Neben gemeinsamer Sprache, im Lande vorherrschender Religion, gemeinsamer Kultur und Geschichte jedoch auf einen Begriff wie „Blut und Boden" zurückzugreifen, scheint in Deutschland nicht (mehr) möglich zu sein. Denn dieser Begriff ist wegen seines Mißbrauchs durch die Nationalsozialisten vergiftet. Nun ist der Umstand alleine, daß irgend etwas auch den Nationalsozialisten gefallen hat, doch keineswegs Grund genug, das zusammen mit dem Nationalsozialismus auf den Müllhaufen der Geschichte zu werfen. Es gibt eben Dinge, die fernab dieser Ideologie für sich allein gut und richtig sind. In diesem Zusammenhang haben geschichtlich nicht sattelfeste Leute früher gern die Autobahnen genannt. Das war natürlich falsch, denn sie wurden schon gebaut, bevor ein gewisser Adolf Hitler in Deutschland die Macht ergriffen und gründlich mißbraucht hat. Allerdings wird heutzutage von geistigen Kleingärtnern jeder, der im Zusammenhang mit der jüngeren deutschen Geschichte das Wort Autobahn in den Mund nimmt, flugs zum Nazi ernannt. Aber nehmen wir doch einmal der Jahreszeit und dem Wohnort des Verfassers geschuldet den Nürnberger Christkindlesmarkt. Seine heutige Gestalt, insbesondere mit dem Christkind, das zur Eröffnung des Marktes den Prolog von der Empore der Frauenkirche spricht, hat er eben durch die Nationalsozialisten erfahren. Das war schon gleich zu Beginn ihrer Herrschaft 1933. Müssen wir also diese Tradition schleunigst in die Tonne treten? Das wäre doch genauso lächerlich wie die Ablehnung der vegetarischen Ernährung mit dem Argument, schließlich sei Hitler Vegetarier gewesen.

Kommen wir zurück auf die Flüchtlingskrise und ihre Auswirkungen auf die Europäische Union. Unsere Europapolitiker, aber auch Frau Merkel und ihre Knappen führen laute Klage darüber, daß die meisten europäischen Länder entweder gar keine Flüchtlinge, oder nur geringe Mengen, und dabei partout keine Muslime aufnehmen wollen. Das sei unsolidarisch, nationalistisch, unchristlich, rechtsextrem und was es sonst der einschlägigen Beschimpfungen noch gibt. Warum aber wollen außer den Deutschen, genauer gesagt ihrer politisch-medialen Klasse, alle anderen Völker mehrheitlich nicht noch mehr Fremde im Lande haben? Ich denke, daß es daran liegt, daß die Menschen Fremdes nur in einem überschaubaren Maß ertragen. Schauen wir zunächst auf die Familie.

Die Familie ist nun einmal die Gemeinschaft, in die ein Mensch hineingeboren wird. Eltern und Geschwister sind eben in einem Maße vertraut, das gegenüber Familienfremden einfach nicht aufgebaut werden kann, mit Ausnahme natürlich des geliebten Partners mit oder ohne Ehering. Und das gilt unabhängig von den persönlichen Eigenschaften der Familienmitglieder. Man hat eben eine starke emotionale Bindung zu seinem Bruder oder zu seiner Mutter, auch wenn diese Eigenschaften haben, die man bei Fremden ablehnen würde und zu ihnen auf keinen Fall irgend eine nähere Beziehung aufbauen würde. Das gilt sogar dann, wenn Familienmitglieder erst nach Jahrzehnten zueinanderfinden, weil sie etwa als Babys von der Familie, in die sie hineingeboren waren, getrennt wurden. Wir hören und lesen doch immer wieder derartige Geschichten und sehen, daß diese Menschen eben doch Gefühle für einander haben, die sie für nicht blutsverwandte Personen kaum aufbringen würden. Der Volksmund kennt dafür die Redensart: „Blut ist dicker als Wasser."

In abgeschwächter Form gilt das auch für das Volk. Denn wer in ein Volk hineingeboren wird, hat über die Generationen hinweg die gleichen Vorfahren wie seine Nachbarn und Mitbürger auch weit entfernter Städte und Landstriche. Sie sprechen natürlich die gleiche Sprache, haben die gleiche Geschichte und leben die gleiche Kultur. Teil dieser Kultur ist auch die Religion, ob sie nun intensiv gelebt wird, etwa durch den sonntäglichen Kirchgang oder letztendlich auf ein Kulturchristentum reduziert ist, das sich nur noch in der Aufrechterhaltung von Bräuchen und Ritualen wie dem Aufstellen der Weihnachtskrippe oder der Eheschließung im weißen Brautkleid und festlichen Anzug vor dem Priester äußert. Die Summe all dessen macht eben die Zugehörigkeit zu einem Volk aus. Die gemeinsame Abstammung ist ein untrennbarer Teil davon, auch dann, wenn der eine oder andere Vorfahr nicht etwa schon im Jahre 800 nach Christus, sondern erst im Jahre 1960 in Deutschland ansässig geworden ist. Denn nicht die Rasse macht das Volk, sondern es entsteht über die familiären Bindungen durch die Generationen.

Die Völker, die man auch mit dem lateinischen Begriff der Nationen bezeichnet, weil dieser Begriff eben die durch Geburt vermittelte Zugehörigkeit beschreibt, müssen sich natürlich nicht etwa genetisch spinnefeind sein, wie uns das die Leute weismachen wollen, die im Nationalstaat die Wurzel allen Übels sehen. Denn genauso wie man familienfremde Menschen schätzen und akzeptieren kann, ohne daß man sie als Teil der eigenen Familie sieht, ebenso kann man natürlich andere Völker bzw. ihre Angehörigen als Partner oder gar Freunde sehen. Aber es bleiben immer Fremde. Und wenn in der eigenen Umgebung zu viele Fremde dauerhaft existieren, entsteht ein Unbehagen. So sehr in der Familie der Besuch, auch von Verwandten, erwünscht ist, so wenig kann daraus ein Dauerzustand werden. Seinen Ausdruck findet das in dem Sprichwort: „Fisch und Besuch stinken nach drei Tagen.“ Ein zu viel ist immer ungut. Klassisch war dies formuliert in der Aufschrift über dem Eingang des Tempels zu Delphi, in dem das berühmte Orakel seine geheimnisvollen Prophezeiungen sprach: „*Meden agan – Niemals zu viel.*“ Und so ist es nun einmal auch mit der Zuwanderung. Der Anblick von Menschen, die ganz offensichtlich eine fremdartige Kultur leben, ruft Interesse hervor, wenn er nicht allzu häufig ist, er ruft Unbehagen hervor, wenn er überhandnimmt und man das Gefühl bekommt, so langsam nicht mehr zu Hause zu sein. Man kann auch von der Integrationskraft eines Volkes sprechen. Im Verhältnis zur eingesessenen Bevölkerung wenige Fremde können integriert werden, soweit sie das überhaupt wollen. Was uns derzeit jedoch zugemutet wird, ist die Integration von Millionen Menschen, die sich zum großen Teil selbst überhaupt nicht integrieren wollen, sondern ihre heimische Kultur bewahren und als Volk unseren Grenzen leben wollen. Wer das nicht will, der ist nicht rechtsextrem, der ist lediglich normal.

19. Dezember 2015

Eine Armlänge...

Wenn political correctness zur Gefahr wird

Eine Armlänge Abstand von fremden Männern, das empfiehlt die Kölner OB Frauen und Mädchen als Verhaltensregel nach den verbrecherischen Angriffen arabischer Zuwanderer in der Silvesternacht. (Wo bleiben eigentlich Frau Schwarzer und die feministische Mischpoke?)

Das war ein sicher gutgemeinter, aber in dieser Situation völlig deplazierter Ratschlag. Gut gemeint ist eben das Gegenteil von gut.

In der Tat muß sich diese Politikerin nun vorwerfen lassen, mit der Kundgabe solcher Binsenweisheiten am eigentlichen Thema vorbei zu reden. Es geht auch anders. Der sonst nicht eben durch besondere Klugheit hervortretende Bundesjustizminister hat das mit seiner Äußerung auf Twitter auf den Punkt gebracht: „Von Verhaltenstipps für Frauen wie #einearmlaenge halte ich rein gar nichts. Nicht Frauen tragen Verantwortung, sondern Täter". Das ist immerhin halb richtig. Aber es ist ebenfalls nur eine Binsenweisheit. Nicht das Opfer, sondern der Täter ist schuldig. Immer. Ganz richtig wäre es gewesen, wenn er ausgesprochen hätte, wovor sich alle seine Kollegen scheuen: Wir haben es in Deutschland mit dem Zusammenprall zweier unterschiedlicher, ja miteinander unvereinbarer Kulturen zu tun. Auf die hochentwickelte, liberale, kultivierte deutsche Gesellschaft trifft eine archaische, ungebildete Stammesgesellschaft mit einem Menschenbild, das dem im Grundgesetz oder auch der europäischen Konvention der Menschenrechte gezeichneten Bild völlig entgegengesetzt ist. Hat sich in unserer Kultur über die Jahrtausende von der in hohem Ansehen stehenden Herrin des Hauses über die im Mittelalter mit respektvollem Minnedienst umworbene Dame bis zu der in jeder Hinsicht gleichberechtigten Frau unserer Tage das allein richtige Verständnis vom Verhältnis der Geschlechter zueinander entwickelt, so ist dies im arabischen Kulturraum völlig anders. Nicht nur, daß sich die Gesellschaft dort seit dem Auftreten des Propheten Mohammed gerade nicht in die Richtung entwickelt hat, wie bei uns, eher rückwärts, wenn man einmal die kurze Periode eines kulturellen Aufschwungs im Mittelalter außer acht läßt. Nein, das Verständnis des Islam von Menschenrechten und dem Verhältnis der Geschlechter zueinander ist dem unseren diametral entgegengesetzt.

Die Horden aufgegeilter junger Männer aus dem arabisch-islamischen Raum, die in Köln, Hamburg, Stuttgart und anderswo über europäische Frauen (keine ganzkörperverhüllten Muslimas) hergefallen sind, betrachten unsere Frauen nun einmal als minderwertige Schlampen, die zu begrapschen oder gar zu vergewaltigen das gute Recht eines anständigen Moslems ist. Dieses kulturelle Verständnis vom Verhältnis der Geschlechter zueinander ist natürlich nicht ohne den Einfluß religiöser Vorstellungen entstanden. Im Gegenteil. Die Religion ist in den Ländern, aus denen jene Täter kommen, ein das ganze Leben in einem Ausmaß bestimmender Faktor, den wir uns seit dem Mittelalter nicht mehr vorstellen können.

Das Problem daran ist, daß die politisch korrekte Denkschule in Deutschland, aber auch in anderen europäischen Ländern, sich strikt weigert, diesen Sachverhalt überhaupt nur zur Kenntnis zu nehmen. Vielmehr gilt nach dem Grundsatz, daß nicht sein kann, was nicht sein darf, der Ausländer, der Flüchtling zumal, als in jeder Hinsicht dem Einheimischen gleich. Man muß ihm allenfalls nachsehen, daß er durch Bürgerkrieg und Flucht traumatisiert ist. Soweit ihm überhaupt kulturelle Andersartigkeit attestiert werden darf, ist diese natürlich gewissermaßen gastfreundlich zu respektieren. Deswegen müssen sich dann die einheimischen Deutschen auch darauf einstellen und auf ihn Rücksicht nehmen. Wenn seine Kultur und Religion es eben nicht zulassen, daß seine Frauen und Töchter in europäischer Badekleidung den Blicken fremder Männer im Bad ausgesetzt sind, dann müssen eben Frauenbadetage eingeführt werden, während derer vor verhängten Fenstern und beaufsichtigt von ihren Ehemännern oder männlichen Verwandten muslimische Frauen und Mädchen im „züchtigen" weiten Ganzkörperbadeanzug die Schwimmbecken spärlich bevölkern. Dann werden Mädchen in den Schulen ermahnt, doch keine kurzen Röcke und offenherzigen Blusen zu tragen, weil doch die jungen Männer im Asylbewerberheim nebenan dadurch nervös gemacht werden. Dann muß eben in der Werkskantine und in dem Schulhofkiosk wenigstens ein für Moslems erlaubtes Gericht ohne Schweinefleisch angeboten werden. Dann wird im Kindergarten aus der Weihnachtsfeier eben ein Sonne, Mond und Sterne-Fest.

Was unsere Politiker und ihre medialen Sprachrohre in den Redaktionen nicht verstehen, ist dies: Dieser Umgang mit den Zuwanderern aus dem islamischen Kulturkreis verfestigt deren rückständiges Menschenbild. Er fördert die Existenz von Parallelgesellschaften in unseren Städten. Gerade die offiziell verkündete Respektierung der Andersartigkeit läßt in diesen Gruppen ein ausgeprägtes Selbstwertgefühl bis hin zu Überlegenheitsphantasien entstehen. Die Selbstverständlichkeit, mit der nicht nur jene Täterhorden in der Silvesternacht, sondern auch sonst junge moslemische Männer ihr Machogehabe in der Öffentlichkeit zur Schau tragen, wie der Pfau sein Rad, sie ist die Frucht dieser falsch verstandenen Toleranz. Wenn Lehrerinnen in den Schulen, ja schon Erzieherinnen in den Kindergärten damit allein gelassen werden, daß sie von ihren Schülern nicht respektiert, ja sogar verachtet werden, weil sie ja nur Frauen sind, dann muß man sich über solche Entwicklungen nicht mehr wundern. Wenn dem keine Sanktionen gegen die Eltern folgen, dann muß man sich nicht darüber wundern, daß die an den Werten unseres Grundgesetzes orientierte Erziehung in den Schulen letztendlich an den Kindern aus arabisch-islamischen bzw. türkisch-islamischen Familien völlig vorbeigeht.

Ganz richtig wäre es also, wenn unsere Politiker die Vorfälle der Silvesternacht nun endlich zum Anlaß nehmen würden, derartige Milieus bei uns erst gar nicht entstehen zu lassen, bzw. bereits entstandene auszutrocknen. Dann könnte man endlich von Integration sprechen. Integration heißt doch, sich in die einheimische Gesellschaft mit ihrer Kultur einzufügen und somit ihr integraler Bestandteil zu werden. Das müssen wir verlangen, und das müssen die auch wollen. Sonst geht es so weiter wie bisher, und das auf der abschüssigen Bahn in den Bürgerkrieg. Doch leider ist nichts so schwer, wie der Kampf gegen die Dummheit. Nahezu aussichtslos ist jedoch der Kampf gegen die Dummheit der Regierenden.

6. Januar 2016

Die Rückkehr aus dem Paradies

Zwischen Wahn und Wirklichkeit des Islamismus

Es war Freitag und die große Moschee war gut besucht. Die ersten Gebete waren gesprochen und der Imam hob zu seiner Predigt an. Da erfüllte ein Brausen die Luft und das Licht in dem großen Innenraum wurde so gleißend intensiv, daß niemand mehr die Augen offen halten konnte ohne geblendet zu werden. Unwirklich fern und doch wie von der Kuppel her gesprochen erklang eine sonore Stimme. „Oh ihr Gläubigen, ich sende euch den Märtyrer Tarik El Arabi. Er fiel im Dschihad durch die Kugeln aus der Maschinenpistole eines Soldaten der Ungläubigen. Er war bei mir im Paradies. Nun sende ich Ihn zurück zu Euch, damit er davon berichte".

Das Brausen ließ nach und das Licht wurde erträglich. Die Gläubigen öffneten ihre Augen und sahen vor sich Tarik El Arabi. Nicht im makellosen weißen Gewand und duftend vom Balsam des Paradieses stand er vor ihnen, nein, in dem blutverschmierten Kampfanzug, in dem er unter der Salve aus der Maschinenpistole des Ungläubigen zusammengebrochen war, ohne noch ein einziges Wort sagen zu können.

Der Imam brach als erster das Schweigen und fragte: „Oh du vortrefflicher Kämpfer für den Sieg des Islam, berichte uns doch von den Freuden des Paradieses! Sag an, wie herrlich ist das Leben in immerwährender Lust mit den 72 Jungfrauen, die mit ihren schwellenden Brüsten und ihrem alle Wonnen gewährenden Schoß dir stets zu Willen sind? Wie genießt du das mit der nie versiegenden Kraft deiner Lenden, die den starken Stamm unter deinem Gürtel niemals erschlaffen läßt?"

Tarik El Arabi sah erst den Imam an und dann in die Reihen der erwartungsvoll zu ihm aufblickenden Gläubigen. „Oh ihr Toren! Nicht eine Jungfrau steht mir zur Verfügung! Die Kraft meiner Lenden, oh ja, ich spüre sie. Doch verflucht sei sie! Denn der immerwährende Wunsch, den Rausch der innigen Vereinigung mit einer Frau zu genießen, ist übermächtig da, wird jedoch niemals erfüllt!"

Der Imam traute seinen Ohren nicht. „Oh du seliger Märtyrer, was sagst du da! Hat nicht Allah, sein Name sei gepriesen, uns eben diese Wonnen des Paradieses verheißen?" Doch Tarik El Arabi schüttelte traurig den Kopf. „Oh Imam, das ist ja der Grund meiner unendlichen Traurigkeit. Ja, ich bin als frommer Muslim im Dschihad gestorben. Deswegen war ich mir in der Sekunde meines Todes auch sicher, nun in diese Wonnen des Paradieses einzutreten. Und deswegen vermisse ich sie so schmerzlich."

Da meldete sich schüchtern einer der Gläubigen und fragte nach: „Oh du Bewohner des Paradieses! Was kannst du uns denn über die Ungläubigen berichten? Siehst du sie in der Hölle schmoren?" Tarik El Arabi sah ihn an und sprach: „Oh du Gläubiger! Ich muß dir sagen, daß ich die Hölle, von der uns im Heiligen Koran und in den Hadithen berichtet wird, nicht gesehen habe. Wohl aber habe ich die Ungläubigen in großer Zahl bei uns gesehen. Die Christen und Juden wie auch die, denen kein Buch die Herrlichkeit des Paradieses offenbart hat."

„Ja was tun denn die Ungläubigen im Paradies, wo sie doch eigentlich in der Hölle schmoren müßten?" fragte erstaunt ein anderer. „Oh ihr Gläubigen, ihr werdet es kaum für möglich halten. Die Christen hört man singen, man sieht sie fröhlich und entspannt in Gruppen beieinander stehen und immer wieder ihren Gott loben. Die Juden blicken zufrieden auf die Mauern des himmlischen Jerusalem." „Ja warum denn das?" entfuhr es einem Gläubigen. „Höre zu, sie sind mit keiner anderen Erwartung aus dem Erdenleben in das Paradies gegangen als der, dort ihren Gott zu schauen und ihn loben zu dürfen. Ihnen hat sich ihre Verheißung erfüllt."

„Doch was ist mit den Menschen ohne allen Glauben? Sind sie auch im Paradies?" Tarik El Arabi sah den Frager mit einem nachsichtigen Lächeln an und sprach: „Sie fallen nicht weiter auf. Vielleicht langweilen sie sich ein wenig, aber ihnen fehlt auch nichts. Sie haben ja nichts erwartet."

In dem großen Raum war es nun totenstill. Jeder war mit seinen Gedanken dort, wo Tarik El Arabi bereits gewesen war und nun unter ihnen stand. In diese Stille dröhnte nun die ferne und doch so nahe Stimme aus der Kuppel: „Tarik El Arabi, kehre zurück!" Und ein Brausen setzte ein, das Licht wurde gleißend und blendete die Gläubigen, so daß sie ihre Augen schließen mußten. Als das Brausen nachließ und das Licht wieder erträglich wurde, öffneten sie ihre Augen. Tarik Al Arabi war verschwunden.

12. Januar 2016

Von Lügnern und Vormündern

Die schönfärberische und verharmlosende Berichterstattung über Flüchtlingskriminalität

Die Ereignisse von Köln sind ein Lehrstück. Ob man in unserem Land die Lehren daraus ziehen wird, kann heute noch nicht gesagt werden. Zu hoffen ist es auf jeden Fall. Die massenhaft in der Silvesternacht begangenen Straftaten, ob in Köln oder anderswo, sollen an dieser Stelle nicht Gegenstand der Betrachtung sein. Dazu ist bereits viel gesagt worden, vieles davon richtig, vieles aber auch grundfalsch.

Der Umgang von Politik und Medien mit diesen Vorfällen sollte den Bürgern dieses Landes drastisch vor Augen geführt haben, wie Politiker und Journalisten mit ihnen bisher umgegangen sind, und ganz offensichtlich zum großen Teil immer noch umgehen wollen. Es kann nicht mehr bestritten werden, daß Politik und Medien die Bürger häufig falsch, mindestens aber unvollständig informieren. Das gilt auf allen Feldern, die als politisch brisant gelten. Grob gesagt, gilt das immer dann, wenn Vorstellungen der politisch-medialen Klasse einerseits und der Bürger andererseits nicht übereinstimmen. Dann schlüpfen Politiker und Journalisten gerne in die Rolle des Lehrers oder gar Vormundes. Schließlich muß dem dummen Volk doch klargemacht werden, daß beispielsweise die unkontrollierte massenhafte Zuwanderung aus Afrika und dem Orient unserem Lande nur nutzen kann, und daß ein Schuft ist, wer angesichts des Schicksals der Flüchtlinge nicht vor Sympathie und Hilfsbereitschaft zerfließt. Fakten, die diesem Erziehungsziel im Wege stehen, sollen tunlichst nicht allgemein bekannt werden. Deswegen tragen bei der Polizei nicht nur die Hunde einen Maulkorb, sondern auch die Pressesprecher. Dem Vorsitzenden der Deutschen Polizeigewerkschaft müssen wir dankbar dafür sein, daß er bei Frank Plasberg aus dem Nähkästchen geplaudert hat und zum Beispiel die Sprachregelung für Polizeiberichte über Straftaten von Zigeunern, pardon: Sinti und Roma, öffentlich gemacht hat. Wenn Sie also künftig in irgendeinem Polizeibericht oder Zeitungsartikel über Straftaten von einem dringenden Tatverdacht gegen „Personen mit häufig wechselndem Wohnsitz" lesen, dann wissen Sie jetzt, daß es sich bei den Verdächtigen um Zigeuner handelt. Wer in seinem Umfeld Gelegenheit hat, auch einmal mit Polizeibeamten privat zu sprechen, der weiß auch, daß in der Regel Araber, Kurden oder Türken gemeint sind, wenn von „Jugendlichen" die Rede ist.

Die staatlich verordnete Ausländerfreundlichkeit und Willkommenskultur ist Maßstab auch für die Medien. Die einschlägigen Regelungen des deutschen Presserates, aber auch jenes ominösen „Sprachgesetzbuches" des Vereins „Neue deutsche Medienmacher" (nachzulesen in meinem Blog vom 17.11.2015) machen deutlich, daß unsere Medien keineswegs frei und unabhängig sind. Für die öffentlich-rechtlichen Medien ist das auch völlig klar. Öffentlich-rechtlich heißt ja, daß der Staat für ihre Existenz haftet und ihr leitendes Personal in seine Positionen setzt. Die sogenannten Rundfunk- und Fernsehräte werden ja nun einmal paritätisch mit Politikern, Gewerkschaftsfunktionären, Verbandsvertretern und Kulturschaffenden besetzt. Über Politiker braucht in diesem Zusammenhang kein Wort verloren zu werden. Aber auch Gewerkschaftsfunktionäre und Vertreter von Wirtschaftsverbänden sind letztendlich der Politik verpflichtet. Häufig spiegelt sich das auch in der Mitgliedschaft in politischen Parteien wider. Kulturfunktionäre werden nun einmal von Politikern in ihre Ämter eingesetzt, denn etwa der Intendant einer Staatsoper wird generell vom Bundesminister des betreffenden Landes berufen. Nebenbei bemerkt: Über was beschweren sich unsere Medien und die Funktionäre der EU eigentlich bei der neuen polnischen Regierung? Was die großen Zeitungen und Zeitschriften angeht, so könnten diese eigentlich unabhängig sein. Bei genauem Hinsehen erkennt man aber auch hier, daß jeweils eine sehr große Nähe zu den politischen Parteien besteht. Gerade in Zeiten wie dieser, die durch große Koalitionen gekennzeichnet sind, kann von einer Meinungsvielfalt schon aufgrund dieser Strukturen keine Rede sein. Ein kleiner Lichtblick könnten die privaten Fernsehsender sein. Ebenso wie manche bunte Blätter. Indessen sind diese thematisch jedenfalls im Schwerpunkt auf absolut unpolitische Dinge wie Klatsch und Tratsch aus der Filmwelt und Ähnliches fixiert. Für ernsthafte Themen bleibt da kein Raum, weil das ihre Leser bzw. Zuschauer und Zuhörer schlicht nicht interessiert.

So haben die Vormünder in den Ministerien und Redaktionen leichtes Spiel. Sie bestimmen einfach, was die Bürger wissen sollen, und was nicht. Das gilt vor allem dann, wenn sie meinen, eine wahrheitsgemäße Berichterstattung könnte Wasser auf die Mühlen von „Rechtspopulisten" lenken. Damit offenbaren sie auch ein Verständnis von Demokratie, das dem Bild vom mündigen Bürger diametral entgegengesetzt ist. Wie eine Mama, die hinsichtlich bestimmter Dinge einfach meint, ihr Fritzchen oder ihr Klärchen sei noch zu klein, um das schon zu wissen, gehen diese Leute davon aus, daß uns Bürgern hinsichtlich vieler Dinge die nötige Reife fehlt, um sie richtig einzuordnen. Richtig heißt natürlich, im Sinne dieser Politiker und ihrer medialen Sprachrohre. Dabei ist es doch völlig egal, ob eine Nachricht Wasser auf die Mühlen von irgendwem lenkt. Mündige Bürger wissen schon, wie sie Nachrichten einzustufen haben. Und wenn sie sich eine Meinung bilden, die Politikern und Journalisten nicht paßt, dann ist das eben so. Maßgeblich ist allein, wie sich die Bürger gut informiert, frei und unabhängig an der Wahlurne entscheiden. Offenbar ist aber genau hier der sprichwörtliche Hund begraben. Es könnte ja sein, daß die Leute in vollständiger Kenntnis der Wahrheit sich am Ende anders entscheiden, als es den meisten Politikern und Journalisten lieb ist.

Wenn flächendeckend und systematisch gelogen wird, ist es natürlich sehr schwer, die Lügner beim Lügen zu ertappen. Das klappt nur in Ausnahmefällen, nämlich dann, wenn der Lügner einen schweren Fehler macht. Und diesen Fall hatten wir nun in Köln. Bis zum 4. Januar haben die Medien die Vorgänge auf dem Domplatz verschwiegen, auch und gerade der Westdeutsche Rundfunk, der ja nun die ARD mit den Nachrichten aus seinem Sendebereich versorgt. Vielmehr wurde uns erzählt, man habe von diesen Vorfällen nichts gewußt, weil die Polizei – wahrheitswidrig, wie wir heute wissen – von einer ruhigen Silvesternacht berichtet habe. Nun waren die Journalisten vom WDR keineswegs auf den Polizeibericht angewiesen. Der WDR domiziliert in einem großen Bürogebäude direkt an der Domplatte. Aus den Fenstern dieses Gebäudes hat man einen wunderbaren Blick auf das Geschehen zwischen Dom und Hauptbahnhof. Gewissermaßen saßen die Journalisten des WDR während der Silvesternacht, in der sie natürlich auch, wenn auch mit kleinerer Besetzung, Dienst hatten, in der Loge. Die Behauptung, man habe von den Vorgängen zwischen Dom und Hauptbahnhof nichts mitbekommen, und zwar weil der Polizeibericht darüber wahrheitswidrig geschwiegen habe, ist offensichtlich schlicht falsch. Nebenbei bemerkt: Die zumeist intellektuell recht schlicht strukturierten Pegida-Spaziergänger skandieren gerne „Lügenpresse". Die Politik und die Medien macht das fuchsteufelswild. Wieso eigentlich? Natürlich lügen nicht alle, und wer mal lügt, lügt nicht immer. Aber: „Wer einmal lügt, dem glaubt man nicht, und wenn er auch die Wahrheit spricht".

Wir Bürger dieses Landes müssen aus diesen Erkenntnissen etwas lernen. Wir müssen lernen, daß wir Äußerungen von Politikern und Journalisten, jedenfalls zu politisch brisanten Themen, zunächst einmal nicht glauben dürfen. Das widerspricht unserer Lebenserfahrung und Erziehung. Wir haben zu Recht ein gewisses Urvertrauen in die Aussagen von Eltern, Lehrern, Polizisten, überhaupt von Menschen in unserer Umgebung entwickelt. Von Anfang an wußten wir, daß alles zutrifft, was unsere Eltern, unsere Verwandten, unsere Lehrer, die Beamten in den Behörden und die Mitarbeiter der Firmen sagen. Das ist ja auch unbedingt notwendig, damit eine Gesellschaft überhaupt funktioniert. Selbst als wir, langsam erwachsen werdend, hin und wieder feststellen mußten, daß auch schon mal gelogen wird, haben wir das sehr schnell richtig in ein Regel/Ausnahmeschema eingeordnet. Wenn ein Mensch etwas behauptet, dann muß das grundsätzlich auch wahr sein, das ist für das Zusammenleben der Menschen einfach elementar. Folgerichtig hat das auch Eingang in die religiösen Gebote gefunden. So steht in den zehn Geboten das „Du sollst nicht lügen“ in einer Reihe mit dem „Du sollst nicht töten“ und dem „Du sollst nicht stehlen“.

Wie so oft, haben wir Juristen auch in diesem Punkt eine etwas andere Wahrnehmung. Der Bundesgerichtshof hat vor Jahren schon in einer grundlegenden Entscheidung Regeln für den Umgang mit Zeugenaussagen aufgestellt. So gilt hinsichtlich einer Aussage zunächst einmal die sogenannte Unwahrhypothese. Das bedeutet, daß man diese Aussage zunächst einmal als unrichtig behandeln muß. Kommen weitere Fakten hinzu, die diese Aussage stützen, dann gewinnt sie immer mehr Wahrheitsgehalt, bis man am Ende sagen kann, diese Aussage ist wahr. Diese Fakten können natürlich Aussagen weiterer Personen, Urkunden, Sachverständigengutachten oder sonstige Indizien sein. Das ist im übrigen auch eine uralte Erkenntnis, denn schon in den Rechtsbüchern der alten Deutschen im Mittelalter finden sich Regeln wie: „Eines Mannes Rede ist keines Mannes Rede“ oder „Zweier Zeugen Mund tuet stets die Wahrheit kund“. Diese Regeln gelten für Gerichtsverfahren. Nach einem alten Sprichwort wird ja nirgends so viel gelogen wie am offenen Grab und vor Gericht. Es ist deswegen nur natürlich, daß Juristen Aussagen von Zeugen, Bekundungen von Menschen über Sachverhalte überhaupt, mit einem aus der Berufserfahrung gewonnenen Mißtrauen begegnen.

Nachdem nun die Ereignisse um die Silvesternacht in Köln den Lügenvorhang vor der Informationspraxis von Politik und Medien hinweg gerissen haben, sollten sich die Bürger unseres Landes den Umgang der Juristen mit Zeugenaussagen zu eigen machen und stets erst einmal von der Unwahrheit einer Verlautbarung ausgehen. Kommen dann weitere Fakten oder Indizien hinzu, die für die Wahrheit jener Verlautbarung sprechen, dann wird man sie irgendwann auch für wahr halten dürfen. Das Urvertrauen in die Wahrheitsliebe unserer Mitmenschen ist nicht mehr berechtigt. Das Mißtrauen hingegen ist angebracht.

15. Januar 2016

Die Legende

Einsatz der Bundeswehr im Inneren

In diesen Tagen wird angesichts der Überforderung der Polizei durch die Flüchtlingskrise nach Möglichkeiten gesucht, dem vor allem personellen Notstand an den Grenzen, in den Aufnahmeeinrichtungen und nicht zuletzt bei der Gewährleistung unserer inneren Sicherheit abzuhelfen. Was liegt da näher, als den Blick auf die derzeit immerhin ca. 177.000 Soldaten starke Bundeswehr zu richten? Ohne viel Federlesens wird sie schon zu allerhand Hilfsdiensten bei der Registrierung und Vorsortierung von Flüchtlingen – der Begriff soll trotz seiner offensichtlichen Fragwürdigkeit hier einmal nicht hinterfragt werden, sondern der Einfachkeit halber als Sammelbegriff benutzt werden – eingesetzt. Vor allem bei der Bewachung unserer Grenzen, wenn diese denn nun wirklich geschlossen werden sollten, aber auch beim Schutz von Wohnbereichen, liegt es nahe, eine Organisation einzusetzen, die bewaffnet ist und auch über eine beachtliche personelle Stärke verfügt.

Doch das erscheint einfacher, als es wirklich ist. Die Zahl von rund 177.000 Soldaten allein sagt nicht viel darüber aus, wie viele davon letztendlich an unseren Grenzen Streife gehen oder Schutzaufgaben im Lande übernehmen könnten. Ein großer Teil der Soldaten steht für solche im weitesten Sinne infanteristischen Aufgaben nicht zur Verfügung. Dem militärischen Laien dürfte einleuchten, daß z.B. die Besatzungen von Kriegsschiffen oder die Piloten von Kampfbombern andere Aufgaben haben, und auch für solche Dinge gar nicht ausgebildet sind. Wer aufmerksam die Zeitung liest weiß auch, daß die Bundeswehr schon jetzt Mühe hat, genügend Soldaten für ihre Einsätze im Ausland bereit zu stellen. Natürlich unterscheidet sich ein

Kampfeinsatz, für den die Soldaten ausgebildet sind, auch von einem polizeilichen Einsatz. Im ersteren Fall geht es darum, den Feind im Gefecht auf jeden Fall auszuschalten, im anderen jedoch darum, unter Wahrung des Verhältnismäßigkeitsgrundsatzes einen Rechtsbruch zu unterbinden. Verkürzt gesagt, geht es einmal darum, schnell und effizient durch Waffeneinsatz eine militärische Lage zu seinen Gunsten zu entscheiden, im anderen Falle darum, einen Rechtsbrecher von seinem Tun abzubringen und dabei nur im äußersten Notfall von der Schußwaffe Gebrauch zu machen. Deswegen werden Polizeibeamte dafür auch zeitintensiv juristisch geschult, was bei Soldaten nur sehr eingeschränkt, etwa im Rahmen der Ausbildung für den Wachdienst, geschieht. Hinsichtlich dessen muß in diesem Zusammenhang darauf hingewiesen werden, daß die Bundeswehr nicht einmal genügend Soldaten hat, ihre eigenen Kasernen und sonstigen Liegenschaften zu bewachen, sondern dafür Sicherheitsdienste bezahlt, wie das Siemens und VW auch tun. Die Kasernenwache, die wir Älteren noch als wehrpflichtige Soldaten als unbeliebten Dienst in Erinnerung haben, gibt es ja schon lange nicht mehr.

Das alles ließe sich natürlich organisatorisch lösen. Mehr Ausbildung im Recht, eine Aufstockung des Personals, das ist natürlich machbar. Aber da kommen ja noch die Bedenkenträger um die Ecke und rufen laut: „Ist doch verboten! Grundgesetz! Kein Einsatz von Soldaten in Inneren!“ Halb richtig. Art. 87a des Grundgesetzes läßt den Einsatz der Bundeswehr nur zu Verteidigungszwecken zu, was auf den ersten Blick in Friedenszeiten den Einsatz im Inneren ausschließt. Doch das Bundesverfassungsgericht hat vor nicht allzu langer Zeit dieses Verbot nach einer Meinung aufgeweicht, nach anderer konkretisiert. Die Bundeswehr kann durchaus auch im Lande eingesetzt werden, wenn es anders halt nicht mehr geht. Vielleicht sind wir nun da angelangt. Aber dann holen die Bedenkenträger die große Keule raus und raunen mit ernster Miene: „Aber die Erfahrungen aus der deutschen Vergangenheit! Die Nazi-Zeit! Nie wieder Soldaten gegen das Volk einsetzen!“ Man stutzt. Gibt es denn überhaupt einschlägige Vorkommnisse in der Zeit des Dritten Reiches? Die Antwort ist ein klares Nein. Niemals hat das Regime die

Wehrmacht gegen das eigene Volk eingesetzt, etwa um Streiks oder Proteste zu unterdrücken. Sie wurde ausschließlich zur Kriegführung eingesetzt. Auch als der Krieg am Ende innerhalb der deutschen Grenzen stattfand, kämpften die Soldaten gegen den Feind, nicht gegen ihre Landsleute. Auch wurde die Wehrmacht nicht für die bekannten verbrecherischen Verfolgungsmaßnahmen eingesetzt. Nicht einmal die Bewachung der KZ's in ihrem weiteren Umkreis oblag der Wehrmacht. Die SS war eine Parteiorganisation. Soweit sie bewaffnete militärische Verbände hatte („Waffen-SS"), waren diese Wehrmachtsverbänden lediglich unterstellt, aber wurden niemals Teil ihrer Organisation. Natürlich lasse ich mich gerne eines besseren belehren. Wer mir als erster (Damen eingeschlossen) einen Fall nachweislichen Einsatzes der Wehrmacht gegen oppositionelle Bürger nennen kann, kann mit einer guten Flasche Wein als Belohnung rechnen.

Gleiches gilt im übrigen für die Zeit vor 1933. Vom Bürgerkrieg in den Jahren nach dem I. Weltkrieg mit seinen kommunistischen Aufständen abgesehen, in denen eine sozialdemokratisch dominierte Reichsführung gezwungen war, die Reichswehr gegen Aufständische einzusetzen und sogar Freikorps zu Hilfe rufen mußte, abgesehen, sind deutsche Soldaten zu keiner Zeit gegen ihre Mitbürger eingesetzt worden.

Fazit:
Wenn wir über den Einsatz der Bundeswehr im Inneren nachdenken, dann unter fachlich-technischen Gesichtspunkten. Die Legende von den angeblich entgegenstehenden Erfahrungen aus der deutschen Geschichte sollte dahin entsorgt werden, wo sie hingehört: in den Müll der bundesrepublikanischen Geistesgeschichte voller Merkwürdigkeiten.

19. Januar 2016

Knigge für Einheimische

Flüchtlinge müssen nach unseren Regeln leben

Eckental ist eine Marktgemeinde am nördlichen Rand von Nürnberg und ein paar Kilometer östlich von Erlangen. 1972 im Rahmen der bayerischen Gebietsreform aus einigen bis dahin eigenständigen Bauerndörfern als Großgemeinde gebildet, nahm der Ort die Entwicklung, die durch seine wirtschaftsgeographische Lage auch vorgegeben war. In seinen Grenzen wuchsen die typischen Eigenheimsiedlungen, die den Angestellten der prosperierenden Industrie (Siemens!) und den Bediensteten der Hochschulen und Verwaltungen des Raums Nürnberg-Erlangen Heimstätten boten. Die soziologische Struktur des gut 14.000 Einwohner zählenden Marktfleckens kann somit als mittelständisch-bildungsbürgerlich beschrieben werden.

Auch die Region Nürnberg hat in unserer Zeit natürlich viele Migranten, Asylsuchende und Bürgerkriegsflüchtlinge eingeschlossen, aufzunehmen. Allenthalben bilden sich auch ehrenamtliche Strukturen, die den zuständigen Behörden helfen wollen, zu einem großen Teil auch wertvolle Hilfe leisten. In Eckental hat sich nun eine Flüchtlingsinitiative Eckental – FLEck e.V. – gebildet. Sie entfaltet allerhand Aktivitäten von der Hilfestellung bei Behördengängen bis zu Sprachkursen und sonstigen Integrationsbemühungen. Das Ganze ist ziemlich professionell aufgezogen. Natürlich hat man eine eigene Internetseite, auf der jedermann nachlesen kann, was die Leute so tun und was ihr Vorstand für wichtig hält. Unter anderem gibt es Informationsseiten für Asylsuchende einerseits und Einheimische andererseits. Die erstgenannte bietet Hinweise und Informationen vorwiegend zum Asylverfahren und sonstigem behördlichen Alltag. Darüber hinaus informiert er in verschiedenen Sprachen über die Regeln des Zusammenlebens in Deutschland. Die „Für Einheimische“ übertitelte Seite überrascht aber inhaltlich doch sehr. Neben den Hinweisen auf ein Bürgertelefon, die Caritas etc. findet sich ein Abschnitt mit der Überschrift:

Übrigens: hätten Sie‘s gewusst?

Um Menschen aus anderen Kulturkreisen besser verstehen zu können und um ihnen mit Respekt begegnen zu können, muss man sich zunächst über Nicht-Selbstverständlichkeiten bewusst werden. Hier ein paar Beispiele als AugenÖffner. Die Liste könnte fortgesetzt werden.

In manchen Regionen in Afrika... nimmt man keine gebrauchten Kleider an. Denn man geht davon aus, dass der Geist des Vorbesitzers noch in den Kleidern wohnt.

Kommentar:
Das ist sicher eine interessante Information für uns Einheimische. Indessen fehlt die Anregung, eben jenen Afrikanern zu erklären, daß dies bei uns nicht so gesehen wird. Das einzige, was vom Vorbesitzer in den Kleidern möglicherweise noch „gewohnt" hat, nämlich der Geruch seines Körpers und vielleicht der zuletzt besuchten verrauchten Schafkopfrunde, ist nach der Wäsche bzw. Reinigung nicht mehr da. Wir haben deswegen keine Vorbehalte gegen Kleidung, die schon jemand anders getragen hat. Wer von uns zum Beispiel Soldat gewesen ist, hat während seiner Dienstzeit viele Kleidungsstücke getragen, die zuvor andere Soldaten getragen hatten.

Zum Thema „etwas umsonst bekommen":

Im Internationalen Café für Flüchtlinge möchten iranische junge Männer nichts essen und nichts trinken. Die Erklärung: es kostet nichts! Denn das bedeutet für sie, dass man im Gegenzug etwas von ihnen will, wie Auskünfte geben oder Tätigkeiten tun, die sie eigentlich nicht machen wollen.

Kommentar:
Es mag in der Tat im Iran so sein, daß man grundsätzlich nichts umsonst bekommt. Gerade weil Asylsuchende und Flüchtlinge bei uns eigentlich alles ohne Gegenleistung bekommen, muß man ihnen natürlich auch sagen, daß dies auch in jenem Flüchtlingscafé so ist. Man sollte ihnen natürlich auch klarmachen, daß es unhöflich gegenüber dem Gastgeber ist, seine Freigebigkeit zurückzuweisen.

Begrüßung in vielen Teilen der Welt:

Händeschütteln wird als fremdartig empfunden. Männer und Frauen, die nicht verwandt sind, geben sich nicht die Hand.

Kommentar:
Hier vermisse ich die Aufforderung an die Einheimischen, ihre Gäste aus aller Herren Länder darüber aufzuklären, daß es bei uns zu den selbstverständlichen Höflichkeitsformen gehört, sich mit Händedruck zu begrüßen und zu verabschieden. Selbstverständlich gilt das bei uns für Männer und Frauen gleichermaßen, ob miteinander verwandt oder nicht. Wer sich an diese Umgangsformen nicht hält, der gilt als Stoffel. Mehr noch, wer in Kenntnis der hiesigen Höflichkeitsformen es ablehnt, sich daran zu halten, kann nicht erwarten, akzeptiert zu werden.

In die Augen schauen:

Bei einigen muslimisch geprägten Kulturen sieht man sich bei einem Gespräch nicht in die Augen – das würde als äußerst unhöflich empfunden. Wenn eine Frau einem Mann in die Augen sieht oder umgekehrt, könnte dies als sexuelles Interesse verstanden werden.

Kommentar:
Ich vermisse die Aufforderung an die angesprochenen Einheimischen, ihren Gästen aus den genannten muslimisch geprägten Kulturen klar zu machen, daß deren geschilderte Umgangsformen bei uns als grob unhöflich empfunden werden. Die Vorstellung, man blicke seinem bzw. seiner Gegenüber aus sexuellem Interesse in die Augen, werde bei uns als Ausprägung krankhafter sexueller Phantasien empfunden. Wer bei uns willkommen sein wolle, der müsse sich schon auch insoweit an unsere Umgangsformen gewöhnen und sie praktizieren.

Die Sache mit den Schuhen…

In vielen Ländern üblich: vor Betreten der Wohnung oder des Hauses werden die Schuhe ausgezogen.

Kommentar:
Hier überschneiden sich wohl die Gewohnheiten von Einheimischen und Migranten. Allerdings ist es bei uns so, daß man sich in aller Regel einfach erst einmal darüber verständigt, wie man das halten will. Absolutes Dreckwetter natürlich ausgenommen. Auch diese Feinheiten unserer Umgangsformen sollte beherrschen, wer hier auf Dauer heimisch werden will.

Die Sache mit der Zeit....

Die Deutschen haben die Uhren, andere haben die Zeit. Das Zeitverständnis in vielen Kulturen richtet sich nach Jahreszeiten, Tageszeiten oder anderen Gegebenheiten, jedoch nicht nach der Uhr. Pünktlichkeit wird daher nicht großgeschrieben. Und das Verständnis für Zeitvorgaben ist nur wenig vorhanden.

Kommentar:
Natürlich ist das so. Allerdings erlaube ich mir die Bemerkung, daß die Rückständigkeit jener Länder, insbesondere ihre bescheidene wirtschaftliche Leistungskraft unter anderem auch auf die beschriebenen Eigenheiten zurückzuführen ist. Würden wir das übernehmen, wäre damit wohl langfristig das Problem der massenhaften Zuwanderung gelöst. Denn die wirtschaftliche Attraktivität unseres Landes würde mehr und mehr schwinden. An die Einheimischen sollte daher nach dieser Beschreibung die Aufforderung gerichtet werden, ihre Gäste darüber aufzuklären, daß unser Wohlstand zu einem guten Teil darauf beruht, daß wir die Uhren nicht nur haben, sondern auch benutzen, und die Probleme jener Länder, die sie mangels Perspektive verlassen haben, unter anderem darauf beruhen, daß man dort die Zeit hat, ohne sie zu nutzen.

... Krankheit...

In vielen Kulturen spricht man mit den Kranken nicht über ihre Krankheit. Üblich in vielen Ländern ist, dass man den Kranken Unklaren über seine Erkrankungen lässt.

Kommentar:
Es mag in Einzelfällen ein Akt der Barmherzigkeit sein, mit dem Kranken nicht über seine Krankheit zu sprechen. Vor allem dann nicht, wenn keine Aussicht auf Heilung besteht. An die Einheimischen sollte jedoch die Empfehlung ausgesprochen werden, ihren Gästen zu erläutern, warum das bei uns völlig anders ist. Neben der menschlichen Neugier, die selbstverständlich im Small Talk über Wehwehchen eine Rolle spielt, ist das Gespräch über die Krankheit des Gegenüber durchaus sinnvoll, zum Beispiel im Hinblick auf die Empfehlung von bestimmten Ärzten, Krankenhäusern oder Therapien. Wir sind eben eine offene Gesellschaft, die sich vor allem auch als Informationsgesellschaft nicht nur in der Förderung des wirtschaftlichen Erfolges, sondern auch in der Verbesserung des Alltagslebens abgeschlossenen archaischen Gesellschaften als überlegen erweist.

Die Sache mit den Einladungen und Besuchen…

Üblich in vielen Ländern ist: Man geht einfach jemanden besuchen. Die Notwendigkeit einer Terminabsprache wird nicht verstanden. In der Regel ist es so: Egal wann man jemanden besucht, man bekommt immer etwas angeboten. In der Tür stehen und sich unterhalten ist nicht üblich.

Kommentar:
Es fehlt die Empfehlung an die Einheimischen, diese Information dazu zu benutzen, ihre Gäste über die völlig andere Kultur des Zusammenlebens bei uns zu informieren, und dabei vor allem die Vorteile der bei uns üblichen Verhaltensweisen aufzuzeigen. Das gilt nicht nur für die allgemein als unhöflich empfundenen unangekündigten Besuche, sondern vermehrt auch für die Unabdingbarkeit von Terminabsprachen in einer durchorganisierten und zeitlich eng getakteten Lebenswelt.

Es zeigt: wir brauchen AugenÖffner, die helfen Missverständnisse aufzuklären und ein beidseitiges Verstehen fördern.

Kommentar:
In der Tat brauchen wir „Augenöffner", die helfen Mißverständnisse aufzuklären und ein beidseitiges Verstehen fördern. Die oben zitierte Handreichung ohne die aus meiner Sicht unbedingt notwendigen Empfehlungen für die Einheimischen zum Umgang mit ihren Gästen, die ja (hoffentlich) aus Gästen zu Einheimischen werden wollen, ist eher kontraproduktiv. Denn damit wird doch gefordert, die Kultur der Zuwanderer dem Zusammenleben mit ihnen zugrunde zu legen. Mit anderen Worten: nicht die Zuwanderer, sondern die Einheimischen müssen sich anpassen. Paradox. Dabei nützt es wenig, daß es auf der Internetseite des Vereins ja auch einen Katalog gibt, der über das Leben in Deutschland aufklärt. Denn es ist keineswegs sicher, daß er von einer nennenswerten Zahl der Adressaten überhaupt gelesen wird. Schließlich sind nicht wenige von Ihnen nicht einmal imstande, Texte in ihrer Muttersprache zu lesen oder gar zu verstehen. Vielmehr ist es wichtig, daß die Einheimischen jede Gelegenheit nutzen, den Migranten zu erklären, wie es bei uns zugeht und warum. So aber wird den Einheimischen der Eindruck vermittelt, man müsse die Eigenheiten der Zuwanderer verstehen und alles werde gut. Davon haben beide Seiten nichts.

19. Februar 2016

Armageddon

Der richtige Umgang mit der islamistischen Bedrohung

Das Maß ist nicht einfach voll. Nein, es läuft über. In rascher Folge schlagen Terroristen im Namen Allahs zu. Sie führen einen Krieg, einen schmutzigen Partisanenkrieg gegen uns. Sie hassen und verachten uns, die wir uns alle Genüsse leisten und leisten können, und ihrer asketischen Unterwerfung unter einen strengen und strafenden Gott allenfalls mit einem gleichgültigen: „Wenn ihr es denn glaubt" begegnen. Sie halten es für ihre Pflicht, das Banner ihres Propheten auf den Regierungspalästen aller Länder aufzupflanzen. Sie sind damit die zeitgemäßen Nachfolger der islamischen Heere, die Karl Martell bei Tours und Poitiers 732 zurückgeschlagen und Prinz Eugen in der Schlacht von Peterwardein 1716 endgültig besiegt hat. Sie glauben fest daran, als im Krieg gegen die Ungläubigen Gefallene in ein Paradies einzugehen, das ihnen ihre Schriftgelehrten als riesiges Freudenhaus beschrieben haben, in dem ihnen ständig zahllose attraktive Frauen zu Willen sind. Ihre Lust wird nach diesen Heilsversprechungen niemals versiegen und die physiologischen Folgen der Lust werden auch nie nachlassen. Daß derartige Heilsversprechungen im Hinblick auf ihren alles andere als transzendentalen Charakter überhaupt eine nennenswerte Schar von Anhängern gefunden haben, ist einer eigenen Untersuchung wert. Entscheidend ist jedoch, daß wir es hier mit religiösen Überzeugungen zu tun haben, die rationales Denken vollständig ausschalten. Nur dann ist ein solcher Fanatismus möglich, wie er Selbstmordattentäter und Angehörige von im Wortsinne Himmelfahrtskommandos beseelen muß. Für uns aufgeklärte und vom Hedonismus geprägten Menschen der westlichen Welt, ob Anhänger eines aufgeklärten Christentums oder Agnostiker, ist eine solche Persönlichkeitsstruktur überhaupt nicht mehr vorstellbar. Wenn wir uns jedoch darauf besinnen, daß die frühen Christen in Scharen zu Märtyrern wurden, weil sie sich der in unseren Augen lächerlichen kleinen Formalität verweigerten, neben der Verehrung ihres Gottes eben auch der römischen Staatsräson zu entsprechen und dem „göttlichen“ Kaiser zu huldigen, dann sollten wir doch eine Ahnung von dem bekommen, was ein unerschütterlicher Glaube bei einem Menschen auszurichten vermag. Wir müssen schlicht und einfach als Tatsache erkennen, daß der streng und ursprünglich verstandene Islam eben solche Persönlichkeiten formt.

Diese Soldaten Allahs haben uns den Krieg erklärt. Einen Krieg bis zur vollständigen Unterwerfung. Wenn wir den Kampf aufnehmen wollen, dann müssen wir analysieren und erkennen, mit welchem Feind wir es zu tun haben. Wir werden dann um die oben skizzierte Erkenntnis nicht herumkommen. Wir werden dann auch erkennen müssen, daß man einen Krieg nur gewinnen kann, wenn man die Gesetze des Krieges befolgt. Für den gelernten Soldaten ist das eine Binsenweisheit. Gepanzerten Feind wird man nur mit gepanzerten Truppen und panzerbrechenden Waffen besiegen können. Und so wird man zunächst einmal darüber nachdenken müssen, ob es angesichts des kriegerischen Willens und der kriegerischen Mittel des Feindes noch ausreicht, polizeiliche Mittel unter Beachtung des Polizeirechts mit seinem Verhältnismäßigkeitsgrundsatz dagegen zu setzen. Ja, wir müssen darüber nachdenken, ob wir in diesem Kampf nicht doch auch das Kriegsrecht anwenden müssen. Im Gefecht unter den rechtlichen Bedingungen des Krieges ist die Ausschaltung bzw. Vernichtung des Feindes das taktische Ziel des Einsatzes. Der Feind verhält sich schon lange so. Allerdings mit dem gravierenden Unterschied zu unseren Vorstellungen vom Recht des Krieges, das auf den Kampf der militärischen Kombattanten gegeneinander zugeschnitten ist, massakriert er in der Absicht, vor allem die wehrlose feindliche Zivilbevölkerung psychisch zu lähmen, bedenkenlos und willkürlich Badeurlauber, Fluggäste, Passanten und U-Bahn Benutzer.

Vor allem aber ist es an der Zeit, sich auch geistig zu rüsten. Es wird vom Feind als Schwäche angesehen und stachelt ihn deswegen nur noch mehr an, wenn Politiker und Publizisten auf die Nachricht vom neuesten Terroranschlag erst mal mit Bestürzung, Betroffenheit und Entsetzen reagieren. Alles Beschreibungen einer Haltung der Schwäche und des Ausdrucks der Unterlegenheit. Die über Jahrzehnte anerzogene Kultur der Gewaltlosigkeit, das Ideal der Sanftmut und der Glaube an das Gute im Menschen haben uns unfähig gemacht, einen Gegner, der von alledem nichts wissen will und eine solche Geisteshaltung nur verachtet, als das zu erkennen, was er ist und daraus die gebotene Konsequenz zu ziehen. Wenn wir in diesem Krieg nicht untergehen wollen, dann muß jede Reaktion auf die Nachricht von einem feindlichen Angriff die Entschlossenheit erkennen lassen, mit jeder Faser des Herzens den Kampf aufnehmen zu wollen und die Überzeugung spüren lassen, diesen Kampf am Ende zu gewinnen. Es sind nicht die Tage der Sanftmütigen. Es sind die Tage des Zorns. Erst wenn wir die Wölfe erlegt haben werden, können wir uns den Blumen im Garten wieder zuwenden.

22. März 2016

Kriegsgeschichte nach Art des deutschen Fernsehens

Waren deutsche Soldaten im II. Weltkrieg grundsätzlich Kriegsverbrecher?

Gestern (31.03.2016) Abend konnte man zum wiederholten Male erleben, wie im deutschen Fernsehen über Kriegsverbrechen deutscher Soldaten im Zweiten Weltkrieg berichtet wird. Diesmal war es die Sendung „Kontraste“ im Rotfunk Berlin Brandenburg. Die investigativen Journalisten dieses Senders hatten herausgefunden, daß ein inzwischen 94-jähriger Kommunalpolitiker aus dem Schwarzwald an einem Kriegsverbrechen in Italien am 29.09.1944 beteiligt war (in Wirklichkeit: daß die Staatsanwaltschaft Stuttgart gegen ihn ermittelt). Demnach soll er als Angehöriger der 16. Panzergrenadierdivision der Waffen-SS an Massakern im Bereich der Gemeinde Marzabotto nördlich von Florenz teilgenommen haben. Aufschlußreich ist, wie das in dieser Sendung dargestellt worden ist. Man kann das im übrigen ja in der ARD Mediathek immer noch nachträglich anschauen.

Nach der Darstellung in dieser Sendung hat eben der Beschuldigte damals an Greueltaten mitgewirkt, wie etwa die Einschließung von Dutzenden von Dorfbewohnern in einer Kapelle, um sie anschließend mit Handgranaten zu massakrieren, Massenerschießungen, und sogar dem buchstäblichen Abschlachten von Dorfbewohnern. Natürlich präsentierte man auch einen „Zeugen“, der damals 16 Jahre alt war und seine Angehörigen mit aufgeschlitzten Bäuchen und heraushängenden Gedärmen vor seinem Elternhaus aufgefunden haben will. Der Beschuldigte habe eingeräumt, an dem Einsatz gegen Partisanen im Raum Marzabotto beteiligt gewesen zu sein. Von Greueltaten habe er aber nichts gewußt. Offensichtlich glauben ihm die Journalisten davon kein Wort. Vielmehr erweckt man den Eindruck, er sei führend an Greueltaten beteiligt gewesen. Schließlich habe er Dienstgrad eines Unterscharführers gehabt und sei als „Befehlshaber“ seiner Soldaten für jenen Einsatz verantwortlich gewesen. Wegen dieser Sache seien auch insgesamt zehn SS-Angehörige, darunter der Beschuldigte, von italienischen Militärgerichten verurteilt worden. Dies werde in Deutschland jedoch nicht anerkannt. Warum das so ist, wird dem Zuschauer nicht mitgeteilt.

Das soll nun an dieser Stelle erläutert werden. Regelmäßig finden diese Verfahren vor italienischen Militärgerichten in Abwesenheit der deutschen Angeklagten statt. Solche Urteile entsprechen nicht rechtsstaatlichen deutschen Maßstäben. Sie binden daher unsere Gerichte nicht. Verräterisch ist auch der Sprachgebrauch dieser famosen Journalisten. Die Bezeichnung des Beschuldigten als Befehlshaber suggeriert, er sei damals in einer Position gewesen, in der er verantwortlich entscheiden konnte, ob und wie ein Einsatz gegen Partisanen oder unbeteiligte Zivilbevölkerung durchgeführt wird. Davon kann nicht entfernt die Rede sein, was sich schon aus dem SS-Dienstgrad des Beschuldigten ergibt. Er war Unterscharführer, was in der damaligen Wehrmacht und heutigen Bundeswehr dem Dienstgrad des Unteroffiziers entspricht. Ein Soldat in diesem Dienstgrad verfügte weder damals noch heute über die Befehlsgewalt, etwa einen derartigen Einsatz zu befehlen oder auch nur im Rahmen dieses Einsatzes über taktische Einzelheiten zu entscheiden. Vielmehr handelte es sich dabei um Soldaten, denen zum Beispiel selbst die Staatsanwaltschaft Dortmund in der Sache Kephallonia zugebilligt hat, keinerlei Handlungsspielraum gehabt zu haben, als es um die Erschießung von Gefangenen ging.

Aber es kam noch dicker. „Kontraste“ sprach mit dem ermittelnden Stuttgarter Staatsanwalt, der darauf hinwies, daß man einem Beschuldigten in einem solchen Falle konkret nachweisen müsse, was er im einzelnen getan habe, also mit anderen Worten, ob er persönlich unbeteiligte Zivilisten ermordet hat, oder zumindest unmittelbar daran beteiligt war. Das ist natürlich völlig richtig. Da dies aber im deutschen Fernsehen im Falle von wirklichen oder auch nur behaupteten Kriegsverbrechen deutscher Soldaten nicht sein darf, mußte man die Rechtsauffassung der Staatsanwaltschaft „korrigieren“. Dazu befragte man die bekannte Linksanwältin Gabriele Heinecke, die schon in mehreren Verfahren wirkliche oder angebliche Hinterbliebene von wirklichen oder angeblichen Kriegsverbrechen deutscher Soldaten auf dem italienischen Kriegsschauplatz des Zweiten Weltkrieges vertreten hat. Ihre engen Verbindungen zur kommunistisch dominierten Resistenza sind offensichtlich. Nach dem sie erst einmal erklärt hatte, hier handele es sich ja um ein Gruppenverbrechen, so daß jeder Angehörige der Gruppe verantwortlich sei, verwies man in der laufenden Sendung dann auf die Fälle Demjanjuk und Gröning. Hier handelte es sich jeweils um Angehörige von SS-Wachmannschaften, die in den Vernichtungslagern Auschwitz und Sobibor Dienst getan hatten. In jenen Fällen kamen die Gerichte zu dem Schluß, daß hier ausnahmsweise schon die Feststellung genügt, daß jemand dort Dienst getan hat, weil eben diese Lager keinen anderen Zweck hatten, als die dorthin verschleppten Menschen umzubringen.

Der Stuttgarter Staatsanwalt wies dann zu Recht darauf hin, daß diese Fälle sich im entscheidenden Punkt von dem vorliegenden unterscheiden. Während es dort ausschließlich um die Vernichtung der eingelieferten Personen gegangen sei, sei das bei einer militärischen Einheit anders, weil die auch Kampfaufgaben, hier im Partisanenkampf, zu erledigen hatte. Da müsse man schon feststellen, was der betreffende Beschuldigte denn nun genau getan habe. Im vorliegenden Fall hat sich ja der Beschuldigte dahingehend eingelassen, am Kampfeinsatz gegen die Partisanen teilgenommen zu haben, von anderen Dingen jedoch nichts gewußt zu haben. Hinzu kommt, daß an jenem Einsatz gegen die Partisanenbande „Stella Rossa“, die sich in einer Stärke von mehreren 100 Mann in den Dörfern der Gemeinde Marzabotto buchstäblich verschanzt hatte, und den angreifenden deutschen Truppen harten Widerstand leistete, neben Verbänden der 16. SS-Panzergrenadierdivision auch das Ost-Regiment 1059 der Wehrmacht und das Flakregiment 105 der Wehrmacht, letzteres auch mit infanteristischen Kräften, teilgenommen hatten. Somit können einzelne Kampfhandlungen wie auch Tötungen von Dorfbewohnern nicht einzelnen Truppenteilen, und noch weniger einzelnen Soldaten, zugeordnet werden.

Damit aber auch jeder Fernsehzuschauer sicher sein kann, daß sämtliche Teilnehmer an diesem Einsatz als Straftäter angesehen werden müssen, wurde dann noch der Historiker Carlo Gentile als Fachmann für den Partisanenkrieg in Italien vorgestellt. Der „wußte" natürlich, daß die 16. SS-Panzergrenadierdivision Erfahrung im Vernichten der Zivilbevölkerung hatte, und dies arbeitsteilig organisiert war. Richtig ist, daß Carlo Gentile sehr viel über den Partisanenkrieg in Italien geschrieben hat, wobei er tendenziell stets die Deutschen belastet und die Partisanen entlastet. Richtig ist auch, daß diese Division der Waffen-SS sehr häufig für derartige Kriegsverbrechen verantwortlich war. Somit konnten dann die wackeren Mitarbeiter der Agitpropabteilung des Senders feststellen, daß der Beschuldigte unmittelbarer am Mord beteiligt war, als etwa „ein kleiner Buchhalter in Auschwitz". Für den unkundigen Zuschauer war damit klar, daß die deutsche Justiz hier – wieder einmal, so sollte es scheinen – einen Kriegsverbrecher der NS-Zeit schützt. Die bereits erwähnte Linksanwältin durfte dann auch abschließend erklären, die Staatsanwaltschaft Stuttgart sei hier gewissermaßen der Stöpsel in der Flasche, den man auch haben wolle, um diese Verfahren zu beenden. Das sei aber nicht die Aufgabe der Staatsanwaltschaft. Es sei rechtsstaatswidrig, nicht die entscheiden zu lassen, die dazu berufen sind, und das seien nun einmal die Gerichte. Diese Erklärung ist nicht nur unverschämt, ja beleidigend gegenüber der Staatsanwaltschaft in Stuttgart. Sie ist aus dem Munde einer erfahrenen Rechtsanwältin auch fachlich bodenlos, das aber mit voller Absicht. Natürlich weiß die Dame, daß die Strafprozessordnung der Staatsanwaltschaft nicht die letzte Entscheidung darüber zubilligt, ob ein Ermittlungsverfahren zur Anklage führt oder nicht. Denn gegen die Einstellung des Ermittlungsverfahrens kann von den Verletzten bzw. ihren nahen Angehörigen das sogenannte Klageerzwingungsverfahren durchgeführt werden, an dessen Ende die Entscheidung eines Oberlandesgerichts steht.

So war es ja beispielsweise auch im Falle Kephallonia, in dem gegen den Führer des Exekutionskommandos ermittelt wurde, vor das der italienische General Gandin und seine Stabsoffiziere gestellt worden waren. Hier wurde eben dann von einem Gericht festgestellt, daß ein hinreichender Tatverdacht des Mordes nicht vorlag, und somit auch eine Anklage nicht zu erheben war. Natürlich wurde in diesem Beitrag auch nicht erwähnt, daß sowohl der Kommandeur der 16. SS Panzergrenadierdivision GenLt Simon, als auch der Führer jenes Einsatzes im Gebiet der Gemeinde Marzabotto, Sturmbannführer (entspricht dem Dienstgrad Major) Reder, unter anderem wegen dieses Falles von einem britischen bzw. den italienischen Militärgerichten zum Tode bzw. langjährigen Freiheitsstrafen verurteilt worden sind.

Abschließend kann man nur feststellen, daß seriöse Berichterstattung anders aussieht. Weder die damaligen Vorgänge in Marzabotto, die nun beim besten Willen nicht mehr juristisch aufgeklärt werden können, noch die Rechtslage wurden den Fernsehzuschauern auch nur annähernd zutreffend erklärt. Sicherlich ist es so, daß in Marzabotto sowohl Gefechte zwischen den eingesetzten deutschen Truppen und den italienischen Partisanen stattgefunden haben, in deren Verlauf ganz sicher auch unbeteiligte Dorfbewohner umgekommen sind. So haben die Partisanen ja aus bewohnten Häusern heraus gekämpft. Diese wurden auch, teilweise mit Artillerie, beschossen. Auf der anderen Seite hat es ganz sicher auch Kriegsverbrechen deutscher Truppenteile gegeben. Auch wenn nach den überlieferten Feststellungen der britischen militärischen Ermittler den Aussagen italienischer Zeugen häufig nicht geglaubt werden kann, weil sie gar zu übertrieben und phantasievoll, teilweise ganz offensichtlich falsch waren, so können ja nicht sämtliche Berichte über die Ermordung von unbeteiligten Zivilisten falsch sein. Nur ist es eben so, daß im Nachhinein das eine vom anderen nicht mehr unterschieden werden kann, jedenfalls nicht mit der Sicherheit, die es einem Juristen ermöglicht, einem bestimmten Soldaten ein bestimmtes Verbrechen zur Last zu legen.

Um eine solche ausgewogene Berichterstattung geht es hier aber offensichtlich nicht. Nach dieser Sendung kann man keinen anderen Eindruck haben als den, daß es hier nur darum geht, die Zuschauer darüber zu belehren, daß ihre Vorfahren Kriegsverbrecher gewesen seien. Man nennt das heute, wie man hört, Qualitätsjournalismus. Ach ja, beinahe hätte ich's vergessen. Nach deutschem Recht gilt jeder als unschuldig, der nicht von einem deutschen Gericht rechtskräftig wegen der zur Last gelegten Tat verurteilt worden ist. Man nennt das auch die Unschuldsvermutung. Für das deutsche Fernsehen gilt das offenbar nicht. Jedenfalls dann nicht, wenn es um deutsche Soldaten geht. Da gilt vielmehr der Verdacht als Schuldbeweis.

1. April 2016

Minenhunde

Die Drahtzieher des Asylmißbrauchs

Zu Beginn der sogenannten Flüchtlingskrise konnte man noch glauben, es handele sich tatsächlich um eine spontane, ungesteuerte Fluchtbewegung, sicherlich auch motiviert von dem Wunsch nach einem Leben in Wohlstand und Sicherheit. Wo, wenn nicht vor allem in Deutschland, sollte das auch zu haben sein? In jüngerer Zeit trifft diese Wahrnehmung nicht mehr zu. Wer mit wachen Augen die Bilder aus Idomeni, aber auch in den letzten Wochen von anderen Brennpunkten an den abgeriegelten Grenzen der südosteuropäischen Staaten betrachtet, dem muß auffallen, daß darauf häufig junge Leute zu sehen sind, deren Äußeres so gar nicht orientalisch oder afrikanisch wirkt. Und dieser Eindruck trügt auch nicht. Es fällt weiter auf, daß dieser Menschentyp regelmäßig buchstäblich an vorderster Front zu sehen ist, wenn Grenzflüsse durchwatet oder Grenzzäune niedergerissen werden. Man nennt diese Leute dann in den Medien gerne verharmlosend „Aktivisten". Aktiv sind sie allemal. Ihre Aktivitäten sind jedoch alles andere als harmlos. Sie stacheln die Wanderer in das Land, wo Milch und Honig fließen dazu auf, geschlossene Grenzen zu durchbrechen oder Grenzanlagen zu umgehen. Sie rüsten sie mit den erforderlichen Werkzeugen aus und weisen sie ins Gelände ein. Die „Flüchtlinge" sind für sie jedoch vor allem Manövriermasse. Ob sie bei riskanten Aktionen verletzt werden oder gar ums Leben kommen, spielt für sie keine Rolle. Sie sind gewissermaßen die Minenhunde ihrer politischen Strategie.

Natürlich handelt es sich dabei schon längst nicht mehr um die naiven höheren Töchter, die an den bayerischen Bahnhöfen seinerzeit mit glücklichem Lächeln Mineralwasser und Kinderspielzeug verteilt haben, und sich dabei vorgekommen sind wie der barmherzige Samariter. Vielmehr handelt es sich um professionelle Mitarbeiter linksextremer Organisationen, die nun die Situation an den europäischen Grenzen für ihre Ideologie der grenzenlosen Welt („One World") instrumentalisieren. Sie verfolgen langfristig das Ziel der Auflösung der hergebrachten Weltordnung von Nationalstaaten und internationalen Bündnissen. Daß dies ein ausgesprochen linkes Projekt ist, kann man bei Jürgen Habermas nachlesen. Es ist aber gleichzeitig auch ein Projekt der internationalen Hochfinanz, wie sie sich in Personen wie George Soros ganz ungeniert mit ihren Zielen in der Öffentlichkeit darstellt. Der eigentliche Sinn der Globalisierung im Sinne dieser Leute besteht ja darin, tatsächlich den auf der ganzen Erde einheitlich sozialisierten Konsumenten heranzuziehen. Dem stehen nationale Eigenheiten und Kulturen natürlich entgegen. Sie aufzulösen, muß daher der erste Schritt sein. Nichts hilft dabei effektiver, als die Einschleusung von Menschenmassen mit fremder, nicht kompatibler Kultur. Ein Ziel, das sowohl Linksextremisten als auch Erzkapitalisten verfolgen, kann nur falsch sein. Gog und Magog erleiden in der Apokalypse ihr verdientes Schicksal. Solange können wir nicht warten. Gog und Magog unserer Zeit müssen wir schon selbst besiegen. Wie jeder militärische Sieg, so setzt auch jeder politische Sieg eine gründliche Lageanalyse, eine daraus entwickelte Strategie und schließlich deren konsequente Umsetzung voraus. Es ist Zeit, damit anzufangen.

16. April 2016

Empört euch!

Dem politischen Islam muß man Grenzen setzen

Die Empörungsmaschine ist angeworfen. Unisono empören sich die Sprecher der Parteien, Kirchen und Verbände über die Forderung aus der AfD, dem politischen Islam Grenzen zu setzen. Lehrerinnen sollen danach künftig in den Schulen keine Kopftücher tragen,

Ganzkörperverhüllungen wie die Burka sollen verboten werden, die Finanzierung von Moscheen aus dem Ausland, etwa aus Saudi-Arabien, soll ebenso verboten werden, wie der Bau von Moscheen im typischen orientalischen Stil mit Minaretten. Imame sollen nur noch zugelassen werden, wenn sie an deutschen Universitäten studiert haben und in deutscher Sprache predigen. Rechtsextreme Forderungen seien das, mit dem Grundgesetz (Religionsfreiheit!) nicht vereinbar und überhaupt unerträglich. Der Vorsitzende des Zentralrats der Muslime, der immerhin 0,5% der Muslime in Deutschland vertritt, zieht bereits die Parallelen zu Hitler und den Nazis. Erstmalig werde seither eine ganze Religionsgemeinschaft in den Verbotsbereich gerückt. Der unvermeidliche Martin Schulz gefällt sich in der seines Erachtens wohl prägnanten Formulierung, diese Partei sei keine Alternative für Deutschland, sondern eine Schande für Deutschland.

Schauen wir doch einmal genauer hin.
Was das geforderte Verbot, das sogenannte islamische Kopftuch in der Schule zu tragen angeht, so hat eben erst das Arbeitsgericht in Berlin auf der Grundlage eines dortigen Gesetzes entschieden, daß Lehrerinnen an allgemeinbildenden Schulen eben kein Kopftuch dieser Art tragen dürfen, weil dies ein eindeutiges und appellatives religiöses Symbol sei. Das einschlägige Gesetz des Landes Berlin ist demnach von braunem Ungeist geprägt und findet in dem Arbeitsgericht Berlin wohl willfährige Richter Freisler'schen Zuschnitts. Die stellvertretende Vorsitzende der CDU ist erst jüngst mit ihrem Vorschlag, ein gesetzliches Verbot von Burka und Niquab in Deutschland einzuführen, in ihrer Partei gescheitert. Demnach ist die CDU wohl gerade noch an der braunen Einfärbung vorbeigeschrammt. Ob die grundgesetzlich garantierte Religionsfreiheit durch ein bauordnungsrechtliches Verbot von orientalischen Bauformen wie den typischen Moscheen mit Kuppel und Minaretten überhaupt tangiert würde, muß wohl füglich bezweifelt werden. Denn schon nach geltendem Recht müssen sich Bauvorhaben auch gestalterisch in die nähere und weitere Umgebung einfügen. Wenn eine politische Partei fordert, insoweit auch gesetzliche Klarstellungen und Interpretationsrichtlinien einzuführen, dann ist das wohl doch meilenweit von nationalsozialistischer

Gesetzgebung auf der Grundlage des Führerwillens oder auch nur des sogenannten gesunden Volksempfindens entfernt.

Interessant ist auch, welcher Sprachgebrauch offenbar den Nachrichtensprechern vorgeschrieben ist. Sie haben dem Volk vor den Bildschirmen zu erklären, es gehe um Angriffe und Verbote in Richtung des Islam in Deutschland. Hört man jedoch die anschließend eingespielte Erläuterung der Co-Vorsitzenden jener Partei, so erklärt sie, es gehe gar nicht um den Islam oder die Muslime an sich, es gehe um den politischen Islam, der nun einmal ihres Erachtens den Werten unseres Grundgesetzes entgegenstehe. Der politische Islam, wohl gemerkt. Es sollte sich nun langsam herumgesprochen haben, daß der Islam vom ersten Tage seiner Geschichte an, die nun wahrlich keine Geschichte der friedlichen Missionierung, sondern der blutigen Eroberung ist, eine eminent politische Bewegung gewesen ist und noch heute ist. Das muß an dieser Stelle nicht weiter ausgeführt werden. Wer sich mit diesem Thema befaßt, wird um diese Erkenntnis nicht herumkommen. Soweit nun mit der Religionsfreiheit des Grundgesetzes argumentiert wird, so sei auch die Frage nach einem weiteren fundamentalen Artikel unseres Grundgesetzes und seiner Akzeptanz durch den größten Teil der Muslime erlaubt. Männer und Frauen sind nach dem Grundgesetz gleichberechtigt. Wie viel Gleichberechtigung steckt in einer Religion, die von den Frauen eine Verhüllung in den Varianten vom Kopf und Hals verbergenden Tuch bis zur Ganzkörperverhüllung verlangt, von den Männern indessen nicht. Wieviel Gleichberechtigung steckt in einer Religion, die Männern und Frauen unterschiedliche Erbquoten und einen unterschiedlichen Wert als Zeugen vor Gericht beimißt?

Soweit ersichtlich, ist vieles, was da von einer Partei gefordert wird, und von allen anderen als verfassungswidrige Denkweise verdammt wird, entweder bereits geltendes Recht oder aber Programm auch anderer Parteien. Doch schon die alten Römer wußten: *duo cum faciunt idem, non est idem* (wenn zwei das gleiche tun, ist es noch lange nicht das gleiche).

18. April 2016

Alles schon mal dagewesen

Übergriffe islamischer Männer

Michael Klonovsky hat dankenswerter Weise seine *acta diurna* wieder geöffnet und weist gleich darauf hin, daß alles schon mal dagewesen ist, um ein Bonmot des berühmten Rabbi Ben Akiba (50-137 n. Chr.) zu bemühen. Seit Monaten hören wir immer wieder von Übergriffen „nordafrikanisch aussehender" junger Männer auf Mädchen und Frauen, auch in Schwimmbädern. Wir hören und lesen auch, daß diese Täter für gewöhnlich in Horden auftreten und gegenüber Ordnungskräften, sagen wir einmal, sehr selbstbewußt auftreten. Michael Klonovsky verlinkt dazu auf einen Spiegel-Artikel aus dem Jahre 1964 (!). Es lohnt sich, ihn zu zitieren:

„Den Pariserinnen wird das Plätschern vergällt. Wo ein vereinzelter Bikini im Frei-Bassin paddelt, ist er bald von bräunlichen Schwimmern eingekreist und angetaucht. Zehn, zwanzig Algerier-Hände zerren an den Verschlüssen des Badekostüms und rauben der Trägerin das Textil. Vor allem am Wochenende beherrschen die souverän gewordenen Nordafrikaner die Pariser Bassins, das auf Seine-Pontons schwimmende Feudal-Bad Deligny ebenso wie das Vorstadt-Becken von Puteaux. Folge: Die Bademädchen meiden die Wässer an solchen Tagen, ihr männlicher Anhang bleibt fern. Energische Bademeister, die gegen die Freibeuter einzuschreiten wagen, werden nach Dienstschluß auf dem Trockenen von feindseligen Rotten bedroht. Von den Algeriern aus Algerien verjagt, sehen sich die Franzosen nunmehr von den Siegern auch aus den Schwimmbecken ihrer Hauptstadt gedrängt. Auf Abhilfe ist nicht zu rechnen. Denn Tag für Tag verlassen an die 600 Algerier das von Arbeitslosigkeit und Inflation geplagte Land Ben Bellas, um beim ehemaligen Kolonialherren jenseits des Meeres Brot zu suchen. Der leergefegte französische Arbeitsmarkt konnte etliche Tausend ohne weiteres aufnehmen. Doch der Strom schwoll ständig an: 1956 lebten 300.000 Algerier in Frankreich, Anfang 1964 waren es fast 600.000. 30.000 von ihnen sind heute arbeitslos und leben von der französischen Sozialversicherung. 13.000 französische Krankenbetten sind von Algeriern belegt.

Die Pariser Polizei sah sich bald vor der Aufgabe, mit einer Kolonie von 200.000 Algeriern fertig zu werden, die zwar nur 3 % der hauptstädtischen Bevölkerung ausmacht, auf deren Konto jedoch im vergangenen Jahr
- 32 % der Morde,
- 39 % der Autodiebstähle und
- 58 % der Diebstähle mit Schusswaffengebrauch

gingen. Ein Teil der Einwanderer importierte überdies die Gewohnheiten ihrer sanitär unterentwickelten Heimat samt den dort in Blüte stehenden Gebrechen – Tuberkulose und Geschlechtskrankheiten – nach Frankreich. Die französischen Gesundheitsbehörden konnten gegen die unhygienische Flut ebensowenig mit Sondermaßnahmen vorgehen wie die Pariser Polizei gegen die Kriminalität der Braunen: Nach den Verträgen von Evian genießen die Algerier die gleichen Rechte wie die Franzosen, insbesondere uneingeschränkte Freizügigkeit. Erst 1965 müssen sich die 600.000 Einwanderer entschieden haben, ob sie für Frankreich oder für Algeriern optieren wollen. Dann können Ben Bellas Untertanen als Ausländer behandelt und beispielsweise einer besonderen gesundheitspolizeilichen Überwachung unterworfen werden.

In Marseille, dem wichtigsten Importort, waren die Ankömmlinge bislang schon medizinisch gesichtet worden, jedoch so behutsam, daß von einer wirksamen Kontrolle nicht die Rede sein konnte: Um des algerischen Erdöls und der algerischen Atombomben-Terrains willen vermeidet die Pariser Regierung alles, was nach Diskriminierung der in Frankreich lebenden Algerier aussehen könnte. Wer überdies nicht via Marseille, sondern über Spanien, Italien oder einen Flughafen nach Frankreich einreiste, blieb gänzlich unkontrolliert.

Um Algerien vor der Entvölkerung und Frankreich vor weiterem Zustrom einigermaßen zu bewahren, vereinbarten Paris und Algier jedoch Mitte April, die Auswanderer künftig schon in der Heimat zu sieben: Ein in den algerischen Großstädten eingerichteter Gesundheits-Service wird die Frankreich-Fahrer ab 1. Juli auf Tuberkulose und Geschlechtskrankheiten prüfen. So entfällt die Frage des Rücktransports abgewiesener, oft mittelloser Einwanderer, und Frankreich erspart sich das Odium, arme Unterentwickelte von seinen Küsten ins Meer zu stoßen.

In den hauptstädtischen Schwimmwässern werden die Braunen sich weiterhin tummeln, um die Baigneusen anzutauchen und abzutasten. Der für Muselmanen ungewohnte Anblick knapper Bikinis läßt die Schwimmer Freuden ahnen, die sie sonst schwer finden: Unter den 600.000 Frankreich-Algeriern sind nur 40.000 Frauen."

52 Jahre später hat sich nichts geändert. Ob allerdings der Spiegel von heute es wagen würde, einen solchen Bericht mit diesem Sprachgebrauch zu veröffentlichen, dürfte wohl kaum mit Ja zu beantworten sein. Weiter will ich das nicht kommentieren, denn dieser Blog hat ja den Untertitel: *sapere aude!* Meine Leser können eben selber denken.

25. April 2016

Islam und Grundgesetz

Wieviel Islam verträgt Deutschland?

Eines der beherrschenden Themen in der politischen Debatte dieser Tage ist die angebliche Islamophobie, die sich nach Meinung politisch korrekter Kommentatoren und islamischer Funktionäre insbesondere in den Anträgen zum bevorstehenden Programmparteitag der AfD hemmungslos Bahn bricht, aber auch in dem Entwurf eines Islamgesetzes der CSU. Zur Versachlichung der Debatte ist es hilfreich, die Vereinbarkeit von Islam und Grundgesetz einer näheren Betrachtung zu unterziehen. Nun hört man vielfach, **den** Islam gebe es eigentlich nicht. Daran ist richtig, daß es im Islam keinen Papst gibt, der wie in der katholischen Kirche *ex cathedra* Glaubenssätze mit allgemeinverbindlicher Wirkung verkünden kann. Schon in den übrigen christlichen Kirchen fehlt es an einer zentralen Glaubensautorität, wenn auch eine gewisse Einheitlichkeit durch die Bibel vorgegeben ist. Anders ist es in der Tat im Islam. Zwar sollte man meinen, der Koran als in Schriftform gegossenes Gesetz Allahs lasse keine Interpretationen zu. Wir wissen, daß dem nicht so ist. Abgesehen von den großen Strömungen Sunna und Schia, kleineren wie der alevitischen Glaubensrichtung und der Ahmadiyya Sekte gibt es selbst innerhalb der quantitativ bei weitem bedeutendsten Richtung der Sunna eine Reihe so genannter Rechtsschulen. In Saudi-Arabien ist der Wahabismus bekanntlich die von Staats wegen allein gültige Auslegung des Islam. Hinzu kommt die Scharia, gewissermaßen eine Konkretisierung des Islam. Dennoch darf man festhalten, daß Koran und Scharia das Wesen des Islam ausmachen, und somit für alle Gläubigen verbindlich sind, gleichgültig, in welchem Ausmaß sie sich wirklich daran halten.

Das Bundesverwaltungsgericht steht nicht in dem Verdacht, sich am politischen Meinungsstreit zu beteiligen, insbesondere nicht etwa dem sogenannten Rechtspopulismus zu frönen. Es hat jedoch mit seinem Urteil vom 14.05.2014, Aktenzeichen 6 A 3/13, eine salafistische Vereinigung verboten. Der Salafismus ist eine besonders strenge und nach eigenem Verständnis allein am ursprünglichen Islam ausgerichtete Glaubensrichtung. Sie beruft sich auf den Wortlaut des Korans ebenso wie die allgemeinverbindlichen Regelungen der Scharia. Das Bundesverwaltungsgericht stellt dazu fest:

Den von der Vereinigung...... vertretenen und verbreiteten Lehren liegt nach den Feststellungen des Gerichts eine Werteordnung zugrunde, die im Widerspruch zu derjenigen des Grundgesetzes steht. Von besonderem Gewicht sei dabei die Nichtanerkennung des Rechts auf Leben und körperliche Unversehrtheit gemäß Art. 2 Abs. 2 Satz 1 GG durch die Propagierung von in der Scharia vorgesehenen grausamen Strafen. Die Bestrafung der Handamputation bei qualifiziertem Diebstahl, des Kreuzigens und Tötens bei raubähnlichen Delikten, des Auspeitschens bei religiösen Verfehlungen und bei unzüchtigem Verhalten sowie des Steinigens bei Ehebruch würden nach dieser Lehre als gerecht, praktikabel, logisch und im eigenen Interesse der Delinquenten liegend (!) geschildert. Hinzu komme die Befürwortung von gleichfalls aus Vorgaben der Scharia abgeleiteten Verhaltensweisen, die dem Verfassungsgebot der

Gleichberechtigung von Frauen und Männern aus Art. 3 Abs. 2 Satz 1 GG zuwiderlaufen. Das Verständnis der Scharia als eines von Gott gesetzten und deshalb allen staatlichen Gesetzen übergeordneten Rechts stehe im Widerspruch zu den grundgesetzlichen Prinzipien des Rechtsstaats bzw. der Demokratie.

Das Bundesverwaltungsgericht hat zusätzlich den Verbotsgrund des Zuwiderhandelns gegen den Gedanken der Völkerverständigung bejaht (§ 3 Abs. 1 Alt. 3 VereinsG). Es hat dies in tatsächlicher Hinsicht aus Reden, Bittgebeten und Liedern abgeleitet, in denen unter anderem haßerfüllte Vernichtungswünsche gegen Amerika, Juden, Christen und Schiiten ausgestoßen werden, teilweise verbunden mit dem ausdrücklichen Appell, sich dem gewaltsamen Dschihad anzuschließen und auch vor dem Märtyrertod nicht zurückzuschrecken.

Es mag zuzugeben sein, daß Salafisten und andere Islamisten einen besonders radikalen (radikal heißt nun einmal von der Wurzel her) Islam vertreten. Niemand jedoch wird bestreiten, daß alle genannten Vorschriften nun einmal im Koran und in der Scharia enthalten sind. Und ein Blick auf Länder, in denen der Islam sein Ziel erreicht hat und Staatsreligion geworden ist (Iran, Saudi-Arabien) zeigt mit nicht zu überbietender Klarheit, was sein Wesen ist. Mit unserer demokratischen, liberalen und rechtsstaatlichen Verfassung ist das alles nicht vereinbar, wie das Bundesverwaltungsgericht zutreffend feststellt. Politisch korrekte Zeitgenossen und Islamfunktionäre mögen daher die Richter der Islamophobie zeihen. Zu wünschen ist jedoch, daß die übergroße Mehrheit der Entscheidungsträger in diesem Lande mit dem Vorwurf der Islamophobie gut leben können, wenn sie den Islam hierzulande allenfalls in homöopathischer Verdünnung zulassen.

9. Mai 2016

Geschichtsstunde, öffentlich-rechtlich

Eine weitere Variante von „Opa war ein Nazi"

Die Zuschauer des Bayerischen Fernsehens wurden am vergangenen Mittwoch (11.05.2016) mit einer Geschichtsstunde der besonderen Art beglückt. Unter der programmatischen Überschrift „Akte D – das Versagen der Nachkriegsjustiz" wurden sie darüber belehrt, daß ihre Vorfahren zur Zeit des Zweiten Weltkrieges zu einem erheblichen Prozentsatz an den Massenmorden und Kriegsverbrechen des Nazi-Regimes entweder beteiligt waren, oder doch davon gewußt haben. Damit nicht genug. In den fünfziger und sechziger Jahren des vergangenen Jahrhunderts hätten an den Schaltstellen der Justiz dieselben Juristen gesessen, die schon im Dritten Reich als Ministerialbeamte, Staatsanwälte und Richter dem Unrechtsregime gedient hatten. Aus diesem Grunde seien nach dem Kriege auch nur vergleichsweise wenige NS-Täter ihrer gerechten Strafe zugeführt worden.

Der Beitrag beginnt mit der Behauptung, nach neuesten Forschungen – die allerdings nicht referiert werden – hätten mehr als 500.000 Deutsche an Tötungsverbrechen und Massenmorden des NS-Regimes mitgewirkt. Im weiteren Verlauf der Sendung kommt ein amerikanischer Archivdirektor zu Wort, der von sage und schreibe 13 Millionen NS-Tätern spricht. Es heißt dann eingangs weiter, die Alliierten hätten mehr als 50.000 davon vor Gericht gestellt. Zur Illustration zeigt man eine Hinrichtung, möglicherweise in Landsberg/Lech, bei der das Gesicht des Verurteilten auf dem Schafott nicht verpixelt wird. Das tut man ja sonst im deutschen Fernsehen aus Gründen des Persönlichkeitsschutzes nicht. Damit wird aber schon gleich zu Beginn die Gangart vorgegeben. NS-Verbrecher haben eben keine Persönlichkeitsrechte. Dazu paßt dann auch, von vornherein Konrad Adenauer, aber auch alle folgenden Bundeskanzler und ihre Regierungen als Bremser und Verhinderer in Sachen juristische Aufklärung der NS-Vergangenheit darzustellen. Adenauer, so wörtlich, „buhlte um die Gunst der Deutschen", indem er sich gegen die weitere Strafverfolgung von NS-Tätern gewandt habe. Dieser

Sprachgebrauch ist bemerkenswert verräterisch. Demokratische Politiker buhlen also um die Gunst ihrer Wähler. Abwertender kann man das Bemühen von Politikern, den Wünschen ihrer Wähler zu entsprechen, kaum formulieren. Überflüssig zu sagen, daß es Wesensmerkmal der Demokratie ist, daß die gewählten Politiker den Willen des Volkes umsetzen, das sie gewählt hat. Für die Autoren der Sendung ist es allerdings offenbar so, daß Demokratie nur dann stattfindet, wenn Politik in ihrem Sinne gemacht wird. Dazu gehört natürlich nicht eine Amnestie von NS-Tätern, denen lediglich minder schwere Vergehen zur Last gelegt werden. Vielmehr darf nach Auffassung der Autoren im Falle von NS-Unrecht auf gar keinen Fall Gnade vor Recht ergehen, auch wenn es sich nur um verhältnismäßig minder schwere Vergehen oder Verbrechen handelt.

Man kommt dann rasch zum eigentlichen Anliegen der Sendung. Demnach gab es eine personelle Kontinuität des juristischen Personals vom Reichsjustizministerium der NS-Zeit bis in das Bundesministerium der Justiz der fünfziger und sechziger Jahre hinein. Genau diese Juristen hätten dann durch eine geschickte Formulierung des sogenannten 131er Gesetzes dafür gesorgt, daß auch ehemalige Gestapoleute wieder als Beamte eingestellt werden konnten, indem sie scheinheilig formulierten, daß als nicht belastet gilt, wer von Amts wegen zur Gestapo versetzt worden war. Verschwiegen hätten sie den Abgeordneten aber, daß dies fast alle gewesen seien. Und so habe man es dann auch 1968 geschafft, dem Deutschen Bundestag ein Gesetz gewissermaßen unterzujubeln, das die meisten Beteiligten an NS-Untaten von Strafverfolgung freistellte. Unter der Ägide des früheren „NS-Staatsanwaltes“ Dr. Eduard Dreher, der federführend im Justizministerium daran gearbeitet habe, sei im Zuge der Schaffung des Gesetzes über die Ordnungswidrigkeiten gewissermaßen klammheimlich eine Regelung in das Strafgesetzbuch geschmuggelt worden, die automatisch zur Verjährung führen mußte, weil dann bei den allermeisten Tätern nicht Mord, sondern nur Totschlag anzunehmen wäre. Damit seien dann gerade die Schreibtischtäter aus dem Reichssicherheitshauptamt aus der juristischen Schußlinie genommen worden. Das sei dann durch die Änderung des § 50 StGB erfolgt, wonach beim Fehlen besonderer persönlicher Merkmale, welche die Strafbarkeit des Täters begründen, beim Teilnehmer die Strafe nach den Vorschriften über den Versuch zu mildern ist.

Es ist aber so, daß diese Vorschrift im Rechtsausschuß des Deutschen Bundestages ausgiebig beraten worden ist, und zwar unter Vorsitz des SPD-Abgeordneten Martin Hirsch, später Richter des Bundesverfassungsgerichts, der Juristin Elisabeth Schwarzhaupt, des Juristen und späteren Präsidenten des Bundesverfassungsgerichts Ernst Benda und weiterer profilierter Juristen wie des Vorsitzenden dieses Ausschusses, Dr. Hans Wilhelm und des weiteren Mitgliedes Prof. Dr. Eduard Wahl. Will denn jemand im Ernst behaupten, allen diesen sicherlich vorzüglichen Juristen habe man irgendeine Formulierung unterjubeln können, deren Tragweite sie nicht erfaßt hätten? Und ist es denn nicht auch so, daß Strafgesetze allgemeine Gesetze sind, die nicht nur für NS-Gewaltverbrechen gelten? Daß damit auch bei sozusagen gewöhnlichen Straftaten jeder Beteiligte nach seiner individuellen Schuld zu beurteilen ist, die natürlich unterschiedlich sein kann? Daß dies auch weiter gilt, wenn die NS-Täter schon lange nicht mehr leben? Der Zuschauer der Sendung mußte in diesem Zusammenhang zu dem Schluß kommen, daß hier eine kleine Clique finsterer Altnazis im Justizministerium eine Gruppe von juristischen Klippschülern im Rechtsausschuß des Bundestages über den Tisch gezogen hat. Aber vielleicht waren das ja auch mindestens Sympathisanten der alten Nazis, denn im weiteren Fortgang der Sendung erfährt der Zuschauer, daß immerhin 26 ehemalige Bundesminister und zwei ehemalige Bundespräsidenten Mitglieder der NSDAP gewesen seien. Was selbstverständlich nicht erläutert wird, ist die Tatsache, daß Millionen von Deutschen der Mitgliedschaft in der NSDAP kaum ausweichen konnten. Hätte man die Zuschauer darüber aufgeklärt, dann hätte natürlich nicht der offenbar gewünschte Eindruck entstehen können, daß in jener Zeit eine Fronde von alten Nazis und deren jungen Gefolgsleuten die Geschicke der Bundesrepublik Deutschland bestimmt hat.

Demgemäß hat allein der Druck aus dem Ausland die Bundesrepublik Deutschland dazu gezwungen, Ermittlungen gegen ehemalige NS-Täter durchzuführen. Daß dies dann nur mit halber Kraft geschehen sei, folge daraus, daß von den ca. 500.000 Tätern tatsächlich nur rund 900 verurteilt worden seien. Diese Behauptung ist derartig grob falsch, daß man hier schon den Begriff Lüge verwenden muß. Denn gerade die in der Sendung vorgestellten Historiker und Juristen kennen die tatsächlichen Zahlen ganz genau. Der in der Sendung genannte erste Leiter der Zentralstelle der Justiz zur Aufklärung von NS-Verbrechen, Oberstaatsanwalt Adalbert Rückerl, hat in seinem Standardwerk „NS-Verbrechen vor Gericht. Versuch einer Vergangenheitsbewältigung" eine Statistik veröffentlicht, welche die rechtskräftigen Verurteilungen wegen NS-Verbrechen durch Gerichte der Bundesrepublik Deutschland (bis 1949 der Bundesländer) in der Zeit von 1945-1982 auflistet. Es sind deren 6.465! Siebenmal so viele! Ebenso sachlich unzutreffend wird dann unter anderem behauptet, gegen Mitte der fünfziger Jahre sei die strafrechtliche Ahndung von NS-Verbrechen praktisch zum Erliegen gekommen. Tatsächlich listet Rückerl für die Zeit von 1954-1982 allein 664 rechtskräftige Verurteilungen auf.

Prof. Dr. Horst Möller, fast zwei Jahrzehnte lang Leiter des Instituts für Zeitgeschichte in München, schrieb in einem Aufsatz unter der Überschrift „Unser letzter Stolz" in der FAZ vom 09.06.2012 zu diesem Thema: „Legenden dienen politischen Zwecken. Dies gilt auch für die zählebige Behauptung, eine wirkliche Auseinandersetzung mit der nationalsozialistischen Diktatur habe erst in der Bundesrepublik mit der Studentenbewegung am Ende der sechziger Jahre begonnen. Bis dahin seien das nationalsozialistische Regime und seine Verbrechen verdrängt worden. Jede Behauptung dieser Art ist so falsch, daß sie mit Unwissen allein nicht zu erklären ist." Für den Zeitraum von 1945-1949 hält er fest, daß allein in diesen viereinhalb Jahren in Deutschland mehr Verbrecher des Nazi-Regimes von alliierten und deutschen Gerichten in rechtsstaatlichen Verfahren zur Rechenschaft gezogen worden seien, als in jeder anderen postdiktatorischen Gesellschaft.

Juristisch fehlerhaft ist auch die Behauptung, die Rechtslage in Deutschland habe jedenfalls seit 1968 die Strafverfolgung von

NS-Gewaltverbrechern, etwa aus den Vernichtungslagern, verhindert. Denn auch die Gesetzesänderung von 1968 hat es ja weiterhin ermöglicht, einem KZ-Schergen die bewußte Teilnahme an Morden nachzuweisen. Anders wäre ja Strafverfolgung etwa von Demjanjuk oder Gröning nicht möglich geworden. Ohne hier in die juristischen Einzelheiten gehen zu wollen, sei lediglich darauf hingewiesen, daß die nach dem individuellen Tatbeitrag fragende Rechtsprechung des Auschwitz-Verfahrens in dem Urteil des Landgerichts München II gegen Demjanjuk nicht aufgegeben worden ist. Denn das Gericht hat lediglich zutreffend festgestellt, daß derjenige, der in einem Lager, in dem ausschließlich Menschen umgebracht worden sind, und nicht etwa auch Arbeitskommandos beaufsichtigt wurden, oder aber Personen vorübergehend gefangengehalten wurden, natürlich nichts anderes getan haben kann, als bewußt und willentlich an der Vernichtung dieser Menschen mitzuwirken.

Die fantastischen Zahlen von NS-Tätern in dieser Sendung finden in den Fakten keine Grundlage. Wenn man wohl zutreffend die Gesamtzahl der Angehörigen der SS-Totenkopfverbände, denen die Bewachung und der Betrieb der Vernichtungslager oblag, mit rund 45.000 Mann annimmt, dann ist das weit entfernt von jenen 500.000 oder gar 13 Millionen die in der Sendung genannt werden. Aber es soll ja offensichtlich auch hier die Botschaft verkündet werden, daß unsere Vorfahren allesamt entweder Naziverbrecher waren, oder wenigstens von diesen Verbrechen gewußt und sie gebilligt haben. Und das begründet dann natürlich auch die nach dem Krieg in Gang gesetzte Umerziehung der Deutschen von verstockten Militaristen, Nationalisten und autoritätshörigen Untertanen in friedliche und weltoffene Demokraten. Dabei ist dann allerdings das Urteilsvermögen arg beschädigt worden. Bei den Autoren und Beiträgern dieser Sendung ist das ja auch offenbar gut gelungen.

Wenn man sich allerdings die Mühe macht, auch einmal in die Archive zu gehen, dann findet man beispielsweise Aussagen wie diese eines ehemaligen Gewerkschafters und KZ-Häftlings: „Man hätte jeden, der die Öffentlichkeit von solchen Geschehnissen in Kenntnis setzte, für einen Schurken oder einen Wahnsinnigen gehalten. Weshalb denn auch Menschen, die diese Dinge nicht tagtäglich mit angesehen und erlitten haben, heute noch nicht glauben wollen, daß sie tatsächlich geschehen sind. Ja, mir selbst erscheint es oft traumhaft unwirklich, wenn ich mich in Rückerinnerung an die furchtbaren Exzesse, deren Zeuge ich während meiner fünfjährigen Lagerhaft sein mußte, die Gewißheit ihres Geschehens zu verschaffen suche." Der Mann war offensichtlich nicht in einem Vernichtungslager, sondern „nur" in einem „normalen" KZ. Es sollte jedenfalls den in der Sendung zitierten Historikern und Juristen auch bekannt sein, welch strenge Geheimhaltungsvorschriften das Regime damals hatte, gerade im Hinblick auf die Vernichtungslager, die im übrigen samt und sonders auf dem Gebiet des eben unterworfenen Polen lagen. Da kam eh so gut wie kein Deutscher außer eben den SS-Schergen hin. Die Wehrmacht kämpfte ja schon in Rußland.

Die Auswahl der Juristen, die in der Sendung zu Wort kommen, ist allerdings sehr einseitig. Es kommen ausschließlich solche zu Wort, die in NS-Verfahren als Ankläger oder Nebenklägervertreter aufgetreten sind oder entsprechend kritische Literatur veröffentlicht haben. Da nimmt es dann nicht Wunder, daß auch der offenbar als beispielhaft aufgeführte Fall Engel nicht zutreffend dargestellt wird. Die Verurteilung dieses SS-Angehörigen durch das Landgericht Hamburg wegen Mordes zu einer vergleichsweise niedrigen Freiheitsstrafe von sieben Jahren wird zwar halbwegs zutreffend geschildert. Die nach damaligem Recht zulässige Erschießung von Sühnegefangenen wurde nach Auffassung des Landgerichts Hamburg allerdings nicht nur wegen des Umstandes, daß die Delinquenten jeweils mit ansehen mußten, wie ihre unglücklichen Vorgänger erschossen wurden, als Mord (Tatbestandsmerkmal grausam) qualifiziert. Das Urteil ist allerdings nicht, wie in der Sendung behauptet, vom Bundesgerichtshof aufgehoben worden. Vielmehr hat der Bundesgerichtshof das Verfahren eingestellt, weil seines Erachtens vom Landgericht nicht festgestellt worden war, ob der Angeklagte auch subjektiv die Mordmerkmale verwirklicht hatte. Eine Aufhebung und Zurückverweisung an das Landgericht wollte man jedoch nicht verfügen, weil der Angeklagte bereits im 95. Lebensjahr stand, und deswegen nicht zu erwarten sei, daß er das Ende des Verfahrens noch erleben werde. Man könnte natürlich auch sagen, daß der Bundesgerichtshof sich um den nach seiner Rechtsauffassung eigentlich zwingenden Freispruch herumdrücken wollte. Nicht wenige juristische Kommentatoren haben das so formuliert.

Dem Anspruch des öffentlich-rechtlichen Fernsehens in Deutschland, seriös zu informieren, wird diese Sendung auch nicht entfernt gerecht. Vielmehr handelt es sich um Geschichtsklitterei der übelsten Sorte. Die allermeisten Zuschauer haben nicht die Informationen und verfügen nicht über das historische und juristische Wissen, das man nun einmal braucht, um solche Desinformation zu entlarven. Und dafür zahlt man auch noch zwangsweise Gebühren.

14. Mai 2016

Gehört der Islam zu Deutschland?

Der Islam: ein Fremdkörper in der deutschen und europäischen Kultur

In den deutschen Medien, gedruckt wie gesendet, von den Redaktionen der Außenpolitik, der Innenpolitik, der Lokalpolitik und den Feuilletons verantwortet, wogt eine Debatte unter der Überschrift: „Gehört der Islam zu Deutschland?" Seit der frühere Bundespräsident Christian Wulff den törichten Satz geprägt hat, der Islam gehöre zu Deutschland, den gleichwohl das gesamte politische Spitzenpersonal von Merkel bis Roth aufgegriffen hat, werden wir tagtäglich mit 1000 Argumenten pro und gefühlt vielleicht zehn contra dieser These traktiert. Was aber ist der Maßstab, an dem dieser Satz gemessen werden muß?

Ernst Moritz Arndt schrieb 1813 vor Ausbruch der Befreiungskriege das berühmte Gedicht: „Was ist des Deutschen Vaterland?" In vielen Strophen versucht der Dichter das deutsche Vaterland geographisch, aber auch anhand eines von ihm ausgemachten kollektiven Charakters der Deutschen zu definieren. Im Zusammenhang mit diesem Thema mag die achte Strophe des Gedichts programmatisch erscheinen: „*Das ist des Deutschen Vaterland, wo Eide schwört der Druck der Hand, wo Treue hell vom Auge blitzt, und Liebe warm im Herzen sitzt. Das soll es sein. Das soll es sein. Das wack'rer Deutscher, nenne dein.*" Man mag dies mit dem an Sachlichkeit, Nüchternheit und Unterdrückung der Emotionen geschulten Wesen des Deutschen von heute für romantischen Schwulst halten. Im Kern beschreibt der Dichter damit aber Werte, die man unabhängig von dem zu ihrer Beschreibung verwendeten Vokabular doch für erstrebenswerte Eigenschaften hält.

Nun ist das freilich nicht alles. Um Persönlichkeiten, vor allem kollektive Persönlichkeitsmerkmale beschreiben zu wollen, wird man sicherlich sehr weit ausholen müssen. Der in Deutschland sehr in Mode gekommene Philosoph Richard David Precht hat das vor Jahren mit dem reißerischen Titel: „Wer bin ich, und wenn ja, wie viele?" in der flapsigen Wortwahl, die für unsere Zeit so typisch ist, umschrieben. Wer sind wir eigentlich? Michael Klonovsky hat jüngst mit der Aufzählung einiger kultureller Ikonen zu definieren versucht, wer zu uns gehört und damit sein Landsmann ist. In der Tat ist des Deutschen geistiges und kulturelles Vaterland geschaffen worden von Geistern wie Platon und Aristoteles, Thomas von Aquin und Martin Luther, Thomas Hobbes und Immanuel Kant, Johann Wolfgang von Goethe und Dante Alighieri, William Shakespeare und Thomas Mann, Johann Sebastian Bach und Wolfgang Amadeus Mozart, Ludwig van Beethoven und Robert Schumann, Tilman Riemenschneider und Albrecht Dürer, Peter Paul Rubens und Raffaello Sanzio da Urbino, allgemein bekannt als Raffael, Paul Klee und Claude Monet, die meist unbekannten Baumeister der gotischen Dome, Balthasar Neumann und die Gebrüder Asam. Schon diese höchst unvollständige Aufzählung, die man sicherlich durch viele Namen aus dem deutschen Sprachraum wie auch den nördlich, östlich, südlich und westlich angrenzenden Kulturräumen ergänzen muß – sollte man nicht auch zum Beispiel Ibsen, Tschaikowsky, Cicero und Berlioz hinzuzählen? – zeigt den unendlichen

Reichtum unserer deutschen, in ihr historisch und geographisch europäisches Umfeld eingebetteten Kultur. Untrennbar in unserem kollektiven Gedächtnis verhaftet sind Staatenlenker wie Augustus, Karl der Große, Otto der Große, Friedrich der Große, Bismarck oder Konrad Adenauer. Ja, all das ist des Deutschen Vaterland und noch viel mehr.

Gehört der Islam dazu?

Natürlich, jedenfalls wenn man natürlich denkt, kann die Antwort auf diese Frage nur lauten: Nein! Doch dieses Nein, das aus den Tiefen des Gefühls so rasch aufsteigt wie ein Projektil den Lauf verläßt, dieses Nein muß auch rational begründet werden. Diese Begründung fällt leicht, sie liegt auf der Hand. Unsere Kultur und Wesensart, wie ich sie einige Sätze weiter oben mit sehr groben Strichen skizziert habe, ist eben gegründet in einer humanistischen, rational argumentierenden Denkweise, die auch durch die über viele, viele Jahrhunderte die Gesellschaft ebenfalls prägende christliche Religion in ihrem Kern nicht angegriffen, sondern jedenfalls in der hier seit langem herrschenden Auslegung bekräftigt wird. Das Zusammenleben der Menschen wird bei uns seit Jahrhunderten nach den Maßstäben der Aufklärung gestaltet. Die Religion hat darin ihren Platz gefunden dergestalt, daß ihr die Sorge um das Seelenheil der Menschen und nicht die Reglementierung ihres Alltagslebens obliegt.

Der Islam, gleichgültig, ob in seinen fundamentalistischen oder auch in seinen eher moderaten Auslegungen, ist dazu der Gegenentwurf. Im Kern begründet er die Heilserwartung seiner Gläubigen in der Befolgung von religiösen Geboten, die das Leben auf Erden streng reglementieren. Das geht bis zu den Vorschriften über die Bekleidung und erlaubte oder nicht erlaubte Nahrungs- und Genußmittel. Es setzt sich fort im Bilderverbot im sakralen Raum und kulminiert in dem Vorrang religiöser Gesetze vor staatlichen Ordnungen. Sein Frauenbild verstößt gegen alle Verfassungen im außerislamischen Teil der Welt, insbesondere gegen das deutsche Grundgesetz. Dem gegenüber kennen wir die strikte Trennung von Staat und Religion, und zwar von Anfang an (O-Ton Jesus Christus: „Gebt dem Kaiser, was des Kaisers ist, und gebt Gott, was Gottes ist.“) Zwar meinen in diesen Tagen die führenden christlichen Geistlichen sich in die Politik einmischen zu können, und dabei auch noch der ungebremsten Zuwanderung und der Umarmung der Muslime das Wort reden zu müssen. Das sollte jedoch ebenso eine Episode bleiben wie die Anmaßung des Primates des Papstes über den Kaiser und die Inquisition.

Die Erfahrungen, die wir in den letzten 40 Jahren mit der Zuwanderung aus dem islamischen Kulturkreis, sei sie auf Einladung erfolgt (Stichwort: Gastarbeiter!), sei sie unkontrolliert und gesetzlos erfolgt (Stichworte: Asyl, Flüchtlinge), sind negativ. Für den vorurteilslosen Betrachter der Szene ergibt sich das Bild der Entstehung von Fremdkörpern in einer vormals homogenen Gesellschaft. Einwanderer aus islamischen Ländern sind zu nahezu 100 % nicht in unsere Kultur integriert. Sie sprechen vielfach noch in der dritten und vierten Generation unsere Sprache entweder gar nicht oder nur schlecht. Unsere Kultur interessiert sie nicht im mindesten. Vielmehr empfangen sie in ihren Rundfunk- und Fernsehgeräten nahezu ausschließlich die Sender aus ihren Herkunftsländern. Freundschaften oder gar Eheschließungen mit deutschen, jedenfalls solchen, die nicht nur einen deutschen Paß ihr eigen nennen, kommen so gut wie gar nicht vor. So gut wie nie tritt jemand aus diesem Kulturkreis zum Christentum über. Allenfalls in den Reihen der Agnostiker, also der religiös völlig indifferenten Menschen, findet man vereinzelt auch jemand mit arabischen oder türkischen Vorfahren. Vielmehr ist die Lebenswirklichkeit die, daß die im Vergleich zu unserer Kultur ungleich bestimmenderen Familienoberhäupter – gibt es so etwas bei uns überhaupt noch? – ihren Familienangehörigen Eheschließungen und nicht selten auch den freundschaftlichen Umgang mit sogenannten Herkunftsdeutschen, seien sie Christen oder Juden, aber auch mit in Deutschland lebenden und bestens integrierten Asiaten untersagen. Bezeichnend ist die Bezeichnung als „Ungläubige“, und nicht etwa „Andersgläubige“ für Angehörige anderer Religionen als des Islam.

Gehört der Islam zu Deutschland?

Die Frage zu stellen, heißt sie auch in der Antwort zu verneinen. Dagegen kann auch nicht mit dem Anspruch, dies als ernsthaften Beitrag zur Diskussion zu werten, mit dem Hinweis auf einen etwa staatlich erteilten oder mindestens überwachten Islamunterricht in den Schulen argumentiert werden. Das wird nicht funktionieren, wie bereits die Anfänge zeigen. Auf unseren Universitäten ausgebildete Islamwissenschaftler werden von den traditionellen islamischen Kreisen schlicht nicht akzeptiert. Man muß kein Prophet sein um die sichere Vorhersage zu machen, daß etwa an deutschen Universitäten unter der Aufsicht der Kultusministerien ausgebildete islamische Theologen in Koranschulen keine Anstellung finden werden, und in staatlichen Schulen vor nahezu leeren Klassenzimmern stehen werden. Denn sie vertreten ja nicht den Islam, dessen Lehren arabisch- bzw. türkischstämmige Eltern ihren Kindern vermitteln wollen. Diese Diskussion erinnert fatal an das Gerede vom sogenannten Euro-Kommunismus der siebziger- und achtziger Jahre des vergangenen Jahrhunderts. Das hat sich ja nun Gott sei Dank mit dem Zusammenbruch des Kommunismus seinerzeit erledigt.

Man braucht eigentlich nicht sehr viel über uns selbst zu wissen, um zu diesen Ergebnissen zu kommen. Warum in Deutschland, aber auch im übrigen Europa, ausgerechnet diejenigen, die sich selbst für gebildet und kulturell hochstehend halten, der aggressiven Ideologie des Islam so nachgiebig, ja geradezu einladend gegenüberstehen, ist schwer zu begreifen. Eine Erklärung mag in dem seit Jahrzehnten gerade in diesen Kreisen gepflegten Schuldgefühl gegenüber der sogenannten dritten und vierten Welt begründet sein. Doch selbst wenn unsere Vorfahren sich gerade in den heute muslimischen Ländern nicht immer vorbildlich benommen haben, so wollen wir doch eins nicht übersehen: Die Kreuzfahrer mögen sich allerhand Grausamkeiten geleistet haben. Doch wollen wir nicht vergessen, daß das Christentum im vorderen Orient nicht nur seine Wiege hatte, sondern dort jahrhundertelang gesellschaftlich und kulturell eingewurzelt war, bevor die muslimischen Eroberer es mit Feuer und Schwert blutig ausgerottet und seine Reste unterdrückt haben. Wenn man schon auf die Geschichte Bezug nimmt, dann bitteschön von Anfang an. Und letztendlich kommt es doch auf das Ergebnis an. Wollen wir wirklich hier in Deutschland künftig nach muslimischen Vorstellungen leben? Wollen wir wirklich in der Kantine kein Schweineschnitzel mehr bekommen, weil einige Muslime in der Firma beschäftigt sind? Wollen wir wirklich, daß die jungen Mädchen ihre leichte Sommerkleidung nicht mehr tragen dürfen, weil das muslimische junge Männer nervös machen kann, und ihre Geistlichen zu religiösen Verwünschungen motiviert? Wollen wir wirklich mehr und mehr optische Umweltverschmutzung in Gestalt von Frauen in häßlichen Klamotten auf unseren Straßen und Plätzen sehen müssen? Die Bayern sagen gerne: „Mia san mia." Dabei soll es auch bleiben. Nicht nur in Bayern.

27. Mai 2016

Politik trifft auf Wirklichkeit

Die politische Groteske um ein Sturmgewehr

Die Realsatire um das Sturmgewehr G 36 der Bundeswehr hat nun einen neuen Schauplatz. Waren es bisher Stellungnahmen der Ministerin und ihres Hauses einerseits und Gegendarstellungen des Herstellers Heckler & Koch andererseits, zeigt uns das Bühnenbild nun einen Gerichtssaal. Zivilrechtlich geht es einfach darum, daß das Bundeswehr-Beschaffungsamt in Koblenz Gewährleistungsforderungen gegen Heckler & Koch erhoben hat. Der Waffenhersteller hat dagegen vor dem Landgericht Koblenz Klage erhoben mit dem Antrag festzustellen, daß die Waffe den vertraglich festgelegten Anforderungen entspricht und in diesem Sinne keinen Mangel aufweist. Darüber hinaus bringt Heckler & Koch vor, eine Umfrage unter 200 Soldaten habe ergeben, daß es im Einsatz nie Probleme mit dieser Waffe gegeben habe. Sowohl die deutschen Soldaten als auch die Soldaten anderer Armeen seien mit der Waffe sehr zufrieden. Dem kann ich aus eigener Erfahrung und nach vielen Gesprächen mit Soldaten nur zustimmen.

In der ersten mündlichen Verhandlung vor dem Landgericht Koblenz hat nun der Richter darauf hingewiesen, daß Heckler & Koch das G 36 schon seit den neunziger Jahren des vergangenen Jahrhunderts an die Bundeswehr ausliefere. Erst 2011 seien jedoch Beanstandungen laut geworden. Als der Einsatz in Afghanistan mit extremen Temperaturschwankungen zwischen Tag und Nacht hinzugekommen sei und sich womöglich die Anforderungen erweitert hätten, sei dies bei weiteren Bestellungen des G 36 bei Heckler & Koch nicht thematisiert worden. Statt dessen sei der Vertrag so geschlossen worden, wie er in der Vergangenheit immer geschlossen worden sei. Für den Juristen bedeutet das schlicht und einfach, daß der Besteller kein anderes Gewehr gekauft hat, als dasjenige, das seines Erachtens den Anforderungen nicht genügt. Ein Mangel im Rechtssinne liegt somit nicht vor.

Die mündliche Verhandlung soll nun am 2. September dieses Jahres fortgesetzt werden. Bis dahin will das Bundeswehr-Beschaffungsamt ein neues Gutachten vorlegen, das die behaupteten Defizite bei der Treffsicherheit untermauern soll. Erfahrene Anwälte wissen, wie derartige Gutachten zustande kommen. Man wird bei dem Sachverständigen vorstellig. Der stellt zwei Fragen. Die erste lautet: „Was darf es denn kosten?“ Wenn diese Frage im Sinne des Sachverständigen richtig beantwortet wird, stellt er die zweite Frage. Diese lautet: „Was soll denn drin stehen?“ Natürlich wird sich das Ministerium mitsamt seiner nachgeordneten Behörde auch damit wiederum lächerlich machen. Derartige Gutachten liegen ja schon vor und sind Grundlage der Gewährleistungsforderungen der Behörde. Sie sind jedoch, worauf der Vorsitzende Richter zutreffend hingewiesen hat, für die Entscheidung des Rechtsstreits völlig unerheblich. Denn es geht ja gar nicht darum, ob das G 36 unter bestimmten äußeren Bedingungen, etwa im Dauerfeuer-Modus wie ein Maschinengewehr nicht treffsicher ist. Es geht ganz alleine darum, ob das Gewehr den vertraglichen Anforderungen entspricht. Diese vertraglichen Anforderungen beschreiben aber ganz offensichtlich nur das, was ein Sturmgewehr können muß. Es muß eine definierte Präzision bei der Schußabgabe einzeln oder in kurzen Feuerstößen, das sind 3-4

Schuß im automatischen Nachlademodus, erfüllen. Das natürlich unter ebenfalls vertraglich definierten äußeren Bedingungen. Wenn es mehr können soll, also etwa auch eine definierte Präzision bei Dauerfeuer, also etwa 50-60 Schuß im automatischen Nachlademodus, das auch mehrmals hintereinander, dann wird es auch entsprechend teurer. Diese Anforderungen hat die Bundeswehr ebenso wie andere Armeen bisher jedenfalls nicht an ein Sturmgewehr gestellt. Denn dafür gibt es ja nun Maschinengewehre, die neben den Sturmgewehren geführt werden.

Eine beliebte Talkshow im deutschen Fernsehen wird von ihrem Moderator gern mit dem Spruch: „Wo Politik auf Wirklichkeit trifft" beworben. Im Gerichtssaal trifft nun die Scheinwelt der Politik auf die Wirklichkeit. Ehrgeizige Ministerialbeamte werden dort weiterhin wider besseres Wissen argumentieren, weil nun einmal nicht sein darf was nicht sein kann. Die Ministerin hat sich nun einmal aus dem Fenster gelehnt und kann nach den Spielregeln der Politik vor dem Absturz nicht etwa dadurch bewahrt werden, daß sie wieder hinter die Brüstung zurücktritt und erklärt, fachlich und sachlich unzutreffenden Berichten ihrer Beamten aufgesessen zu sein, sondern sie muß sich nun tapfer weiter blamieren. Wenn dann die Gerichte diesem Spuk endgültig ein Ende gemacht haben werden, wird sie natürlich auf die Unabhängigkeit der Gerichte verweisen. Der Steuerzahler wird dann 167.000 neue Sturmgewehre mit der Charakteristik eines Maschinengewehrs bezahlen. Möglicherweise ist dieses Geld dann nicht einmal zum Fenster hinausgeworfen, denn nach einem Vierteljahrhundert kann man ja eine Neubeschaffung auf höherem technischen Niveau durchaus vertreten. Die Soldaten bekommen dann, bildlich gesprochen, statt eines Audi A 6 einen Porsche. Der politischen Posse hingegen, die hier gespielt wird, hätte es nicht bedurft. Denn derartige Possen werden auf der politischen Bühne ohnehin in großer Zahl geboten.

11. Juni 2016

Die deutsche Friedensministerin

Die Verteidigungsministerin verkennt ihre Aufgabe

Es gilt über ein Ärgernis zu berichten. Am vergangenen Samstag führte die Bundeswehr an ihrem Standort Stetten am kalten Markt – Generationen von Soldaten der Bundeswehr bestens bekannt als Stetten am kalten A. – den üblichen Tag der offenen Tür durch. Den Besuchern wurde das gesamte Leistungsspektrum der dort stationierten Truppe vorgeführt. Dazu gehörte natürlich auch die Präsentation von Handfeuerwaffen. Die Veranstaltung war offenbar sehr gut besucht. Auch viele Eltern mit Kindern kamen und erklärten natürlich den Kleinen, was da gezeigt wird. Das ist seit Jahrzehnten so. Es wäre eine Veranstaltung für die Lokalpresse geblieben, wenn sich nicht ein linksradikaler Verein namens „Deutsche Friedensgesellschaft – Vereinigte KriegsdienstgegnerInnen (DFG-VK)" öffentlichkeitswirksam unter Mithilfe der lokalen Presse über diese Veranstaltung aufgeregt hätte. Es hätten doch tatsächlich, und das wird mit Fotos belegt, Kinder Waffen in die Hand nehmen dürfen. Betrachtet man sich die veröffentlichten Fotos, so sieht man dabei sofort, daß nicht etwa Soldaten, sondern Zivilisten – offenbar die Eltern der Kinder – ihnen die ausgestellten Sturmgewehre in die Hand geben. Die Soldaten haben dann, so der Standortkommandant, jeweils den Kindern die Waffen wieder aus der Hand genommen und auf den Tisch zurückgelegt. Von den Besuchern hat sich natürlich niemand daran gestört, wie das auch seit Jahrzehnten noch nie der Fall gewesen ist.

Man wäre wohl kommentarlos darüber hinweggegangen, daß hier zum wiederholten Male eine linksradikale Vereinigung ihrem Haß auf die Bundeswehr freien Lauf läßt und sie diffamiert, wo es nur immer geht. Es handelt sich dabei ja um die Leute, die dazu aufgerufen haben, mit Champagner anzustoßen, wenn ein deutscher Soldat im Einsatz gefallen ist, und die sich auch sonst durch allerlei geschmacklose bis strafbare Äußerungen über die Bundeswehr hervortun. Indessen ist es bei der verbalen Kotabsonderung dieses linksradikalen Vereins nicht geblieben. Die oberste Dienstherrin der

Soldaten, die Bundesministerin der Verteidigung Dr. Ursula von der Leyen, sah sich bemüßigt, öffentlich zu verlautbaren, sie verbiete in Zukunft bei solchen Veranstaltungen Handfeuerwaffen zu präsentieren. Ob man bei dem Intelligenzquotienten, den man bei ihr voraussetzen darf, noch davon ausgehen kann, daß sie lediglich dieser linksradikalen Mischpoke auf den Leim gegangen ist, oder aber ob sie die Gelegenheit wahrgenommen hat, das von ihr offenbar angestrebte sanfte, friedliche und harmlose Profil der Bundeswehr zu schärfen, will ich einmal dahingestellt sein lassen. Sie scheint wohl zu glauben, daß ein Image der Bundeswehr, welches von Begriffen wie Fürsorge, Sozialkompetenz, attraktive Arbeitsbedingungen, Familienfreundlichkeit, Frieden schaffen und Internationalität geprägt ist, die Jugend in Scharen in die Kasernen lockt. Die Sozialarbeiter, pardon, die Sozialarbeiter*innen (soviel Gender-Quatsch muß sein), in Uniform sind das neue Leitbild. Die deutsche Friedensministerin schreitet fröhlich lächelnd voran.

Wer den Beifall von der falschen Seite sucht, muß scheitern. Kein Land auf dieser Erde kann ohne eine Armee, die diesen Namen auch verdient, weil sie Waffen führt und einsetzt, in Sicherheit leben. Diese einfache Erkenntnis ist möglicherweise für Frau Dr. Ursula von der Leyen zu einfach. Und deswegen gilt es über ein Ärgernis zu berichten.

14. Juni 2016

Orlando und der Dschihad

Ein Amoklauf in den USA als Menetekel für die deutsche Zuwanderungspolitik

Nach dem Massenmord von Orlando schießen die Spekulationen über das Motiv des Täters ins Kraut wie der vergessene Salat im Mistbeet. War der Täter nun ein islamistischer Einzelkämpfer, selbstradikalisiert durch das Internet? Oder war er doch nur verwirrt? War er nicht selber schwul? Hätte es, wie eine unserer vielen journalistischen Nullen schreibt, auch ein Evangelikaler sein können? Und noch dümmer: Strengere Waffengesetze hätten die Tat verhindern können! Haben etwa die Mörder von Paris und Brüssel ihre Sturmgewehre legal erworben?

Immer wenn eine Gemengelage vorliegt, und das könnte hier durchaus der Fall sein, ist es hilfreich, die *conditio sine qua non*-Überlegung anzustellen. D.h., man suche die Bedingung, die nicht hinweggedacht werden kann, ohne daß die Tat mit allergrößter Wahrscheinlichkeit nicht begangen worden wäre. Nach allem, was wir wissen, hatte der Täter durchaus starke Sympathien für den radikalen Islam und die daraus gespeisten terroristischen Organisationen wie den Islamischen Staat. In diesen Kreisen werden die Suren des Koran 4;15,16; 7; 80,81 und 26;165,166 durchaus ernst genommen. In diesen Suren wird, egal wie man sie interpretiert, die Homosexualität verurteilt, insbesondere die männliche. In den meisten islamischen Staaten unserer Zeit werden homosexuelle Handlungen mit unterschiedlichen Haftstrafen belegt. In sieben islamischen Ländern droht Homosexuellen die Todesstrafe. Auch da, wo die Justiz Homosexuelle nicht verfolgt, sind sie jedenfalls in den konservativen islamischen Gesellschaften geächtet. Und das ist die übergroße Mehrheit. Wer also im Sinne des islamistischen Terrors handeln will und die verhassten Ungläubigen im Namen Allahs tötet, der wird wohl nicht selten meinen, mit der Auslöschung von Homosexuellen in den Ländern der Ungläubigen gewissermaßen gleich zwei Fliegen mit einer Klappe zu schlagen.

Sollte es zutreffen, daß der Täter selbst homosexuelle Neigungen hatte, dann liegt vielleicht gerade darin auch eine schlüssige Begründung seiner Tat. Denn er mußte als gläubiger Muslim radikaler Lesart Homosexuelle hassen, und damit auch sich selbst. Die Situation muß dann für ihn ausweglos gewesen sein. Die Bestrafung von möglichst vielen dieser Sünder, verbunden mit seinem eigenen sicheren Tod, könnte dann in seinen Augen ein gottgefälliges Werk gewesen sein, das ihn als Märtyrer direkt ins Paradies bringen würde. Sein eigener Tod war natürlich sicher, ob er nun während dieser Aktion von der Polizei erschossen werden würde, wie geschehen, oder ob er lebend gefaßt und dann vor Gericht gestellt werden würde, wo ihn in Florida natürlich die Todesstrafe erwartete. Daß hingegen ein gewissermaßen nur „einfach" geistig verwirrter Mensch eine solche Tat begeht, ist jedenfalls bisher kaum einmal vorgekommen. Alle Massenmörder dieses Kalibers haben eine ideologische Basis gehabt, aus der solche monströsen Mordphantasien wachsen und sich ihren Weg in die Wirklichkeit bahnen konnten. Anders Breivik läßt grüßen.

Somit reiht sich auch diese Tat in die lange Reihe von islamistischen Terroranschlägen der letzten Jahre ein. Wer hier immer noch verharmlost und etwa von Einzelgängern faselt, die mit dem (wahren) Islam nichts zu tun hätten, dem ist nicht mehr zu helfen. Wie es mit dem sogenannten wahren Islam, oder gar einem aufgeklärten Euro-Islam wirklich bestellt ist, können derzeit die Fernsehzuschauer in Dänemark besichtigen. Es ist dort gelungen, Predigten und geistliche Ratschläge von Imamen in Moscheen mit versteckter Kamera und Mikrofon aufzunehmen. Das Ergebnis muß alle Alarmglocken läuten lassen. Daß in der Familie Frauen und Kinder geschlagen werden sollen, daß Frauen ihren Männern grundsätzlich sexuell zu Willen sein müssen, und demgemäß gar nicht vergewaltigt werden können, daß Ehebrecherinnen zu steinigen sind und dergleichen mehr, das wird eben gepredigt und gelehrt, wenn man glaubt, daß es nicht an die Ohren der sogenannten Ungläubigen gelangt. Überflüssig zu bemerken, daß man davon in den deutschen sogenannten Qualitätsmedien nichts liest, sieht oder hört. Man ist auf das Internet angewiesen, wo unter anderem solche aufrechten Journalisten wie Roland Tichy ihre Unabhängigkeit unter Beweis stellen, indem sie die deutschen Leser darüber informieren.

Es ist mehr als überfällig, einen nüchternen Blick auf den Islam zu werfen. Bassam Tibi hat nach eigenen Angaben jahrzehntelang versucht, an der Entstehung eines aufgeklärten europäischen Islams, kompatibel mit einer aufgeklärten, liberalen und rechtsstaatlichen Gesellschaft, zu arbeiten. Er hat jüngst im Cicero bekannt, daß diese Bemühungen schlicht gescheitert sind und er es aufgibt, weiter daran zu arbeiten. Der konservative Islam saudiarabischer oder auch iranischer Prägung habe sich im wesentlichen durchgesetzt. Und das gilt selbstverständlich auch für die große Mehrzahl der islamischen Gemeinden in Europa. Auch wenn nach außen so getan wird, als passe man sich der Mehrheitsgesellschaft an: Wenn man Gelegenheit hat, gewissermaßen hinter den Schleier zu blicken, dann erkennt man den wahren Islam.

Schätzungen gehen nach der jüngsten Flüchtlingsflut aus islamischen Ländern inzwischen von ca. 7-8.000.000 Muslimen in Deutschland aus. Ein großer Teil von ihnen fordert immer unverblümter seine angeblichen Rechte von uns ein. Wir sollen ihre religiös begründete Lebensweise nicht nur akzeptieren, sondern ihr auch immer mehr Raum einräumen. Frauenbadetage, Ganzkörperbadeanzüge (Burkini), schweinefleischloses Essen in Kita und Kantine, Rücksichtnahme auf den körperlichen Leistungsabfall von Schülern im Ramadan, „züchtige" Kleidung unserer jungen Frauen jedenfalls da, wo auch viele muslimische Männer sind, Anerkennung von im Ausland geschlossenen Mehrfachehen durch unsere Gerichte, nach Meinung eines doch wohl geistig verwirrten CDU-Politikers auch muslimische Polizistinnen mit Kopftuch und was der Narreteien mehr sind – das ist heute schon Realität.

Principiis obsta! Auf gut Deutsch: Es reicht!

14. Juni 2016

Hemmungslose Hetze

Die politisch korrekte Diffamierung der Deutschen

Erneut haben Wissenschaftler der Universität Leipzig uns mit einer Studie beglückt, die einem großen Teil unseres Volkes eine autoritäre und rechtsextreme Einstellung bescheinigt. Die Zielrichtung wird schon in ihren Titel deutlich: „Die enthemmte Mitte." Gefördert wurde dieses Machwerk von drei politischen Stiftungen, nämlich der Heinrich-Böll-Stiftung, die den Grünen nahesteht, der Otto-Brenner-Stiftung, die der IG Metall nahesteht, und der Rosa-Luxemburg- Stiftung, die der Linken nahesteht. Damit ist gewährleistet, was bei diesen Forschungsarbeiten dann herauskommen soll und natürlich herausgekommen ist. Wir Deutschen werden immer autoritärer und rechtsextremer. Das gilt gerade für die weiten Kreise, die man ansonsten als bürgerlich bezeichnet, und die von den etablierten Parteien als politische Mitte umworben werden. Natürlich sind das für die Auftraggeber dieses Machwerks bereits politische Gegner, wenn nicht mehr. Die Minderwertigkeit dieser Hervorbringung wird schon daran deutlich, daß sie jede kritische Einstellung zum Islam, der unkontrollierten Zuwanderung und der fehlgeschlagenen Integration der hier lebenden Ausländer als rechtsextrem definiert, besser gesagt, diffamiert. Um einmal von diesem Wissenschaftlichkeit beanspruchenden, jedoch weit verfehlenden Machwerk zu seriöser Beurteilung zu gehen, wollen wir uns die Definition des Bundesverfassungsgerichts in dem bekannten SRP-Urteil vom 23.10.1952 anschauen. Danach ist rechtsextrem, wer die freiheitlich-demokratische Grundordnung bekämpft. Zu den Grundprinzipien dieser Ordnung zählen nach Auffassung des Bundesverfassungsgerichts, die sich bis heute nicht geändert hat:

- Die Achtung vor dem im Grundgesetz konkretisierten Menschenrechten, insbesondere vor dem Recht der Persönlichkeit auf Leben und freie Entfaltung
- die Volkssouveränität
- die Gewaltenteilung
- die Verantwortlichkeit der Regierung
- die Gesetzmäßigkeit der Verwaltung
- die Unabhängigkeit der Gerichte
- das Mehrparteienprinzip
- Chancengleichheit für alle politischen Parteien dem Recht auf verfassungsmäßige Bildung und Ausübung einer Opposition.
- Diese Definition wird bis heute auch von der Bundeszentrale für die politische Bildung aufrechterhalten.

Wer behauptet, und sei er auch promovierter oder habilitierte Politologe, diese Grundlagen unserer demokratischen Gesellschaftsordnung würden auch nur von nennenswerten Teilen des Volkes in Frage gestellt, geschweige denn aktiv bekämpft, beweist damit lediglich seine fachliche Inkompetenz. Mehr noch, einem studierten Politikwissenschaftler unterläuft insoweit nicht einfach ein fachlicher Fehler. Vielmehr handelt es sich gezielte Verleumdung als Mittel im politischen Meinungskampf. Jede vom Weltbild der Auftraggeber dieser Studie abweichende Weltanschauung wird als rechtsextrem diffamiert.

Allerdings sind derartige Hervorbringungen für ihre Verfasser durchaus lukrativ. Denn sie sichern Ihnen die nächsten gut dotierten Forschungsaufträge. Von Forschung kann allerdings keine Rede sein, allenfalls von forschem Verbreiten politischer Propaganda. Der eigentliche Skandal besteht darin, daß derartige Machwerke in der Tagesschau und den übrigen „Qualtitätsmedien" ohne den Hauch einer Kritik als seriöse wissenschaftliche Erkenntnisse dargestellt werden.

15. Juni 2015

Der Überfall

Geschichtsklitterung durch Sprachregelung

„Vor 75 Jahren, am 22. Juni 1941, begann der Überfall des Deutschen Reiches auf die Sowjetunion." Mit diesen Worten begann Bundespräsident Joachim Gauck seine Ansprache zu diesem Jahrestag. Auch das Auswärtige Amt sprach in seiner Stellungnahme vom 22. Juni 2016 vom 75. Jahrestag des Überfalls auf die Sowjetunion. Der amtliche Sprachgebrauch verwendet die Vokabel „Überfall" auch für den Angriff des Deutschen Reiches auf Polen am 1. September 1939, zum Beispiel anläßlich der offiziellen Gedenkfeier zusammen mit höchstrangigen Vertretern der Republik Polen. Dem schließen sich die gedruckten wie die gesendeten Medien durchgehend an. So findet sich in der Tageszeitung Die Welt vom 01.09.2014 ein längerer Artikel mit der Überschrift: „Der deutsche Überfall auf Polen 1939."

Es fällt auf, daß dieser amtliche Sprachgebrauch sich offenbar erst in den letzten drei Jahrzehnten eingebürgert hat. Von einem Überfall als Bezeichnung für die Feldzüge gegen Polen und die Sowjetunion war insbesondere in der Nachkriegszeit nicht die Rede. Selbst das Urteil des Internationalen Militärgerichtshofs von Nürnberg verwendet diesen Begriff für diese Feldzüge nicht, sondern spricht von Angriffskriegen. Der Angriffskrieg war zwar bis weit in den Zweiten Weltkrieg hinein für alle Staaten, insbesondere auch diejenigen, die in Nürnberg über die Repräsentanten des besiegten Deutschen Reiches zu Gericht saßen, ein durchaus übliches Mittel der Außenpolitik – besser gesagt: Machtpolitik. Daran änderten auch die internationalen Bemühungen zur Ächtung des Angriffskrieges nichts, die in dem bekannten Briand-Kellogg-Pakt von 1928 mündeten, wonach sich die Unterzeichnerstaaten verpflichteten, auf den Angriffskrieg als Mittel der Politik zu verzichten. Obgleich dieser Pakt ebensowenig wie andere völkerrechtliche Verträge in den Jahrzehnten zuvor den Verstoß gegen diese Verpflichtung mit Strafe bedrohte, erklärten die Alliierten im Londoner Protokoll vom 8. August 1945 die Planung und Führung eines Angriffskrieges nachträglich auch zur Straftat. Folgerichtig wurden die führenden Vertreter des Deutschen Reiches, deren man noch lebend habhaft geworden war, auf der Grundlage dieses tatsächlich neuen, aus der Sicht der Alliierten und des von ihnen begründeten Gerichtshofs jedoch schon immer existierenden Straftatbestandes verurteilt. Es ist hier nicht der Platz, dazu weitere Ausführungen zu machen, ebenso wenig dazu, daß dies bis heute einmalig geblieben ist. Ob jemals ein Staatsmann oder Offizier wegen Planung oder Führung eines Angriffskrieges verurteilt werden wird, darf nach Sachlage füglich bezweifelt werden. Die großen Nationen dieser Erde haben die einschlägigen Artikel des Römischen Statuts über den Internationalen Strafgerichtshof vom 01.07.1998 nicht einmal ratifiziert.

Auch die unübersehbare Literatur zum Zweiten Weltkrieg kannte jahrzehntelang den Begriff des Überfalls für diese Operationen nicht. So schildert zum Beispiel Raymond Cartier in seinem bekannten Standardwerk über den Zweiten Weltkrieg, das in den sechziger/siebziger Jahren des vergangenen Jahrhunderts sehr verbreitet war, die jeweiligen diplomatischen Verhandlungen und militärischen Operationen, ohne dabei Wertungen wie etwa „Überfall“ vorzunehmen. Auch der Große Brockhaus aus dem Jahr 1957 schildert recht minutiös die verschiedenen militärischen Operationen und diplomatischen Verhandlungen, vermeidet aber den Begriff des Überfalls.

Gegenstand dieser Untersuchung ist die Frage, ob es tatsächlich richtig ist, für die beiden Angriffskriege gegen Polen und die Sowjetunion den Begriff des Überfalls zu verwenden, und weiter, warum dies heute der amtliche Sprachgebrauch ist, in den ersten Jahrzehnten nach dem Zweiten Weltkrieg hingegen nicht.

Zunächst einmal ist zu definieren, was unter einem Überfall zu verstehen ist. Der Duden definiert ihn als plötzlichen, unvermuteten Angriff, bei dem jemand überfallen wird. Wenn es um sprachliche Präzision geht, ist eine juristische Definition stets hilfreich. Deswegen blicken wir in das Strafgesetzbuch und finden dort § 224 – gefährliche Körperverletzung –, wobei einer der dort geregelten Tatbestände die Körperverletzung mittels eines hinterlistigen Überfalls ist. Nach der gängigen Definition des Reichsgerichts, der sich der Bundesgerichtshof in ständiger Rechtsprechung angeschlossen hat, ist Überfall ein Angriff auf den Verletzten, dessen er sich nicht versieht und auf den er sich nicht vorbereiten kann. Das liegt genauso wie das Tatbestandsmerkmal der Heimtücke im Mordparagraphen 211. Danach handelt heimtückisch, wer eine zum Zeitpunkt des Angriffs bestehende Arg- und Wehrlosigkeit des Opfers zur Tat ausnutzt. Der Begriff des Überfalls trägt sowohl im allgemeinen Sprachgebrauch als nach den einschlägigen Definitionen im Strafgesetzbuch ein Unwerturteil in sich, das unmittelbar aus den Tatumständen folgt. Wir wollen nachstehend untersuchen, ob die Ereignisse vom 1. September 1939 und vom 22. Juni 1941 diese Beurteilung auch rechtfertigen.

Am 01.09.1939 war Polen hinsichtlich eines bevorstehenden deutschen Angriffs keinesfalls arglos, noch weniger wehrlos. Vielmehr waren die polnischen Streitkräfte seit Wochen alarmiert und an den Grenzen aufmarschiert. Der Vormarsch von rund 37 Divisionen in der Nacht vom 25./26.8.1939 gegen die Grenze konnte ebensowenig unbemerkt geblieben sein wie die Eisenbahntransporte, die ab 25. August, 20:00 Uhr, mit Höchstleistung liefen. Den rund 1,5 Millionen Soldaten der Wehrmacht standen 1,3 Millionen polnische Soldaten gegenüber. Ihre Dislozierung war allerdings für die Verteidigung gegen einen erwarteten Angriff nicht optimal, allerdings auch dafür geeignet, selbst nach Westen anzugreifen. Derartige Bestrebungen gab es seinerzeit in Polen durchaus, so merkwürdig dies heute auch erscheinen mag. Dafür gibt es auch nicht hinweg zu diskutierende Belege wie etwa die Äußerung des polnischen Botschafters in Paris vom 10. August 1939, der Hitlers Ausspruch, er werde Polen mit seinen motorisierten Verbänden in drei Wochen erobern mit der Bemerkung quittierte: „Albern! Wir werden von Kriegsbeginn an Deutschland besetzen.“

Auch die Lage an der aufgrund des Hitler-Stalin Paktes vom 23. August 1939 in Polen gezogenen Grenze zwischen dem deutschen und dem sowjetischen Machtbereich zeigt deutlich, daß von einem Überfall im Wortsinne keine Rede sein konnte. Auf deutscher Seite waren ca. 3 Millionen Soldaten mit rund 3.500 Kampfpanzern und Sturmgeschützen so wie gut 7.000 Artilleriegeschützen und 2.700 Frontflugzeugen aufmarschiert. Demgegenüber hatte die Rote Armee in den fünf westlichen Militärbezirken ca. 5,4 Millionen Soldaten aufmarschieren lassen, denen ca. 10.500 Kampfpanzer, etwa 34.700 Artilleriegeschütze und rund 8.500 Frontflugzeuge zur Verfügung standen, die Reserven in der Tiefe des Raumes nicht mitgerechnet. Tatsächlich waren diese Armeen auch zum Angriff gegliedert. Für jeden militärischen Fachmann ist dies völlig klar. So gab es keinerlei Minensperren vor den Spitzen der Roten Armee. Eine Truppe, die sich zur Verteidigung einrichtet, schützt sich jedoch mit möglichst umfangreichen und tief gestaffelten Sperren, jedenfalls nach den damals allgemein geltenden Grundsätzen des Kriegshandwerks. Die Massierung von Kampfpanzern in vorderster Linie wie auch die Einrichtung von Feldflugplätzen in Grenznähe, und somit im Einwirkungsbereich der deutschen Artillerie, lassen ebenfalls keinen Zweifel daran, daß die Rote Armee nicht zur Landesverteidigung, sondern zum Angriff nach Westen aufmarschiert war.

Wer sich mit der Militärgeschichte dieser Zeit näher befaßt, wird um diese Erkenntnis nicht herumkommen. Ich selbst kenne noch einschlägige Berichte aus mündlicher Überlieferung. So hatte ich während meiner Ausbildung zum Reserveoffizier im Jahr 1968 einen Taktiklehrer, der als Offizier an diesem Feldzug teilgenommen hatte. Er berichtete uns, daß man in einen zum Angriff gegliederten Feind hineingestoßen sei. Dafür spricht ja auch der weitere Verlauf des Krieges. Denn die deutschen Truppen stießen zügig durch die feindlichen Armeen. Wäre indessen jene personell und vor allem an schweren Waffen und Luftwaffe weit überlegene Streitmacht zur Verteidigung eingerichtet gewesen, wäre das zwangsläufig fehlgeschlagen. Vielmehr hätte der Angriff nach allen seinerzeit geltenden militärischen Grundsätzen scheitern müssen. Natürlich mußten beide Seiten auch mit einem bevorstehenden Angriff des Feindes rechnen. Derart gewaltige Truppenaufmärsche konnten auch damals nicht unbemerkt bleiben. Letztendlich kam der deutsche Angriff einem Angriff des Feindes auch ganz offensichtlich nur um wenige Tage zuvor.

Daraus allerdings ableiten zu wollen, es habe sich um einen von Deutschland rechtzeitig begonnenen Präventivkrieg gehandelt, kann lediglich aus operativer Sicht zutreffen. In der Tat kam Deutschland einem bevorstehenden Angriff der Roten Armee zeitlich zuvor. In dieser Situation war es auch zweckmäßig, als erster zu schlagen, vor allem angesichts eines nicht zur Verteidigung eingerichteten, sondern zum Angriff angetretenen Feindes. Da man selbst zum Angriff aufmarschiert war, hätte man einem Angriff des Gegners ja auch nicht standhalten können. Das ist allerdings nur eine Beschreibung der Situation in den 2-3 Monaten vor dem Angriff. Die politischen Absichten beider Seiten waren jedoch schon seit langem dahingehend festgelegt, daß die jeweils andere Seite militärisch zu unterwerfen war. Aus der Sicht der Sowjetunion folgt das ohne weiteres aus dem Auftrag der Kommunisten, die Weltrevolution voranzutreiben. Für Lenin war der Sieg des Kommunismus in Deutschland ja ohnehin der Schlüssel zu Europa. Stalin wäre kein guter Kommunist gewesen, hätte er diese Absichten nicht vorangetrieben. Der Aufbau einer gewaltigen Streitmacht und deren Aufstellung zum Angriff belegen nichts anderes, als daß Stalin seinem in kommunistischer Diktion „Klassenauftrag“ nachgekommen war. Hitler indessen verfolgte von Anfang an das politische Ziel, für sein Volk Lebensraum im Osten zu gewinnen. Eine der vielen Äußerungen dazu findet sich auf Seite 742 in seinem programmatischen Buch „Mein Kampf“: „Wir stoppen den ewigen Germanenzug nach dem Süden und Westen Europas und weisen den Blick nach dem Land im Osten... Wenn wir aber heute in Europa von neuem Grund und Boden reden, können wir in erster Linie nur an Rußland und die ihm untertanen Randstaaten denken.“ Hitler sah durchaus einen unüberbrückbaren Gegensatz in der Existenz der kommunistischen Sowjetunion einerseits und den von ihm definierten deutschen Interessen. Daß er diese auch militärisch durchzusetzen gedachte, hat er ja seinen Generälen vor Beginn des Polenfeldzuges schon ausführlich erläutert. Deren militärfachliche Bedenken wischte er bekanntlich zur Seite und befahl ihnen, diese Operationen zu planen und durchzuführen. Als Soldaten hatten sie ja zu gehorchen.

Wir kommen zum Ergebnis, daß weder nach dem allgemeinen Sprachgebrauch, noch gar in rechtlicher Hinsicht von einem „Überfall“ gesprochen werden kann, wenn es um die Feldzüge gegen Polen bzw. die Sowjetunion geht. Zutreffend ist allein der Begriff des Angriffs. Er beschreibt den Sachverhalt, enthält aber keine Wertung, weder in moralischer noch in rechtlicher Hinsicht. Daß der Begriff des Überfalls Eingang sowohl in die Geschichtswissenschaft, die Medien und auch den amtlichen Sprachgebrauch gefunden hat, ist bemerkenswert. Die Ursache kann wohl nur darin gesehen werden, daß sich in allen diesen Bereichen zwischenzeitlich die Schüler der Achtundsechziger in den maßgeblichen Positionen befinden. Für die Achtundsechziger war es ja ausgemacht, daß die Deutschen als „Tätervolk“ zu betrachten seien, die während des Zweiten Weltkrieges nicht nur ungeheure Verbrechen begangen, sondern schon diesen Krieg in verbrecherischer Absicht vom Zaune gebrochen hatten. Dem mußte dann aber auch der Sprachgebrauch entsprechen. Deutschland hatte Polen und die Sowjetunion nicht lediglich einfach angegriffen, nein es hatte diese Länder überfallen, was natürlich kriminell war. Dieser Sprachgebrauch hat sich eingebürgert. Wenn vom Bundespräsidenten angefangen über die Medien und die Schulen nur von einem „Überfall" die Rede ist, dann ist kaum zu erwarten, daß noch irgend jemand diese Vorgänge genauer unter die Lupe nimmt und feststellt, daß von einem Überfall bei Lichte besehen nicht die Rede sein kann. Das würde jedoch den Intentionen der Lehrmeister unserer Politiker, Journalisten und Professoren zuwiderlaufen. Ihnen hat es nicht genügt, die Väter ihrer Studenten als Mörder zu bezeichnen. Nein, so richtig teuflisch wird der Mörder erst dann, wenn er sein Opfer auch noch gequält und mißhandelt hat, bevor er es getötet hat. Wer solche Vorfahren hat, der muß eben mit einer genetischen Minderwertigkeit leben. Ein solches Volk wird gesenkten Hauptes über diese Erde wandeln und niemandem jemals wieder gefährlich werden. Hier vereinigen sich die Träume der linken Pazifisten wie der Großmachtpolitiker, die kein Interesse daran haben können, daß ihren Ländern ein Rivale in Europa entstehen könnte.

25. Juni 2016

Statistik und Politik

Kriminalität von Links- und Rechtsextremisten

In diesen Tagen ist der Verfassungsschutzbericht 2015 veröffentlicht worden. Für alle Medien von Tagesschau bis zum Provinzblatt natürlich eine Spitzenmeldung. Denn offenbar ist es zu einem enormen Anstieg rechtsextremistisch motivierter Straftaten gekommen, natürlich vor allem gegen Flüchtlinge, um der Einfachheit halber diesen Begriff zu übernehmen, der leider so oft irreführend gebraucht wird. Nach der Tagesschau und dann am nächsten Morgen nach Lektüre der Zeitungen mußte man den Eindruck gewinnen, daß in Deutschland die große Gefahr von „rechts" ausgeht. Seinen Teil dazu trug der Bundesinnenminister bei, als er mit staatsmännischem Blick und dramatischem Tremolo in der Stimme nicht nur nahezu ausschließlich die rechtsextremistisch motivierten Straftaten schilderte, sondern es sich nicht verkneifen konnte oder wollte, die immerhin ausdrücklich als demokratische Partei außerhalb des Beobachtungsradars der Verfassungsschützer genannte AfD davor zu warnen, Rechtsextremisten in ihren Reihen zu dulden. Daß dies so überflüssig wie der sprichwörtliche Kropf war, muß hier nicht eigens betont werden.

Wenn Politik auf Statistik trifft und sie für ihre Zwecke instrumentalisiert, ist es immer gut, die Statistiken selbst zu lesen. Der Verfassungsschutzbericht steht ja nun einmal im Internet. Und wer lieber ein Buch von 318 Seiten Umfang in die Hand nimmt, kann es vom Amt beziehen. Auf Seite 26 des Berichts werden für das Jahr 2015 immerhin 21.933 Straftaten mit rechtsextremistisch motiviertem Hintergrund angegeben. Auf Seite 31 hingegen nur 5.620 Straftaten mit linksextremistisch motiviertem Hintergrund. Auf den ersten Blick also nur ein gutes Viertel von dem, was auf der rechten Seite festzustellen ist. Doch man muß genauer hinsehen.

Der Verfassungsschutzbericht unterscheidet zwischen Gewalttaten und sonstigen Straftaten. Und hier ergibt sich ein ganz anderes Bild. Unter Gewalttaten zählt er Tötungsdelikte einschließlich Versuch, Körperverletzungen, Brandstiftungen, Herbeiführen einer Sprengstoffexplosion, Landfriedensbruch, gefährliche Eingriffe in den Bahn-, Luft-, Schiffs-und Straßenverkehr, Freiheitsberaubung, Raub, Erpressung, Widerstandsdelikte und Sexualdelikte. Allesamt also Straftaten aus dem Kernbereich des Strafgesetzbuches. Und hier liegen die Linksextremisten vorn mit 1.608 zu 1.408 derartiger Straftaten im Jahr 2015. Auch wenn man dann weiter die Straftaten Sachbeschädigung und Nötigung/Bedrohung hinzuzählt, liegen die Linksextremisten mit 3.423 Delikten insgesamt gegenüber 3.094 Delikten bei der rechtsextremen Konkurrenz deutlich vorne. Was die Statistik indessen in der Gesamtzahl völlig verändert, sind die Propagandadelikte und die sogenannten anderen Straftaten, insbesondere Volksverhetzung. Propagandadelikte und Volksverhetzung kommen bei den Linksextremisten überhaupt nicht vor, schlagen aber bei den Rechtsextremisten mit 12.154 (Propagandadelikte) und 6.676 (andere, insbesondere Volksverhetzung) sehr deutlich zu Buche. Nun handelt es sich dabei um Delikte, die Linksextremisten nach unserem Strafgesetzbuch überhaupt nicht begehen können. Denn unser Strafgesetzbuch verbietet ausschließlich die Propaganda für solche politischen Gruppen oder Parteien, die sich entweder direkt oder zu mindestens nahezu direkt als Nachfolger, Nachahmer oder Geistesverwandte des Nationalsozialismus zeigen. Am linken Rand gibt es vergleichbare Delikte nicht. Denn so wie das Zeigen nationalsozialistischer Embleme wie Hakenkreuz oder SS-Runen strafbar ist, ist das Zeigen kommunistischer Embleme wie Hammer und Sichel oder des Sowjetsterns straflos.

Wenn man also den Verfassungsschutzbericht 2015 liest und sich dabei seines eigenen Verstandes bedient, dann kommt man zu einem ganz anderen Ergebnis, als es Politik und Medien dem geneigten Publikum einreden wollen. Insbesondere im Bereich der Gewalttaten, und das ist ja nun der wirklich gefährliche Bereich, liegen die Linksextremisten mit 1.608 zu 1.408 Delikten deutlich vor den Rechtsextremisten. Vor allem ist ihre Steigerungsrate in diesem Bereich von 2014 auf 2015 ebenfalls erschreckend. Waren es bei Ihnen 2014 noch 995 Delikte, so waren es 2015 deren 1.608. Ihre Konkurrenz von rechts außen war 2014 mit 990 derartigen Delikten dabei, 2015 mit 1.408, wie erwähnt. Also ist auch der Anstieg dieser Straftaten links weitaus besorgniserregender als rechts.

Daß Politik und Medien den Eindruck zu erwecken suchen, die größere Gefahr für unser Land gehe von den Rechtsextremisten aus, hat sicherlich Gründe. Ein Grund liegt auf der Hand. Im Bereich des Rechtsextremismus haben die Ermittlungsbehörden durchaus immer wieder Erfolge. Offenbar ist diese Szene doch mit nachrichtendienstlichen und kriminalpolizeilichen Mitteln besser zu überwachen als die linksextremistische Szene. Diese zeichnet sich offensichtlich dadurch aus, daß sie sich zwar immer wieder ihrer Gewalttaten im Internet brüstet. Dies allerdings auf einem Portal (indymedia. linksunten), dessen Server irgendwo in obskuren Gegenden dieser Erde stehen, und die Ermittlungsbehörden deswegen nicht feststellen können, wer die Hintermänner sind. Es fällt ja auf, daß in diesem

Bereich so gut wie keine Anklagen und Verurteilungen zu registrieren sind. Offenbar ist es den Ermittlungsbehörden nicht einmal möglich, in der linksradikalen Szene der besetzten Häuser in Hamburg, Berlin und Leipzig erfolgreich zu ermitteln. Es scheint nicht möglich zu sein, dort wirklich erfolgreich V-Leute anzusetzen. Von diesen Mißerfolgen spricht man als Bundesinnenminister eben nicht so gerne. Vor allem aber ist klar, und das zeigt ja der völlig überflüssige Warnhinweis des Ministers an die AfD, daß es den etablierten Parteien ebenso wie den ihnen zugeneigten Journalisten, und das sind eigentlich alle, darum geht, den ungeliebten neuen Mitbewerber beim Publikum zu diskreditieren. Wir Deutschen hegen zurecht ein tiefes Mißtrauen gegenüber Leuten, die uns die Hitlerei in Reinform oder auch in neuen Varianten verkaufen wollen. Das gilt im übrigen auch für deren Konkurrenz von links außen. Aber die Politik hat nun einmal die erfolgreiche neue Konkurrenz im Visier. Sie in die Nähe des Rechtsextremismus zu rücken, erscheint daher offenbar zweckmäßig. Skrupel hat man in der Politik ja ohnehin nur höchst selten. Somit wird fleißig diffamiert. Ziel ist es, die Begriffe Populismus und rechtsradikal miteinander verschmelzen zu lassen. Der große Politikwissenschaftler Lord Ralf Dahrendorf, dieser Wanderer zwischen Deutschland und Großbritannien, hat in diesem Zusammenhang einmal bissig bemerkt: ein Populist ist ein politischer Konkurrent, dessen Richtung einem nicht paßt.

29. Juni 2016

Mit Kopftuch auf der Richterbank

Islamische Kleidung ist Ausdruck islamischer Gesinnung

Nicht zum ersten Mal hat eine Rechtsreferendarin muslimischen Glaubens entgegen bestehender Dienstanweisung verlangt, auch im Sitzungsdienst ein Kopftuch tragen zu dürfen, weil ihre Religion das gebiete. Es ist hier nicht darüber zu rechten, ob der Islam das wirklich allen weiblichen Angehörigen dieser Religion mit Eintritt der Pubertät zwingend vorschreibt oder nicht. Die Realität sieht nun einmal so aus, daß nicht nur in den Ländern, in denen der Islam tatsächlich auch Staatsreligion ist wie Saudi Arabien, Iran und Pakistan oder aber doch dominiert wie in Indonesien oder der Türkei, sondern auch zunehmend in Europa muslimische Frauen dieses Kleidungsstück tragen. Weitergehend werden vielfach auch lange Mäntel getragen, die auch die Silhouette der Trägerin optisch verschwinden lassen. Auch soll hier dahingestellt bleiben, ob alle diese Frauen das aus freien Stücken tun, oder damit bestimmten Erwartungen ihrer Familien entsprechen.

Im jüngsten Fall hat nun das Verwaltungsgericht Augsburg auf die Klage einer muslimischen Rechtsreferendarin eine einschlägige Dienstanweisung aufgehoben. Zur Begründung hat das Verwaltungsgericht ausgeführt, jedenfalls fehle es für ein solches Verbot an einer gesetzlichen Grundlage. Ob diese Entscheidung Bestand haben wird, bleibt abzuwarten. Denn der erstinstanzlich unterlegene Freistaat Bayern hat dem Vernehmen nach Berufung gegen dieses Urteil zum Bayerischen Verwaltungsgerichtshof eingelegt. Abzuwarten bleibt auch, ob der Freistaat Bayern eine entsprechende gesetzliche Regelung treffen wird. Hier dürfte es sich dann erweisen, ob zwischen den mutigen Worten vieler CSU-Politiker und ihren Taten als Gesetzgeber ein Unterschied besteht. Mit der absoluten Mehrheit der CSU wäre jedenfalls ein solches Gesetz möglich. Die Stimmen der SPD und der Grünen dürfte eine solche Gesetzesvorlage sicherlich nicht bekommen. Es kann auch nicht unbedingt erwartet werden, daß sich die Sache einfach durch das Ende des Vorbereitungsdienstes der jungen Dame erledigt. Denn es kann angenommen werden, daß die hinter ihr stehenden Islamfunktionäre sich eine solche Rechtsreferendarin ausgesucht haben, deren bisherige Examensnoten die begründete Erwartung rechtfertigen, daß sie auch die große juristische Staatsprüfung mit einer Gesamtnote bestehen wird, die ihr den Weg in den bayerischen Justizdienst öffnet.

Der Fall wirft natürlich grundsätzliche Fragen auf. Der Vorbereitungsdienst soll die examinierten Jurastudenten an die juristische Praxis heranführen. Dazu gehört auch die Verrichtung von Dienstgeschäften der Richter und Staatsanwälte wie auch im übrigen die Wahrnehmung von Prozeßhandlungen, die den zugelassenen Rechtsanwälten vorbehalten sind. So kann ein Rechtsreferendar den Sitzungsdienst eines Staatsanwalts übernehmen. Das bedeutet, daß er in der Sitzung die Anklage verliest, den Angeklagten befragt, Zeugen verhören muß und am Ende der Hauptverhandlung zu plädieren hat. Das Plädoyer des Staatsanwaltes faßt das Ergebnis der Hauptverhandlung aus seiner Sicht zusammen. Dazu gehört die Beweiswürdigung. Und dazu gehört vor allem die Formulierung eines Antrages dahin, ob und gegebenenfalls wie der Angeklagte zu bestrafen ist, oder ob etwa ein Freispruch aus der Sicht der Staatsanwaltschaft Ergebnis der Hauptverhandlung sein muß. Gleiches gilt für den Verteidiger, als der ein Rechtsreferendar mit entsprechender Vollmacht des Rechtsanwaltes, dem er zur Ausbildung zugewiesen ist, tätig werden kann. Das gilt natürlich nicht nur in Strafsachen, sondern auch in Zivilsachen sowie bei den Arbeits-, Finanz-, Sozial- und Verwaltungsgerichten. Soweit die richterliche Tätigkeit betroffen ist, können Referendare unter Aufsicht des Richters, dem sie zur Ausbildung zugewiesen sind, die Sitzung leiten und dabei Parteien befragen sowie Zeugen vernehmen. Lediglich die richterliche Spruchtätigkeit, also die Entscheidung selbst, kann Ihnen nicht übertragen werden. Regelmäßig sitzen einem Richter zur Ausbildung zugewiesene Referendare auch neben ihm am Richtertisch. Insbesondere mit gerichtlichen Verfahren nicht vertraute Parteien und Zeugen glauben auch häufig, daß diese Referendare „Gerichtspersonen“ sind und ordnen sie irgendwie auch der richterlichen Gewalt zu.

Ich habe das etwas ausführlicher dargestellt, weil diese Einzelheiten allgemein nicht bekannt sind. Sie sind aber wesentlich, wenn man das Problem fundiert behandeln will, um das es hier geht. Richter haben nach dem Gesetz unabhängig zu sein und sind in der Ausübung ihrer richterlichen Tätigkeit ausschließlich dem Gesetz unterworfen. Auch wenn die Staatsanwaltschaften in gewissen Grenzen weisungsgebunden sind, erwarten die Bürger von ihnen doch zu Recht, daß sie ihren Entscheidungen ausschließlich das Gesetz zugrunde legen und unvoreingenommen ihre Fälle bearbeiten. Auch die Rechtsanwälte, die natürlich ausschließlich die Interessen ihrer Mandanten zu vertreten haben, haben dies persönlich unabhängig und unbefangen zu tun. Nicht umsonst tragen sie wie Richter und Staatsanwälte im Sitzungssaal eine Robe als Zeichen ihrer Unabhängigkeit wie auch Bindung an das geltende Recht. Sie haben wie die Richter und Staatsanwälte einen Eid auf die Verfassung abgelegt.

Dem entspricht es auch, daß Richter und Staatsanwälte, aber auch die meisten Rechtsanwälte in den Gerichtssälen keinerlei religiöse Symbole oder politische Abzeichen sichtbar tragen. Selbst Halskettchen mit Anhängern in Kreuzesform, kleinen Davidsternen oder Halbmonden sieht man bei den Damen in Robe nicht. Auch wenn sie privat getragen werden, sind sie unter hochgeschlossener Bluse und Robe verborgen. Bei Männern stellt sich die Frage erst gar nicht, weil dergleichen ja nie über Hemd und Krawatte getragen wird. Damit unterstreicht die Justiz ihre Unabhängigkeit wie ihre Neutralität. Rechtssuchende Parteien, Angeklagte und Zeugen müssen sicher sein können, daß ihr Anliegen oder ihre Aussage nicht durch den Filter einer religiösen oder politischen Überzeugung des Gerichts wahrgenommen werden. Schon der geringste Anschein der Voreingenommenheit begründet zu Recht die Besorgnis der Befangenheit und führt zur Ablehnung eines Richters. Genau aus diesem Grunde haben auch Referendare im juristischen Vorbereitungsdienst, wenn sie im Gerichtssaal Sitzungsdienst in richterlicher oder auch staatsanwaltschaftlicher Funktion leisten, ebenfalls die Robe zu tragen. Für das Publikum sind sie von Richtern oder Staatsanwälten äußerlich nicht zu unterscheiden. Das ist auch richtig so, denn sie üben hier Staatsgewalt, teilweise sogar richterliche Gewalt aus. Und es führt ihnen selbst vor Augen, welchen Maßstäben sie zu entsprechen haben, wenn sie nach Abschluß ihrer Ausbildung einen dieser Justizberufe ergreifen.

Diese Überlegungen müssen vorangestellt werden, wenn man sich mit der Frage befaßt, ob einer Rechtsreferendarin gestattet werden soll, im Sitzungsdienst ein islamisches Kopftuch zu tragen. Es ist völlig klar und unbestritten, daß dieses Kopftuch jedenfalls weit überwiegend als religiöses Symbol wahrgenommen wird. Mehr noch, es wird als Zeugnis besonderer Religiosität verstanden. Denn es ist allgemein bekannt, daß viele Musliminnen sich nicht verpflichtet sehen, ein solches Kleidungsstück in der Öffentlichkeit zu tragen. Eine Richterin, die im Sitzungssaal so gekleidet erscheint, kann eben nicht als weltanschaulich neutral und innerlich unabhängig wahrgenommen werden. Das gilt nicht nur in solchen Rechtssachen, in denen religiöse Überzeugungen von Beteiligten – etwa in bestimmten Familien- oder Strafsachen – eine Rolle spielen können. Vielmehr durchdringt die religiöse Überzeugung eines Menschen sein Denken vollständig. Ich selbst gehe nun seit 40 Jahren als Rechtsanwalt in den Gerichtssälen dieses Landes ein und aus. Angesichts einer Kopftuch tragenden Richterin hätte ich genau diese Zweifel an ihrer Unbefangenheit, Unabhängigkeit und Verfassungstreue. Letzteres, weil eine Reihe von Umfragen und wissenschaftlichen Untersuchungen in den letzten Jahren ergeben hat, daß gläubige Muslime ihren religiösen Gesetzen (Scharia) den Vorrang vor den Gesetzen unseres Landes einschließlich der Verfassung einräumen.

Damit ist völlig klar, daß es in unseren Gerichtssälen keine Richterinnen, Staatsanwältinnen und Rechtsanwältinnen geben darf, die im Dienst ein Kopftuch oder gar sonstige von ihrer Religion vorgeschriebenen Kleidungsstücke tragen. Denn mit der gleichen Begründung, mit der Juristinnen muslimischen Glaubens verlangen, im Gerichtssaal ein Kopftuch tragen zu dürfen, können sie ja verlangen, etwa in Burka oder Niqab zu erscheinen. Eine Richterin, der man nicht einmal ins Gesicht sehen kann! Undenkbar! Was im übrigen Muslimen recht ist, müßte dann zum Beispiel auch Juden billig sein. Ein jüdischer Richter oder Rechtsanwalt müßte mit dem gleichen Recht dann im Sitzungssaal seine Kippa auf dem Kopf tragen dürfen. Und weil Art. 4 Abs. 3 des Grundgesetzes (Freiheit der Religionsausübung) nicht nur Christen, Juden und Muslime schützt, lassen sich weitere Szenarien dieser Art denken. Wer wollte dann zum Beispiel einem Sikh verwehren, sein niemals geschnittenes Haupthaar mit einem Turban zu bedecken und mit bis auf den Richtertisch wallendem Bart zu amtieren? Welchen Grad an Unvoreingenommenheit dürfen wir etwa von einer

Kammer des Verwaltungsgerichts erwarten, die in Asylangelegenheiten entscheidet, und deren Mitglieder ihre aus den Herkunftsländern stammende strenge Religiosität im Sitzungssaal durch Tragen entsprechender Kleidungsstücke zur Schau stellen?

In diesem Zusammenhang wird ja gerne eingewandt, daß in deutschen, vor allem bayerischen Gerichtssälen allgemein Kruzifixe an den Wänden zu sehen sind. Das hat jedoch mit dem hier behandelten Thema überhaupt nichts zu tun. Vielmehr beruht unsere Kultur unter anderem auf der christlichen Tradition des Abendlandes. Sie prägt unser Land, auch seine Rechtstradition, seit mehr als 1000 Jahren. Deswegen findet sich das Kreuz vielfach in Nationalflaggen (Schweiz, skandinavische Länder) wie auch in Stadtwappen (Bonn, Koblenz, Wien), oder ist Grundform staatlicher Auszeichnungen (Bundesverdienstkreuz, bayerischer Verdienstorden, Ehrenzeichen der Bundeswehr) und Symbol von Hilfsorganisationen (Arbeitersamariterbund, Johanniter, Malteser, Rotes Kreuz). Muslime zum Beispiel leben erst seit wenigen Jahrzehnten in nennenswerter Zahl bei uns. Kultur- oder gar traditionsprägend ist das offensichtlich nicht. Auch wenn nach Auffassung des Bundesverfassungsgerichts ein Gericht auf Antrag eines Beteiligten die (vorübergehende) Entfernung des Kruzifixes aus dem Gerichtssaal verfügen kann (nicht muß!), ändert sich daran nichts. Ich habe es im übrigen noch nie erlebt und es ist mir auch noch nie zu Ohren gekommen, daß irgendein Beteiligter im Gerichtssaal einmal einen solchen Antrag gestellt hätte. Es wäre auch interessant zu wissen, wie dann vom Gericht entschieden würde, zumal wenn ein anderer Beteiligter beantragt hätte, das Kruzifix im Sitzungssaal zu belassen. Ich zum Beispiel würde so etwas mit der Begründung beantragen, daß ich meinerseits Zweifel an der Unbefangenheit eines Gerichts hätte, das unseren altehrwürdigen Traditionen so wenig Wert beimißt, daß es einem Querulanten nachgibt, der da meint, alle anderen hätten nach seiner Pfeife zu tanzen, auch wenn sie die Mißtöne gar nicht hören wollen, die er ihr entlockt.

2. Juli 2016

Uns gibt's ja gar nicht!

Wie man offiziell die deutsche Identität wegleugnet

Die Notwendigkeit der Europäischen Union als Bundesstaat und nicht bloß als Wirtschaftsgemeinschaft oder Freihandelszone wird von ihren Befürwortern vor allem mit der Behauptung propagiert, der Nationalstaat gehöre nicht nur der Vergangenheit an, sondern er sei auch die Ursache des Krieges. Mithin hänge die friedliche Zukunft unseres Kontinents davon ab, daß die Europäische Union möglichst zügig alle Funktionen eines souveränen Staates selbst wahrnehmen könne. Die jetzt noch existierenden Nationalstaaten wären dann nur noch bloße Teilgliederungen wie Schweizer Kantone oder US-amerikanische Bundesstaaten.

Um den Bürgern das schmackhaft zu machen, werden sie inzwischen auch darüber belehrt, daß es Nationen eigentlich nicht gibt. Der moderne Mensch informiert sich bekanntlich nicht mehr aus der Zeitung am Frühstückstisch oder mit dem Blick in ein Lexikon. Das Internet ist die überragende Informationsquelle. Nicht mehr der Brockhaus, sondern Wikipedia ist die Wissensdatenbank, die angeblich nicht einmal etwas kostet. Dort sorgen natürlich politisch korrekte Administratoren im Geiste unseres Zensurministerleins Mittelmaas dafür, daß die Leute schon richtig indoktriniert werden. So ist dort unter anderem zu lesen:
Vorab ist zu bemerken, daß die Kategorien „Religion“ und „Nation“ einheitliche – und einheitlich akzeptierte – Erfindungen des 19. Jahrhunderts sind.

Wer sich da die Augen reibt und denkt, einer optischen Täuschung aufgesessen zu sein, der wird durch einen Blick auf die Internetseite der Bundeszentrale für politische Bildung eines schlechteren belehrt. Ich zitiere:

Nation
[lat.] Der Begriff N. hat zwei unterschiedliche Bedeutungen:

1) Die konservative Interpretation betont das statische Element, d.h. die Zugehörigkeit zu einer ethnischen Gemeinschaft (auch: Volk), die als Gruppe von Menschen über bestimmte homogene Merkmale (z.B. gemeinsame Sprache, Kultur, Geschichte) verfügt und (zumeist) innerhalb eines bestimmten Territoriums zusammen lebt (Abstammungsgemeinschaft).

2) Die offene Interpretation betont die Veränderungs- und Entwicklungsmöglichkeiten, die sich daraus ergeben, daß in einem Staat (Groß-) Gruppen zusammenleben, die sowohl über gemeinsame als auch über unterschiedliche Merkmale verfügen und dadurch die Chancen für einen Austausch zwischen Menschen unterschiedlicher Herkunft fördern (Zugehörigkeitsgemeinschaft).

Die offene Interpretation des Begriffes N. entspricht eher dem Verständnis moderner demokratischer Gesellschaften. Unter Berücksichtigung des territorialen Aspekts ist zwischen staatenloser (Kultur-) Nation, deren Merkmale insbesondere eine gemeinsame Sprache, Kultur und Religion sind (z.B. Kurden), und Staatsnation zu unterscheiden, die in (mehr oder weniger geschlossener) territorialer Gemeinschaft lebt und anstelle des ethnischen stärker das politische Element der Gemeinschaft betont (Verfassungspatriotismus).

Also ist nach offizieller Lesart eine Nation – der lateinische Begriff weist ja nun einmal auf die Geburt hin – eine mehr oder weniger zufällige Ansammlung von Menschen. An dieser Definition ist offen, was umgangssprachlich gemeint ist, wenn man jemandem an den Kopf wirft er habe wohl den A.... offen. Doch ist von dieser amtlichen Begriffsklärung bis zur Verdammung der überkommenen Vorstellung von Nation und Volk als rassistisch und damit strafbar nur noch ein ganz kleiner Schritt. Man muß wachsam sein. Das Feuer schwelt unbemerkt, bevor der Großbrand seine zerstörende Wirkung entfaltet.

3. Juli 2016

...und dagegen gibt's nix von Ratiopharm!

Von krankhafter Fremdenliebe

Wir haben sie immer noch vor Augen, diese Fernsehbilder von den glücklich strahlenden jungen Frauen am Münchener Hauptbahnhof, mit Teddybären und Mineralwasserflaschen in den Händen, wie sie die deutsche „Willkommenskultur" zelebrieren. Wir haben die Kommentare in der Tagesschau und der Tagespresse noch im Kopf, die begeistert über dieses weltoffene, humanitäre, helle neue Deutschland berichten. Im Grunde genommen hält das ja immer noch an. Wir haben das einfach unfaßbare Glück, daß „Geflüchtete"zu hunderttausenden nach Deutschland kommen. Wir sollen uns dabei auch nicht so haben, wenn das unreguliert, unregistriert und ungesetzlich erfolgt. Mein Gott, wer wird denn so kleinlich sein! Es kommen Menschen. Kein Mensch ist illegal! Mit ihrer Herzlichkeit, ihrer Fröhlichkeit, ihrer Leichtigkeit, die sie aus ihren Kulturen mitbringen, brechen sie unseren strengen, verbiesterten, leistungsoptimierten Alltag auf. Sie bereichern unser Leben. Sie verringern den Arbeitskräftemangel. Kurzum, es ist ein Segen, daß sie gekommen sind und weiterhin kommen.

Die Wirklichkeit sieht natürlich völlig anders aus. Von einer Einwanderung in den Arbeitsmarkt ist nichts zu sehen. In diesen Tagen wurde ruchbar, daß die 30 größten Dax-Unternehmen gerade einmal 54, in Worten: vierundfünfzig, sogenannte Flüchtlinge eingestellt haben. Daneben gibt es ein paar Praktikanten. Was das bedeutet, ist bekannt. Praktikanten leisten im wesentlichen keinen Beitrag zum Betriebsergebnis. Sonst könnte man sie ja regulär bezahlen. Die Integration in die deutsche Bevölkerung findet nicht statt. Und wenn, dann in ganz besonderer Art und Weise. Man konnte die in der Silvesternacht in Köln und anderswo studieren. Wer aufmerksam die kleinen Meldungen in den Tageszeitungen und die ungeschminkten Berichte im Internet verfolgt, der liest seit Monaten von sexuellen Übergriffen junger Männer aus den muslimischen Ländern des Orients und Nordafrikas. Ob Schwimmbäder, ob Straßenbahnen, ob Parkanlagen oder Gehwege, nirgends sind einheimische Frauen vor diesen jungen Männern mit sexuellem Überdruck und religiös-kulturell eingeimpfter Verachtung vor den Frauen der „Ungläubigen" sicher. Die bei uns übliche Kleidung stempelt sie in ihren Augen zu Schlampen, bei denen sich der junge Muslim von seinem Testosteronstau befreien darf.

Wir haben alle noch die peinlichen Vertuschungsversuche seitens Polizei und Behörden, aber vor allem seitens der Medien nach den Vorfällen in der Silvesternacht Erinnerung. Vor allem aus dem Bereich der grün-roten Politik und der ebenso konditionierten Medien hörte man, wenn überhaupt, dazu verharmlosende und schönredende Kommentare. Denn jeder Hinweis auf die Wirklichkeit wird als sogenannte rassistische Hetze diffamiert. Denn es darf wohl nicht sein, daß diese Menschen, in denen man gewissermaßen das Kontrastprogramm zu den vom bösen Kapitalismus und Imperialismus Europas und Nordamerikas geprägten „Bio-Deutschen" sieht, irgend etwas Böses tun können. Nein, das Böse kann nur von den Deutschen selbst mit ihrem Nazi-Gen kommen. Deswegen laufen linke und grüne Politiker auf Demonstrationen hinter Spruchbändern her, auf denen etwa zu lesen ist: „Nie wieder Deutschland!" Oder: „Deutschland, halt's Maul!" Wenn der Parteinachwuchs der Grünen öffentlich auf die deutsche Fahne uriniert, dann ist das nicht etwa ein Fall für den Staatsanwalt, sondern allenfalls eine etwas übertriebene Kritik an der Mehrheit unseres Volkes, die immer noch meint, tatsächlich ein solches zu sein.

Wie krank die Gehirne dieser Nachfahren der 68er Generation sind, zeigt ein Vorfall vom 27. Januar dieses Jahres in Mannheim. Eine 24-jährige Nachwuchspolitikerin, in diesem Fall der Partei „Die Linke", die es inzwischen geschafft hat, als seriöse und demokratische Partei angesehen zu werden, was ein bezeichnendes Licht auf den kollektiven Wahnsinn in diesem Lande wirft, wurde von mutmaßlichen Flüchtlingen vergewaltigt. Es soll sich um zwei oder drei junge Männer gehandelt haben, die einen nicht näher feststellbaren orientalischen Hintergrund haben. Das erstaunliche daran ist, daß das Opfer der Tat nicht etwa alle Hebel in Bewegung gesetzt hat, um die Bestrafung der Täter zu erreichen. Nein, sie hat sich bei den Tätern entschuldigt. Ja tatsächlich, sie hat sich bei den Tätern entschuldigt. Also wenn Sie demnächst einmal bestohlen werden, oder wenn bei Ihnen eingebrochen wird, oder wenn ein betrunkener Raser auf Ihr Auto auffährt, bitte entschuldigen Sie sich beim Täter. Er kann ja nichts dafür. Sie sind schuld. Sie haben unverschämterweise doch Eigentum und Besitz erworben. Sie haben bei ihm damit Minderwertigkeitsgefühle geweckt. Die mußte er irgendwie kompensieren. Wirklich schuld an der ganzen Sache sind doch Sie!

Was ich wohl getrunken habe? Nichts. Ich habe Ihnen nur vorgeschlagen, sich so zu verhalten, wie diese hoffnungsvolle Nachwuchspolitikerin. Denn sie hat über Facebook folgenden Brief an die unbekannten Täter veröffentlicht (Rechtschreibfehler im Original):

Lieber männlicher Geflüchteter,
vermutlich in meinem Alter. Vermutlich ein paar Jahre jünger. Ein bisschen älter. Es tut mir so unfassbar Leid! Vor fast einem Jahr habe ich die Hölle gesehen, aus der du geflohen bist. Ich war nicht direkt am Brandherd, aber ich habe die Menschen in dem Flüchtlingslager in Südkurdistan besucht. Habe alte Großmütter gesehen, die sich um zu viele elternlose Kinder kümmern müssen. Ich habe die Augen dieser Kinder gesehen, einige haben ihr Leuchten nicht verloren. Ich habe aber auch die Kinder gesehen, deren Blick leer und traumatisierend war. Ich habe mir von ca. 20 ezidischen Kindern in ihrem Matheunterricht arabische Schriftzeichen zeigen lassen und weiß noch, wie ein kleines Mädchen angefangen hat zu weinen, nur weil mein Stuhl umfiel. Ich habe einen Hauch der Hölle gesehen, aus der du geflohen bist. Ich habe nicht gesehen, was davor geschehen ist und auch deine strapaziöse Flucht habe ich nicht miterleben müssen. Ich bin froh und glücklich, dass du es hierher geschafft hast. Dass du den IS und seinen Krieg hinter dir lassen konntest und nicht im Mittelmeer ertrunken bist. Aber ich fürchte, du bist hier nicht sicher. Brennende Flüchtlingsunterkünfte, tätliche Angriffe auf Refugees und ein brauner Mob, der durch die Straßen zieht. Ich habe immer dagegen angekämpft, dass es hier so ist. Ich wollte ein offenes Eu-

ropa, ein freundliches. Eins, in dem ich gerne leben kann und eins, in dem wir beide sicher sind. Es tut mir Leid. Für uns beide tut es mir so unglaublich Leid. Du, du bist nicht sicher, weil wir in einer rassistischen Gesellschaft leben. Ich, ich bin nicht sicher, weil wir in einer sexistischen Gesellschaft leben. Aber was mir wirklich Leid tut ist der Umstand, dass die sexistischen und grenzüberschreitenden Handlungen die mir angetan wurden nur dazu beitragen, dass du zunehmendem und immer aggressiverem Rassismus ausgesetzt bist. Ich verspreche dir, ich werde schreien. Ich werde nicht zulassen, dass es weiter geschieht. Ich werde nicht tatenlos zusehen und es geschehen lassen, dass Rassisten und besorgte Bürger dich als das Problem benennen. Du bist nicht das Problem. Du bist überhaupt kein Problem. Du bist meistens ein wunderbarer Mensch, der es genau wie jeder andere verdient hat, sicher und frei zu sein. Danke, dass es dich gibt – und schön, dass du da bist."

Sie haben richtig gelesen. Hier zeigt sich wie unter einem Mikroskop der Geistes- und Gemütszustand weiter Teile der politisch-medialen Klasse. Diese junge Dame, die mit Sicherheit einer Psychotherapie bedarf, und zwar nicht erst seit ihrer Vergewaltigung, ist vielleicht lediglich ein besonders krasses Beispiel dafür, was in den letzten Jahrzehnten immer mehr in den Köpfen der linksgrünen Zeitgenossen stattgefunden hat.

Und dagegen gibt's leider nix von Ratiopharm.

6. Juli 2016

Bürger in Uniform oder Söldner?

Von der Leyen hat keinen Begriff von Aufgaben und Selbstverständnis der Bundeswehr

In diesen Tagen hat die Bundesministerin der Verteidigung das neue Weißbuch vorgestellt. Das hat weder in den Medien noch in der Öffentlichkeit eine Debatte ausgelöst. Man kann allenfalls von wohlwollendem Desinteresse sprechen. Die jahrzehntelange Konditionierung der Deutschen zu einer in der Grundbefindlichkeit eher pazifistischen Gesellschaft ließ auch nichts anderes erwarten.

Nun wird in den Weißbüchern des Bundesministeriums der Verteidigung traditionell nicht lediglich ein Ausblick auf angestrebte Strukturveränderungen der Streitkräfte und ihre Ausrüstung gegeben, sondern durchaus grundlegend auch eine Einordnung in die Weltpolitik vorgenommen. Die Rolle Deutschlands in der Welt, die Rolle Deutschlands in den Vereinten Nationen wie der NATO, und ein klein wenig auch die deutschen Interessen werden definiert. Das geschieht natürlich auch in diesem Weißbuch, soll aber nicht Gegenstand dieser Betrachtungen sein.

Vielmehr wollen wir den Blick auf das Selbstverständnis der Bundeswehr richten, wie es nach Auffassung der politischen Leitung des Ministeriums und natürlich der Bundesregierung überhaupt sein sollte. Festgehalten wird natürlich an Begriff und Grundsatz der Inneren Führung. Insoweit formuliert das Weißbuch in Ziffer 8.3 (Innere Führung als Kern des Selbstverständnisses der Bundeswehr) unter anderem: „Die innere Führung stellt sicher, daß sich die Ausbildung von Soldatinnen und Soldaten nicht allein auf die Vermittlung handwerklicher Fähigkeiten beschränkt, sondern vielmehr die Bindung an die Werte unseres demokratischen Gemeinwesens festigt.“ Natürlich ist die Bindung des Soldaten an die Werte unseres demokratischen Gemeinwesens eines der Ziele der Inneren Führung, jedenfalls wenn man den in § 9 des Soldatengesetzes formulierten Diensteid zugrunde legt. Die Eidesformel lautet ja nun einmal: „Ich schwöre, der Bundesrepublik Deutschland treu zu dienen und das Recht und die Freiheit des deutschen Volkes tapfer zu verteidigen, (so wahr mir Gott helfe).“ Gemessen daran fehlt in der Definition der Aufgabe und Zielvorstellung der Inneren Führung jeder Hinweis auf das Volk bzw. Land, dem der Soldat der Bundeswehr dient. Immerhin sind die zentralen Begriffe der Eidesformel die Pflicht zum treuen Dienen gegenüber dem Land, und die Pflicht, Recht und Freiheit des deutschen Volkes tapfer zu verteidigen. Beides kommt in der Formulierung dieser Zielvorstellung nicht vor. Die Werte unseres demokratischen Gemeinwesens, die dort allein auftauchen, lassen sich sicher auch unter Recht und Freiheit des deutschen Volkes einordnen, allerdings sind damit Recht und Freiheit des deutschen Volkes keineswegs erschöpfend beschrieben. Denn die demokratischen Grundwerte gehören zwar sicherlich zu den Rechten der Deutschen, die der Soldat der Bundeswehr verteidigt. Zu den Rechten der Deutschen gehört aber vor allem auch ihre Freiheit nach innen wie nach außen.

Davon ist nicht die Rede. Zu den Rechten der Deutschen gehört es auch, ihre natürlichen Interessen auf ein Leben in Frieden und Wohlstand zu wahren. Die Werte der demokratischen Gesellschaft indessen als gewissermaßen Teilmenge der in der Eidesformel beschriebenen Aufgabenstellung können demgemäß doch nur ein Teil dessen sein, wofür der Soldat notfalls mit Gesundheit und Leben einzustehen hat. Doch offenbar ist die Benennung spezifisch nationaler Rechte und Werte inzwischen verpönt. Die Demokratie an sich als Wert ist ebenso unverfänglich wie wohlfeil. Denn sie ist selbstverständlich Staatsform und gelebte gesellschaftliche Wirklichkeit in (fast) allen Ländern der NATO mit Ausnahme der Türkei des modernen Sultans Erdogan.

Nicht überraschend ist es daher, daß in Ziffer 8.4 des Weißbuchs neue Wege im Traditionsverständnis aufgezeigt werden. Denn: „Wichtige Teile der Führungsphilosophie (Muß es denn gleich Philosophie sein? Tut es nicht auch das Selbstverständnis?) der Bundeswehr sind ein wertevermittelndes Traditionsverständnis und dessen Pflege. Unsere Soldatinnen und Soldaten brauchen für ihren fordernden Auftrag neben der rationalen Sinnstiftung auch eine emotionale Bindung. Die preußischen Reformen und der Widerstand gegen das NS-Regime werden immer ihren besonderen Platz behalten. Sie dienen als wesentliche Vorbilder und zur moralischen Festigung. Doch Traditionen müssen gelebt werden.“ Den in der deutschen Geschichte offenbar allein sinnstiftenden Ereignissen der preußischen Reformen und des Widerstandes gegen das NS-Regime wird dann noch die inzwischen über 60-jährige Tradition der Bundeswehr selbst hinzugefügt. Letzteres ist sicherlich angebracht und legitim. Denn die Bundeswehr besteht inzwischen länger als jede deutsche Armee vor ihr, und sie kann für sich in Anspruch nehmen, einen wesentlichen Beitrag zur friedlichen Überwindung des Ost-West Konfliktes geleistet zu haben, und gewissermaßen zu den Siegern des Kalten Krieges zu gehören. Die preußischen Reformen und der Widerstand gegen das NS-Regime indessen waren politische, nicht militärische Leistungen. Somit bleibt als traditionsstiftende militärische Leistung allein der Beitrag zur Überwindung des Ost-West Konfliktes und der damit einhergehenden friedlichen Wiedervereinigung unseres Volkes. In einem „heißen" Krieg mußte sich die Bundeswehr gottlob nicht bewähren, vom Einsatz in Afghanistan einmal abgesehen.

Indessen fehlt in dieser Aufzählung, was für alle anderen Armeen auf dieser Erde stets traditionsbegründend ist: die großartigen soldatischen Leistungen in den Kriegen der Vergangenheit. Immerhin haben die deutschen Armeen in den Kriegen von 1866, 1870/71, 1914-18 und 1939-45 militärische Leistungen gezeigt, die überall in der Welt geachtet und hoch geschätzt, jedoch nur in Deutschland offenbar verschämt unter Verschluß gehalten werden. Die Führungskunst der Feldherren und Generalstäbe, die weltweit bewunderte Auftragstaktik, die Erfolge deutscher Armeen auf den Schlachtfeldern gegen personell und materiell häufig weit überlegene Gegner, alles das soll nach den Vorstellungen der Auftraggeber und der Verfasser dieses Weißbuches offenbar nicht traditionsbegründend sein. Die Tatsache allein, daß deutsche Soldaten über einen vergleichsweise sehr kurzen Zeitraum der Geschichte – was sind schon 12 von gut 300 Jahren? – gezwungen waren, einem Unrechtsregime dienen zu müssen, ist für die dominierende politische Klasse dieses Landes (von Elite kann ich hier nicht sprechen) Grund genug, die glänzenden Leistungen früherer Soldatengenerationen unter den Tisch fallen zu lassen. Was in anderen Ländern zur Errichtung von Denkmälern und jährlichen Paraden der Streitkräfte vor den Staatsoberhäuptern unter großer Anteilnahme der Bürger führt, wird in Deutschland geächtet. Wie auf diese Weise eine innere Bindung des

Soldaten an Volk und Land geschaffen werden soll, bleibt wohl das Geheimnis unserer Politiker und ihrer medialen Lautsprecher. Vielleicht soll das aber auch gar nicht erreicht werden.

Nur in diesem Geiste ist es wohl möglich, sich Gedanken darüber zu machen, die offenkundigen Personalprobleme der Bundeswehr dadurch zumindest abzumildern, daß man sie für Ausländer öffnet. So heißt es auf Seite 120 des Weißbuches unter dem Stichwort „Personalstrategie“ unter anderem: „Nicht zuletzt böte die Öffnung der Bundeswehr für Bürgerinnen und Bürger der EU nicht nur ein weitreichendes Integrations- und Regenerationspotenzial für die personelle Robustheit der Bundeswehr, sondern wäre auch ein starkes Signal für eine europäische Perspektive.“ Dieses – pardon! – Geschwurbel will wohl heißen, daß es eigentlich völlig gleichgültig ist, wer in dieser Armee dient, vor allem, woher er kommt und welchen Pass er in der Tasche trägt. Das Recht und die Freiheit des deutschen Volkes tapfer zu verteidigen wird wohl kaum das Motiv solcher Soldaten sein. Hier wird ganz offen über die Rekrutierung von Söldnern nachgedacht. Natürlich gibt es so etwas in Form der französischen wie auch der spanischen Fremdenlegion. Das sind aber immerhin besondere Truppenteile. Die USA haben sich für die Erledigung besonders gefährlicher und schmutziger militärischer Aufträge der Dienste kommerzieller Anbieter versichert. Wenn man nun auch in Deutschland derartige Erwägungen anstellt, dann sollte man eben auch zwischen dem Dienst für das Vaterland – ja, Vaterland – und dem Einsatz von Waffengewalt zur Durchsetzung politischer oder wirtschaftlicher Interessen trennen. Aber dazu bedürfte es einer Klasse von Politikern, die sich nicht lediglich als Manager eines Großunternehmens namens Bundesrepublik Deutschland verstehen, sondern als Vertreter derer, denen die Inschrift über dem Eingangsportal des Reichstages gewidmet ist. Sie lautet: Dem deutschen Volke.

21. Juli 2016

Wie lange noch?

Merkel verkennt die Gefahren der islamischen Zuwanderung fundamental

Quo usque tandem abutere, Catilina, patientia nostra? Quam diu etiam furor iste tuus nos eludet? Wie lange noch wirst du, Catilina, unsere Geduld mißbrauchen? Wie lange wird uns auch dieser dein Wahnsinn verspotten? Die einleitenden Sätze der berühmten ersten Rede des großen Marcus Tullius Cicero gegen den Umstürzler Lucius Sergius Catilina vor dem Senat in Rom am 7.November 63 v. Chr. kommen mir unwillkürlich in den Sinn, wenn ich die manifeste Gefahr für Staat und Gesellschaft sehe, die von dem allgegenwärtigen islamistischen Terror ausgeht, und wenn ich sehen muß, wie tatenlos die Politik unter Führung der Bundeskanzlerin diesem Treiben weiterhin zusieht.

Quo usque tandem abutere, Angela, patientia nostra? Quam diu etiam furor iste tua nos eludet? Wann endlich, ihr gewählten Lenker dieses Gemeinwesens, wann nehmt ihr endlich den Kampf gegen diesen erbitterten Feind unserer Gesellschaft, unseres Volkes, unserer Freiheit auf? Kommt uns doch bitte nicht mehr mit gutgemeinten Integrationsgesetzen! Verlangt endlich mehr als Sprachkenntnisse und die Einhaltung der Gesetze. Sprachkenntnisse haben auch die Soldaten des Kalifats, die ihre Blutspur durch unser Land ziehen. Die Einhaltung der Gesetze schuldet auch der durchreisende Tourist aus Argentinien. Nein, was Not tut, ist zunächst eine schonungslose Analyse der Gefahr und ihrer Ursachen, und sodann die konsequente Umsetzung der dabei gewonnenen Erkenntnisse in Gesetze und Maßnahmen.

Es ist nicht mehr zu übersehen, daß die Einwanderung aus dem islamischen Kulturkreis, und nicht nur im Wege der Asyl- und Flüchtlingswelle der letzten Jahre, uns all die Probleme bereitet, denen die Politik offensichtlich verständnislos und deswegen hilflos gegenübersteht. Es kann nicht ernsthaft in Abrede gestellt werden, daß die Religion des Terrorismus der Islam ist. Natürlich ist nicht jeder Muslim ein Terrorist. Aber jeder Terrorist ist ein Muslim. Man muß endlich damit aufhören, von Einzeltätern, psychisch gestörten Persönlichkeiten und fehlgedeutetem Islam zu reden. Ibrahim Awad Ibrahim al Badri, der sich zum Kalifen hat ausrufen lassen und seither unter dem Kampfnamen Abu Bakr al-Baghdadi das Terroristengeschmeiß anführt, das in den Medien als „Islamischer Staat (IS)" bezeichnet wird, ist promovierter islamischer Theologe. Ihn nicht als islamische Autorität einzustufen, heißt den Kopf in den Sand zu stecken. Die Zahl seiner Gefolgsleute, seiner Anhänger und seiner Untertanen ist schwer zu schätzen, jedoch bei weitem groß genug, weite Landstriche im Orient zu beherrschen und überall jederzeit in Europa morden zu können. Und die Zahl derer, die dieses Treiben ganz offensichtlich als von Gott befohlenen „Heiligen Krieg" ansehen und daher billigen, ist groß, viel zu groß. Denn die Zahl der Muslime, die sich diesen Soldaten Allahs entgegenstellen, oder diesen angeblich Heiligen Krieg wenigstens öffentlich verurteilen, ist klein, viel zu klein. Wo bei den Deutschen jeder Brandanschlag auf eine Asylantenunterkunft Lichterketten und Betroffenheitsadressen ihrer Politiker auslöst, findet vergleichbares auf muslimischer Seite nicht im Ansatz statt. Die schweigende Mehrheit der Muslime ist entweder uninteressiert oder fügt sich. Mehr noch. Nach jedem Terroranschlag kennt der Jubel in den sozialen Netzwerken keine Grenzen.

Wir müssen begreifen, daß wir inzwischen in einer Art moderner Religionskrieg leben. Ganz offensichtlich nehmen die Islamisten das Gebot des Korans bitter ernst, die gesamte Menschheit zu unterwerfen. Denn nur wo der Islam herrscht, ist nach dem Koran Friede. Wo er – noch nicht – herrscht, ist Krieg. Natürlich haben wir es nicht mit einem Krieg zu tun, wie wir ihn seit Jahrtausenden kennen. Nicht die Völker, nicht die Heere treffen in blutiger Schlacht aufeinander. Die Kämpfer und Kommandotrupps der Islamisten morden wehrlose Zivilisten. Man kann nicht einmal sagen, daß sie dies wahllos tun. Nein, häufig ist das symbolhafte ihrer Mordaktionen augenfällig. Zum einen sind typische Ausprägungen des in ihren Augen dekadenten westlichen Lebensstils Ziel ihrer Anschläge. Ein

Musikclub, ein Fußballstadion, eine Strandpromenade voller flanierender Menschen, die Redaktion einer Satirezeitschrift: alles gewissermaßen Leitfossile einer liberalen, hedonistischen und permissiven Gesellschaft. Und es gibt die Fatwas – Todesurteile – gegen den Schriftsteller Salman Rushdie, die Journalistin Ayaan Hirsi Ali und den Karikaturisten Kurt Westergaard.

Zum anderen wird immer deutlicher, daß das Christentum Gegenstand ihres Hasses ist. Spätestens seit dem Angriff auf eine katholische Kirche in Rouen muß klar sein, daß nicht nur die westliche Lebensart im Allgemeinen, sondern das Christentum ganz gezielt bekämpft wird. Die typische Weise, in der die Mordgesellen des Kalifen den greisen Priester durch Kehlschnitt töteten, spricht Bände. Diese Art der „Hinrichtung" von „Ungläubigen" stellt sie auf eine Stufe mit den Tieren, die auf eben solche Weise getötet werden, damit der fromme Muslim ihr Fleisch auch essen darf.

Wer immer noch meint, all diese Scheußlichkeiten hätten mit dem Islam nichts zu tun, der sollte sich zum Beispiel damit auseinandersetzen, daß christliche Flüchtlinge aus dem Orient in deutschen Flüchtlingsunterkünften von islamischem Sicherheitspersonal allenthalben drangsaliert werden. Selbstverständlich auch von Flüchtlingen muslimischen Glaubens. Die glückselig lächelnden Flüchtlingshelferinnen aus den gymnasialen Oberstufenklassen bekommen davon natürlich nichts mit. Sie sind ja nicht dabei. Ihre Lehrer, die davon wissen, dürfen oder wollen es Ihnen nicht erzählen. Wer immer noch meint, der Islam sei eine Religion wie Christentum und Judentum, der muß wohl die Augen fest davor verschließen, was in Europa wirklich vor sich geht.

Wer einfach nicht zur Kenntnis nehmen will, daß Ende des 19. Jahrhunderts noch ca. 20 % der Bevölkerung in der Türkei Christen waren, es heute jedoch nur noch ca. 0,2 % sind, der muß sich Realitätsverweigerung vorhalten lassen. Wer die Augen davor verschließt, daß der islamistische Terror in Pakistan und Nigeria, um nur zwei Länder zu nennen, vorwiegend Christen trifft, dem ist nicht mehr zu helfen. Mehr noch, dieses ohrenbetäubende Schweigen wird dort durchaus wahrgenommen und ist geeignet, die Islamisten in ihrem Tun zu bestärken. Wer gewissermaßen achselzuckend zur Kenntnis nimmt, daß in vielen Ländern, in denen der Islam Staatsreligion ist, Christen die öffentliche Ausübung ihrer Religion verboten ist, und sie deswegen natürlich auch keine Kirchen bauen dürfen, auf der anderen Seite aber befürwortet, daß in Deutschland Moscheen gebaut und islamistischen Predigern geöffnet werden, der begreift nicht, worum es geht. Auf ihn trifft der zynische Spruch des Dichters Bertolt Brecht zu: „Nur die allerdümmsten Kälber wählen ihre Metzger selber."

Wer immer noch glaubt, alles das habe mit dem gelebten Islam von Millionen Moslems in Europa nichts zu tun, der wolle sich doch einmal vor Augen führen, was gelebter Islam in der Wirklichkeit ist. Regelmäßig finden die sogenannten Al-Quds-Märsche statt, bei denen zur Vernichtung Israels, immerhin eines Mitgliedstaates der Vereinten Nationen, aufgerufen wird. Islamische Autoritäten rufen zur Tötung Ungläubiger auf.

Es gibt einfach die Unterdrückung der Frauen. Es gibt nun einmal die sogenannten Ehrenmorde. Es gibt in fast allen Ländern, deren Verfassung Koran und Scharia sind, die Todesstrafe für Homosexuelle, für Apostaten – vom Glauben abgefallene Muslime –, für Ehebrecherinnen oder sonstwie nach den Vorstellungen der mit richterlicher Gewalt ausgestatteten Geistlichen todeswürdige Menschen. Geköpft und gehängt wird öffentlich. Minderjährige werden zwangsverheiratet. Frauen werden gezwungen, sich in der Öffentlichkeit bis zur Unkenntlichkeit zu verschleiern, mindestens aber objektiv und gewollt häßliche Kleidung zu tragen. Es gibt die archaisch-barbarische Sitte der Knabenbeschneidung, die aus medizinischer und juristischer Sicht des aufgeklärten Menschen nur als schwere Körperverletzung eingestuft werden kann. In manchen Regionen auch die genitale Verstümmelung der Mädchen. Es gibt die Abschottung von den sogenannten Ungläubigen, auch und gerade hier in Europa. Kurz gesagt, der Islamismus ist ohne den Islam nicht denkbar. Genau gesagt: der Islam ist die Wurzel, aus der der Islamismus treibt.

Gerade die Abschottung und Bildung von Parallelgesellschaften wächst sich immer mehr zu einer schweren Belastung für die europäischen Gesellschaften aus. Der Anteil der muslimischen Studenten auf unseren Universitäten entspricht nicht entfernt dem Anteil der Moslems an der jeweiligen Bevölkerung. Familien, in denen nicht deutsch, sondern türkisch oder arabisch, allerdings auf dem Niveau von Analphabeten, gesprochen wird, sind eben nicht das Milieu, aus dem Ärzte, Ingenieure und Wissenschaftler erwachsen. Die Mutter aus dem anatolischen Dorf, die nicht einmal türkisch lesen und schreiben kann, kann eben ihrem Kind weder in der Türkei noch gar in Deutschland bei den Hausaufgaben helfen, nicht einmal beim Erlernen der Sprache durch Verbesserung des Ausdrucks im häuslichen Umgang helfen. Das Verbot des Umganges mit den einheimischen Deutschen oder Franzosen, die Weigerung, Töchter am Schwimmunterricht in der Schule teilnehmen zu lassen, die Verheiratung – statt der Liebesheirat mit dem selbst gewählten Partner – der Kinder mit Verwandten, zumindest Volksangehörigen, das alles zeigt, wie sehr gläubige Muslime ihre christlichen, westlich orientierten Nachbarn ablehnen. Nein, hier wird strukturell die Grundlage für intellektuelle Minderleistung und berufliche Inferiotät gelegt. Industrie und Wissenschaft gibt es in muslimischen Ländern praktisch nicht. Wenn der Reichtum nicht aus der Erde sprudelt, herrscht Armut. So nimmt es denn nicht Wunder, daß muslimische Familien statistisch nur auf drei Gebieten vorne liegen, allerdings weit vorne: Fertilität, Kriminalität und Sozialhilfebezug. In diesem Milieu wächst der religiöse Fundamentalismus und Radikalismus, ob in Frankreich, Belgien oder bei uns in Deutschland. Dem steht nicht entgegen, daß der ein oder andere Täter über eine gewisse formale Bildung, manchmal sogar ein Hochschulstudium, verfügt. Ausnahmen bestätigen die Regel. Und eine intellektuelle Schulung kann dazu beitragen, die eigene gesellschaftliche Stigmatisierung, und wenn sie auch selbst verschuldet ist, noch scharfer zur Kenntnis zu nehmen. Daß eine wirkliche Integration von Menschen aus völlig anderen Kulturkreisen möglich ist, haben die Kinder der vietnamesischen Bootsflüchtlinge in beeindruckender Weise gezeigt. Außer der Physiognomie unterscheidet sie nichts von den Deutschen, die seit Jahrhunderten hier leben, außer dem signifikant höheren Anteil an Akademikern. Sie kamen allerdings nicht aus einem islamischen Land.

Bassam Tibi, ein Mann, der es wirklich wissen muß, hält inzwischen den Islam für nicht reformierbar. Ahmad Mansour, Hamed Abdel-Samad, Necla Kelec und viele andere Autoren aus dem islamkundigen Bereich schlagen in die gleiche Kerbe. Sabatina James, die zum Christentum konvertierte Politikwissenschaftlerin, erhält eben deswegen Morddrohungen sogar aus ihrer eigenen Familie.

Die Konsequenz aus diesen Erkenntnissen kann nur sein, diese Entwicklung zu stoppen und umzukehren. Die ungeheure Zahl der bereits hier lebenden und in Parallelgesellschaften existierenden Muslime verbietet es, noch weiteren Zuzug aus diesem Teil der Welt zuzulassen. Es ist eine Herkulesaufgabe für Generationen, diese Bevölkerungsgruppe überhaupt zu integrieren. Integrieren im Wortsinne bedeutet, sie zum natürlichen Bestandteil der Mehrheitsbevölkerung zu machen. D.h., daß sie in jeder Beziehung Deutsche werden müssen, kulturell wie mental. Sie müssen sich gewissermaßen als eingeheirateter Teil der Familie sehen. Deren Gebräuche und Sichtweisen müssen ihre eigenen werden. Nur so kann auf Dauer ein gedeihliches Zusammenleben entstehen. In typischen Einwanderungsländern wie zum Beispiel Argentinien oder Australien hat das auch in beeindruckender Weise funktioniert. In den USA hingegen beobachten wir in den letzten Jahren leider eine gegenläufige Entwicklung. Die Betonung der Eigenständigkeit etwa der sogenannten Latinos, aber auch der Schwarzen, führt zu einer Spaltung der Gesellschaft mit allen negativen Folgen. In religiöser Hinsicht kann eine wirkliche Integration ja auch nur bedeuten, daß sich diese Bevölkerungsgruppe so verhält wie die Mehrheit. Diese ist in Deutschland zur Hälfte überhaupt nicht religiös, und zur anderen Hälfte christlich, mit flapsig gesagt, einigen jüdischen Einsprengseln. Es liegt durchaus nahe, daß eine dynamisch verlaufende Angleichung erfolgt, wenn die Kinder unserer muslimischen Bürger heiraten, wen sie wollen, und nicht, wen ihnen ihre Eltern vorschreiben. Es ist aber auch erforderlich, daß der Staat seine Rechtsordnung, die eine absolut freie Lebensweise ermöglicht, auch durchsetzt. Die Rücksichtnahme auf religiöse Vorstellungen, wie etwa Speisevorschriften, die Duldung von religiös begründeten Absonderlichkeiten wie Frauenbadetagen in öffentlichen Schwimmbädern, die Erlaubnis für Religionsbeamte fremder Staaten, hierzulande das religiöse Leben zu bestimmen, alles das muß künftig unterbleiben.

Als die Religionsfreiheit in unser Grundgesetz geschrieben wurde, konnte sich niemand vorstellen, was der Islam eigentlich bedeutet. Die Mitglieder der verfassungsgebenden Versammlung kannten ihn allenfalls aus den Erzählungen von Karl May. Es ist an der Zeit, auch hier etwas zu ändern. Art. 4 des Grundgesetzes gehört nicht zu den Vorschriften, die auch der Verfassungsgeber nicht mehr ändern darf. Es braucht indessen vor allem Mut, Mut auch nicht nur gegenüber den Islamfunktionären aller Schattierungen, sondern vor allem auch gegenüber den Fürsten der veröffentlichten Meinung und den Politikern, denen ihr eigenes Volk offensichtlich wenig bedeutet.

O tempora, o mores! ruft Cicero im weiteren Verlauf seiner Rede gegen Catilina aus. *O tempora, o mores!* gilt heute noch mehr als zu Ciceros Zeiten. Cicero fand bekanntlich beim römischen Senat schließlich Gehör. Ob er es jedoch heute beim Deutschen Bundestag finden würde, muß leider füglich bezweifelt werden.

27. Juli 2016

Grün, Gender, Gaga

Die Gedankenwelt der sog. Fortschrittlichen

Wer glaubt, beim Zeitunglesen oder Fernsehen hinreichend über die Narreteien unserer Zeit unterrichtet zu werden, irrt sich. Man muß zum Beispiel hin und wieder die Publikationen der politischen Stiftungen zur Kenntnis nehmen. Denn dort spiegelt sich die Gedankenwelt der Parteien und ihres Umfelds wider. Man könnte auch sagen, da werden Ihre Ideologien fabriziert. Da findet sich deswegen auch allerhand. Eine besonders bizarre Blüte aus dem Sumpf des akademischen Milieus unserer Zeit findet man auf der Internetseite der Heinrich-Böll-Stiftung. Das ist bekanntlich die Parteistiftung der Grünen. Unter ihrem Dach existiert ein „Gunda Werner Institut für Feminismus und Geschlechterdemokratie". Dort findet sich nun unter der Überschrift: „Alle Heteros sind homophob. Eine kleine Erklärungshilfe" ein Text, den man sich einfach anschauen muß, um die abstruse Gedankenwelt des linksgrünen Milieus in Deutschland näher kennen zu lernen. Verstehen wird man es im Wortsinne natürlich nicht. Wenig überraschend ist dieses Institut nach einer Hamburger Kampflesbe benannt, der es tatsächlich gelungen ist, erheblichen Einfluß im Milieu der deutschen Intellektuellen zu gewinnen. Solche Leute werden natürlich bei den Grünen zur Ehre der Altäre erhoben, sprich zum Namensgeber von Instituten gemacht.

Als Verfasser dieses Geschwurbels zeichnet ein gewisser Fabian Goldmann, nach eigenen Angaben freier Journalist, Politik- und Islamwissenschaftler. Dabei handelt es sich um ein Pseudonym, denn mit bürgerlichem Namen heißt er Fabian Köhler. Er meint wohl, mit einem jüdisch klingenden Namen seine Distanz zu allem Traditionellen und typisch Deutschen unterstreichen zu müssen. In seinem Artikel behauptet er allen Ernstes, Homosexualität sei keine Veranlagung des Menschen in dem Sinne, daß seine Gene ihn nun einmal unfähig machen, für das andere Geschlecht erotische Empfindungen und sexuelles Begehren zu entwickeln, sondern ausschließlich für das eigene. Dafür führt er selbstverständlich keine naturwissenschaftlich-medizinischen Belege an. Bekanntlich könnte er es auch nicht. Statt dessen meint er, in der Geschichte fündig geworden zu sein. Es lohnt sich, diesen Schwachsinn wörtlich zu zitieren:

Wann die Idee von einer „heterosexuellen“ Normalität in die Welt kam, ist schwer zu sagen. In Europa begann die katholische Kirche im 13. Jahrhundert massiv ihre Vorstellung von einer gottgewollten Sexualmoral zu propagieren. Diese orientierte sich damals zwar noch eher an den Praktiken (anal = schlecht, vaginal = gut), aber die Idee von einer natürlichen und widernatürlichen Sexualität war geboren. Sich neben der Ehefrau noch einen Liebhaber gönnen? Das endete im mittelalterlichen Europa oft mit dem Scheiterhaufen. 600 Jahre später waren es Psychiater, die im 19. Jahrhundert aus der religiös legitimierten Zweiteilung der Sexualität eine medizinische machten. „Heterosexualität“ wurde zum Symptom einer gesunden Lebensweise, jede Abweichung zur Krankheit erklärt. Die psychiatrische Zwangseinweisung ersetzte die Verfolgung von Sodomiten, die medizinische Behandlung die Teufelsaustreibung. Aus der Ablehnung sexueller Praktiken wurde die Ablehnung einer „kranken“ sexuellen Identität. „Normal“ war nur der, der sich zur „gesunden“ Form von Liebe und Sex bekannte: der Heterosexuelle.

Es geht dann allen Ernstes in diesem Text so weiter. Er meint, selbstverständlich weiterhin ohne wissenschaftliche Belege, auch sonst aus der Menschheitsgeschichte herleiten zu können, daß Homosexualität jedenfalls in anderen Regionen dieser Erde als normal angesehen worden sei. Natürlich gehört das Ganze auch zur Verdammung der „patriarchalischen“ Gesellschaft, die er in unserer Geschichte als Kontinuum auszumachen glaubt.

Dieser fulminante Blödsinn fügt sich nahtlos ein in den Strom von pseudowissenschaftlichem Schriftgut, mit dem die sogenannte Gender- Forschung an den Universitäten die Bibliotheken überschwemmt. Dazu gehört schon als Standard die Behauptung, es gebe nicht nur die zwei Geschlechter männlich und weiblich, sondern ca. 300 oder 400 Geschlechter, und das sei auch alles für den Menschen gewissermaßen frei wählbar. An deutschen, österreichischen und Schweizer Hochschulen gibt es – Stand Herbst 2014 – in 30 Fachgebieten 223 Professuren mit einer Denomination (also ausdrücklichen Bestimmung) für die sogenannte Frauen- und Geschlechterforschung/Gender Studies. Von ihnen sind – kaum überraschend – lediglich zehn mit Männern besetzt. Man kann davon ausgehen, daß es sich dabei um solche Figuren wie eben jenen Fabian Goldmann handelt. In Deutschland haben wir 146 Gender-Professuren an den Universitäten und 50 an den Fachhochschulen. Zum Vergleich: Lehrstühle für Pharmazie haben wir 191 an der Zahl, solche für Altphilologie lediglich 113. Luft- und Raumfahrttechnik kann man in Deutschland an 19 Hochschulen studieren. Man sieht, in welchem Ausmaß der Wahnsinn sich breitgemacht hat. Wie hoch die finanziellen Mittel für diesen pseudowissenschaftlichen Hokuspokus sind, will man sich lieber nicht vorstellen. Nun ist es allerdings bei weitem nicht so, daß die zuständigen Bildungsministerien samt und sonders von den Grünen dominiert würden. Nein, dieser Wahnsinn hat sich auch an vielen Universitäten eingenistet, die unter der Regie von Ministern stehen, die mit den Parteibüchern von CDU, CSU und SPD ausgestattet sind. Wie Fäulnis und Schimmel sich in einem Korb voller Äpfel ausbreiten, so ist das mit den kranken Hirnen bei den Menschen. Die Erreger springen über.

Wie gesagt, sind die politischen Stiftungen gewissermaßen die Labore der politischen Parteien. Im Falle der Grünen muß man wohl sagen, daß der angemessene Umgang ihnen nur in der Praxis des Psychotherapeuten gepflogen werden kann.

30. Juli 2016

Der Islam hat nichts mit dem Terror zu tun (?)

Auch der Papst kann irren!

Was der Papst sagt, das gilt nach katholischer Lehre. Jedenfalls in Glaubensdingen. Was er sonst so sagt, ist nicht verbindlich, aber für Katholiken wichtig und für andere bedeutsam. Jedenfalls bleibt es nicht ohne Echo in den Medien und häufig nimmt die Politik dazu Stellung, nicht selten zustimmend. So finden zum Beispiel seine

Aussagen zur Flüchtlingsproblematik in Politik und Medien breite Zustimmung. Auch seine Appelle zugunsten der Armen und seine Aufrufe zur friedlichen Beilegung von Konflikten werden beachtet. Um so mehr sollte er sich in weltlichen Dingen zurückhalten und seine Worte wägen. Der amtierende Papst indessen mischt sich gern in die Tagespolitik ein. Seine Position in der Flüchtlingsfrage kann zutreffend als „linksgrün“ bezeichnet werden, was natürlich auf das Verhalten der Bischöfe und Ordensoberen in Deutschland durchschlägt. Wegen der hierarchischen Ordnung der katholischen Kirche wird das natürlich noch vom letzten Pfarrer und der einfachsten Nonne umgesetzt. Die protestantischen Kirchen weichen da in keiner Weise ab, allenfalls versuchen sie, ihre katholischen Brüder und Schwestern an Nächstenliebe zu übertreffen, auch wenn es sich keineswegs um die Nächsten, sondern eher um die Fernsten handelt.

Mag die tätige Nächstenliebe noch Christi Geboten entsprechen, so ist das bei sicherheitspolitischen Bewertungen nicht der Fall. Jesus Christus hat sich jeglicher politischen Aussage enthalten. Im Gegenteil, der berühmte Satz: „Mein Reich ist nicht von dieser Welt!“ zieht eine klare Trennlinie zwischen Religion und Staat. Es ist einfach nicht vorstellbar, daß er etwa eine politische Bewertung der römischen Herrschaft über Israel geäußert haben könnte. Sein aktueller Stellvertreter auf Erden sieht das offenbar völlig anders. Vor wenigen Tagen hat er den Journalisten zum Thema islamistischer Terror in die Aufnahmegeräte diktiert, es sei nicht richtig, daß der Islam gewalttätig sei. Ihn als terroristisch zu bezeichnen, sei nicht gerecht. In jeder Glaubensrichtung gebe es radikale Anhänger. In fast jeder Religion gebe es immer eine kleine Gruppe von Fundamentalisten, „bei uns (also den Katholiken) auch.“ Auch in Italien gebe es beispielsweise jeden Tag Gewalt. „Der eine tötet seine Freundin, der andere tötet seine Schwiegermutter, und das sind alles getaufte Christen.“

Hier werden natürlich Dinge gleichgesetzt, die man beim besten Willen nicht gleichsetzen kann. Die Ermordung von unbeteiligten und unschuldigen Menschen im Namen Allahs kann man nun keinesfalls mit privaten Mordtaten gleichsetzen. Ob jemand meint, ein göttliches

Gebot zu befolgen, wenn er andere Menschen tötet, oder ob jemand zum Beispiel seine Freundin aus Eifersucht umbringt, das ist in jeder Hinsicht so verschieden, daß es bis auf die Tatsache der Tötung selbst keinerlei Gemeinsamkeiten gibt. Nun kann angesichts der bekannt hohen Anforderungen des Jesuitenordens an seine Aspiranten nicht davon ausgegangen werden, der Papst sei intellektuell eher einfach gestrickt. Vielmehr muß man ihm unterstellen, auch mit dieser Aussage Politik machen zu wollen. Ganz offensichtlich versucht er im Einklang mit nicht wenigen europäischen Politikern, eine Wesensverwandtschaft des Islams mit dem Christentum herbei zu reden. Wer dergleichen propagiert, wiegt sich in der Hoffnung, daß die so beschworene Gemeinsamkeit vielleicht zu einer tatsächlichen werden könnte. Das erinnert fatal an das Schlagwort der seinerzeitigen bundesdeutschen Ostpolitik vom Wandel durch Annäherung. Die naive Vorstellung war, daß der Kommunismus sich zum Guten wandeln würde, wenn nur der kapitalistische Westen sich ihm selbst immer mehr annäherte. Wir wissen, daß dies nicht der Fall war. Der Kommunismus ist vielmehr daran zerbrochen, daß für diese Fehlkonstruktion das Verfallsdatum gekommen war.

Diese naive Haltung der christlichen Kirchen zum Islam wird durch kaum etwas augenfälliger nach außen getragen, als die seit Anfang letzten Jahres überall an den Außenwänden der Kirchen aufgehängten Spruchbänder mit der Aufschrift: „Christen Juden Muslime Christen Juden Muslime Christen – im Namen Gottes darf nicht getötet werden." Als ob außer Muslimen irgend jemand in den letzten 300-400 Jahren im Namen Gottes getötet hätte, und als ob außer im Koran und der Scharia irgendwo in den heiligen Schriften der beiden anderen Religionen zu Mord und Totschlag an Ungläubigen, Glaubensabtrünnigen und sonst angeblich todeswürdigen Menschen aufgerufen würde. Es ist kaum verwunderlich, daß dieses Transparent außer an den christlichen Kirchen kaum einmal irgendwo zu sehen war. Jedenfalls habe ich es in unserer Stadt weder an der Synagoge der israelitischen Kultusgemeinde noch etwa an der Ayasofia Moschee gesehen. Seinen Vers darauf kann sich wohl jeder selbst machen.

2. August 2016

Verschleierung ist als Menschenrecht?

Zaghafter juristischer Widerstand gegen den Islamismus

Die Debatte um das Verbot von Burka und Niqab ist voll entbrannt. Erstaunlich ist, daß es eine solche Debatte überhaupt geben kann. Die Befürworter des Verbots der Vollverschleierung in der Öffentlichkeit argumentieren im wesentlichen so, es gehöre nun einmal zu unseren hergebrachten Grundsätzen, daß alle Menschen ihr Gesicht zeigen. Die religiös begründete Pflicht der Frauen, in der Öffentlichkeit ihren Körper und ihr Gesicht vollständig zu verhüllen, sei Ausdruck eines Menschenbildes, in dem die Frau keine eigenen Rechte habe und gewissermaßen zum Besitz ihres Ehemannes, vor der Ehe ihres Vaters, herabgewürdigt werde. Die Gegner eines solchen Verbots berufen sich auf Art. 4 des Grundgesetzes sowie Art. 9 der Europäischen Konvention der Menschenrechte. Danach sei nun einmal die Religionsfreiheit gewährleistet, wozu auch die Ausübung der Religion in der Öffentlichkeit gehöre. Religiöse Kleidervorschriften fielen somit in den verfassungsrechtlich bzw. menschenrechtlich geschützten Bereich.

Nun hat aber der Europäische Gerichtshof für die Menschenrechte mit Urteil vom 01.07.2014 und damit gewissermaßen in letzter Instanz entschieden, daß ein Mitgliedsland – in diesem Falle Frankreich – nicht gegen die europäische Menschenrechtskonvention verstößt, wenn er die Vollverschleierung in der Öffentlichkeit bei Strafe verbietet. Denn, so der Gerichtshof, das vom Gesetzgeber verfolgte Ziel, Mindestanforderungen des gesellschaftlichen Zusammenlebens als Teil der immateriellen öffentlichen Ordnung zu schützen, sei ein hinreichender Grund für diese Einschränkung. Zu diesem im Verhältnis zum Recht auf ungestörte Religionsausübung höherrangigen Ziel des Gesetzgebers, das gesellschaftliche Zusammenleben zu schützen, zähle auch die Erkennbarkeit des Gesichts der Menschen, denen man im öffentlichen Raum begegne. Es bestehe ein weiter Beurteilungsspielraum des Staates bei der Frage, ob diese Beschränkung der Religionsfreiheit in einer demokratischen Gesellschaft tatsächlich notwendig ist. Frankreich hatte diese Frage bejaht und daher ein gesetzliches Verbot der Vollverschleierung in der Öffentlichkeit erlassen. Es ist also letztendlich eine politische Frage, ob man eine Beeinträchtigung des gesellschaftlichen Zusammenlebens darin sieht, wenn vollverschleierte Frauen in der Öffentlichkeit auftreten.

Ein gewichtiges Argument in dieser Diskussion ist natürlich die Einstellung der jeweiligen Bevölkerung zu einem solchen Verbot. Nach einer Emnid-Umfrage aus dem Jahr 2011 sprachen sich zwei Drittel der Deutschen für ein Verbot der Vollverschleierung in der Öffentlichkeit aus. Nach einer aktuellen Erhebung des statistischen Bundesamtes sollen sich 50 % für und 33 % gegen ein Verbot ausgesprochen haben. In Frankreich sei das Verhältnis 70 : 18 und in Spanien 65 : 21. Wenn jedoch erhebliche Teile der Bevölkerung das Auftreten von vollverschleierten Frauen in der Öffentlichkeit so vehement ablehnen, daß sie sich für ein gesetzliches Verbot aussprechen, dann muß man wohl von einer Beeinträchtigung des gesellschaftlichen Zusammenlebens durch diese auffällige und demonstrative Zurschaustellung einer radikalen Religiosität sprechen. Hinzu kommt, daß diese auch im Islam keineswegs selbstverständliche, sondern nur in extrem konservativen Gesellschaften bestehende Bekleidungsvorschrift bei uns in Deutschland mit islamistischem Terrorismus in Verbindung gebracht wird. Ein mit diesen Überlegungen begründetes Gesetz würde vor dem Europäischen Gerichtshof für die Menschenrechte Bestand haben.

Nun wird auch argumentiert, Art. 4 unseres Grundgesetzes gehe weiter als die Europäische Menschenrechtskonvention, weil danach die ungestörte Religionsausübung gewährleistet wird. Die Frage ist natürlich, ob die Vollverschleierung in der Öffentlichkeit tatsächlich Religionsausübung im Sinne dieser Vorschrift ist. Offensichtlich halten es die allermeisten Muslime in Deutschland nicht für ihre religiöse Pflicht, ihren Frauen vorzuschreiben, eine solche Kleidung in der Öffentlichkeit zu tragen. Soweit einige wenige Frauen islamischen Glaubens behaupten, aus eigenem Entschluß nur vollverschleiert aus dem Hause zu gehen, so mag es zwar eine solche unglaubliche religiöse Verirrung im Einzelfall geben. Es geht aber offensichtlich vorrangig darum, den sogenannten Ungläubigen die eigene Religiosität zu demonstrieren und damit auch die Verachtung für den freiheitlichen, gegebenenfalls auch religiös indifferenten Lebensstil der westlichen Gesellschaften. Es kann aber nicht Inhalt eines Grundrechtes sein, auch völlig abseitige Vorstellungen und Verhaltensweisen zu schützen. Vielmehr können sich Behörden und Gerichte bei der Prüfung der Frage, ob hier überhaupt die Ausübung einer Religion vorliegt, an die Auffassung der weit überwiegenden Mehrheit der Angehörigen einer Religionsgemeinschaft halten. Wenn es zutrifft, daß es in Deutschland derzeit nur ca. 100 Frauen gibt, die sich in der Öffentlichkeit mit Burka bzw. Niqab zeigen, wie uns das die Leute gerne erzählen, die das Problem kleinreden wollen, dann handelt es sich dabei ja tatsächlich um eine verschwindende, gewissermaßen in homöopathischer Verdünnung auftretende Minderheit der etwa 4 Millionen bei uns lebenden Muslime. Deren exzentrische Vorstellung von ihrer Religion fällt also nicht in den vom Grundgesetz geschützten Bereich.

Die Ausgestaltung des Grundrechts der Religionsfreiheit in unserer Verfassung im Vergleich zu der einschlägigen Regelung in der Weimarer Reichsverfassung zeigt im übrigen, daß der Verfassungsgesetzgeber 1949 in seinem Eifer, die Deutschen nach dem III. Reich mit dem größtmöglichen Grundrechtsschutz auszustatten, über das Ziel hinausgeschossen ist. Art. 135 der Weimarer Verfassung hat noch die ungestörte Religionsausübung zwar gewährleistet, jedoch ausdrücklich erklärt, daß die allgemeinen Staatsgesetze davon unberührt bleiben. Damit war es dem Gesetzgeber möglich, Einzelheiten der Religionsausübung zu regeln, ohne sie im Kern anzutasten.

Die derzeitige Debatte über das Verbot der Vollverschleierung treibt seltsame Blüten. So hört man das Argument, im Kern gehe es hier um einen Angriff auf die Religiosität überhaupt. Nach der Debatte über die religiöse Beschneidung komme nun dieses. Man müsse wohl befürchten, daß auch das Läuten der Kirchenglocken und die Fronleichnamsprozessionen in den Fokus radikaler Religionskritiker geraten könnten. Das ist natürlich, mit Verlaub gesagt, Unsinn. Die Kritiker der religiösen Beschneidung, zu denen ich mich zähle, argumentieren mit dem Grundrecht der betroffenen Kinder auf körperliche Unversehrtheit. Hier muß der Staat also eine Abwägung zwischen Grundrechten treffen. Er hat sie im Falle der religiösen Beschneidung aus politischen Gründen fehlerhaft vorgenommen. Soweit überhaupt das Läuten der Glocken angegriffen wird, handelt es sich dabei jeweils um einzelne Anwohner, die da meinen, der Staat müsse ihr Ruhebedürfnis schützen, obgleich die Glocken in seiner Nachbarschaft seit Jahrhunderten läuten. Sie müssen sich dann jeweils von den Gerichten darüber belehren lassen, daß das Läuten der Kirchenglocken Bestandteil unserer gewachsenen Kultur ist. Beim Ruf des Muezzins wäre das ganz sicher nicht so zu beurteilen. Es sei denn, man huldige der Auffassung Christian Wulffs und Angela Merkels, der Islam gehöre zu Deutschland, was ja nun ganz offensichtlich abwegig ist.

Der tragende Grund für ein Verbot der Vollverschleierung im öffentlichen Raum ist natürlich, daß dieser Anblick für die weit überwiegende Mehrheit der deutschen Bevölkerung abstoßend wirkt. Nicht nur, daß eine solche Gestalt als Fremdkörper wahrgenommen wird, sie wird auch als Sinnbild einer unduldsamen, Lebensfreude und Freiheit unterdrückenden Religion bzw. Gesellschaftsordnung aufgefaßt, und dies zu Recht. Ein derartiges Menschenbild ist uns fremd. Seine demonstrative Zurschaustellung wird von vielen Menschen als bedrohlich empfunden, und auch dies zu Recht. Daß Menschen, die solches für religiös geboten halten, auch Sympathien für den islamistischen Terror, wenn nicht mehr, zugetraut wird, rundet das Bild nur ab. Das Verbot von Burka und Niqab auf unseren Straßen ist nicht nur rechtlich möglich, sondern meines Erachtens zwingend geboten. Wenn die Politik sich nicht noch weiter vom Volk entfernen will, als sie es schon tut, dann kann sie nur dem Wunsch der meisten Deutschen entsprechen, und diesem Mummenschanz auf unseren Straßen ein Ende setzen.

Die Verschleierung ist eben kein Menschenrecht. Im Gegenteil. Sie zu untersagen, ist Pflicht des freiheitlichen Staates. Denn die Freiheit der Bürger vor ihren Unterdrückern muß gewährleistet werden.

18. August 2016

Hilfreich sei die Presse, edel und gut!

Ein satirischer Blick in die Küche der political correctness

Die Lage war ernst geworden. Die Herrschaft über Herzen und Hirne der Bevölkerung war ins Wanken geraten. Zwar hatten die Sprachregelungen für die Polizei und die Medien immer noch Gültigkeit. Indessen begannen die Leute, zwischen den Zeilen zu lesen. Publikationen aus dem dunklen Feld des Internets, die von abtrünnigen Journalisten wie Tichy und Klonovsky verbreitet werden, fanden immer mehr Leser. „Rechte" Zeitungen steigerten gegen den Trend ihre Auflagen rasant. Dummerweise mit einem weit überdurchschnittlichen Anteil von Akademikern unter ihren Lesern. Die Kommentarfunktionen der Presse mußten immer häufiger abgeschaltet werden, weil die Leser nahezu ausschließlich rechtspopulistische Kommentare posteten. Als geradezu katastrophal erwies sich, daß jeder Augenzeuge seine Beobachtungen per Smartphone über YouTube veröffentlichen konnte. Das Volk, dem eben noch der syrische Azubi an der Werkbank in der Tagesschau präsentiert worden war, schaute sich anschließend auf YouTube an, wie eine Gruppe von Asylbewerbern aus Nordafrika in einem Freibad jungen Mädchen zwischen die Oberschenkel griff. Mehr noch. Selbst die zuverlässigen elektronischen und gedruckten Medien verbreiteten die Nachricht, daß die 30 größten deutschen Unternehmen statt der versprochenen hunderttausenden von Arbeitsverhältnissen mit Flüchtlingen lediglich deren 54 begründet hätten, davon 30 bei dem im Besitz des Bundes befindlichen Unternehmen Telekom. Ja, die Medien waren schon dazu übergegangen, im Zusammenhang mit Straftaten nicht mehr nur noch von „Jugendlichen" zu sprechen, sondern von Flüchtlingen, Nordafrikanern oder gar Syrern. Es mußte also etwas geschehen.

Unter Federführung des Bundespresseamtes konstituierte sich deswegen ein informeller Arbeitskreis „Hilfe und Handreichung". Informell deswegen, weil amtliche Vorgänge den Nachteil haben, zum einen dokumentiert zu werden, und zum anderen umso schneller bekannt werden, je höher die Geheimhaltungsstufe ist. Man wählte daher auch weder das Kanzleramt noch eines der bekannten Tagungsschlößchen der Bundesregierung für dieses Treffen aus, sondern trug seinem konspirativen Charakter auch dadurch Rechnung, daß man sich in einem idyllisch gelegenen Landhotel im Schwarzwald traf, fernab vom Sonnensystem der Hauptstadt, dafür aber in einer mit Michelinsternen reich gesegneten Landschaft.

In ihrem Eingangsreferat berichtete Frau Dr. Saskia Klugsch-Eißer vom Bundeskanzleramt, wie besorgt die Leitung des Hauses darüber sei, daß die Deutungshoheit über die Flüchtlingsproblematik der Politik und den Leitmedien zu entgleiten drohe. Der Kanzlerin sei auch nicht verborgen geblieben, daß es inzwischen sogar in solchen Medien, die man bisher als zuverlässig eingestuft habe, gehässige Kommentare über ihre Politik gebe. Mit größter Sorge sehe sie, daß der Rechtspopulismus in der Bevölkerung immer mehr zunehme. Er habe inzwischen sogar die CSU in starkem Maße befallen, von den Wahlerfolgen und Umfragewerten der AfD einmal ganz abgesehen.

Dr. Sören Schönfärber vom Bundespresseamt beklagte sich darüber, daß sein Haus keine Eingriffsbefugnisse in die Berichterstattung der Medien habe, und sich auf Richtigstellungen im Nachhinein beschränken müsse. Offizielle Presseerklärungen würden zwar wegen ihres amtlichen Charakters nach wie vor als seriös betrachtet, überzeugten aber gerade wegen ihres amtlichen Charakters die wachsende Zahl von Kritikern der Bundesregierung nicht. Was Not tue, sei die Beeinflussung des Vorfeldes. Gerade weil es hier aber an rechtlichen Möglichkeiten fehle, müsse nach Mitteln und Wegen gesucht werden, dieses Ziel zu erreichen, ohne daß die Öffentlichkeit bemerke, mit welchen Methoden dies geschehe. Hier sei die Wissenschaft gefragt.

Professorin Dr. Alfred Schwarzfischer, der aus voller Überzeugung, wie er sagte, die Regelungen seiner Universität über die grundsätzliche Verwendung der weiblichen Form bei den Amtsbezeichnungen der Hochschullehrer*innen mitgetragen habe, gab zu bedenken, daß die Veränderung des öffentlichen Bewußtseins leider ein langfristig angelegtes Projekt sein müsse. Es sei ihm zwar gelungen, erhebliche Fördermittel für die Erforschung der sich im Unterbewußtsein bildenden rassistischen Präferenzen einzuwerben. Einschlägige Promotionsthemen habe er auch schon an Doktoranden vergeben. Kurzfristige Erfolge könne er nicht versprechen.

Dr. Sigurd Meister vom Lehrstuhl für Gender und Diversity an einer deutschen Exzellenz-Universität, deren Namen ich aus Rücksichtnahme auf ihre Professoren und Studenten anderer Disziplinen nicht nennen will, wies auf die verbreitete Homophobie unter muslimischen Migranten hin, die leider in den Medien zwischenzeitlich häufig thematisiert werde. Dies begründe Besorgnisse im Hinblick auf die Akzeptanz sexueller Diversität in der Bevölkerung. Er persönlich experimentiere derzeit mit homosexuellen Lebensweisen. Er erhoffe sich davon Erkenntnisse für seine Habilitation über die Beeinflussung der sexuellen Identität durch Medieninhalte. Dafür finde er leider nicht einmal im Kreis seiner Kolleg*innen immer Verständnis.

Die Teilnehmer der Konferenz konnten trotz aller Besorgnis jedoch auch ermutigende Signale aus der Medienlandschaft empfangen. Frau Dr. Klugsch-Eißer zitierte mit Befriedigung aus einem jüngst erschienenen Artikel in der ZEIT. Hier zeige sich exemplarisch, wie die plumpe und plakative Aussage eines Bildes durch hinreichende intellektuelle Durchdringung des Problems richtig gestellt werden könne. Denn in diesem Artikel entdecke die ZEIT im Auftritt der voll bekleideten ägyptischen Beach Volleyball Spielerinnen „im Bedecktsein etwas Befreiendes. Im Kontrast zu den Höschen tragenden Deutschen wirken die verhüllten weiblichen Körper wohltuend entspannend. Mit einem Mal erschien die Freizügigkeit der anderen unpassend, fast wie aus der Zeit gefallen. Mit der Schwere des Stoffes brachten die Ägypterinnen auch die Leichtigkeit des Seins.“ Kurz- und mittelfristig müsse die Schulung der Journalisten intensiviert werden. Schon aus logistischen Gründen müsse man sich auf die tonangebenden Redakteure und Kommentatoren beschränken. Erfahrungsgemäß könne man sich aber darauf verlassen, daß sie ihre

Funktion als Meinungsmultiplikatoren in den Redaktionen erfüllten. Allerdings müsse auch unmißverständlich klargemacht werden, daß die kritische Auswahl der zu publizierenden Texte intensiviert werden müsse. Mittelfristig müsse der Anteil festangestellter Journalisten auch weiter reduziert werden. Denn nur so könne sichergestellt werden, daß die vorgegebene Linie nicht verlassen werde.

Man vertagte sich in der Gewißheit, auf dem richtigen Wege zu sein. In der nächsten Sitzung sollen die rechtlichen und technischen Möglichkeiten geprüft werden, über die sozialen Medien hinaus das Internet in den Griff zu bekommen. Internetzeitungen, Blogs und Dienste wie YouTube müßten reguliert werden, gegebenenfalls mittels Löschungen. Heiko Maas und Annetta Kahane werden über ihre Erfahrungen im Kampf gegen Rechts und Hatespeech berichten. Von einer Einbindung der Justiz will man jedoch Abstand nehmen. Heiko Maas sei es ja leider nicht gelungen, Staatsanwaltschaften und Gerichte von dem Irrglauben abzubringen, daß sie nur das Gesetz anzuwenden haben. Hinter vorgehaltener Hand erklärte ein Konferenzteilnehmer, daß ja schon Hitler und Goebbels die Juristen verachtet hätten. Deswegen mußten ja Sondergerichte und der Volksgerichtshof geschaffen werden. Aber vielleicht findet sich da noch ein Weg...

21. August 2016

Wer finanziert die neue Stasi?

Die deutsche Gesinnungspolizei

Die Bundesrepublik Deutschland ist ein demokratischer Rechtsstaat. Die Rechte der Bürger einerseits und die Befugnisse des Staates andererseits werden von der Verfassung bestimmt. So hat gemäß Art. 5 GG jeder das Recht, seine Meinung in Wort, Schrift und Bild frei zu äußern und zu verbreiten und sich aus allgemein zugänglichen Quellen ungehindert zu unterrichten. Die Pressefreiheit und die Freiheit der Berichterstattung in Rundfunk und Film werden gewährleistet. Eine Zensur findet nicht statt. Diese Rechte finden ihre Schranken in den Vorschriften der allgemeinen Gesetze, den gesetzlichen Bestimmungen zum Schutze der Jugend und in dem Recht der persönlichen Ehre. Kunst und Wissenschaft, Forschung und Lehre sind frei. Die Freiheit der Lehre entbindet nicht von der Treue zur Verfassung.

Man sollte sich diesen Text der Verfassung genau einprägen. Vergleicht man ihn mit dem aktuellen Verfassungsverständnis der mit dem Schutz der Verfassung beauftragten Politiker, nämlich der Bundesminister des Inneren und der Justiz, dann stellt man fest, daß diese Verfassungsbestimmung offenbar der Rechtsgeschichte angehört. Denn seit etwa einem Jahr wird das Recht eines jeden Bürgers, seine Meinung frei zu äußern und zu verbreiten und sich aus allgemein zugänglichen Quellen ungehindert zu unterrichten, eingeschränkt. Dies nicht etwa nach Maßgabe der allgemeinen Gesetze, sondern nach den Vorstellungen „politisch korrekter" Kreise, die nicht einmal in verbindlicher Textform vorliegen, und selbstverständlich nicht auf demokratischer Willensbildung, und noch weniger in einem verfassungsmäßigen Verfahren zustande gekommen sind. Der Satz: „Eine Zensur findet nicht statt" ist offenbar gestrichen, denn in den sogenannten sozialen Medien wie Facebook werden Meinungsäußerungen zensiert, indem sie gelöscht werden, ohne daß derjenige, der sie veröffentlicht hat, gefragt wird. Das geschieht zwar mit ministeriellem Segen, aber keineswegs durch eine Behörde. Vielmehr bedient man sich dazu einer Art Internet-Polizei, die selbstverständlich verdeckt und ohne jede demokratische Kontrolle arbeitet. Der Vergleich mit staatlichen Geheimpolizeien drängt sich auf. Da überrascht es auch kaum noch, daß die Chefin dieser „Behörde" eine Vergangenheit als Stasi-Mitarbeiterin hat.

Skandalös ist auch die Finanzierung dieser Gesinnungspolizei. Zum einen wird sie mit Millionen aus Steuermitteln durch die beteiligten Ministerien finanziert, allen voran das Bundesministerium für Familie, Senioren, Frauen und Jugend, das von einer Politikerin geleitet wird, bei deren Auftritten in den Medien mir stets unwillkürlich die unsäglichen Blondinenwitze einfallen. Auch der eigentlich ausdrücklich für den Schutz der Verfassung zuständige Bundesminister des Inneren, der gelegentlich mit tolpatschigen Interviews in Erscheinung tritt, und natürlich das Zensurministerlein aus dem Saarland beteiligen sich an der Finanzierung dieser neuen Stasi.

Allerdings gibt es auch Spenden. Und hier lohnt es sich ebenfalls genau hinzusehen. Die als „Amadeu-Antonio-Stiftung“ firmierende Geheimpolizei erhält Spenden in Millionenhöhe von einer in Form der gemeinnützigen GmbH verfassten Stiftung, die ihrerseits Teil eines florierenden Konzerns mit einem Umsatz (2015) von ca. 7,6 Milliarden ist. Es handelt sich um die Freudenberg Stiftung, die im idyllischen Weinheim am Fuße des Odenwaldes residiert. Die enge Verbindung zwischen den beiden Stiftungen wird unter anderem daran deutlich, daß die Freudenberg Stiftung im Vorstand der Amadeu-Anschwärz-Stiftung, wie man sie zutreffend nennen sollte, mit ihrer Geschäftsführerin vertreten ist.

Die zumindest höchst ungewöhnliche Verbindung zwischen einem seriösen Unternehmen und einer linksradikalen Organisation, deren Fußvolk regelmäßig bei Krawallen schwarz gewandet und vermummt in Erscheinung tritt, löst doch Überlegungen darüber aus, was Stützen unserer Gesellschaft, als die unsere Unternehmer doch anzusehen sind, dazu veranlassen kann, eine Organisation zu unterstützen, die im linksextremen Antifa-Spektrum angesiedelt ist. Man könnte natürlich annehmen, daß ein Unternehmen sich grundsätzlich gut beraten wähnt, wenn es gewissermaßen im Gleichschritt mit Bundesministerien eine solche Organisation unterstützt. Eine gewisse Regierungsnähe mag den eigenen Geschäften förderlich sein. Man könnte allerdings auch darüber nachdenken, daß Kaufleute und Ingenieure einerseits in einer anderen Welt leben, als die in Geisteswissenschaften und Medien agierenden, vorwiegend linksdrehenden Absolventen der philologischen und kulturwissenschaftlichen Studiengänge, denen gegenüber sie andererseits offensichtlich von gewissen Minderwertigkeitskomplexen befallen sind. Natürlich grundlos. Indessen glaubt man sich offenbar nur dann auf gleichem intellektuellem Niveau zu bewegen, wenn man politisch korrekt nachplappert, was dort ausgeheckt wird. Und wenn es sein muß, unterstützt man ausgerechnet solche Bestrebungen, die auf die

Beseitigung unserer demokratischen Rechtsordnung zielen, welche doch die Grundlage für die Existenz einer freien Wirtschaft und des freien Lebens überhaupt ist. Einer, der es wissen mußte, hat mit Blick auf das Regime, dem die Chefin der neuen Stasi einst diente, klassisch formuliert: „Nur die allerdümmsten Kälber wählen ihre Metzger selber.“ Daß er dennoch Kommunist geblieben ist, hängt wohl mit dem unausrottbaren Glauben der Intellektuellen, für die sich ein Großteil der Absolventen geisteswissenschaftlicher akademischer Disziplinen hält, an den Sozialismus zusammen.

Es wird Zeit, diesem Spuk ein Ende zu bereiten. Eine DDR 2016 benötigen wir weiß Gott nicht.

30. August 2016

Wenn Politik auf Wirklichkeit trifft

Vor Gericht in Sachen G3: Peinlich Schlappe für von der Leyen

Das Landgericht Koblenz hat heute die erwartete Entscheidung in der Sache Heckler & Koch gegen die Bundesrepublik Deutschland wegen der angeblichen Mängel des Sturmgewehrs G 36 verkündet. Nach Auffassung des Gerichts stehen dem Bund keinerlei Schadensersatzansprüche gegen den Waffenhersteller zu. Denn nach den Feststellungen des Gerichts entspricht diese Waffe den vertraglich festgelegten Anforderungen.

Für den juristischen Laien muß erklärt werden, worum es hier geht. Die forsche Inhaberin der Befehls- und Kommandogewalt, wie die bundeswehrinterne Bezeichnung der Ministerin lautet, verkündete alsbald nach ihrem Amtsantritt der staunenden Öffentlichkeit, das seit ca. 20 Jahren eingeführte Sturmgewehr G 36 weise erhebliche Mängel auf. Bei Hitze und Dauerfeuer lasse seine Treffsicherheit dramatisch nach. Man werde alsbald ein Nachfolgemodell beschaffen und eben die insgesamt rund 160.000 Waffen dieses Typs ausmustern. Vom Hersteller werde man natürlich Schadensersatz fordern. Von Anfang an stieß das bei denen, die es angeht und die etwas davon verstehen, den Soldaten nämlich, auf völliges Unverständnis. Sogar in einer offiziell erholten Erhebung äußerten die einsatzerfahrenen Soldaten, niemals Probleme mit dieser Waffe gehabt zu haben. Natürlich wird auch die beste Waffe versagen, wenn sie unsachgemäß behandelt wird. Wer also ein Sturmgewehr, das auf Einzelfeuer und kurze Feuerstöße ausgelegt ist, als Maschinengewehr im Dauerfeuermodus missbraucht, der darf sich nicht wundern, wenn die Präzision nachläßt. Das ist jedem Soldaten völlig klar. Man kann ja auch nicht mit einem Lkw einem Porsche auf der Autobahn davonfahren.

Nun hat das Landgericht Koblenz festgestellt, und war insoweit selbstverständlich sachverständig beraten, daß diese Waffe genau die Eigenschaften hat, die es nach den vertraglichen Spezifikationen haben muß. Ein Mangel im Rechtssinne wegen einer Abweichung der tatsächlichen Leistung vom Vertragssoll liegt somit nicht vor. Ein Mangel im Rechtssinne wegen einer Abweichung von den allgemein anerkannten Regeln der Technik ist ebenfalls nicht ersichtlich. Warum auch sonst hatte der Bund noch 2013 mehrere tausend Stück des Sturmgewehrs nachbestellt? Nach den Einsatzerfahrungen in der Hitze Afghanistans? Auf der Grundlage dieser Tatsachen konnte das Gericht nicht anders, als zu entscheiden wie geschehen. Für Fachleute war das von vornherein klar. Für Juristen wird das vor allem daran deutlich, daß in diesem Falle nicht etwa der angeblich enttäuschte Kunde – der Bund – auf Schadensersatz geklagt hatte, sondern der Lieferant eine sogenannte negative Feststellungsklage erhoben hatte. Mit einer solchen Klage begehrt man vom Gericht die Feststellung, daß der Gegenseite außergerichtlich behauptete Schadensersatzansprüche nicht zustehen. Zu diesem Schritt kann ein Anwalt nur raten, wenn die Sach- und Rechtslage für seinen Mandanten von vornherein außerordentlich günstig ist. Denn eine Notwendigkeit hierfür besteht ja nicht, weil die bloße Behauptung des Gegners, Schadensersatzansprüche zu haben, noch keine Zahlungsverpflichtung auslöst. Also kann man sich ja auch zurücklehnen und eine Zahlungsklage abwarten. Wer allerdings seiner Sache so sicher ist und vor allem sein kann, daß Schadensersatzansprüche auch nicht entfernt vorstellbar sind, der kann, zum Beispiel aus Gründen der Geschäftspolitik, eine solche negative Feststellungsklage erheben. Genau das ist hier geschehen.

Wie den Nachrichten zu entnehmen ist, glaubt man indessen im Bundesministerium der Verteidigung unverdrossen daran, im Recht zu sein und kündigt an, gegen das Urteil Berufung einlegen zu wollen. In einem Falle wie dem vorliegenden, in dem das Urteil auf einem festgestellten Sachverhalt beruht, und die daraus folgende Rechtsfrage von jedem Jurastudenten im vierten Semester gelöst werden kann, muß der Berufungsführer damit rechnen, daß das Oberlandesgericht die Berufung als aussichtslos erachtet und im Beschlußwege verwirft, falls der Rechtsmittelkläger nicht doch noch den Rückzug antritt. Wenn die forsche Inhaberin der Befehls- und Kommandogewalt sich also noch mehr blamieren will, als schon geschehen, dann muß sie sich eben diese weitere Niederlage bei Gericht abholen.

Das alles hat natürlich gar nichts damit zu tun, daß man nach 20-30 Jahren natürlich ein Waffensystem ausmustert, um auf den neuesten Stand der Technik zu kommen. Das Bessere ist des Guten Feind, und der technische Fortschritt ist unaufhaltsam. Natürlich müssen unsere Soldaten mit dem bestmöglichen Material ausgerüstet werden, wozu selbstverständlich das Standard-Sturmgewehr gehört. Allerdings ist zu besorgen, daß auch diesmal wieder mehr gespart wird als es der Kampfkraft und der Sicherheit unserer Soldaten eigentlich geschuldet wäre. Denn auch schon damals wäre es möglich gewesen, ein noch leistungsfähigeres Sturmgewehr zu beschaffen, wie er allein schon die MG-Variante des G 36 zeigt. Die Technik kann ja nahezu alles, vorausgesetzt, der Kunde bezahlt es auch. Und genau da liegt der Hase im Pfeffer. Die Geschichte der Bundeswehr ist eine Geschichte der Knauserigkeit des Dienstherrn, des Mangels an allen Ecken und Enden sowie der Behelfslösungen und Provisorien. Daß es den Soldaten immer wieder gelungen ist, dennoch einen respektablen Leistungsstand zu erzielen, ist allein ihrem Engagement zu verdanken. Die Politik hat keinen Anteil daran.

Wenn Politik auf Wirklichkeit trifft, ist der Untertitel einer politischen Talkshow. Wenn Politik auf Wirklichkeit trifft, und zwar im Gerichtssaal, dann zeigt sich regelmäßig, wie hohl die Phrasen der Politiker, und vor allem, wie weit sie von der Wirklichkeit entfernt sind. Politik und Wirklichkeit sind eben sehr unterschiedliche Welten. *Quod erat demonstrandum.*

2. September 2016

Die Integration geht rückwärts

Integrationsresident – Menschen aus dem islamischen Kulturkreis

Zu den Beruhigungspillen, die uns in dieser Flüchtlingskrise von der Politik nahezu täglich verabreicht werden, gehört die Phrase von der Integration. Wenn man nur genügend Deutschunterricht anbiete, wahlweise auch das Erlernen der deutschen Sprache zur Pflicht mache, unter Umständen auch bei Strafe der Kürzung von Sozialleistungen, dann werde alles gut. Besonders gefordert werden hier natürlich die Lehrer und Erzieher in allgemeinbildenden Schulen, Kindergärten und Kindertagesstätten. Ihnen soll das Kunststück gelingen, selbst in Klassen mit einem Anteil von nur 10-20 % deutschsprachigen Kindern ausbildungsfähige Schulabgänger zu produzieren, die dann selbstverständlich einerseits mittelfristig das Facharbeiterproblem in Deutschland zu lösen helfen, und sich andererseits dabei naturgemäß integrieren. Wie das funktionieren soll, wenn die Lehrer zu gut 99 % weder Arabisch, noch eine der afghanischen Sprachen oder gar der unzähligen afrikanischen Sprachen und Dialekte beherrschen, bleibt natürlich das Geheimnis unserer Politiker und ihrer journalistischen Büchsenspanner. Vor allem aber wird dabei völlig übersehen, daß die Zuwanderer aus dem muslimischen Kulturkreis es zunehmend ablehnen, von den Deutschen etwas anderes als Geld anzunehmen. Und dies liegt an nichts anderem als an ihrer religiösen Bindung. Als Muslime dünken sie sich den sogenannten Ungläubigen überlegen. Von ihrer sündigen Lebensweise hat man sich tunlichst fernzuhalten.

Das jedenfalls läßt sich bei uns schon seit Jahren feststellen. Nur auszusprechen wagt es fast keiner. Eine rühmliche Ausnahme konnte man gestern abend in der Talkshow „hart aber fair" erleben. Ein gestandener Bergmann und Gewerkschafter aus Essen führte beredte Klage darüber, daß jedenfalls in seiner Heimatstadt die Bürger mit türkischen Wurzeln – Staatsbürgerschaft hin oder her – zunehmend ihre Distanz zu den einheimischen Deutschen zeigten. Wo man früher noch die Bilder von Atatürk im Wohnzimmer hängen hatte, hängt nun das Bild von Erdogan und man gibt sich als nationalbewußter Türke. Wo man sich früher religiös eher indifferent gezeigt hatte, gibt man sich immer häufiger als strenggläubiger Muslim. Wer mit offenen Augen durch unsere Städte, teilweise schon durch unsere Dörfer geht, wird ihm zustimmen müssen. Daran ändern auch Lippenbekenntnisse wie die des Fußballnationalspielers Mesut Özil nichts, der anders als seine Mannschaftskameraden mit oder ohne Migrationshintergrund eisern schweigt, während sie die deutsche Nationalhymne singen. Seine Erklärung, er konzentriere sich auf das Spiel und bete, spricht Bände. Denn deutlicher kann er nicht zeigen, daß er nicht dazugehört und nicht dazugehören will. Der Mannschaftsgeist entsteht aus gemeinsamen Tun. Wenn gemeinsam gesungen wird, dann wird eben gemeinsam gesungen. Wem aber die deutsche Nationalhymne offenbar nichts bedeutet, und das Mitsingen offenbar auch nicht als Ausdruck der Zugehörigkeit zu Mannschaft und Nation wichtig ist, der bekundet damit allenfalls eine Legionärsmentalität. Er muß sich dann auch gefallen lassen, daß man seine Loyalität gegenüber den Deutschen, die auf der Tribüne seine Tore bejubeln, in Zweifel zieht. Von Integration kann also schon bei den teilweise seit drei Generationen hier lebenden Türken keine Rede sein. Vielmehr von Abschottung. Mit den pauschal als Flüchtlinge genannten Zuwanderern aus dem islamischen Orient und Nordafrika wird das nicht anders sein, eher noch krasser. Gerade die Masse dieser Zuwanderer wird unausweichlich zur Ghettobildung führen. Die Verhältnisse etwa in Berlin-Neukölln werden wir immer häufiger unseren Städten finden. Streng muslimisch ausgerichtete Parallelgesellschaften, zu denen Einheimische keinen Zutritt haben.

Wenn man Integration erreichen will, dann muß man hier klare Vorgaben geben. Der Begriff der Leitkultur ist schwammig. Er muß daher erst einmal mit klaren Inhalten gefüllt werden. Dazu gehört, daß ein Zuwanderer anstreben soll, sich am Ende als Deutscher und nicht nur Inhaber eines deutschen Passes zu sehen. Ein Mensch mit türkischen Wurzeln, der als in Deutschland integriert gelten soll, müßte etwa die Eroberung von Konstantinopel am 29. Mai 1453 als Niederlage empfinden, wie er umgekehrt die erfolglose Belagerung von Wien und den Sieg der christlichen Heere in der Schlacht am Kahlenberg am 12.September 1683 als identitätsstiftend ansehen müßte. Denn auch für einen Deutschen, dessen Vorfahren vor wie vielen Generationen auch immer nach Deutschland eingewandert sind, ist die deutsche Geschichte wie die deutsche Kultur Teil seines Selbstverständnisses. Geschichte und Kultur des Volkes, dem seine Vorfahren entstammten, sind eben Geschichte und Kultur eines anderen Volkes. Darin liegt keineswegs eine Geringschätzung anderer Völker. Vielmehr bedingt das eigene Selbstbewußtsein, wenn es denn gesund ist, auch die Wertschätzung der anderen. Die Nachkommen deutscher Einwanderer in die USA zeigen das seit Jahrzehnten. Doch was wir erleben, ist geradezu eine Ablehnung der deutschen Identität seitens der Zuwanderer aus muslimischen Ländern. Was sie alleine interessiert, ist der materielle Wohlstand in unserem Land, sei er durch eigener Hände Arbeit zu erzielen, oder aus den üppig sprudelnden Quellen der Sozialkassen garantiert. Geschichte und Kultur des Volkes, in dessen Mitte sie leben, sind ihnen nicht nur gleichgültig, sie lehnen sie vielmehr ab und ziehen es vor, die Identität ihrer Vorfahren beizubehalten. Nicht einmal das sprichwörtliche *ubi bene, ibi patria* trifft auf sie zu, Vielmehr muß es hier heißen *ubi bene ibi vivo*, denn da wo sie wohnen, ist nicht ihr Vaterland.

6. September 2016

Das hat mit dem Islam nichts zu tun

Die dunklen Seiten des Islam werden systematisch verschwiegen

Islamfunktionäre wie Aiman Mazyek und ihnen folgend die politisch-mediale Kaste unseres Landes werden nicht müde uns zu erklären, daß Dinge wie die Genitalverstümmelung von Mädchen, die Vollverschleierung, Kinder-, Mehrfach- und Zwangsehen, die Steinigung von Ehebrecherinnen und andere archaisch-barbarische Sitten in islamischen Ländern nichts mit dem Islam zu tun haben. Es handele sich jeweils nicht um religiöse Gebote, die aus dem Koran folgten, sondern lediglich um regionale Bräuche aus vorislamischer Zeit, die sich nun einmal bis heute gehalten hätten. Den Islam könne man dafür natürlich nicht verantwortlich machen, zumal man das vereinzelt auch bei Angehörigen anderer Religionen in solchen Ländern antreffen könne.

Diese Behauptung ist so simpel und vordergründig, daß sie geradezu dazu reizt, sie zu hinterfragen. Nun ist es, nach allem was uns seriöse Islamwissenschaftler erklären, ohnehin sehr schwierig, aus dem Wortlaut des Korans und der Scharia eindeutige Gebote und Verbote zu entnehmen. Die oft reichlich nebulösen Texte lassen viele Deutungen zu. Ein Beleg dafür sind natürlich die Frauen islamischen Glaubens auf unseren Straßen, deren Bekleidung zwischen der freizügigen westlichen Mode und der rigiden Vollverschleierung saudiarabischen und afghanischen Musters in allen denkbaren Varianten changiert. Da liegt es natürlich nahe anzunehmen, daß etwa die Sitte der weiblichen Genitalverstümmelung nicht auf einem koranischen Gebot beruht, sondern es sich um einen althergebrachten Brauch in bestimmten Regionen handelt. Das mag so sein, rechtfertigt aber nicht die Behauptung, es habe mit dem Islam nichts zu tun, daß diese Sitte heute noch – man scheut sich zu sagen, gepflegt wird – das Leben von Millionen Afrikanerinnen und Orientalinnen zur Hölle macht, wenn nicht gar vorzeitig beendet. Wenn aber die Religion diese brutale Verstümmelung kleiner Mädchen nicht gebietet, dann muß man sich doch fragen, warum ihre geistlichen Autoritäten das nicht verhindern.

Weder die Empörung über die Barbarei, noch vulgärethnologische Betrachtungen über primitive Völker erfassen den Sachverhalt. Natürlich ist es verständlich, wenn zivilisierte Menschen mit Verachtung auf das Bild von einem halben Dutzend ungebildeter Weiber aus der Steinzeit blicken, die ein schreiendes fünfjähriges Mädchen festhalten, während eine alte Vettel ohne jegliche medizinische Kenntnis mit einer rostigen Rasierklinge Fleischfetzen aus der Vagina des Kindes schneidet. Noch weniger hilft es jedoch weiter, wenn intellektuelle Islamversteher dazu allerhand angelesenes Zeug von sich geben und mit sichtlichem Stolz auf ihre vermeintliche Bildung von der „pharaonischen Infibulation" pseudowissenschaftlich daherschwafeln und mit wissendem Lächeln erklären, das habe mit dem Islam natürlich nichts zu tun.

Man muß sich nämlich fragen, warum es dem Islam bis heute nicht gelungen ist, diese Barbarei abzuschaffen. Immerhin ist es dem Islam wesenseigen, seine Gebote unnachsichtlich durchzusetzen, und sei es mit dem Schwert des Henkers. Nahe liegt die Antwort, daß der Islam ein gestörtes Verhältnis zur Sexualität hat. Das Bild der Frau ist nun einmal so gezeichnet, daß sie zu sexuellen Ausschweifungen neigt, und deswegen ihre Sexualität unterdrückt werden muß. Ersichtlich auch deswegen, weil auch die Männer sich in den Augen des oder der Verfasser des Korans und der Scharia regelmäßig nicht beherrschen können, sondern angesichts einer unverhüllten, westlich gekleideten Frau unweigerlich von ihrem Geschlechtstrieb übermannt werden. Anders können die diversen Bekleidungs- besser: Verhüllungsvorschriften aller Varianten im real existierenden Islam nicht verstanden werden. Die Vorstellungen, insbesondere der im Laufe des letzten Jahres zu uns gekommenen Muslime, sprechen eine eindeutige Sprache. Frauen haben zu Hause zu bleiben, allenfalls in Begleitung des Ehemannes, Vaters oder Bruders aus dem Haus zu gehen, selbstverständlich züchtig verhüllt. Einer fremden Frau gibt man nicht die Hand. Von einer Frau nimmt der Mann auch keine Anweisungen entgegen und was der Torheiten mehr sind. Eine Religion mit einem solchen Menschenbild toleriert dann eben auch archaische und barbarische Sitten, wenn sie nur in dieses Bild passen. Das Ziel dieser Genitalverstümmelung ist es ja, und es wird von ihr auch geleistet, daß den jungen Frauen, die diese Tortur überleben, jegliche sexuelle Empfindung und damit auch jeder eigene Wunsch nach sexuellem Erleben unmöglich gemacht wird. Ihr Ehemann verfügt über sie, wann er will. Sie hingegen hat über sich ergehen zu lassen, was geschieht. Weil es sich auch in der Tat um ungebildete, unwissende und wenig zivilisierte Menschen handelt, denken sie auch überhaupt nicht darüber nach. Das war immer so, das ist so, das wird immer bleiben. Das ist so wie die Jahreszeiten. Das ist so wie Ernte und Missernte. Der Islam fördert das eigenständige Denken ohnehin nicht, was sehr leicht daran abzulesen ist, daß z.B. nur 3 % der Patentanmeldungen aus islamischen Ländern kommen, die aber 20 % der Bevölkerung dieser Erde stellen.

Als Ergebnis ist also festzuhalten, daß der Islam derartige barbarische Sitten wahrscheinlich nicht vorschreibt, aber auch bis heute keine Anstalten macht, sie zu verbieten. Und dies offensichtlich aus einer gewissen Nähe heraus. Und so hat das doch etwas mit dem Islam zu tun. Wer nicht verhindert, was er verhindern muß, der läßt es eben geschehen und leistet dem damit Vorschub. Das ist es, was wir den Islamfunktionären wie auch den Islamverstehern entgegenhalten müssen, wo auch immer wir auf sie treffen. Denn das sind wir uns selbst schuldig, wenn wir uns für aufgeklärte Menschen halten.

9. September 2016

Islam bedeutet Frieden

Ein Imam spricht Klartext. Doch wer hört in Deutschland zu?

Bekanntlich haben die Deutschen in jeder Richtung Ängste. Wer Ängste hat, muß auf die Couch des Psychotherapeuten. Diese Rolle übernehmen im Rahmen der kollektiven Behandlung der Deutschen gerne diverse Journalisten, Wissenschaftler und Politiker. Tatsächlich sei der Islam doch eine Religion des Friedens. Nichts anderes bedeute auch das Wort Islam. Daß es tatsächlich Unterwerfung bedeutet, sagt man den Leuten lieber nicht.

Abdurrahman ibn Abdulazis as-Sudais ist Imam der bedeutendsten Moschee des Islam, der al Masdschid al-Haram in Mekka. In ihrem Innenhof befindet sich die Kaaba, das Ziel der jährlichen Hadsch (Pilgerfahrt) der Muslime aus aller Welt. Man kann diesen Imam wohl mit Fug und Recht als Salafisten einstufen, Wahabit ist er ohnehin. Er gilt sunnitischen Muslimen, das sind gut 90 %, als einer der verlässlichsten und populärsten Interpreten des Korans.

Am 4. September 2016 rief er in seiner Predigt muslimischen Pilgern aus Ägypten zu:
„Oh Allah, schenke Sieg, Ehre und Macht unseren Brüdern, den Dschihadisten in Jemen, in Syrien, im Irak, auf der ganzen Welt. Laß sie triumphieren über die verräterischen Juden, die bösartigen Christen und die unzuverlässigen Heuchler!"

Die Predigt wurde vom ägyptischen Fernsehen direkt übertragen. Islam bedeutet für uns ganz sicher Frieden. Nämlich den Frieden des Friedhofs, wenn er sich auch bei uns durchgesetzt hat. Das muß man wissen. Nur wenn man es weiß, wird man auch danach handeln.

15. September 2016

Wir sind ein Volk

Von der deutschen Nation

Heute am Tag der deutschen Einheit ist es durchaus angebracht, über uns, das deutsche Volk nachzudenken. Die Parole „Wir sind ein Volk" löste 1989 den Ruf „Wir sind das Volk!" der Montagsdemonstranten von Leipzig ab und fand seine logische Weiterentwicklung in dem berühmten Satz Willy Brandts: „Nun wächst zusammen, was zusammen gehört". Doch ist kaum etwas in Deutschland so umstritten, wie die Begrifflichkeiten deutsches Volk, Deutschland, deutsche Kultur und deutsche Geschichte.

Der Satz von der verspäteten Nation, den Helmuth Plessner mit seinem gleichnamigen Werk aus dem Jahre 1935 geprägt hat, ist für viele Historiker, Politiker und Publizisten zu einer Art Grundwahrheit geworden. Im wesentlichen soll damit gesagt werden, daß die alten westlichen Nationalstaaten England und Frankreich im Zeichen der Aufklärung ihre moderne Gestalt angenommen hätten. Die deutsche Reichsgründung von 1871 aber sei in die materialistische Zeit nach der industriellen Revolution gefallen. So sei Deutschland zu einem „Machtstaat ohne humanistisches Rechtfertigungsbedürfnis", zu einer „Großmacht ohne Staatsidee" geworden. Deutschland habe infolge des 30-jährigen Krieges das 17. Jahrhundert gewissermaßen versäumt und darum kein Verhältnis zur Frühaufklärung hervorgebracht. Das deutsche Bürgertum habe schwer an der „politischen Indifferenz des Luthertums" getragen. Es habe an einem „römischen Komplex" gelitten, der sich zum Mißtrauen gegen jede, auch die aufgeklärte Form von politischer Universalität ausgeweitet habe. Bismarcks Werk habe wohl das Recht historischen Schicksals, aber nicht die Rechtfertigung im Zeichen einer Idee für sich gehabt. Das Reich von 1871 habe nicht wie Frankreich und England an die Phantasie der Völker, an ihre Zukunftserwartung, ihren Menschheitsglauben appelliert. Es habe für nichts gestanden, von dem es überragt worden sei. Nach der Niederlage im Ersten Weltkrieg habe sich „Deutschlands Protest gegen den politischen Humanismus Westeuropas" verstärkt. Der Nationalsozialismus sei der Nutznießer und Exekutor dieses Protests gewesen, seine Vergottung von Volk und Rasse die extreme Übersteigerung der deutschen Auflehnung gegen den politischen Humanismus des Westens gewesen. Diese Theorie Plessners führte geradewegs in den „Sonderwegsdiskurs" der deutschen Nachkriegsgeschichte.

Dagegen läßt sich allerhand einwenden. Die Theorie vom deutschen Sonderweg in der Geschichte seit dem 30-jährigen Krieg, der letztendlich geradewegs über ein autoritär-militaristisches Gesellschafts- und Staatsmodell in die Katastrophe des Nationalsozialismus geführt habe, ist ja nur dann stimmig, wenn man davon ausgeht, daß sich Geschichte zwangsläufig so entwickelt, wie sie sich in der Betrachtung *ex post* darbietet. Natürlich gibt es keine Zwangsläufigkeit der Geschichte. Gerade am Beispiel des Nationalsozialismus wird dies besonders deutlich. Er stand und fiel mit der Person seines Begründers und Führers. Ohne einen charismatischen Demagogen wie ihn hätte sich diese Ideologie nicht durchsetzen können. Vielmehr wäre sie heute wohl nur eine Fußnote in der Ideologiegeschichte des 20. Jahrhunderts. Auch wenn kontrafaktische Überlegungen der Geschichtswissenschaft fremd sind und fremd sein müssen, so ist es doch im Rahmen von Überlegungen zum Wesen der deutschen Nation durchaus angemessen, den Stellenwert des Nationalsozialismus für ihre Geschichte wie auch für den Charakter des deutschen Volkes auch unter dem Aspekt zu betrachten, daß er nicht zwangsläufig, wie nach einem Naturgesetz entstanden sein muß. So führt zum Beispiel die Annahme, Hitler wäre bei dem berüchtigten Marsch auf die Feldherrnhalle in München wie viele seiner Anhänger erschossen worden, zwanglos zu der sehr gut begründbaren Vermutung, daß dies auch das Ende dieser politischen Bewegung gewesen wäre. Ebensogut kann angenommen werden, daß das erfolgreich verlaufende Attentat des Schreiners Georg Elser im Bürgerbräukeller über kurz oder lang das Ende der nationalsozialistischen Regierung bedeutet hätte, denn es ist nicht anzunehmen, daß einer der anderen führenden Nationalsozialisten das Zeug zum Diktator Hitler'schen Formats gehabt hätte.

Der Begriff der verspäteten Nation läßt auch außer Acht, daß Nation und Staat durchaus verschieden sein, sich unterschiedlich entwickeln können und im Falle Deutschlands dies auch besonders augenfällig ist. Nach dem Ende der karolingischen Epoche entwickelte sich in Mitteleuropa etwas zögerlich eine deutsche Staatlichkeit. Mit Konrad I., der 911 zum deutschen König gekrönt wurde über seinen Nachfolger Heinrich I., der 919 die Königswürde der Deutschen erlangte, und erst recht Otto I., der 936 tatsächlich ein deutsches Königtum mit Leben erfüllen konnte, was ihm ermöglichte, 955 in der Schlacht auf dem Lechfeld Ungarn zu besiegen und als Gefahr für sein Reich auszuschalten, trat das deutsche Volk auch als Staat in die Geschichte ein. Seither trägt Otto den Beinamen „der Große", den die Historiker außer ihm nur dem Frankenkönig Karl und dem preußischen König Friedrich II. gegeben haben. Nach Karl dem Großen wurde er dann auch folgerichtig 961 zum Kaiser des Heiligen Römischen Reiches Deutscher Nation gekrönt. Er konnte sich seinerzeit auch noch den Primat über den Papst sichern und bestimmen, wer auf dem Stuhle Petri Platz nehmen darf.

Gerade die weitere Geschichte der Deutschen im staatlichen Rahmen des Heiligen Römischen Reiches Deutscher Nation zeigt, wie unterschiedlich sich Volk und Staat entwickeln können. Der geistigen und kulturellen Entwicklung im deutschsprachigen Raum entsprach seine politische in keiner Weise. Den weit über die Grenzen des Reiches hinaus wirkenden Erfindungen wie etwa dem Buchdruck oder gesellschaftlichen Umwälzungen wie der Reformation entsprach die Entwicklung des Staates nicht, eher im Gegenteil. Der Zerfall des alten deutschen Reiches im 30-jährigen Krieg und das förmliche Ende des Heiligen Römischen Reiches deutscher Nation 1806 markieren nur die Unfähigkeit der Deutschen, sich eine stabile staatliche Ordnung zu geben. Über ihre Identität als Nation ist damit jedoch nichts gesagt. Gerade in den Jahrhunderten des staatlichen Zerfalls entwickelten sich Philosophie, Musik und Literatur wie auch die bildenden Künste in nicht geringerem Maße, als etwa in England und Frankreich. Wer eine den Staat überwölbende Idee in Deutschland vermißt, der übersieht Luther, Leibniz, Kant und die ihm nachfolgenden Philosophen, deren Einfluß auf die Deutschen nicht geringer war, als zum Beispiel der von John Locke auf die Engländer oder Rousseau und Voltaire auf die Franzosen. Eine vergleichbare Entwicklung gab es in Italien, das ja ebenso wie Deutschland erst in der zweiten Hälfte des 19. Jahrhunderts (wieder) zu einer nationalen Staatlichkeit finden konnte. Beispiele einer staatlichen Diskontinuität ließen sich auch sonst in der Geschichte finden. Plessners These von der verspäteten Nation bedarf, wenn wir auf die Reichsgründung blicken, einer weiteren Einschränkung. 1871 wurde ein deutscher Nationalstaat begründet, nicht die deutsche Nation. Im kulturellen Sinn waren die Deutschen, wie ausgeführt, schon seit langem eine Nation gewesen. Die deutsche Kulturnation war „großdeutsch", sie schloß immer auch die deutschsprachigen Gebiete des Habsburgerreiches und nach dem Verständnis der meisten Deutschen auch die Elsässer und deutschsprachigen Lothringer sowie die deutschsprachigen Schweizer mit ein. Mit Fug und Recht kann man das in kultureller Hinsicht auch weiterhin für den deutschsprachigen Raum sagen.

„Wir sind ein Volk“, dieser Satz greift weit über die staatliche Wiedervereinigung der beiden Teilstaaten hinaus, die nach dem Zweiten Weltkrieg aufgrund des alliierten Diktats den Deutschen geblieben waren. In ihm schwingt auch mit, was seit Jahrhunderten den Nationalcharakter der Deutschen prägt und ihnen ermöglicht hat, in den Bereichen von Kultur, Wissenschaft und Technik fortlaufend Höchstleistungen hervorzubringen, und wohl auch deswegen in der Lage zu sein, politische Rückschläge bis hin zur Katastrophe des Dritten Reiches zu überstehen. Man kann auch klar benennen, daß die übrigen europäischen Mächte wie auch die später hinzugekommenen USA stets daran gearbeitet haben, Deutschland als Nationalstaat nicht zu groß werden zu lassen. Die Weigerung der Alliierten nach dem Ersten Weltkrieg, den Österreichern zu erlauben in einer Volksabstimmung sich dem Deutschen Reich anzuschließen, wie auch die Abtrennung Südtirols zugunsten Italiens oder die Abtrennung der deutschen Gebiete östlich von Oder und Neiße nach dem Zweiten Weltkrieg sprechen ja eine beredte Sprache. Dennoch sollten wir glücklich darüber sein, daß wir unsere Staatlichkeit nun vereint in unseren heutigen Grenzen unbehelligt leben können. Anderen Völkern ist dies nicht vergönnt, denken wir etwa an die Kurden. Auch ist durchaus nicht ungewöhnlich, daß eine Kultur wie etwa die spanische oder englische in mehreren Staaten gelebt werden, wie etwa Südamerika und Australien zeigen. Die Beispiele ließen sich fortsetzen.

„Wir sind ein Volk“, das ist nicht nur eine Feststellung. Das ist auch eine Aufgabe. Die Anfechtungen, denen wir heute ausgesetzt sind, zielen nicht mehr auf unsere Staatlichkeit. Vielmehr haben wir alle Veranlassung, wachsam die gesellschaftliche Entwicklung in unserem Lande zu beobachten und zu gegebener Zeit auch korrigierend einzugreifen. Einflüsse aus fremden Kulturen können in jedem Volk genießbare wie ungenießbare Früchte reifen lassen. Man muß sie eben voneinander unterscheiden können. Es kann nicht zusammenwachsen, was nicht zusammen gehört.

3. Oktober 2016

Die Märchentante

Islampropaganda mit freundlichem Gesicht

Recep Tayyip Erdogan hat bekanntlich die Forderung, Zuwanderer aus dem islamischen Kulturkreis – er spricht natürlich für „seine" Türken – sollten sich den Deutschen anpassen, als Verbrechen bezeichnet.

So weit geht Lamya Kaddor nicht. Ihre Sprache ist subtil. Sie tritt nun mit der Forderung hervor, die Mehrheitsgesellschaft habe gegenüber den zugewanderten Bürgern, insbesondere denen, die schon in dritter oder vierter Generation hier leben (und sich offensichtlich immer noch nicht integriert haben) eine Bringschuld. Das klingt freundlich und versöhnlich, erweist sich aber bei näherem Hinsehen lediglich als List wie im Märchen vom Wolf und den sieben Geißlein. Der Wolf hat Kreide gefressen.

Frau Kaddor bezeichnet zunächst einmal alle diejenigen, die Wert auf ein kulturell homogenes Staatsvolk in Deutschland legen,(von anderen Ländern, insbesondere im islamischen Kulturkreis, spricht sie nicht) als „Deutschomanen". Der Wortschöpfung kann man ein gewisses Maß an sprachlicher Kreativität nicht absprechen. Allerdings ist die Vokabel auch aggressiv diffamierend. Die so bezeichneten Deutschen leiden also unter einer Manie des Deutschseins. Manien aller Art gehören jedoch zu Psychosen oder ähnlichen psychischen Defekten. Das muß man sich vergegenwärtigen, wenn man Frau Kaddors Definition dieser Manie betrachtet. Danach zeigt sich die sogenannte Deutschomanie in Forderungen wie: Menschen, die vielleicht schon in der vierten Generation in Deutschland leben, müssten sich anpassen, obwohl sie längst Deutsche sind. Das ist schon starker Tobak. Denn im Umkehrschluß bedeutet das nichts anderes, als daß Parallelgesellschaften wie in Berlin-Neukölln oder Duisburg-Marxloh hinzunehmen sind. Ihnen gegenüber soll die Mehrheitsgesellschaft auch eine „Bringschuld" haben. Die soll darin bestehen, diese Menschen zumindest „auf Augenhöhe zu respektieren". Das will besagen, gelungene Integration nach dem Geschmack von Frau Kaddor soll zwar mehr Verfassungspatriotismus, mehr freiheitliche Werte, Gesetze, Regeln, Rechte aller beinhalten. Uns alle in unserem Lande einige doch der Rechtsstaat und die Demokratie. Natürlich müsse Deutsch dabei als Sprache (Kultur und Geschichte werden nicht erwähnt) eine zentrale Rolle spielen, aber auch Nation, nur jenseits des „völkischen" Denkens. Außerdem dürfe man dazu nicht nur die Mehrheit formulieren lassen, man müsse auch mal Minderheiten formulieren lassen. Da könne auch etwas Konstruktives herauskommen.

Abgesehen davon, daß die Metapher von der Bringschuld außerhalb des juristischen Sprachgebrauchs stets falsch ist, denn es wird damit nur der Ort definiert, an dem eine Verbindlichkeit (Schuld) zu erfüllen ist, ist auch ersichtlich falsch, was damit gesagt werden soll. Frau Kaddor verlangt ja allen Ernstes nicht nur von denjenigen, die in unser Land einwandern, um hier dauerhaft zu bleiben, die geltenden Gesetze einzuhalten. Die Beachtung von Gesetzen und Regeln des Landes, in dem man mit oder ohne seine Staatsbürgerschaft lebt, ist jedoch nur das Minimum dessen, was einen Aufenthalt überhaupt möglich macht. Anderenfalls lernt man von einem Lande entweder seine Gefängnisse kennen oder aber muß es alsbald wieder verlassen. Mehr als Rechtstreue verlangt sie nicht, vielmehr meint sie damit, daß die sogenannte Mehrheitsgesellschaft auch von den Zuwanderern das eine oder andere annehmen soll. Weil die Zuwanderer die Gesetze des Landes beachten sollen, kann damit ja nur ihre kulturelle Identität gemeint sein. Zu dieser Identität gehört natürlich der Islam, und zwar ganz wesentlich. Sie soll wohl in gewissem Maße abfärben. Auf den Vorhalt, daß gerade der Islam als Identitätsressource möglicherweise für besonders große Integrationsprobleme sorge, winkt sie ab. Das sei wissenschaftlich so nicht haltbar, daß der

Islam für Integrationsprobleme besonders verantwortlich gemacht werden könne oder die Religion überhaupt der ausschlaggebende Faktor sei, warum Menschen besser oder schlechter integriert seien.

In diesem Zusammenhang muß natürlich gesehen werden, daß Frau Kaddor behauptet, es könne einen liberalen Islam geben, fern aller fundamentalistischen Interpretation und konservativ-religiöser Lebenswirklichkeit. Mit Blick auf den tatsächlich jedenfalls außerhalb kleiner Zirkel in Europa wie ihrer eigenen liberal-islamischen Vereinigung kann man nicht umhin, hier von einer Schimäre wie einem runden Quadrat zu sprechen. Derartige Vorstellungen, sollten sie überhaupt ernst gemeint sein, haben nicht den Hauch einer Chance, den real existierenden Islam nach den Vorstellungen Erdogans, der saudischen Fundamentalisten oder der iranischen Ajatollahs auch nur in unserem Lande abzulösen, von den islamischen Ländern selbst einmal völlig abgesehen. Der unbedarften Vereinsmeierei deutscher Intellektueller mit oder ohne Migrationshintergrund stehen die mit Milliardenbeträgen gesponsorten Moscheevereine saudiarabischer Prägung und vom türkischen Staat finanzierten und gelenkten islamischen Gemeinschaften gegenüber. Deren Einfluß in Deutschland wächst in rasantem Tempo. Ihre Interpretation des Koran und der Scharia ist für die übergroße und weiter wachsende Zahl der Muslime maßgeblich. Ernstzunehmende liberale islamische Theologen, insbesondere auch mit Einfluß auf die übrige islamische Welt, sind weit und breit nicht in Sicht. Zutreffend ist daher das Resümee des islamkundigen Publizisten Ufuk Özbe: Sowohl gläubiger Muslim als auch Befürworter der freiheitlich-demokratischen Grundwerte sein zu wollen, scheint nur dank des Segens der Unwissenheit oder mit hartnäckiger Verdrängung oder durch Aushalten schwindelerregender Verrenkungen möglich zu sein. Wenn jedoch Muslime mit in Deutschland erworbenen akademischen Qualifikationen uns das Lied vom liberalen Islam singen, obgleich sie es ganz sicher besser wissen, dann drängt sich doch das Bild vom bösen Wolf auf, der Kreide gefressen hat, um die arglosen sieben Geißlein über seine Identität zu täuschen, damit sie ihm die Tür öffnen und er sie fressen kann. Das Bild paßt übrigens für beide Seiten. Sowohl der Charakter des

Islam als auch die Naivität der deutschen Intellektuellenkaste sind damit wirklichkeitsnah abgebildet.

5. Oktober 2016

Geschichte mit einer Prise Pazifismus

Deutsche Historiker: Auch zu den Einigungskriegen ein verklemmtes Verhältnis

Das Bayerische Armeemuseum in Ingolstadt zeigt derzeit in der imposanten Kulisse des Neuen Schlosses eine Ausstellung über den deutschen Bruderkrieg von 1866. Die Ausstellung ist natürlich sehenswert, zum einen weil sie die Erinnerung an eine wesentliche, wenn auch unglücklich verlaufene Phase der deutschen Einigung wachruft, und zum anderen die Fülle der Exponate und erläuternden Texte geeignet ist, dem Besucher für kurze Zeit jene Epoche vor Augen zu führen.

Indessen wird natürlich auch das geschichtspolitische und museumspädagogische Konzept sichtbar, das heutzutage einer solchen Ausstellung wohl zugrunde liegen muß, damit sie überhaupt dem Volk präsentiert werden darf. Dem Anliegen moderner Pädagogen, die Geschichte von der Höhe der Staatskunst herunter zu holen, Schlachtfelder, Operationen und Waffentechnik in den Hintergrund zu schieben und stattdessen das Erleben des einfachen Volkes und des gemeinen Soldaten in den Vordergrund zu stellen, wird natürlich mit der Schilderung von Erlebnissen einzelner Mannschaftsdienstgrade Rechnung getragen. Der Ausstellungsrundgang beginnt auch mit der Erinnerung an die große Zahl von Gefallenen. Eines der großflächigen Schlachtengemälde aus jener Zeit, das den preußischen König und späteren Kaiser in der Schlacht von Königgrätz inmitten seiner Generäle, aber auch einfachen Soldaten zeigt, kann denn auch nicht einfach unkommentiert dargeboten werden. Weil es nun ganz unverhohlen den heroischen Geist jener Zeit widerspiegelt, wird gewissermaßen als Gegengift eine Karikatur von Daumier hineinkopiert, die als der Traum des Erfinders jener Waffe betitelt ist, die in diesem Kriege tatsächlich maßgeblich das Geschehen auf den Schlachtfeldern bestimmt hat, und natürlich große Verluste verursacht hat: des Zündnadelgewehrs.

Transportiert wird damit vor allem die pazifistische Sicht der Dinge. Suggeriert wird, daß es den Erfindern und Konstrukteuren neuer oder auch nur verbesserter Waffen allein darum gehe, daß im nächsten Krieg möglichst viele Menschen getötet werden. Pazifisten glauben ja ohnehin, daß Menschen, die politische Krisen nur mit einem Krieg lösen können, oder dies jedenfalls glauben, von einem menschenfeindlichen Denken beseelt sind. Und auch diejenigen, die dann Operationen planen und Truppen in Gefechte führen, wollen nur Tod und Vernichtung. Dieser Pazifismus übersieht natürlich geflissentlich, daß die Menschen zu aller Zeit den Krieg immer nur als Mittel zum Zweck gesehen haben, ob dieser Zweck dann jeweils ehrenhaft war oder nicht, kann in diesem Zusammenhang dahinstehen. Es liegt ja auch auf der Hand, daß Staatsmänner stets ihrem Volk die Früchte eines gewonnenen Krieges reichen wollten, unabhängig davon, ob es in der konkreten Situation klug oder gar sinnvoll war, zum Mittel des Krieges zu greifen. Für die Heerführer gilt nichts anderes. Gerade deswegen sehen gerade Soldaten unserer Tage militärische Entscheidungen wie die für den Abnutzungskrieg in den Schützengräben des Ersten Weltkrieges als unvertretbar, ja gerade als Pervertierung der Kriegskunst an.

Hämische Kommentare zum historischen Geschehen, wie sie die erwähnte Karikatur Daumiers transportiert, mögen zwar unverbesserliche Pazifisten in ihrer Meinung bestärken. Das Wesen des Krieges wird damit nicht getroffen. Das Problem des Krieges ist vielmehr außerordentlich komplex. Die Motive der führenden und handelnden Personen changieren zwischen edelmütig und verwerflich, ihre Gemütslage zwischen Stolz und Trauer, ihr Handeln zwischen kühl kalkulierend und aufbrausend dumm. Schade, daß eine an sich nicht schlechte Ausstellung sich von politisch korrekter Volkspädagogik nicht frei machen kann.

11. Oktober 2016

Gesicht zeigen!

Verschleierung und Rechtsstaat sind unvereinbar

Die Bundesregierung plant dem Vernehmen nach ein Verbot der Vollverschleierung für Beamtinnen. Offenbar ist der Druck der öffentlichen Meinung nun so groß geworden, daß die Politik handeln muß. Immerhin haben sich bei einer Meinungsumfrage Ende August dieses Jahres 51 % der Befragten für ein Verbot der Vollverschleierung in der Öffentlichkeit, und 30 % für ein Verbot der Vollverschleierung von Beamtinnen, etwa Lehrerinnen oder Richterinnen, ausgesprochen. Die Bürger unseres Landes ergreift wohl immer mehr angesichts einer voll verschleierten Muslimin – andere Frauen tun so etwas nicht – ein Gefühl des Unwohlseins. Der Anblick einer solchen Gestalt ist für die meisten Deutschen wohl nicht nur fremdartig, sondern hat zunehmend auch etwas bedrohliches. Man kann diesen Ausdruck extremer muslimischer Religiosität auch kaum von sonstigen extremen Ausprägungen dieser Religion trennen, etwa vom Dschihadismus. Die Trägerinnen dieser Kleidung bekunden damit auch jedenfalls in der Wahrnehmung der allermeisten Bürger dieses Landes eine bewußte und radikale Distanzierung von unserer Lebensweise. Diese Kleidung wird auch – meines Erachtens zu Recht – als radikale Ablehnung einer säkularen Rechtsordnung, wie sie unser Grundgesetz statuiert, verstanden. Als Ausdruck einer Ideologie nämlich, die zum Beispiel die Gleichberechtigung von Mann und Frau, das Gebot religiöser Neutralität des Staates, das Recht seine Religion zu wechseln, oder auch gar keine Religion zu haben, entschieden ablehnt. Das schlägt im übrigen auch auf die gewissermaßen mildere Variante dieser Vollverschleierung, das sogenannte islamische Kopftuch (Hijab), durch. Gerade weil Musliminnen nicht selten behaupten, dieses Kleidungsstück, häufig kombiniert mit unförmigen langen Mänteln, aus freien Stücken zu tragen. Dies sei nämlich ein Zeichen für ihre sexuelle Nichtverfügbarkeit. Offenbar begreifen immer mehr einheimische Deutsche, daß dieses Argument spiegelbildlich einen unverschämten Vorwurf gegen alle Frauen beinhaltet, die keine islamische Kleidung tragen. Diese bekunden damit dann denknotwendig doch ihre sexuelle Verfügbarkeit, mit anderen Worten, es handelt sich um Flittchen. Daß viele muslimische Männer das genauso sehen, und sich entsprechend gegenüber deutschen Frauen verhalten, gehört zu den großen gesellschaftlichen Ärgernissen unserer Zeit. Deswegen verbieten Mütter bereits ihren Töchtern, öffentliche Schwimmbäder aufzusuchen, wenn sie nicht schon von sich aus da nicht mehr hingehen wollen.

Es bleibt abzuwarten, ob unsere Politiker tatsächlich den Mut haben werden, ein Verbot der Vollverschleierung, also das Tragen des sogenannten Niqab oder der Burka, wenigstens für den öffentlichen Dienst gesetzlich einzuführen. Die verfassungsrechtlich geschützte Religionsfreiheit dürfte dem nicht entgegenstehen. Zwar kann die Religionsfreiheit grundsätzlich nicht eingeschränkt werden. Dennoch unterliegt auch sie immanenten Schranken, wie jedes Grundrecht. Dazu gehören grundsätzlich kollidierende Grundrechte Dritter und andere mit Verfassungsrang ausgestattete Rechtsgüter. So zum Beispiel das in Art. 6 Abs. 1 des Grundgesetzes geschützte Erziehungsrecht der Eltern. Dies steht einer religiösen Indoktrination in den Schulen, auch mittelbar, entgegen. Wer als Schüler gezwungen ist, den Anblick einer religiös gekleideten Lehrerin täglich zu ertragen, wird damit auch subtil indoktriniert. Auch muß darüber nachgedacht werden, ob nicht das allgemeine Persönlichkeitsrecht Dritter – Art. 2 Abs. 1 GG – auch ein Abwehrrecht gegen Belästigungen gibt, die sich aus einer allzu penetranten Kundgebung religiöser Überzeugungen ergeben. Wer sich zu Behörden und Gerichten begeben muß, und dabei mit Beamtinnen konfrontiert wird, die im Dienst auffällige und unangenehm berührende religiöse Kleidung zur Schau tragen, der kann dem ja nicht ausweichen. Zwar steht das Grundrecht aus Art. 2 Abs. 1 GG sicherlich nicht der Gewaltunterworfenheit gegenüber dem Staat generell entgegen. Ihre Grenze findet diese Gewaltunterworfenheit jedoch in dem, was zur Funktion des Staates unbedingt erforderlich ist. Ganz und gar nicht erforderlich für die Funktion des Staates und die Aufgabe der jeweiligen Behörde ist jedoch ein religiöses, erst recht ein penetrant religiöses Äußeres der jeweiligen Beamtinnen.

Etwas anderes ergibt sich auch nicht aus den sogenannten Kopftuchurteilen des Bundesverfassungsgerichts aus den Jahren 2003 und 2015. Schon im ersten Kopftuchurteil von 2003, in dem letztendlich das Bundesverfassungsgericht eine hinreichende gesetzliche Grundlage für ein Verbot des islamischen Kopftuchs im Schuldienst vermißt hat, haben die Richter durchaus das Spannungsfeld zwischen Religionsfreiheit und dem sozialen Frieden, der nichts anderes als die kollektive Ausprägung der individuellen Freiheitsrechte ist, gesehen. Der soziale Friede besteht eben zu einem guten Teil darin, daß wir in Freiheit leben, und über unsere Lebensweise im wesentlichen Konsens besteht. Wenn aber einzelne Gruppen Ausgrenzungstendenzen zeigen, ist dieser soziale Frieden gefährdet. Deswegen führen die Richter aus Karlsruhe im ersten Kopftuchurteil auch aus:

„Der mit zunehmender religiöser Pluralität verbundene gesellschaftliche Wandel kann Anlaß zu einer Neubestimmung des zulässigen Ausmaßes religiöser Bezüge in der Schule sein. Aus einer hierauf zielenden Regelung in den Schulgesetzen können sich dann für Lehrkräfte Konkretisierungen ihrer allgemeinen beamtenrechtlichen Pflichten auch in Bezug auf ihr äußeres Auftreten ergeben, soweit dies ihre Verbundenheit mit bestimmten Glaubensüberzeugungen oder Weltanschauungen deutlich werden läßt. Insoweit sind unter Beachtung der verfassungsrechtlichen Vorgaben auch gesetzliche Einschränkungen der Glaubensfreiheit denkbar..... Es mag deshalb auch gute Gründe dafür geben, der staatlichen Neutralitätspflicht im schulischen Bereich eine striktere und mehr als bisher distanzierende Bedeutung beizumessen und demgemäß auch durch das äußere Erscheinungsbild einer Lehrkraft vermittelte religiöse Bezüge von den Schülern grundsätzlich fern zu halten, um Konflikte mit Schülern, Eltern oder Lehrkräften von vornherein zu vermeiden..“

In die gleiche Richtung geht das zweite Kopftuchurteil des Bundesverfassungsgerichts vom 27.01.2015. Nach dem Hinweis auf das erhebliche Gewicht der grundgesetzlich geschützten Glaubensfreiheit führen die Richter aus: *„Anders verhält es sich dann, wenn das äußere Erscheinungsbild von Lehrkräften zu einer hinreichend konkre-*

ten Gefährdung oder Störung des Schulfriedens oder der staatlichen Neutralität führt oder wesentlich dazu beiträgt. Dann wäre es ihnen zumutbar, von der Befolgung eines nachvollziehbar als verpflichtend empfunden religiösen Bedeckungsgebots Abstand zu nehmen. Darüber hinaus kann ein verfassungsrechtlich anzuerkennendes Bedürfnis bestehen, äußere religiöse Bekundungen über eine gewisse Zeit auch allgemeiner zu unterbinden, wenn in bestimmten Schulen oder Schulbezirken aufgrund substantieller Konfliktlagen über das richtige religiöse Verhalten die Schwelle zu einer hinreichend konkreten Gefährdung des Schulfriedens oder der staatlichen Neutralität in einer beachtlichen Zahl von Fällen erreicht wird.“

Wenn also schon das sogenannte islamische Kopftuch jedenfalls in den Schulen unter bestimmten Umständen per Gesetz verboten werden kann, dann muß dies erst recht für die Vollverschleierung gelten. Denn hier tritt in der Tat das von der Bundesregierung nun angeführte Argument hinzu, daß Kommunikation nur möglich ist, wenn man das Gesicht des Gegenübers erkennen kann. Worte sind das eine, die Mimik das andere. Beides zusammen ist die Äußerung eines Menschen. Worte können je nach Gesichtsausdruck ihres Sprechers durchaus unterschiedlich gewertet werden. Hinzu kommt, daß die islamische Vollverschleierung überhaupt nicht anders verstanden werden kann, denn als Ausdruck der entschiedenen Ablehnung unserer freiheitlichen, säkularen Gesellschaftsordnung, wie sie unser Grundgesetz statuiert.

Die Richter des Bundesverfassungsgerichts haben sich offenbar auch von der Überlegung leiten lassen, daß die immanenten Schranken der Grundrechte auch davon bestimmt werden, was gesellschaftlich allgemeiner Konsens ist. Wenn religiös oder ideologisch bestimmte Verhaltensweisen von Gruppen das Potential haben, gesellschaftlich Unfrieden zu stiften oder gar den gesellschaftlichen Zusammenhalt zu gefährden, dann hat der Staat das Recht, meines Erachtens auch die Pflicht, dem entgegen zu wirken. Es hängt also von unserem Verhalten als Bürger ab, wie die Juristen diese Problematik einschätzen. Je deutlicher die Mehrheitsbevölkerung, wie Politik und Medien gerne formulieren, diesen religiösen Fanatismus ablehnt, was sich natürlich auch in entsprechenden Reaktionen auf seine Symbole manifestiert, je eher werden Verfassungsrichter einschlägige Verbotsgesetze akzeptieren. Das würde sicher auch dann gelten, wenn etwa auf Grund einer Volksabstimmung in Bayern ein allgemeines Verbot der Vollverschleierung in der Öffentlichkeit, nicht nur im öffentlichen Dienst, gesetzlich verfügt würde. Hier sind wir Bürger durchaus gefordert. Warum soll man nicht angesichts einer voll verschleierten Frau seinen Unmut über diesen Anblick laut und deutlich äußern, ohne dabei die Grenzen der Höflichkeit zu überschreiten? Warum soll man nicht etwa auch die Gelegenheit nutzen, einer Burkaträgerin in der Öffentlichkeit zu erklären, daß man es eben nicht gut findet, wenn bei uns Frauen in dieser Kleidung öffentlich auftreten? Warum soll man etwa nicht beim Anblick einer Niqab-Trägerin Trägerin dem Unmut darüber auch den entsprechenden Gesichtsausdruck verleihen? Das ist im übrigen weit weg vom Delikt der Volksverhetzung und auch keineswegs beleidigend. Aber es trägt dazu bei, der Mehrheitsmeinung, wie sie in der eingangs zitierten Umfrage zum Ausdruck gekommen ist, öffentlich Präsenz zu verleihen. Seien wir nicht weniger selbstbewußt, als diese auftrumpfenden Muslime! Mia san mia, sagt der Bayer mit Recht. Das gesellschaftliche Klima muß dem religiösen Rigorismus, wie er jedenfalls von einem nicht geringen Teil der Muslime bei uns immer aggressiver gelebt wird, eindeutig entgegenstehen. Dann können Verfassungsrichter im Spannungsfeld zwischen individueller Freiheit, friedlichem Zusammenleben und Freiheit der Religionsausübung richtig entscheiden. Politiker und Juristen sprechen gerne von der wehrhaften Demokratie. In der Tat gilt es unsere freiheitliche Gesellschaftsordnung zu verteidigen. Nicht nur gegen politischen Extremismus, sondern auch gegen einen religiösen Rigorismus, der alle Lebensbereiche des Menschen ergreift. *Principiis obsta!* (Wehret den Anfängen!)

22. Oktober 2016

Der erhobene Zeigefinger

Die Macht der Gutmenschenlobby

Linke halten sich für Philanthropen. Daran glauben sie fest. Linke sind klüger, gebildeter und wissender als der Rest der Welt. Auch daran glauben sie fest. Und weil sie die klügsten, gebildetsten und wissendsten Menschen sind, gleichzeitig aber auch Philanthropen, sind sie gegenüber all den dümmeren, ungebildeteren und unwissenderen Menschen verpflichtet, sie durch die Fährnisse des Lebens zu geleiten. Ohne ihre Führung, so glauben sie fest, würden all diese dummen, ungebildeten und unwissenden Menschen geradewegs in ihr Unglück laufen.

Deswegen heben sie stets den Zeigefinger und schreiben uns vor, wie wir zu leben haben. Damit sie das effizient tun können, organisieren sie sich in politischen Parteien und, inzwischen wesentlich effizienter, in sogenannten NGO's. Letztere existieren als undurchschaubare Hilfsorganisationen, UNO-Unterorganisationen ebenso wie als wissenschaftlich daherkommende Institutionen wie etwa der sogenannte Weltklimarat. Seine wissenschaftliche Seriosität beweist er mit der hartnäckig verfochtenen Theorie, die derzeitige Klimaerwärmung sei anthropogen, also von uns kleinen Menschlein gemacht. Dabei wird natürlich ausgeblendet, daß z.B. im Mittelalter an der Ostsee Wein angebaut worden ist, weswegen die damals herrschenden Durchschnittstemperaturen natürlich nicht auf die Verbrennung von fossilen Energieträgern im heutigen Maßstab zurückgehen konnten. Der auf der Hand liegende Denkfehler beruht ja darauf, daß man den Anstieg der Durchschnittstemperaturen auf die gleichzeitig eingetretende Industrialisierung unter hohem Verbrauch fossiler Energieträger und dadurch hervorgerufenem Anstieg von CO_2 in der Atmosphäre zurückführt. Das ist ungefähr so überzeugend, wie den Anstieg oder Rückgang der Geburtenrate beim Menschen in einen kausalen Zusammenhang mit der Population von Klapperstörchen zu bringen. Man verwechselt zeitliche Koinzidenz mit kausaler Konnexität. Allen ist gemeinsam, daß sie jeglicher demokratischer Legitimation entraten, dafür aber auf die leidenschaftliche Unterstützung der ebenfalls linken Medien rechnen können, was ihren ungeheuren Einfluß auf die Politik erklärt. Verstärkt wird dies natürlich dadurch, daß sie das besondere Wohlwollen der linken Parteien überall haben, denn mit diesen eint sie die moralische Überheblichkeit des erhobenen Zeigefingers. Und so ist es Ihnen möglich, uns Vorschriften über Vorschriften zu machen. Und so wird der Bürger gegängelt und gemaßregelt was das Zeug hält, Verbote und Vorschriften schießen dermaßen ins Kraut, daß Behörden, Polizei und Gerichte mit der Kontrolle, Maßregelung und Bestrafung kaum noch nachkommen. Da geht den linken Gouvernanten und Oberlehrern das Herz auf, und über nichts schreiben linke Journalisten lustvoller.

Beispiele gefällig? Hat jemand vielleicht noch irgendwo eine Glühbirne in irgendeiner Lampe? Kann man auf irgendeiner Bundesstraße zu verkehrsarmen, ach was, verkehrslosen Zeiten schneller als 100 km/h fahren? Wie viele Anträge und Genehmigungen braucht man eigentlich, um irgendwo bauen zu können, wenn überhaupt? Kommt jemand als legaler Waffenbesitzer noch ohne Anwalt aus? Mit welchem Auto darf man in welche Innenstadt fahren? Was darf man politisch korrekt noch sagen? Welches Volksfest kommt noch ohne Dezibelbegrenzung aus? Wer gewinnt die Goldmedaille für die Erfindung der raffiniertesten Schikanen für Autofahrer? Wie ist überhaupt die CO_2 Bilanz Ihres Wiener Schnitzels?

Ist es auch Wahnsinn, so hat es doch Methode, wird man mit William Shakespeare feststellen, wenn man die neuesten Kapriolen der Bundesumweltministerin betrachtet. In Zukunft werden wir nur noch ein halbes Schnitzel auf dem Teller haben, wegen der Klimabilanz, Sie wissen schon. Außerdem ist zu viel Fleisch eh ungesund, oder? Wir Deutschen sind im übrigen hier besonders eifrig, wenn es gilt, den erhobenen Zeigefinger zu beachten. Ist es mal nicht direkt das Klima, so droht doch Fukushima. Und so schalten wir alle unsere technisch hochwertigen Kernkraftwerke ab, weil uns sonst Tschernobyl droht. Stattdessen stecken wir am Ende hunderte von Milliarden Euro in die sogenannten erneuerbaren Energien, sprachlich richtig allerdings erneuerbare Energieträger, aus denen dann Energie gewonnen wird. Und finden wir unsere verspargelten Landschaften wenn schon nicht schön, so sehen wir darin doch den Ausweis des Fortschritts. Und wir kaufen Energie aus den Nachbarländern zu, die sie ihrerseits aus immer mehr neu errichteten Kernkraftwerken gewinnen. Denn der deutsche Untertanengeist beugt sein Knie nun vor den Thronen, auf denen die Besserwisser sitzen. Denn seit der Ermahnung durch den weiland preußischen Innenminister Gustav von Rochow (1792-1847) wissen wir: Es ist dem Untertanen untersagt, den Maßstab seiner beschränkten Einsicht an die Handlungen der Obrigkeit anzulegen! Jawoll, Frau Hendricks, Frau Künast, Herr Hofreiter und wie sie alle heißen, die uns in Ihrer unermeßlichen Weisheit vorangehen, wir gehorchen!

Deren Lust am Vorschriftenmachen und am Belehren wird ins unermessliche wachsen, ebenso wie ihr Bewußtsein, so klug, so gebildet und so wissend zu sein wie es der Rest der Menschheit einfach in seiner Beschränktheit niemals sein kann. Tatsächlich sind sie keine Philanthropen, sie sind Misanthropen. Wer sich derart über andere Menschen erhebt, der liebt sie nicht, der verachtet sie, wenn er sie nicht gar haßt. Warum wählt man diese Leute eigentlich? Warum hört man auf sie, wenn sie nicht einmal gewählt sind? Die Antwort gibt Bertolt Brecht: Nur die allerdümmsten Kälber wählen ihre Metzger selber.

6. November 2016

Identität

Warum sollten Deutsche nicht stolz auf ihr Land sein?

In Deutschland hat man Probleme mit der nationalen Identität. Das zeigt sich am verdrucksten Umgang mit der deutschen Geschichte. Am besten spricht man nicht über sie, denn man kommt dann ganz schnell und ganz ausschließlich auf die zwölf dunklen Jahre. Da ist es nur konsequent, wenn man beginnt, den Geschichtsunterricht aus den Lehrplänen der Schulen herauszunehmen und irgendwie in den sozialkundlichen Fächern aufzulösen. Vom deutschen Volk redet man als Politiker lieber nicht, das könnte ja als „völkisches“ Denken diffamiert werden. Nationale Symbolik wird möglichst auf ein Minimum reduziert oder ganz vermieden. International beachtete Leistungen großer Deutscher aus dem 19. und 20. Jahrhundert werden kleingeredet oder ganz verschwiegen. Wünschen von muslimischen Einwanderern nach Frauenbadetagen in öffentlichen Schwimmbädern und schweinefleischfreiem Kita-Essen entspricht man, „kultursensibel“ wie man ist, gerne. Weihnachtsfeiern in Kindergärten oder gar der Besuch des Nikolaus im Bischofsornat haben „kultursensibel“ natürlich zu unterbleiben. Der Besuch einer Moschee indessen ist auch für Kinder aus christlichen Familien Pflicht, bußgeldbewehrt natürlich. Wir sind ja in Deutschland! (Wirklich?)

Kein Wunder, daß ein Volk mit einem solchen Verhältnis zur eigenen Identität für Einwanderer aus fremden Kulturen nicht sonderlich attraktiv ist, bzw. seine Attraktivität sich auf Wirtschaftskraft und Sozialleistungen reduziert. In einem lesenswerten Artikel auf Tichy‘s Einblick vom 07.11.2016 befaßt sich der junge Deutsch-Chinese Marcel Zhu mit diesem Tatbestand. „Eine deutsche Gesellschaft in Verleugnung und Marginalisierung ihrer nationalen Identität ist jedoch nicht in der Lage, den Migranten eine neue, deutsche Identität zu geben.... Eine erfolgreiche Integrationspolitik in Deutschland setzt deshalb voraus, daß sich die deutsche Mehrheitsgesellschaft wieder auf ihre eigene nationale Identität besinnt, nicht zuletzt mit den positiven, identitätsstiftenden Teilen ihrer Geschichte.“

Identitätsstiftung von Staats wegen kann man anderenorts durchaus studieren. In den dritten Fernsehprogrammen wird derzeit der Dokumentarfilm „#uploading_holocaust – Die Reise nach Polen“ gezeigt. Es geht um eine Dokumentation der seit vielen Jahren israelischen Teenagern angebotenen Reise zu den Gedenkstätten des Holocaust. Man sieht nicht ohne innere Bewegung diese jungen Leute zunächst fröhlich und unbeschwert, wie man in diesem Alter einfach ist, und dann in der Konfrontation mit dem unsagbaren Grauen, eingehüllt in ihre Nationalflaggen, dort wo einst Kinder ihres Volkes ermordet worden sind, in Tränen ausbrechen. Ganz offensichtlich soll dieses Projekt auch dazu dienen, die Erinnerung an den Holocaust wachzuhalten, genauer gesagt in die Seelen dieser jungen Leute einzupflanzen. Es geht ganz ersichtlich um die nationale Identität, die jedenfalls zu einem bedeutenden Teil aus dem Holocaust hergeleitet wird. Eine Identität als Opfer, eine seelisch belastende Identität. Sie wird offenbar ergänzt durch das Bestreben nach einer exklusiven Identität. Diesen Gedanken kann man formulieren, wenn man sich die Rezeption des Romans „Wir sehen uns am Meer" der jungen israelischen Autorin Dorit Rabinyan durch das offizielle Israel ansieht. Dieser Roman ist eine der vielen bittersüßen Liebesgeschichten nach dem Muster von Romeo und Julia. Hier eben wird die Geschichte der nach Lage der Dinge eben unmöglichen Liebe zwischen einer Israelin und einem Palästinenser erzählt. Zwei liebende junge Menschen interessiert ihre Umgebung nicht, nicht der Haß zwischen den Völkern, nicht Ausgrenzung und Verbot. Sie versinken eben ganz und gar in ihrem privaten Glück. Der Roman scheint auch durchaus gelungen, wenn man den Kritikern glauben darf. Er eignet sich auch sicher dazu, das Romeo und Julia Sujet eben auch in der Schule als aktuelle Variante des Shakespeare'schen Klassikers vorzustellen, gerade in Israel und in den arabischen Ländern. Daß er in letzteren Eingang in den Unterricht gefunden hätte, wird man ohnehin kaum annehmen. Daß aber das israelische Kultusministerium es abgelehnt hat, diesen Roman für den Schulunterricht freizugeben, erstaunt doch bei einem Land, das doch eher als Vorposten westlich-demokratischer Kultur im Nahen Osten gesehen wird und auch durchaus so gesehen werden will. Doch das Ministerium hat die Genehmigung mit der Begründung versagt, es müßten die Jugendlichen vor der Gefahr der Assimilierung geschützt werden. Intime Beziehungen zwischen Juden und Nicht-Juden bedrohten die getrennten Identitäten. Die Angst vor dem Verlust der eigenen Identität, indem man etwa sich vorstellt, als kleines Volk im Ozean der umgebenden arabischen Massen zu versinken, scheint durchaus virulent. So wurde bei der Vorstellung des Romans eine Dame mit der Befürchtung zitiert, daß die Gefahr der Assimilierung drohe, sobald der Krieg mit den Arabern vorbei sei. Solange der

Krieg anhalte, lebe man gewissermaßen hinter dem Schutz eines Zauns. Auch wenn das ganz sicherlich nicht die Wahrnehmung aller, vielleicht nicht einmal der meisten Israelis ist, bemerkenswert sind eine solche Haltung von Interviewpartnern und eine derartige offizielle Äußerung aus der Regierung des Landes durchaus.

Man stelle sich einmal vor, deutsche Schüler würden nach Ostpreußen, Polen und Tschechien gebracht um ihnen die Stätten der Massenmorde an Deutschen am Ende des Zweiten Weltkrieges zu zeigen und ihnen diese Vorgänge minutiös zu erläutern. In T-Shirts mit dem Bundesadler und mit der Bundesflagge behängt, pilgerten diese Jugendlichen zu den wenigen Grabstätten ihrer Vorfahren, die es dort überhaupt noch gibt, und zu den vielen Orten, an denen nur noch die Erzählungen ihrer Geschichtslehrer diese schrecklichen Ereignisse wieder lebendig werden lassen können. Allein schon diese Vorstellung zu formulieren, erscheint abenteuerlich. Wahrscheinlich wird man mir vorhalten, einen unzulässigen Vergleich angestellt zu haben, schließlich gehe es einmal um die Nachfahren der Opfer, und ein andermal des Tätervolkes. Abgesehen davon, daß dies schon deswegen nicht zulässig ist, weil auch der Völkermord an den Deutschen im Osten selbst dann ein solcher bleibt, wenn man den Deutschen jener Jahre pauschal die Täterschaft am Holocaust zuschreiben könnte, was ganz sicher nicht möglich ist, so haben derartige Kritiker überhaupt nicht verstanden, um was es wirklich geht. Es geht im Falle Israel und es ginge im Falle Deutschland zunächst einmal darum, ob man wirklich Generation für Generation jungen Menschen den Seelenschmerz zumuten darf, der sich unweigerlich mit dieser Art der Präsentation des Völkermordes an den eigenen Vorfahren einstellen muß.

Wer Nationen ihre Existenzberechtigung zuspricht, und das tue ich sehr wohl mit Blick auf jede Nation, die ihre Existenzberechtigung genauso gut hat, wie jeder einzelne Mensch das Recht auf Leben und Respekt hat, der muß es auch für gut halten, daß sie ihre Identität hochhalten und ihrer Jugend vermitteln will. Indessen sollte man bei der Wahl der Mittel bedenken, was man am Ende erreichen will, und was am Ende dabei herauskommt. Nicht, daß man die dunklen Seiten der Geschichte beschweigen sollte. Die dunklen Seiten erzählen zum Beispiel von Völkermorden. Da gibt es eben Mörder und Opfer. Für beide Seiten ist das eine schlimme Geschichte, sie steht deswegen auf den dunklen Seiten. Doch Identität, wenn sie dabei helfen soll, zu bestehen, muß vor allem eine positive sein. Die großen Erzählungen der Nationen, die Leistungen ihrer Künstler und Wissenschaftler, ihre Selbstbehauptung gegen äußere Feinde und Überwindung inneren Streits, all das ist geeignet, die nachwachsenden Generationen anzuspornen, es ihren Vorfahren gleich zu tun. Weil die Geschichte aber eben nicht nur diese glänzenden Seiten hat, werden ihre dunklen Seiten durchaus nicht übersehen. Das ist auch durchaus dazu geeignet, das Entstehen allzu großen Übermutes zu verhindern. Geht man jedoch umgekehrt vor, so wird all das Dunkle und Grausame den Blick auf die hellen und schönen Seiten der Geschichte verstellen.

Die Deutschen jedenfalls wären gut beraten, der eingangs zitierten Aufforderung des jungen Mannes zu folgen, der aus seiner persönlichen Vertrautheit mit den Kulturen der Deutschen wie der Chinesen offenbar die Weisheit schöpft, die aus seinen Zeilen spricht. Das Bildnis der Pallas Athene ist deshalb diesem Beitrag nicht zufällig vorangestellt.

8. November 2016

Teilhabe

Soll Migrantenkultur ins Grundgesetz?

Teilhabe. Diese Vokabel schallt uns vielfach aus Verlautbarungen der Politik und Kommentaren in den Medien entgegen. Und stets klingt sie in dem hohen Ton der guten, edlen und verständnisvollen Menschen dieser Republik. Kurz, es klingt verdächtig nach Rita Süssmuth. Teilhabe. Die nüchterne Analyse dieser Vokabel führt uns schnurstracks in das Handels- und Gesellschaftsrecht. Der Teilhaber einer Gesellschaft hat eben etwas, nämlich einen Anteil. Daraus zieht er Früchte, ohne dafür persönlich etwas leisten müssen, außer eben, daß ihm der Anteil gehört. Dieser Anteil mag verdient sein, durch eigene Leistung, durch den Einsatz eigenen Kapitals, oder schlicht ererbt, und damit aus der Leistung seiner Vorfahren herrühren. Das ist auch alles ganz in Ordnung. Es ist ein natürlicher und gewachsener Teil unserer Gesellschafts- und Wirtschaftsordnung, unserer Kultur. Anders als der Teilhaber leistet der Geschäftsführer oder Vorstand einer Gesellschaft seinen Beitrag nicht durch das bloße Haben, sondern durch aktives Tun. Ohne sein aktives Tun ist das bloße Haben mit der Zeit wertlos. Auch das ist Teil unserer Gesellschafts- und Wirtschaftsordnung, unserer Kultur. Und, nebenbei bemerkt, das macht sie auch so erfolgreich, ja überlegen. Die Leistungsgesellschaft allein garantiert Wohlstand, Freiheit und Recht. Für andere Ideologien und Gesellschaftsvorstellungen hingegen ist das Teufelswerk.

Man müßte darüber kein Wort verlieren, wäre nicht der Begriff der Teilhabe in der aktuellen politischen Debatte derartig pervertiert, wie wir das heute leider feststellen müssen. Teilhabe, das ist der Schlachtruf der zu kurz gekommenen, aktuell vor allem der Einforderer, Geltendmacher und Vertreter von Migrantenrechten, Integrationsbeauftragten und Gesellschaftsklempner.

Besonders deutlich wird dies in dem sogenannten „Impulspapier der Migrant*innen- Organisationen zur Teilhabe an der Einwanderungsgesellschaft“, das als Arbeitsgrundlage des sogenannten Integrationsgipfels im Kanzleramt von den einschlägigen Organisationen vorgelegt worden ist. Nun ist schon die höchste Alarmstufe auszurufen, wenn so eine genderverhunzte Vokabel wie Migrant*innen benutzt wird. Wer solche Vokabeln im Munde führt, dem muß auch hinsichtlich der verfolgten Ziele allergrößtes Mißtrauen entgegengebracht werden.

Da ist auch von Integration nicht mehr die Rede, sondern nur noch von interkultureller Öffnung der Gesellschaft und ihrer Organisationen und Institutionen. Kein Wort davon, was die Zuwanderer zur Aufnahmegesellschaft beitragen sollen oder wollen. Es geht nur um die Forderung nach einem möglichst großen Stück von dem Kuchen, den man selbst nicht gebacken hat. Das soll natürlich dann auch gleich in der Verfassung festgeschrieben werden, wo es in Art. 20 b dann heißen soll: „Die Bundesrepublik Deutschland ist ein vielfältiges Einwanderungsland. Sie fördert die gleichberechtigte Teilhabe, Chancengerechtigkeit und Integration aller Menschen." Zur Sicherheit soll dann auch noch ein neuer Art. 91 a eingeführt werden, wo als neue Gemeinschaftsaufgabe die „gleichberechtigte Teilhabe, Chancengerechtigkeit und Integration" festgeschrieben werden soll. Weil das alles auch Geld kostet, sollen natürlich die sogenannten Migrant*innenorganisationen in die Prozesse der interkulturellen Öffnung eingebunden und dazu in ihrer Professionalisierung unterstützt werden. Das kostet natürlich Geld, weswegen jährlich hierfür 10 Mio € allein vom Bund bereitgestellt werden müssen. Wieviele Euros von den Ländern, wird noch nicht gesagt. Und auch das befreundete Milieu in den Universitäten soll weiter gefördert, sprich finanziert werden, denn: „Die praxisnahe Forschung über Benachteiligung in Organisationen und Institutionen ist zu stärken, die entsprechenden Gelder sind für den Bundeshaushalt 2018 vorzusehen." Für wen es intellektuell zum Wissenschaftler nicht ganz reicht, der kann dann in einer der vielen Antidiskriminierungsstellen auf Länderebene, natürlich mit Pensionsberechtigung, bezahlt werden. Und ähnlich wie bei der Frauenquote soll es dann natürlich eine Migrantenquote geben, denn: „Die Festlegung von Zielquoten-/ Korridoren für Führungskräfte quantifiziert den Veränderungsbedarf und macht ihn sichtbar." Die Bundesregierung soll dann mit gutem Beispiel vorangehen. Bereits in diesem Jahr soll eine Umsetzungsstrategie entwickelt werden mit dem Ziel, die Repräsentation von Menschen mit Einwanderungsgeschichte in der Bundesverwaltung proportional zum Bevölkerungsanteil zu verwirklichen. Mit anderen Worten: anstelle der Bestenauslese, die ja nun einmal ein Grundpfeiler der hergebrachten Grundsätze des Berufsbeamtentums ist, tritt der Quotenkollege mit Migrationshintergrund, Qualifikation egal.

Im Ergebnis kann man mit Vera Lengsfeld festhalten, daß es hier überhaupt nicht darum geht, was Zuwanderer zur aufnehmenden

Gesellschaft beitragen wollen. Es geht nur um die Forderung nach einem möglichst großen Stück vom nicht selbst erarbeiteten Kuchen und die Festschreibung der Andersartigkeit. Und weil man weiß, daß die einheimischen Deutschen derlei Ansinnen skeptisch, wenn nicht ablehnend gegenüberstehen, muß das auch mit allerhand Bürokratie und Aufsichtsbehörden durchgesetzt werden, wobei dann die Antidiskriminierungsbehörden zu sogenannten „Kompetenzzentren der interkulturellen Öffnung“ werden sollen. Unser Zensurministerlein dürfte Freudensprünge vollführt haben, als er das gelesen hat. Vielleicht wird seine Oberschnüfflerin Annetta Kahahne mit der Stasi-Vergangenheit nun im Range einer Ministerialdirektorin, besser noch Staatssekretärin, diese Schnüffel- Denunziations- und Umerziehungsämter koordinieren dürfen. Und wie beim „Kampf gegen Rechts“ und der Verfolgung von „Hatespeech“ bleiben die Staatsanwaltschaften und Gerichte natürlich außen vor. Denn bei ihnen besteht ja die Gefahr, daß sie sich an Recht und Gesetz halten. Wo käme man denn da hin? Der Umbau der Gesellschaft, auch Revolution geheißen, kann erfolgreich nur von Gesinnungsgenossen bewerkstelligt werden. Das haben Lenin, Mao und Hitler auch nicht anders gesehen.

Ganz deutlich wird natürlich, worum es überhaupt geht. Es geht nicht etwa darum, Menschen, deren Eltern und Großeltern in irgend einem anderen Land dieser Erde geboren sind, im Wortsinne zu integrieren, d.h. sie zu Deutschen mit gleicher kultureller Prägung zu machen, wie ihre Nachbarn mit deutschen Urgroßvätern. Vielmehr will man die Parallelgesellschaften, das Multikulti der Grünen, zementieren. Ganz im Sinne des türkischen Sultans, der die Assimilation seiner Landsleute für ein Verbrechen hält und darauf hinwirkt, daß Türken eben Türken bleiben, und sei es in der vierten, fünften oder sechsten Generation. In diesem Sinne wirkt ja auch seine Vollstreckerin Özoguz, die nur die Amtsbezeichnung einer Integrationsbeauftragten der Bundesregierung trägt, tatsächlich aber als Segregationsbeauftragte wirkt. Ihre unsäglichen Äußerungen zur Razzia gegen Salafisten in dieser Woche sprechen ja Bände.

Wachsamkeit tut Not. Einwanderung ist nur dann hilfreich, wenn sie dazu führt, den Zusammenhalt eines Volkes zu fördern und seine Wirtschaftskraft zu erhöhen. Das hat zum Beispiel in den USA zwei Jahrhunderte lang gut funktioniert. Allerdings nicht ohne staatlichen Druck. Präsident Wilson hat zum Beispiel deutlich gemacht, daß er keine „Bindestrich-Amerikaner“, also Deutsch-Amerikaner, Italo-Amerikaner etc. will, sondern eben Amerikaner. Punkt. In den letzten Jahrzehnten jedoch muß man konstatieren, daß sich Parallelgesellschaften auch dort bilden, mit allen negativen Folgen. Und das gleiche läßt sich in den meisten westeuropäischen Ländern feststellen, auch bei uns. Die richtige Strategie kann daher nur sein, daß die Einwanderung quantitativ auf ein Maß begrenzt wird, das echte Integration überhaupt ermöglicht, und daß eben diese Integration angestrebt wird, auch durch qualitative Auswahl der Einwanderer. Weil nichts, auch nichts Gutes und Gerechtes, im Übermaß hilfreich ist, muß auch das Asylrecht und die Aufnahme von Kriegsflüchtlingen verträgliche Obergrenzen haben. Alles andere würde zu dem Ergebnis führen, mit dem der Bestseller von Thilo Sarrazin übertitelt ist: Deutschland schafft sich ab.

17. November 2016

Ihr seid unreif!

Warum Dinge wie die Ausländerkriminalität möglichst verschwiegen werden

Wer seine Kindheit in den fünfziger Jahren des vergangenen Jahrhunderts verbracht hat, kennt das noch. Es ist irgend etwas Schlimmes oder auch nur Peinliches in der Nachbarschaft, im Dorf oder gar in der Verwandtschaft passiert. Die Erwachsenen unterhalten sich darüber. Sobald eines der Kinder auftaucht, wechseln sie das Thema oder senken die Stimme. Wenn die Kinder lange Ohren machen, dann heißt es: „Dafür seid ihr noch nicht reif, das ist nichts für Kinder!“

Diese Situation geht mir in letzter Zeit immer öfter durch den Kopf, wenn es um Ereignisse im Zusammenhang mit Ausländern, speziell

Flüchtlingen geht. Es entsteht der Eindruck, als ob gewisse Nachrichten entweder überhaupt nicht, oder aber gefiltert, geschönt oder zumindest politisch korrekt erklärt, gedruckt oder gesendet werden. Als Beispiel für viele steht der nun wohl vor der gerichtsfesten Aufklärung stehende Mord an einer Freiburger Studentin. Weil der Tatverdächtige nun ein so genannter unbegleiteter jugendlicher Flüchtling aus Afghanistan ist, konnte sich die Nachricht von seiner Festnahme nur mit Mühe den Weg in die Öffentlichkeit bahnen. Obgleich die Sache wegen ihrer Besonderheiten, insbesondere dem nach der Strafprozeßordnung bestehenden Verbot, die DNA-Analysen auch auf die ethnische Herkunft des Tatverdächtigen bzw. der am Tatort gefundenen Gegenstände auszudehnen, schon zu erregten Diskussionen in der Öffentlichkeit geführt hatte, meinte zum Beispiel die Redaktion der Tagesschau, über den Fall nicht berichten zu müssen, weil einer von ca. 300 Morden in Deutschland pro Jahr nun wirklich keine Nachricht für die Tagesschau sei. Natürlich ist das eine faule Ausrede, so faul, daß sie übel riecht. Natürlich sind die meisten der rund 300 Morde in Deutschland allenfalls eine Nachricht für die Lokalpresse und die Heimatsendungen in Rundfunk und Fernsehen. Der vorliegende Fall hatte allerdings bereits bundesweit für Aufsehen gesorgt, sodaß die Nachricht von der Festnahme eines dringend Tatverdächtigen auf jeden Fall von gesamtdeutschem Interesse war. Dies übrigens auch ganz unabhängig von der Herkunft und dem Status des mutmaßlichen Täters.

Aber es war ja wieder das Ausländer/Flüchtlingsthema berührt. Da herrscht in der politisch-medialen Klasse unseres Landes eine panische Angst davor, daß die Leute, rechtspopulistisch aufgehetzt wie sie sind, alle Ausländer, Flüchtlinge zumal, unter „Generalverdacht" stellen. Die Vokabel Generalverdacht gehört inzwischen zum Standardrepertoire unserer volkspädagogischen Gouvernanten. Offensichtlich meinen diese Leute, daß wir Bürger nun mal nicht reif genug dazu sind, einfach eine Nachricht zur Kenntnis zu nehmen, und uns dann eigenständig ein abgewogenes Urteil zu bilden. Deswegen muß man gewisse Nachrichten von uns fernhalten. Im Grunde genommen ist das eine Unverschämtheit gerade aus dem Munde derjenigen, die sonst gerne vom mündigen Bürger sprechen. Mündige Bürger sind wir allerdings wohl nur dann, wenn wir so denken und funktionieren, wie das unsere linksgrünen Gouvernanten mit oder ohne Gesangbuch von uns erwarten.

Dabei ist es doch völlig klar, daß in Deutschland auch schon Frauen vergewaltigt und ermordet worden sind, bevor der erste Flüchtling aus dem Orient einen Fuß auf deutschen Boden gesetzt hat. Das wissen wir. Nicht einmal verbohrte NPD- oder Pegida Anhänger sind davon ausgenommen. Richtig ist aber auch, daß eben eine Reihe von Straftaten in Deutschland unterblieben wären, wenn die Täter nicht zu uns gekommen wären. Das Opfer der Freiburger Mordtat würde noch leben, wenn der Täter nicht zu uns gekommen wäre. D.h. eben nicht, daß alle oder auch nur der größte Teil der Flüchtlinge Frauen vergewaltigen und/oder umbringen. Aber es ist Sache jedes einzelnen Bürgers, sich sein Urteil zu diesem Thema selbst zu bilden. Einem demokratischen Rechtsstaat ist es einfach nicht würdig, wenn seine Bürger behandelt werden, wie weiland unmündige Kinder, wenn die Erwachsenen über Unerhörtes tuschelten.

Natürlich gibt es Leute, die sich tatsächlich so verhalten, wie es das politisch korrekte Estabishment offenbar von einer Vielzahl von Bürgern erwartet. Sie nehmen in der Tat jede Nachricht dieser Art zum Anlaß, die Ausweisung aller Ausländer, vor allem Flüchtlinge, zu fordern. In der Regel sind das auch Leute, die – zurückhaltend ausgedrückt – nicht die Allerhellsten sind. Es mag Überwindung kosten, sich mit solchen Leuten auseinanderzusetzen. Es ist jedoch notwendig, dies zu tun. Zum einen muß solchen Fehlmeinungen entgegengetreten werden. Zum anderen können dies erfolgreich, wenn überhaupt, nur rechtschaffen nationalkonservative Bürger tun. Denn den linksgrünliberalen Gouvernanten nehmen rechtsradikale Wutbürger naturgemäß gar nichts ab. Wenn sie überhaupt jemand beeinflussen kann, dann solche Leute, die ersichtlich nicht zum politisch korrekten *juste milieu* gehören.

Die politische Willensbildung ist bei weitem zu wichtig, als daß man sie intellektuell schlicht strukturierten Wutbürgern, und noch weniger politisch korrekten Gouvernanten überlassen darf.

5. Dezember 2016

Quod licet Iovi, non licet bovi

Populismus ist, wenn's die anderen sagen

Was dem Jupiter erlaubt ist, ist dem Ochsen nicht erlaubt. Dieses altrömische Sprichwort trifft auf die Diskussion über den Populismus, den Rechtspopulismus natürlich, zu. Es lohnt sich daher, einmal die programmatischen Aussagen von Parteien zu aktuellen Themen miteinander zu vergleichen. Hier natürlich insbesondere in den Fragen der Ausländer- und Flüchtlingspolitik. Die CDU ist insoweit die maßgebende Partei in Deutschland, als sie die größte Fraktion im Deutschen Bundestag stellt und die Regierungskoalition mit ihrer Kanzlerin anführt. Ihre programmatischen Aussagen sind damit über den Verdacht des Populismus weit erhaben. Die AfD gilt in Deutschland als die Inkarnation des Rechtspopulismus. Somit ist es wohl erhellend, die offiziellen Positionen dieser beiden Parteien einander gegenüber zu stellen. Die nachfolgenden Zitate und Zusammenfassungen sind aus den Beschlüssen des gerade zu Ende gehenden Bundesparteitages der CDU in Essen einerseits und dem Parteiprogramm der AfD andererseits entnommen.

Besonders heftig umstritten in der politischen Diskussion ist nach wie vor der Begriff der deutschen Leitkultur. Dazu heißt es im Programm der AfD:

„Die Alternative für Deutschland bekennt sich zur deutschen Leitkultur, die sich im wesentlichen aus drei Quellen speist: erstens der religiösen Überlieferung des Christentums, zweitens der wissenschaftlich-humanistischen Tradition, deren antike Wurzeln in Renaissance und Aufklärung erneuert wurden, und drittens dem römischen Recht, auf dem unser Rechtsstaat fußt. Gemeinsam liegen diese Traditionen nicht nur unserer freiheitlich-demokratischen Grundordnung zu

Grunde, sondern prägen auch den alltäglichen Umgang der Menschen miteinander, das Verhältnis der Geschlechter und das Verhalten der Eltern gegenüber ihren Kindern. Die Ideologie des Multikulturalismus, die importierte kulturelle Strömungen auf geschichtsblinde Weise der einheimischen Kultur gleichstellt und deren Werte damit zutiefst relativiert, betrachtet die AfD als ernste Bedrohung für den sozialen Frieden und für den Fortbestand der Nation als kulturelle Einheit. Ihr gegenüber müssen der Staat und die Zivilgesellschaft die deutsche kulturelle Identität als **Leitkultur** selbstbewußt verteidigen."

Im soeben beschlossenen Wahlprogramm der CDU heißt es zu diesem Thema unter anderem:
„Je vielfältiger und pluraler eine Gesellschaft ist, desto mehr bedarf sie eines einigenden Bandes – unsere **Leitkultur** in Deutschland –, das diejenigen miteinander verbindet, die in ein- und demselben Land leben und eine Schicksalsgemeinschaft sind.... Gelingende Integration und Parallelgesellschaften schließen sich aus. Wir wollen deshalb Parallelgesellschaften verhindern. Wer sich der Integration verweigert unsere Rechts- und Werteordnung missachtet, muß mit Sanktionen bis hin zu Leistungskürzungen und Ausweisungen rechnen."

Heftige Diskussionen löst immer wieder das Thema Vollverschleierung (Burka, Niqab) aus. Dazu heißt es im Programm der AfD:

„Die AfD fordert ein allgemeines Verbot der Vollverschleierung in der Öffentlichkeit und im öffentlichen Dienst. Burka oder Niqab errichten eine Barriere zwischen der Trägerin und ihrer Umwelt und erschweren damit die kulturelle Integration und das Zusammenleben in der Gesellschaft."

Genau dies hat der Bundesparteitag der CDU heute auch beschlossen.

Nahezu hilflos stehen die europäischen Staaten dem Schlepperunwesen gegenüber. Die Bilder von überladenen, seeuntüchtigen Booten, die von Kriegsschiffen der EU (!) aufgebracht werden, um die Menschen darin aus Seenot zu retten, sind alltäglich. Natürlich entsteht der Eindruck, daß Migranten aus Afrika nur derartige Seelenverkäufer besteigen müssen, um sicher zu gehen, daß sie von den Schiffen der Europäer aufgenommen und auf das sichere europäische Festland gebracht werden. Damit ist ein zumindest langjähriger, wenn nicht dauernder Aufenthalt in einem europäischen Land, vorzugsweise Deutschland, garantiert. Bekanntlich verfahren andere Länder, etwa Australien, anders. Vor der Küste Australiens ertrinkt kein Flüchtling mehr, weil es sich in Südostasien herumgesprochen hat, daß es sinnlos ist, auf dem Seeweg Australien erreichen zu wollen, weil man grundsätzlich aufgegriffen und auf eine der nördlich gelegenen Inseln verbracht wird. Wer das fordert, wird in Deutschland mindestens als herzlos, auf jeden Fall aber als Ausländerfeind, wenn nicht gar Rassist beschimpft.

Schauen wir in die Parteiprogramme:
„In der Herkunftsregion von Flüchtlingsbewegungen, wie zum Beispiel Nordafrika, werden Schutz- und Asylzentren in sicheren Staaten eingerichtet. Vorrangiges Ziel ist, solche Aufnahmeeinrichtungen unter UN- oder EU-Mandat zu betreiben. Anträge auf Schutz sollen danach nur noch dort gestellt und entschieden werden. Antragsteller in Deutschland und Europa sind ausnahmslos zur Rückkehr in diese Zentren zu verpflichten.“

Soweit die einschlägige Passage aus dem Programm der AfD. Nun der einschlägige Text aus dem Programm der CDU:

„Unser Ziel besteht darin, die illegale Migration aus afrikanischen Ländern, die vielfach nicht durch Verfolgung und Bürgerkrieg, sondern durch wirtschaftliche und soziale Not bedingt ist, erfolgreich zu bekämpfen und damit zu verhindern, daß zehntausende weiterhin ihr Leben in Gefahr bringen. Zu diesem Zweck wollen wir weitere Abkommen nach dem Vorbild des EU-Türkei-Abkommens auch mit afrikanischen Staaten abschließen. Dafür brauchen wir in Zusammenarbeit mit den internationalen Flüchtlings- und Migrationsorganisationen (IOM, UNHCR) Fluchtalternativen und auf Fangmöglichkeiten „vor Ort". Dies kann bedeuten, Menschen, die aus den Booten der Schlepper vor dem Ertrinken gerettet werden, zurück an die nordafrikanische Küste zu bringen und sie dort in Absprache mit den betreffenden Ländern, zum Beispiel in regionalen Aufnahmezentren, zu versorgen."

Ein ständiges Ärgernis ist auch darin zu sehen, daß es kaum Rückführungen oder gar freiwillige Rückreisen rechtskräftig abgelehnter Asylbewerber oder angeblicher Bürgerkriegsflüchtlinge gibt. Dazu erklärt die CDU in ihrem Programm nun:
„Zu oft scheitert der Vollzug der Ausreisepflicht an Abschiebungshindernissen. Wir wollen, wo notwendig, ergänzende Rechtsgrundlagen schaffen. Konsequente Abschiebungen führen auch zu mehr freiwilligen Ausreisen. Dazu wollen wir folgende Grundsätze möglichst rasch umsetzen:
Der Haftgrund für Abschiebehaft muß erweitert werden, wenn von dem Ausreisepflichtigen eine Gefahr ausgeht.

Die Möglichkeit für den Ausreisegewahrsam muß auf vier Wochen verlängert werden.

Mit vollzogener Abschiebung erfolgt eine Wiedereinreisesperre. In diesen Fällen muß an der Grenze zurückgewiesen bzw. sofort erneut abgeschoben werden können.

Wer falsche Angaben macht oder die Mitwirkung etwa bei der Identitätsfeststellung verweigert, muß den Status eines Geduldeten und die Erlaubnis zur Beschäftigung verlieren, Leistungen werden gekürzt; statt der Duldung gibt es nur noch eine Bescheinigung über die Ausreisepflicht. Das Asylverfahren ist beendet.

Wer in dem Land, aus dem er vor Krieg oder Verfolgung geflohen ist, Urlaub macht, verliert seinen Asylstatus und der Reisepaß wird entzogen."

Inhaltlich gleich, sprachlich ähnlich formuliert die AfD:
„Der wichtigste (Fehl-) Anreiz, über das Asylrecht in das deutsche Sozialsystem einzuwandern, ist bereits seit Jahrzehnten die fehlende Durchsetzung der Ausreisepflicht gegenüber Ausländern, die unter keinem Gesichtspunkt bleibeberechtigt sind... Die AfD will diese Mißachtung des Rechtsstaats beenden. Sie fordert, das Abschiebe-recht zu ertüchtigen, zu vereinfachen und es konsequent anzuwenden; wo dies nicht geschieht, hat die Rechts- und Fachaufsicht des Bundes sofort einzugreifen.... Alle rechtskräftig abgelehnten Asylbewerber sind unverzüglich außer Landes zu bringen, sofern sie nicht entsprechende Ausreiseaufforderungen freiwillig befolgen.... Vollziehbar ausreisepflichtigen Ausländern dürfen nicht gleichzeitig Anreize zum Bleiben gegeben werden. Unter anderem ist ihre Sozialhilfe dauerhaft auf ein rechtlich zulässiges Minimum in Sachleistungen zurückzuführen."

Das große Thema im Ausländerrecht ist die Integration. Dazu aus dem Parteiprogramm der AfD:

„Die multikulturelle Gesellschaft ist gescheitert. Um mit Einwanderern in der Zukunft friedlich zusammen leben zu können, ist deren Integration unerlässlich. Nur so läßt sich auch das weitere Vordringen von Gegen- und Parallelgesellschaften in unserem Land verhindern."

Bei der CDU heißt das so:
„Gelingende Integration und Parallelgesellschaften schließen sich aus. Wir wollen deshalb Parallelgesellschaften verhindern. Wer sich der Integration verweigert und unsere Rechts- und Werteordnung missachtet, muß mit Sanktionen bis hin zu Leistungskürzungen und Ausweisung rechnen."

Höchst umstritten in Deutschland ist der sogenannte Doppelpaß, also die automatische Verleihung der deutschen Staatsangehörigkeit an in Deutschland geborene Kinder ausländischer Eltern, auch wenn diese nach dem Recht des Heimatstaates ihrer Eltern deren Staats-

angehörigkeit von Geburt an haben. Dazu erklärt die AfD in ihrem Programm:
„Die AfD lehnt den „Doppelpaß“, also den Erwerb der deutschen Staatsangehörigkeit bei gleichzeitigem Fortbestand oder Erwerb einer anderen Staatsangehörigkeit, grundsätzlich ab, was wohlbegründete Sonderfälle aber nicht ausschließt.“

Eben dies hat die CDU auf ihrem Essener Parteitag auch beschlossen.

Ich habe das einfach einmal nebeneinander gestellt. Kommentieren muß ich das nicht. Diese Internetseite hat den Untertitel *„sapere aude!“*. Deswegen ist auch hier jeder Leser und jede Leserin zum Selberdenken aufgefordert.

7. Dezember 2016

Ausländer sind nicht krimineller als wir?

Polizeiliche Kriminalstatistik vs. politisch korrekter Sprachgebrauch

Zu den beliebtesten Versatzstücken der Beschwichtigungsrhetorik unserer Tage gehört die Behauptung, Ausländer seien grundsätzlich nicht krimineller als Deutsche. Zwar können viele das kaum glauben, und auch das, was man so unter der Hand von Polizeibeamten und anderen beruflich mit der Kriminalität und ihren Folgen befaßten Leuten hört, läßt an dieser Aussage massive Zweifel entstehen. Nun kommt hinzu, daß von Rechts wegen natürlich eingebürgerte Täter sowohl in der Berichterstattung als auch in der Statistik als Deutsche auftauchen. „Der deutsche Staatsbürger Mohammed Ö. Ist dringend verdächtig, die Studentin Anja S. am Morgen des 23. Juli vergewaltigt zu haben…“ Somit sind Statistiken, die nach Deutschen und Nicht-Deutschen unterscheiden, insoweit unscharf, als die ethnische Herkunft der Tatverdächtigen nicht erfaßt wird. Für die meisten Nachrichtenkonsumenten ist indessen weniger wichtig, welchen Reisepaß der Tatverdächtige in der Tasche hat, als die Kenntnis, ob es sich um einen ethnischen Deutschen („der schon länger hier lebt", O-Ton A. Merkel) oder um einen Zuwanderer handelt.

Mit dieser Einschränkung ist die Lektüre der polizeilichen Kriminalstatistik für das Jahr 2015 durchaus aufschlußreich. Sie unterscheidet zwischen deutschen Tatverdächtigen (dazu zählen also auch alle Migranten mit deutschem Paß) und nicht-deutschen Tatverdächtigen. Die gesamte Zahl der erfaßten Tatverdächtigen beläuft sich auf 2.369.036 Personen. Davon deutsche Tatverdächtige 1.457.172, das sind 61,5 %, davon nicht-deutsche Tatverdächtige 911.864, das sind 38,49 %. Rechnet man die ausländerrechtlichen Verstöße heraus, so bleiben 27,6 % nicht-deutsche Tatverdächtige. Im Jahre 2011 waren es 20,8 %. Eine Steigerung um immerhin 31,7 % in vier Jahren. Der Anteil der Ausländer im Rechtssinne an der Gesamtbevölkerung in Deutschland beträgt im Jahre 2015 gerade 9,72 %. D.h., der Anteil der nicht-deutschen Tatverdächtigen an der Gesamtzahl der Straftaten ohne ausländerrechtliche Verstöße ist fast dreimal so hoch, wie ihr Anteil an der Gesamtbevölkerung.

Greift man einzelne Deliktsgruppen heraus, so ergibt sich ebenfalls ein überraschendes Bild. Bei den Straftaten gegen das Leben tauchen deutsche Tatverdächtige zu 70,75 % auf, nicht-deutsche zu 29,25 %. Beim Delikt des Totschlages sind die Zahlen 60,32 % deutsche Tatverdächtige und 39,68 % nicht-deutsche Tatverdächtige. Bei Raub und räuberischer Erpressung zählt man 61,56 % deutsche Tatverdächtige und 38,44 % nicht-deutsche Tatverdächtige. Bei den Straftaten gegen die sexuelle Selbstbestimmung (das geht vom sogenannten „Grabschen" und der sexuellen Anmache bis zur Gruppenvergewaltigung) zählt die Statistik 79,5 % deutsche Tatverdächtige und 20,5 % nicht-deutsche Tatverdächtige. Bei speziellen Delikten sieht es noch finsterer aus. Der Anteil der deutschen Tatverdächtigen bei (einfacher) Vergewaltigung liegt bei 66,89 %, der Anteil nicht-deutscher Tatverdächtiger bei 33,11 %. Geschah die Vergewaltigung überfallartig, so sind von den Tatverdächtigen 65,75 % Deutsche, 34,25 % Nicht-Deutsche. Die Vergewaltigung durch Gruppen wird zu 53,89 % deutschen Tatverdächtigen, und zu

46,11 % nicht-deutschen Tatverdächtigen zugeschrieben. Im Verhältnis zum Anteil der Nicht-Deutschen an der Gesamtbevölkerung von lediglich 9,72 % haben wir hier bei den schweren Straftaten durchweg das drei bis fast fünffache bei den Tatverdächtigen.

Soweit die amtlichen Zahlen. Klar: Ausländer sind nicht krimineller als wir. Oder vielleicht doch? Richtig ist lediglich, daß auch bei den Ausländern nur eine Minderheit, teilweise allerdings eine beachtliche Minderheit, kriminell ist. Daß der Anteil, gemessen am Anteil an der Gesamtbevölkerung, jedoch signifikant größer ist, kann nicht schöngeredet werden. Doch die Erklärungsmuster unserer Politiker und ihrer medialen Büchsenspanner laufen darauf hinaus, daß die Ursache dieses Ungleichgewichts natürlich ausschließlich in den sozialen Lebensbedingungen zu suchen ist. Armut, Ausgrenzung und Unverständnis der ethnischen Deutschen („die schon länger hier sind", O-Ton A. Merkel) führen zum proportional höheren Anteil ausländischer Tatverdächtiger. Darüber könnte man nur dann ernsthaft diskutieren, wenn auch der Anteil der Armen und Ausgegrenzten bei den ethnischen Deutschen proportional zur Zahl der deutschen Tatverdächtigen wäre. Das wird vorsichtshalber natürlich nicht untersucht, weil man das zu erwartende Ergebnis scheut. Damit versperrt man sich den Weg zur seriösen Ursachenforschung, der überhaupt erst Wege zur wirksamen Kriminalprävention aufzeichnen kann. Ideologie geht eben vor Sachverstand, das scheint ein Grundgesetz der Politik zu sein.

8. Dezember 2016

Postfaktisch

Wer belügt das Volk?

Nun hat das Establishment zurückgeschlagen. Lange genug haben sich Politiker und Medienschaffende anhören müssen, sie verdrehten die Fakten und belögen das Volk. Die politischen Entscheidungen fußten nicht auf Fakten, sondern auf Ideologie oder seien lediglich interessegeleitet. Wie wir seit gestern wissen, ist das alles ganz anders. „Postfaktisch“ ist das Wort des Jahres. Kreiert von der Gesellschaft für deutsche Sprache nach der Vorlage von Angela Merkel. Der Begriff postfaktisch verweist nach deren Begründung für diese Wahl darauf, daß es in politischen und gesellschaftlichen Diskussionen heute zunehmend um Emotionen anstelle von Fakten geht. Immer größere Bevölkerungsschichten sind danach in ihrem Widerwillen gegen „die da oben“ bereit, Tatsachen zu ignorieren und sogar offensichtliche Lügen bereitwillig zu akzeptieren. Nicht der Anspruch auf Wahrheit, sondern das Aussprechen der „gefühlten Wahrheit“ führe im „postfaktischen Zeitalter“ zum Erfolg.

Da haben wir‘s. Der Bürger glaubt lieber an Märchen, als daß er seinen Politikern und ihren Paladinen mit dem Federkiel vertraut und singt fröhlich vor sich hin: „Ich mach mir die Welt, wie sie mir gefällt!“ Und weil der Simpel es ohnehin nicht so mit den Tatsachen hat, deren Erkenntnis ja nun einmal das Sammeln von Informationen und deren intellektuelle Durchdringung voraussetzt, sondern lieber aus dem Bauch heraus entscheidet und am liebsten glaubt, was er mit seinem Spatzenhirn selber so denkt, ignoriert er souverän die Wirklichkeit und läuft irgendwelchen, natürlich vorzugsweise „rechtspopulistischen“, Rattenfängern nach.

Immer wenn etwas mit großem medialen Tamtam in Tagesschau, Heute und auf den Titelseiten der Zeitungen verbreitet wird, ist nicht nur Vorsicht geboten, sondern es ist auch ratsam, nachzuschauen, von wem eigentlich die Nachricht stammt. Für die Wahl des Wortes wie auch des Unwortes des Jahres ist die Gesellschaft für deutsche Sprache zuständig. Dabei handelt es sich um eine Einrichtung in der Rechtsform des eingetragenen Vereins, der hauptsächlich von der deutschen Kultusministerkonferenz und dem Kulturstaatsminister der Bundesregierung finanziert wird. Diesem Verein kann man also alles andere als eine kritische Distanz zur Politik, vielmehr eine Abhängigkeit von den Regierungen des Bundes und der Länder nachsagen. Man tritt ihm wohl nicht zu nahe, wenn man seine Aufgabe unter anderem darin sieht, die politischen Sprachregelungen zu formulieren und, wenn irgend möglich, auch populär zu machen. Vielleicht die subtile Variante des Orwell'schen Wahrheitsministeriums. Die Wahl von Wort des Jahres 2015 – Flüchtlinge – und Unwort des Jahres 2015 – Gutmensch – belegt diese Einschätzung überzeugend. Auch das nun kreierte Wort des Jahres 2016 dient dazu, die Kritik vor allem an der Flüchtlings- und Europapolitik der herrschenden schwarzgelbrotgrünstasiroten Politikerkaste zu diskreditieren. Sie ist halt nicht ernst zu nehmen, weil „postfaktisch", will heißen lediglich von – natürlich dumpfen – Emotionen getragen.

In Wirklichkeit fällt dem politisch/medialen Establishment sein eigener Umgang mit der Wahrheit auf die Füße. Die Leute haben es einfach satt, angelogen zu werden. Und das ist in den letzten Jahren immer dreister geschehen. Was hat man uns nicht alles weismachen wollen, von der Bankenrettung über die Eurorettung zur speziellen Griechenlandrettung. Was hat man uns nicht alles weismachen wollen, damit wir freudig dazu applaudieren, daß hunderttausende von Menschen unkontrolliert im wahrsten Sinne des Wortes in unser Land strömen. Ärzte und Ingenieure, Facharbeiter und lernwillige Azubis zuhauf erlösten Deutschland vom Fachkräftemangel und sicherten unsere Renten. Über die tatsächlichen Zustände etwa in den Sammelunterkünften, das Benehmen vieler wirklicher oder auch nur vermeintlicher Flüchtlinge gegenüber deutschen Bürgern und Beamten, und über die mangelnde berufliche Qualifikation nahezu sämtlicher Flüchtlinge wurde entweder beschönigend oder gar nicht berichtet. Selbst ein Ereignis wie die Kölner Silvesternacht, die inzwischen als Begriff in die Alltagssprache eingegangen ist, kam nur mit beträchtlicher Verzögerung und gewissermaßen scheibchenweise in die Medien. Geradezu ikonographisch in seinem Symbolgehalt war die Aufdeckung der Inszenierung einer Demonstration trauernder Bürger in den Straßen von Paris mit der politischen Prominenz Europas untergehakt in der ersten Reihe, die sich eben als Fälschung herausstellte, als die offenbar aus der Höhe aufgenommenen Bilder über die Fernsehbildschirme gingen, auf denen jeder sehen konnte, daß hinter den untergehakten Politikern nur wenige Statisten hermarschierten. Das hatte man dann in die Tagesschau-Bilder der Demonstration hineinkopiert.

Nein, die Bürger in Europa denken und entscheiden nicht postfaktisch. Politik und Medien agieren k**ontrafaktisch.** Sie pflegen mit der Wahrheit den Umgang, den Lenin seinen Genossen anempfohlen hatte: „Die Wahrheit sagen? Das ist ein bürgerliches Vorurteil. Wahrheit ist, was der Partei nützt." Dem Establishment fallen seine verlogenen Welterklärungen auf die Füße. Es rekrutiert sich vorwiegend, jedenfalls in seinen führenden Schichten, aus den saturierten Altachtundsechzigern. Ihnen dämmert langsam, daß sie der Meinungsführerschaft verlustig gehen. Besonders ärgerlich ist für sie, daß die Bürger außerhalb ihres Milieus begonnen haben, sie mit ihren eigenen Waffen zu schlagen. Sie haben seinerzeit gefordert, alles zu hinterfragen. Die Leute tun das jetzt. Sie haben seinerzeit den Aufstand gegen das Establishment gepredigt. Nun stellen sie pikiert fest, daß sie in den Augen der Bürger selbst das Establishment geworden sind. Und deswegen ärgert es sie, daß diese in ihren Augen postfaktisch denkenden Dummköpfe sie als das Establishment bezeichnen. Denn was mit dem zu geschehen hat, haben sie damals ja laut genug gerufen und dann begonnen, es in die Tat umzusetzen. Nun sitzen sie im Führerbunker und fühlen die Götterdämmerung heraufziehen.

10. Dezember 2016

Il y a des juges à Karlsruhe

Der Bundesgerichtshof setzt der Islamisierung des Alltags Grenzen

Die zum geflügelten Wort und damit Bestandteil unserer deutschen Kultur gewordene Antwort des Müllers von Sancoussi auf die Drohung seines Königs, die Mühle, die ihn so sehr störte, auch gegen seinen Willen abreißen zu lassen, steht für unser über Jahrhunderte gewachsenes rechtsstaatliches Bewußtsein. Der Müller war sich sicher, daß die Richter in Berlin dem despotischen Willen seines Königs Grenzen setzen würden. Und darum schleuderte er ihm das berühmte: „Es gibt Richter in Berlin!" entgegen, selbstverständlich für die damalige Zeit typisch in französischer Sprache.

Ja es gibt bisweilen Richter, und auch an unserem höchsten Gericht. Offenbar unberührt von allen politisch korrekten Pressionen haben deutsche Richter bis hinauf zum Bundesverfassungsgericht dem Ansinnen islamischer, besser gesagt islamistischer, Kreise eine Absage erteilt, ihren mittelalterlich geprägten Lebensvorstellungen Vorrang vor unseren Vorstellungen von gesellschaftlichem Zusammenleben, wie es in unseren Schulen – noch – gelehrt wird, einzuräumen.

Zum Sachverhalt:
Die Eltern der seinerzeit 11 bzw.12 Jahre alten Schülerin verboten ihr die Teilnahme am Schwimmunterricht in der Schule, weil dieser für die Mädchen und Buben der Klasse gemeinschaftlich erteilt wurde. Nicht einmal in dem grottenhässlichen Textil namens Burkini sollte sie teilnehmen dürfen. Denn schließlich habe der Koran verboten, daß fremde Männer den Körper einer Frau mit ihren lüsternen Blicken taxieren dürften. Auch sei es einer Muslimin nicht zumutbar, leicht bekleidete junge Männer oder auch nur Jungen anschauen zu müssen. Mit diesem Ansinnen waren sie zunächst bei der Schulleitung, und dann auf dem Rechtsweg durch die Instanzen der Verwaltungsgerichte gescheitert. Unverdrossen ließen sie ihr Kind dagegen Verfassungsbeschwerde einlegen, die das Bundesverfassungsgericht mit Beschluß vom 08.11.2016 wegen Aussichtslosigkeit nicht zur Entscheidung angenommen hat.

Zum Inhalt der Entscheidung:
Obwohl das Gericht nach dem Gesetz einen solchen Beschluß nicht begründen muß, hat es dies dankenswerter Weise im vorliegenden Falle getan. Zum Teil allerdings jedoch nur aus formalrechtlichen Gründen, etwa insoweit, als auch das Erziehungsrecht ihrer Eltern angeblich in verfassungswidriger Weise verletzt worden sei. Denn die Eltern waren ja gar nicht Partei im Verfahren. Auch vermissten die Richter auch in anderer Hinsicht eine den Anforderungen des Verfassungsbeschwerderechts genügende Begründung. Jedoch stellten sie klar, daß ihren religiösen Vorstellungen – genauer gesagt, den Vorstellungen der hinter der Klage offensichtlich stehenden islamistischen Kreise – doch damit Genüge getan werden könne, wenn sie

in einem sogenannten Burkini am Schwimmunterricht teilnehme. Denn dieses Kleidungsstück verberge wohl ausreichend auch im nassen Zustand die Formen ihres Körpers. Als nicht nachvollziehbar erklärten die Richter die Behauptung, daß die Beschwerdeführerin beim Tragen eines Burkinis immer damit rechnen müsse, daß dieser verrutsche und bei Bewegungen oder Übungen Körperformen abbilde. Der Veröffentlichung dieser Entscheidung verdanken wir also unter anderem auch die Erkenntnis, welch krause Gedankengänge und abstruse Vorstellungen in den Köpfen von Islamfunktionären entstehen und dann auch noch ernsthaft vor den Gerichten geltend gemacht werden. Besonders pikant wird diese Argumentation, wenn man dann aus der Entscheidung entnimmt, daß die Beschwerdeführerin im folgenden Schuljahr am gemeinschaftlichen Schwimmunterricht ihrer Klasse teilgenommen hat, allerdings dabei das häßliche Textil namens Burkini getragen hat. Auch die Rüge, die Ausgangsgerichte hätten verkannt, daß es der Beschwerdeführerin im Schwimmunterricht anders als im sonstigen Alltag nicht möglich sei, den ihren religiösen Überzeugungen widerstrebenden Anblick leicht bekleideter Männer und Jungen durch Niederschlagen ihres Blicks zu vermeiden, sei nicht näher ausgeführt. Sie gehe auch an den Gründen der letztinstanzlichen Entscheidungen der Verwaltungsgerichtsbarkeit vorbei. Das Bundesverwaltungsgericht habe mit ausführlicher Begründung die Auffassung vertreten, die Glaubensfreiheit der Beschwerdeführerin müsse insoweit hinter den schulischen Wirkungsauftrag zurücktreten. Auch die Besorgnis hinsichtlich möglicher Übergriffe durch Mitschüler hielt das Bundesverfassungsgericht offensichtlich für abwegig. Denn die Verwaltungsgerichte hatten insoweit auf die umsichtige Leitung des Unterrichts durch die Lehrer sowie auf die schlichte Lebenserfahrung zurückgegriffen, daß jede Frau durch eigenes Verhalten diese Gefahr im täglichen Leben auf ein hinnehmbares Maß zurückführen kann. Schließlich war auch nicht ausreichend dargetan, warum insoweit eine ausdrückliche gesetzliche Regelung erforderlich sein sollte.

Zur Bedeutung der Entscheidung:
Die Entscheidung läßt, wenn auch in begrenztem Maße, die Hoffnung

aufkommen, daß zumindest die Auswüchse des Islam in unserem Lande an juristische Grenzen kommen können. Die Entscheidung läßt allerdings genügend Raum dafür, daß in dem einen oder anderen Punkt auch zugunsten der religiösen Vorstellungen entschieden werden könnte, wenn nur juristisch hinreichend gut argumentiert würde. Insofern ist in Sachen Islamisierung des gesellschaftlichen Klimas mit Hilfe der Rechtsordnung noch keineswegs das letzte Wort gesprochen. Denn solange das Grundrecht auf freie Religionsausübung ohne jede Einschränkung auch für die abstrusesten religiösen Vorstellungen Geltung beanspruchen kann, muß auch mit entsprechenden Gerichtsentscheidungen gerechnet werden. Erst wenn sich in der juristischen Welt bis hinauf zum Bundesverfassungsgericht die Auffassung durchsetzt, daß dem Grundrecht auf freie Religionsausübung nicht alle möglichen Lebenssachverhalte zugeordnet werden können, und insbesondere auch die entgegenstehenden Grundrechte anderer auf Wahrung ihrer Persönlichkeitsrechte stärker berücksichtigt werden, kann dieser Entwicklung Einhalt geboten werden. Es ist wirklich nicht einzusehen, daß Angehörige anderer Religionen oder gar die große Zahl religiös nicht gebundener Menschen in unserem Lande Einschränkungen ihrer Lebensweise hinnehmen müssen, weil eine radikale Minderheit von Muslimen ihre Lebensvorstellungen nach und nach in das Alltagsleben implementiert, und zwar mit dem Segen von Behörden und Gerichten. Es ist auch zwingend geboten, die Definition von Religion immer wieder darauf hin zu überprüfen, ob es sich tatsächlich um Religion im ursprünglichen, in unserer Kultur überkommenen Sinne handelt, nämlich den Glauben an das Jenseits und die Beziehung des Menschen dazu. Sobald indessen Vorstellungen hinzutreten, die das Leben der Menschen auf der Erde verbindlich mit dem Anspruch auf Befolgung wie staatliche Gesetze regeln, ist der Bereich der Religion jedenfalls nach unserem aufgeklärten Verständnis verlassen. Das bedeutet in der rechtlichen Konsequenz, daß damit auch der Schutzbereich der Verfassung verlassen ist. Hinzu kommt im Falle des Islam, daß es sich dabei in großen Teilen um eine politische Ideologie handelt. Es ist die Aufgabe unserer Zeit, diesen Erkenntnissen in der öffentlichen Diskussion Bahn zu brechen, damit sie Eingang in das Denken der Juristen finden.

Denn das Rechtsverständnis wird vom Vorverständnis der Tatsachen bestimmt. Nur dann klingt das Wort ermutigend: „Es gibt Richter in Karlsruhe!"

11. Dezember 2016

Es reicht!

Das islamistische Attentat auf dem Weihnachtsmarkt vor der Berliner Gedächtniskirche

Es ist gekommen, wie es kommen mußte. Ein viele Tonnen schwerer Sattelzug rast durch einen Berliner Weihnachtsmarkt, am Steuer ein so genannter Soldat des „Islamischen Staates". Jedenfalls brüstet sich dieses Verbrecherpack mit der Tat. Ein Dutzend Menschen sind tot, noch viel mehr teils schwer verletzt. In der Fahrerkabine findet die Polizei Papiere, die auf einen Täter mutmaßlich tunesischer Staatsangehörigkeit hindeuten. Was man weiter erfährt, verschlägt einem doch die Sprache. Dieser Mitmensch reist seit 2012 in Europa unter ca. zehn verschiedenen Namen umher. Aus Italien gekommen, beantragt er in Deutschland Asyl. Erfolglos. Er soll abgeschoben werden. Sogar in Gewahrsam soll er deswegen gewesen sein. Aber man konnte ihn nicht abschieben, weil er keine gültigen tunesischen Papiere hatte. In Gewahrsam halten konnte man ihn offenbar auch nicht bis zu dem Zeitpunkt, in dem die Papiere eintreffen würden. Letzteres ist tatsächlich heute, am 21.12.2016 endlich geschehen. Der hilfsbedürftige Flüchtling indessen ist längst über alle Berge. Vermutlich hat er den Anschlag in Berlin verübt.

Ein solches Land wie Deutschland muß für alle Asylbetrüger, Wirtschaftsflüchtlinge und vor allem auch islamistische Terroristen als das gelobte Land erscheinen. Es gewährt großzügig Gastfreundschaft ohne Ansehen der Person. Auch wenn man nicht weiß wer er ist, woher er kommt und mit welcher Berechtigung er den Flüchtlingsstatus oder gar Asyl beantragt, er bekommt einen Aufenthaltsstatus oder wird mindestens geduldet. Das geht natürlich mit den Segnungen des deutschen Sozialstaates einher. Natürlich muß ein

Mindestmaß an Bürokratie auch den Wahnsinn einrahmen. Diese Herrschaften erhalten einen Ausweis. In schönstem Amtsdeutsch heißt es darin:

„Die Personendaten beruhen auf den eigenen Angaben des Antragstellers. Der Inhaber dieses Reiseausweises ist Flüchtling im Sinne des Abkommens über die Rechtsstellung der Flüchtlinge."

D.h. also, der Flüchtlingsstatus wird jedem zuerkannt, der ihn haben will, vorausgesetzt, er hat keine Papiere. Merkwürdigerweise werden tausendfach Menschen aus dem Mittelmeer gefischt oder kommen über irgendwelche grünen Grenzen, die angeblich alles verloren haben, insbesondere ihre Papiere. Niemals verlieren sie jedoch ihre Smartphones und ihr Geld. *Hony soit qui mal y pense!* Wer etwa im richtigen Leben, also so ganz außerhalb der staatlich verordneten humanitätsduseligen Flüchtlingsbemutterung, als Angeklagter oder Zeuge einem Gericht eine so haarsträubende Geschichte erzählt, kann mit allem rechnen, nur nicht damit, daß das Gericht ihm davon auch nur eine Silbe glaubt. Gießen Sie sich vielleicht einmal auf dem Weihnachtsmarkt 3-4 Tassen Glühwein hinter die Binde und erzählen anschließend dem Polizisten, der sie in das berühmte Röhrchen hat blasen lassen, Sie hätten gemeint, Kinderpunsch zu trinken, weil Ihre Kollegen Ihnen die Tasse immer wieder mit der Erklärung gereicht hätten, es handele sich um Kinderpunsch wie bestellt. Der Mann wird Sie nicht etwa weiterfahren lassen, sondern erst fragen, ob sie ihn verarschen wollen, Ihnen sodann den Führerschein abnehmen und Sie im Streifenwagen zur Blutabnahme fahren.

Was dem Ganzen die Krone aufsetzt, ist das Verhalten unserer Politiker, jedenfalls derjenigen, die das Sagen haben. Für die besteht nämlich kein Anlaß, irgendwas an der Flüchtlingspolitik zu ändern oder beispielsweise Überwachungsmaßnahmen zu optimieren. Vielmehr bekommen wir den gutgemeinten Rat, daß wir uns von den Terroristen nicht beirren lassen sollen. Denn dann hätten „die" ja gewonnen. Ein Land, das derart miserabel regiert wird, ist natürlich ein Paradies für Verbrecher und Terroristen aller Art. Politiker, die immer noch von Willkommenskultur, Nächstenliebe und offener Gesellschaft faseln, haben vielleicht das Zeug zum Weihnachtsmann bei der Obdachlosenbescherung. Zum Regieren, und sei es nur als Zaunkönig eines Bonsai-Ländchens wie das Saarland oder einer versifften Bankrottmetropole wie Berlin, taugen sie nicht. Das Problem ist aber, daß die meisten Leute in unserem Land das einfach nicht kapieren und in der Wahlkabine immer noch ihr Kreuzchen bei den gleichen Pappnasen machen, bei denen sie es schon immer gemacht haben. Und deswegen brauchen sich zum Beispiel die Obergangster des IS nicht zu sorgen, daß ihr Operationsgebiet Deutschland etwa zu einem gefährlichen Pflaster für ihre sogenannten Soldaten werden könnte. Es könnte allerdings sein, daß sich diese Herrschaften über Deutschland totlachen. Also wirklich biologisch und am Lachkrampf sterben. Damit wäre uns wenigstens ein bißchen geholfen. Aber darauf können wir ebenso wenig hoffen, wie auf die Ankunft des Engels Aloysius in den Räumen der bayerischen Staatsregierung, um ihr die göttlichen Ratschläge zu überbringen. Bekanntlich sitzt er bis heute vor seiner Maß im Hofbräuhaus. Die göttlichen Ratschläge werden somit weder der bayerischen Staatsregierung noch irgendeinem anderen Politiker zuteil. *Difficile erat satiram non scribere!*

21. Dezember 2016

Si vis pacem, para bellum

Deutschland muß endlich die Kriegserklärung der Islamisten ernstnehmen

Wer sich über das nun zu Ende gehende Jahr Gedanken macht und sich fragt, was es uns gebracht hat, der kommt nicht daran vorbei, daß es uns eine Vielzahl von Angriffen islamistischer Terroristen beschert hat. Besteht über diese Bezeichnung der Täter noch allgemein Übereinstimmung, so muß man sich schon für die Aussage rechtfertigen, daß es sich bei diesen Tätern um die Speerspitze des politisch radikalen Islam handelt, und man wird gesellschaftlich in Acht und Bann getan, wenn man sagt, dieser Islamismus sei vom Islam als solchem nicht zu trennen, vielmehr sei das zumindest nach seinem Selbstverständnis die authentische Auslegung des Koran und der Hadithen. Wer darauf hinweist, daß der Koran eine Vielzahl von Texten enthält, die nicht anders verstanden werden können, denn als göttliche Befehle zur Tötung von Apostaten und Ungläubigen, schrammt bereits hart am Schreibtisch des Staatsanwalts vorbei, um dann aber sicher auf dem Radar der Gesinnungspolizei unseres Bundesjustizministerleins und seiner Stasi-Reenactment Truppe unter dem Kommando der ehemaligen Spitzelfachkraft Annetta Kahane zu erscheinen.

Doch werfen wir ganz einfach nur einen Blick auf den Kalender des Jahres 2016. Wir werden feststellen, daß er prall gefüllt ist mit islamistischen Attentaten unterschiedlicher Begehungsweise und mit mal wenigen, mal mehr Opfern, jedes Mal aber Angriffen auf unsere Identität, Kultur und Zivilisation. Ohne Anspruch auf Vollständigkeit liste ich nachstehend islamistische Terroranschläge auf, die entweder in Europa oder in den USA oder sonst wo auf der Welt, aber eben auf deutsche, europäische oder US-Bürger verübt worden sind:

+ 12. Januar, Istanbul, Anschlag auf deutsche Touristen, zwölf Tote, 13 Verletzte.

+ 29. Februar, Hannover, eine 15-jährige Islamistin verletzt einen Polizeibeamten mit einem Messer lebensgefährlich.

+ 22. März, Anschlagsserie in Brüssel, 48 Tote, 340 Verletzte.

+16. April, Essen, Sprengstoffanschlag, drei Verletzte.

+ 13. Juni Frankreich, Anschlag, zwei Tote.

+ 14. Juli, Nizza/Frankreich, Anschlag mit Lkw, 86 Tote, mehr als 400 Verletzte

+ 18. Juli, Würzburg, Anschlag mit Axt auf Passagiere einer Regionalbahn, fünf Verletzte.

+ 24. Juli, Ansbach, Sprengstoffanschlag, 15 Verletzte.

+ 26. Juli, Frankreich, ein Priester wird in seiner Kirche erstochen.

+ 6. August, Charleroi/Belgien, Anschlag, zwei verletzte Polizisten.

+ 17. September, USA, Messerattacke, acht Verletzte, am gleichen Tag Rohrbombe, 29 Verletzte.

+ 7. November, Malaysia, eine deutsche Segelyacht wird angegriffen, ein Toter, ein Verletzter.

+ 10. November, Mazar-e-Sharif/Afghanistan, Angriff auf deutsches Generalkonsulat, fünf Tote, 119 Verletzte.

+ 28. November, Ohio State University/USA, Anschlag, elf Verletzte.

+ 5. Dezember, Ludwigshafen, ein 12-jähriger Junge versucht einen Nagelbombenanschlag auf den Weihnachtsmarkt

+ 19. Dezember, Berlin, Anschlag mit Lkw, zwölf Tote, 56 Verletzte.

Die jeweils getöteten oder verletzten Angreifer habe ich nicht mitgezählt. Sie sind ja keine Opfer.

Wir wissen, daß Mohammed, nach seinen Angaben auf Geheiß Allahs, eine Einteilung der Welt in Gebiete des Friedens und des Krieges vorgenommen hat, wobei erstere natürlich die sein sollen, in denen der Islam herrscht, und letztere die, in denen das eben noch nicht der Fall ist. Wir müssen zur Kenntnis nehmen, daß wir im Dar al-Harb, dem Gebiet des Krieges leben, was deswegen so ist, weil wir im Dar al-Kufr, dem Gebiet des Unglaubens leben. Der Mörder von Berlin hat ja auch der Nachwelt seine Botschaft hinterlassen, wonach er sich nun aufmacht, uns „ungläubige Schweine zu schlachten“. Wir müssen einfach zur Kenntnis nehmen, daß sich Terroristen vorgenommen haben, uns zu unterwerfen. Und wir müssen auch zur Kenntnis nehmen, daß strenggläubige Anhänger des Islam auf unterschiedliche Weise daran arbeiten, aus dem Gebiet des Unglaubens Stück für Stück ein Gebiet zu machen, in dem nur noch die Gebote ihres Gottes Geltung haben, eines Gottes, den man nach ihrer Auffassung überhaupt nur in arabischer Sprache bezeichnen darf, eben Allah. Wir müssen auch erkennen, daß die übergroße Mehrheit des politisch/medialen Komplexes in Europa, vor allem aber in Deutschland, diese Entwicklung teils bewußt, teils unbewußt fördert.

Si vis pacem, para bellum. Das Problem ist nur, daß die meisten Menschen in unserem Lande erst gar nicht erkennen, daß wir es heute mit einem Angriff auf unsere Identität, Kultur und Zivilisation zu tun haben, dessen Ziel nichts anderes ist, als diese völlig zu vernichten, um auf ihren Trümmern eine islamische Gesellschaft zu schaffen. Das ist mehr, als konventionelle Kriege vergangener Zeiten schaffen sollten, und manchmal auch geschaffen haben. Wir haben es mit einem weltanschaulichen Feind zu tun, der virtuos auf der Klaviatur sämtlicher moderner Kampfmethoden spielt, seien sie physisch/waffentechnisch oder psychologisch/propagandistisch. Ich sage bewußt Feind. Denn wer ein Land angreift, um ihm Territorien zu entreißen, ist nach klassischer Definition ein Feind. Umso mehr muß das für den gelten, der Länder und Völker vollständig unterwerfen und ihnen seine Religion und Kultur aufzwingen will. Dieser Angriff ist heimtückisch und wegen seiner vielfältigen Kampfesweisen auch außerordentlich schwierig abzuwehren. Denn das Hauptproblem besteht zunächst darin, ihn überhaupt als Angriff zu erkennen. Nur wer die tödliche Gefahr erkennt, kann sich dagegen wappnen. Nur wer die Aufstellung und Ausrüstung des Feindes erkennt, kann Verteidigung und Gegenangriff planen. Nur wer erkennt, von welcher Natur der Feind ist, kann wissen, mit welchen Mitteln er zu schlagen ist.

Das Jahr 2017 mag uns vielleicht manch Gutes bringen. Darüber werden wir uns auch freuen können. Das Jahr 2017 wird uns jedoch eher mehr und stärkere Angriffe der islamischen Dschihadisten bringen, als das Jahr 2016. Um dies sagen zu können, muß man – leider – kein Prophet sein. Es ist zu hoffen, daß möglichst viele in unserem Lande dann endlich erkennen, in welcher Gefahr wir alle schweben, und dann daraus die nötigen Konsequenzen ziehen. D.h., daß dieser Entwicklung überall und in jeder Weise entgegengetreten werden muß. Das beginnt mit Kleinigkeiten, die bei Lichte besehen gar keine sind, wie etwa dem Sprachgebrauch. Kein Lichterzug, sondern ein Sankt Martinszug. Keine schweinefleischfreie Kantine, sondern die Vielfalt der deutschen und europäischen Küche. Keine Frauenbadetage in städtischen Schwimmbädern, sondern liberale Badekultur. Keine verhüllten Gestalten auf den Straßen und in öffentlichen Gebäuden. Stattdessen bewusste Betonung traditioneller deutscher und europäischer Lebensweisen. Und selbstverständlich die konsequente Ausweisung ausländischer Straftäter. Die Verbannung von Inländern, die in Europa an und für sich eine jahrtausendealte Tradition hat, ist ja wohl nach dem Grundgesetz und der europäischen Menschenrechtskonvention nicht mehr möglich. Möglich und geboten ist allerdings eine Strafrechtspraxis, die eine angemessene Vergeltung der Tat und eine wirksame Abschreckung des Täters wie auch der Allgemeinheit bewirkt. Die Wiederaufrichtung des Rechts in Deutschland und Europa. Illegale Einreisen müssen mit allen Mitteln unterbunden werden. Grenzen müssen ihre Funktion wiedergewinnen. In erster Linie die Außengrenzen Europas nach den einschlägigen Verträgen. Und wenn dies nicht ausreichend ist, auch die Binnengrenzen, vor allem die deutschen. Wer nach rechtskräftiger Entscheidung unserer Gerichte kein Recht hat, sich in Deutschland aufzuhalten, muß wirklich unverzüglich das Land verlassen. Wir müssen uns auf uns selbst besinnen und Einwanderung nur zu unserem Vorteil regeln.

Das alles und viel mehr ist aber nur möglich, wenn in unserem Lande ein wehrhafter Geist im Denken der verantwortlichen Politiker, aber auch Journalisten Fuß faßt. Nur dann kann der Kampf aufgenommen und siegreich zu Ende geführt werden. Wir sind es unseren Kindern und Enkelkindern schuldig. Der Roman „Unterwerfung“

des französischen Autors Michel Houellebecq kann nur dann bleiben, was er ist, nämlich eine schaurige Fiktion. Wenn die Deutschen es allerdings nicht schaffen, ihr politisches Personal und dessen mediale Büchsenspanner auszutauschen, dann könnte aus dieser Fiktion schaurige Wirklichkeit werden. Das Gute am Jahr 2017 ist, daß die Deutschen Gelegenheit haben werden, in der Wahlkabine für die nötigen Änderungen zu sorgen.

In diesem Sinne: Ein gutes Neues Jahr!

30. Dezember 2016

Nafris

Nordafrikaner dominieren nicht zufällig die Statistiken über Sexualdelikte

Eines der beherrschenden Themen in der öffentlichen Debatte unseres Landes sind die Vorgänge in den Silvesternächten 2015 und 2016. Vor allem junge Männer aus Nordafrika wurden zu Hunderten wegen sexueller Übergriffe zwischen Hauptbahnhof und Dom zu Köln in der Silvesternacht 2015 angezeigt, jedoch mangels gerichtsfester Beweise kaum einmal verurteilt. Diese Übergriffe gab es auch in vielen anderen deutschen Städten, allerdings nicht in dieser Massierung wie in Köln. In der Silvesternacht 2016 wurden entsprechend umfangreiche Sicherheitsvorkehrungen getroffen, unter anderem die Polizeipräsenz in Köln um mehr als das Zehnfache hochgefahren. Nur deswegen gab es dann in dieser Nacht so gut wie gar keine sexuellen Übergriffe.

Erstaunlicherweise jedoch waren ca. 1.000 Nordafrikaner erneut nach Köln gekommen, bei deren Kontrolle sich häufig herausstellte, daß es sich um Männer handelte, die schon aus der vergangenen Silvesternacht bekannt waren. Offenbar hatte man sich auch verabredet, nach Köln zu fahren um sich ein weiteres Mal zu amüsieren wie gehabt. In anderen Städten, in denen die Polizeipräsenz nicht so dicht war wie zwischen Dom und Hauptbahnhof in Köln, gab es durchaus jeweils eine nennenswerte Zahl von solchen Übergriffen, etwa in Hamburg. Dennoch erklären uns Politik und Medien, in jener Nacht sei die Sicherheit gewährleistet gewesen. Zu Recht weisen unabhängige Kommentatoren darauf hin, daß davon keine Rede sein kann. Denn in einem sicheren Land können Frauen unbesorgt überall Silvester feiern. Einer massiven Polizeipräsenz wie auf der Kölner Domplatte, auf der schon räumlich wegen der ca. 1.500 Polizeibeamten und Dutzenden von Kamerateams kaum noch Platz für Besucher war, bedarf es in einem sicheren Land eben nicht. Festzuhalten ist also, daß Deutschland mindestens seit Silvester 2015 kein sicheres Land ist. Vor allem jungen Frauen kann nur geraten werden, abends entweder zu Hause zu bleiben, oder nur in wehrhafter männlicher Begleitung in die Stadt zu gehen.

Zu den Absurditäten unserer Zeit gehört, daß aus dem linken politischen Spektrum die Arbeit der Polizei massiv kritisiert worden ist. So hat die grüne Giftspritze aus dem Saarland (für Leute, die nicht alle aktuellen Politiker mit Namen kennen: Simone Peter) gezetert, es sei völlig unangemessen, Personen nur aufgrund ihres Aussehens zu kontrollieren. Das sei ein unzulässiges „racial profiling" und stelle Nordafrikaner unter Generalverdacht. Die Abwegigkeit dieses Vorwurfs wird vielleicht besonders deutlich, wenn man sich eine Lage vorstellt, in der die Polizei verhindern soll, daß schwedische Hooligans Zutritt zu einem Fußballstadion bekommen. Müssen die Beamten dann nicht ihr Augenmerk auf blonde, blauäugige junge Männer richten? Vermutlich würde eine solche Fanatikerin der political correctness wie Frau Peter das ganz in Ordnung finden. Rassismus kann für politische Geisterfahrer wie sie ja nur gegen Araber und Afrikaner gerichtet sein. Daß die Polizei im internen Sprachgebrauch für diese Leute dann auch noch die Abkürzung „Nafri" benutzt hat, ist für linke und grüne Politiker erst recht ein Beleg für den Rassismus deutscher Polizeibeamter. Die Abkürzung steht wohl für „nordafrikanischer Intensivtäter", was wegen des Verbrauchs von 30 Zeichen in einer auf 140 Zeichen begrenzten Twitternachricht (tweet) eben zu Kürzeln zwingt. Und sie ist offenbar angebracht, nachdem man bereits nach Silvester 2015 festgestellt hat, daß es sich bei den Festgenommenen regelmäßig um junge Männer aus Nordafrika handelte, die bereits mehrfach straffällig geworden waren. Der polizeiliche Begriff des Intensivtäters ist dann eben schlicht und einfach zutreffend.

Ein Aspekt indessen ist bislang jedenfalls noch nicht beleuchtet worden. Daß diese nordafrikanischen Intensivtäter auch dazu neigen, Sexualdelikte zu begehen, kann nicht überraschen, wenn man die Geschichte der letzten 100 Jahre betrachtet. Unter den französischen Truppenteilen, die nach dem Ersten Weltkrieg das linksrheinische Deutschland besetzten, befanden sich auch Regimenter aus den französischen Kolonien in Nordafrika, also aus Marokko, Algerien und Tunesien. Allgemein nannte man sie Spahis. So berichten zum Beispiel lokale Chronisten aus der Stadt Trier, daß damals nach der Stationierung dieser Soldaten Belästigungen und Überfälle auf Frauen und häufig auch auf Männer kaum zu vermeiden gewesen seien, obgleich das Militär harte Strafen dafür angedroht habe. Dies habe sich schlagartig verbessert, als für die Soldaten ein Bordell eingerichtet worden sei. Ethnologen haben darauf hingewiesen, daß es gewissermaßen zum Beuteschema der Krieger aus den nordafrikanischen Stämmen gehört habe, sich auch die Frauen des besiegten Feindes zu nehmen. Auch für die Zeit des Zweiten Weltkrieges gibt es eine Vielzahl von Berichten über dieses Verhalten der Soldaten aus den französischen Kolonien. Die Vergewaltigungsorgien etwa in Freudenstadt/Schwarzwald, aber auch in anderen Städten der französischen Besatzungszone nach dem Zweiten Weltkrieg sind nun einmal eben ein geschichtliches Faktum, auch wenn das in Deutschland zwischenzeitlich in Vergessenheit geraten ist. Die historische Forschung geht von rund 50.000 Opfern dieser Verbrechen allein in Deutschland aus. In anderen Ländern haben sich diese nordafrikanischen Soldaten auch nicht anders verhalten. So ist in Italien durchaus noch die Erinnerung daran wach, wie derartige Truppenteile 1944 vergewaltigend durch die Dörfer der Aurunci-Berge nahe Monte Cassino zogen. Damals hat sich in die italienische Sprache die Vokabel „marocchinare“ als Begriff für vergewaltigen eingebürgert. Alberto Moravia hat diesen misshandelten Frauen in seinem

Roman „La Ciociaria“ ein Denkmal gesetzt. Das Buch wurde dann Anfang der fünfziger Jahre des vergangenen Jahrhunderts auch mit prominenter Besetzung verfilmt (Regie Vittorio de Sica, weibliche Hauptrolle Sophia Loren).

Umso unverständlicher ist es, wenn die deutschen Behörden solche Intensivtäter nicht konsequent abschieben, obgleich sie samt und sonders kein Asyl erhalten, keine Bürgerkriegsflüchtlinge sind und dazu noch vielfach vorbestraft. Daß sie eine offenbar kulturell bedingte Neigung zu Sexualdelikten haben, verschärft das Problem, ist aber offenbar Politik und Behörden nicht oder nicht ausreichend bekannt. Und deswegen werden wir vermutlich auch in den nächsten Jahren immer wieder erleben, daß die „Nafris“ zu Hunderten irgendwo einfallen und ihren Spaß haben, falls nicht aufgrund besonderer Umstände punktuell eine massive Polizeipräsenz das unterbindet. Eine Lösung des Problems ist das jedoch nicht. Ein weiterer Beleg für die deutsche Krankheit indessen schon.

3. Januar 2017

Endlich! Wir bekommen das Wahrheitsministerium.

Die Zensurbestrebungen der Politik

Zum politischen Neusprech unserer Tage gehören die Vokabeln *fake news, hatespeech* und natürlich das Wort des Jahres 2016 postfaktisch. Hinter all diesen Begriffen verbirgt sich die Sorge der politischen Klasse dieses Landes, daß die Bürger/Wähler die falschen Nachrichten bekommen, die falschen Meinungen haben und deswegen die falschen Kandidaten wählen. Empört führt unser Gesinnungsministerlein einen Kreuzzug gegen die Verbreiter angeblich falscher Nachrichten und falscher (politisch nicht korrekter) Meinungen in den sozialen Medien an. Facebook, Twitter und andere sollen *fake news* und *hatespeech* unverzüglich löschen, wenn firmeneigene Arbeitsgruppen und/oder die Maas‘sche Gesinnungspolizei unter dem Kommando der Ex-Stasimitarbeiterin Annetta Kahane irgendeinen Beitrag für falsch, hetzerisch, oder sonstwie politisch nicht korrekt halten. Da möchte nun auch das Bundesinnenministerium nicht nachstehen. Schließlich haben sogar Politiker aus den Reihen der CSU einschlägige Forderungen erhoben. Man schlägt also die Einrichtung eines „Abwehrzentrums gegen Desinformation" vor. Das soll dafür sorgen, daß für unliebsame Beeinflussungen angeblich besonders anfällige Bevölkerungsgruppen (nach Meinung der Beamten Russlanddeutsche und Bundesbürger mit türkischen Wurzeln) künftig die Informationen erhalten, die sie aus der Sicht der Bundesregierung benötigen. Da darf auch der ebenso unvermeidliche wie unsägliche Martin Schulz nicht fehlen. Er ruft nach dem Gesetzgeber, damit der Verbreitung von falschen – genau genommen unerwünschten – Nachrichten über soziale Netzwerke ein Riegel vorgeschoben wird.

Zunächst einmal ist alles das juristisch nicht haltbar. Zwar dürfen Regierungen neben den Medien Nachrichten verbreiten und ihre Auffassung erläutern. Das gehört mit zu ihren Aufgaben. Nicht aber ist es Aufgabe der Exekutive, gegen tatsächliche oder vermeintliche Falschmeldungen vorzugehen. Es ist allein Sache der Gerichte, bei Vorliegen einschlägiger Straftatbestände oder über Klagen auf Unterlassung und Widerruf falscher Tatsachenbehauptungen zu entscheiden. Das genügt auch. Jede Art von staatlicher Zensur hingegen steht einer freiheitlich-demokratischen Rechtsordnung entgegen. Deswegen hat zum Beispiel der europäische Gerichtshof für die Menschenrechte in den Jahren 2013 und 2015 entschieden, daß die Leugnung des Völkermordes an den Armeniern durch einen türkischen Politiker von der durch Art. 10 Abs. 1 der europäischen Menschenrechtskonvention geschützten Freiheit der Meinungsäußerung umfaßt ist. Selbstverständlich, muß man hinzufügen, gilt das auch für die Äußerung der gegenteiligen Auffassung. Art. 5 Abs. 1 des Grundgesetzes schützt die Meinungsfreiheit. Soweit jemand diese mißbraucht, indem er wahrheitswidrige Behauptungen über Dritte aufstellt, haben darüber die Gerichte zu entscheiden. Soweit der Staat überhaupt gegen die Verbreitung nach Meinung seiner Regierung falsche Behauptungen vorgehen will, kann das in einem

Rechtsstaat nur im Wege der öffentlichen Klage vor den Gerichten geschehen. Eine Zensur indessen, wie sie dem Bundesinnenministerium offenbar vorschwebt, ist dem Rechtsstaat fremd. Sie ist ein Merkmal von Diktaturen. Es ist auch einer Demokratie nicht angemessen.

Zu Recht erklärt dazu der Jurist Florian Albrecht (Legal Tribune online, 30.12.2016): „Die Fragwürdigkeit der Forderungen im Kampf gegen falsche Nachrichten wird durch einen Blick in unser Nachbarland Österreich noch verstärkt. Dort wurde der aus dem Jahr 1975 stammende und die Verbreitung falscher, beunruhigender Gerüchte unter Strafe stellende § 276 StGB zum 31. Dezember 2015 außer Kraft gesetzt. Maßgeblich war für diesen Schritt einerseits die Erkenntnis, daß der unbestimmte Tatbestand, der der Verbreitung bekanntermaßen falscher Gerüchte entgegenwirken sollte, laut Standard in den vergangenen 20 Jahren zu keiner einzigen Verurteilung geführt hatte. Der Sektionschef für Strafrecht im österreichischen Justizministerium wies in diesem Zusammenhang darauf hin, daß auch rechtspolitische Bedenken gegen eine solche Strafnorm angeführt werden können. Demnach sei es sinnvoller, wenn *fake news* nicht mit Verboten, sondern vielmehr mit einer gesellschaftlichen Debatte sowie Widerrede begegnet würde. Diese Linie entspricht vollends der Rechtsprechung des deutschen Bundesverfassungsgerichts zum Grundrecht der Meinungsfreiheit.

Es bedarf keiner eingehenden Analyse, erkennen zu können, daß den gegenwärtig hinsichtlich der Bekämpfung von *fake news* und *hate speech* geführten Debatten starke antidemokratische Tendenzen anhaften. Gesellschaftliche Debatten, die der Grundpfeiler unserer Demokratie sind, drohen dann erstickt zu werden, wenn sich der Staat seiner übermächtigen Ressourcen bedient und sich eine Art Wahrheitsministerium schafft, wie in George Orwells Dystopie „1984" geschildert. Der Verfassungsrechtler Sebastian Mueller-Franken folgert völlig zu Recht, daß ein Staat erst dann freiheitlich ist, wenn er keinen Anspruch auf die Festlegung der Wahrheit erhebt. Denn erst mit dem Verzicht auf den Wahrheitsanspruch überläßt er es den

Bürgern, ob sie ihn und die von ihm ausgeübte Herrschaft bejahen oder verwerfen wollen.“

Ein weiterer Gesichtspunkt sollte nicht unter den Tisch fallen. Wer im Glashaus sitzt, sollte bekanntlich nicht mit Steinen werfen. Betrachtet man sich nämlich die amtliche Informationspolitik, die unter anderem auch durch das Statistische Bundesamt und die polizeilichen Kriminalstatistiken durchgeführt wird, dann entsteht häufig der Eindruck, daß die eigene Wahrnehmung der Wirklichkeit und deren Darstellung in den Statistiken voneinander abweichen. Michael Klonovsky hat das in seinem Internet Blog *acta diurna* vom 04.01.2017 ausführlich dargestellt. Dabei haben ihm aus gutem Grund nicht namentlich genannte Fachleute aus Behörden geholfen. Der Beitrag ist außerordentlich lesenswert. Die Methoden, mit denen Statistiken manipuliert werden können und tatsächlich manipuliert werden, sind vielfältig und sehr effektiv. Der Winston Churchill zugeschriebene Satz: „Traue keiner Statistik die du nicht selbst gefälscht hast“, mag zwar tatsächlich nicht von ihm stammen, scheint aber offensichtlich das Motto derjenigen zu sein, welche diese amtlichen Statistiken erstellen lassen. Manchmal ist man sogar so unvorsichtig, daß man das auch offen zugibt. So hat sich der brandenburgische Ministerpräsident Woidke am 22. September 1916 dazu hinreißen lassen, in ein Mikrofon zu sagen: „Also erst mal was zur Statistik. Wir haben in Brandenburg die Statistik bei rechtsextremen Übergriffen geändert. D.h. bei der Polizei wird erst mal jeder Übergriff wo nicht erwiesen ist, daß er keine rechtsextreme Motivation hatte, wird in diese Statistik reingezählt.“ Einmal von diesem offenbar bewußt „volksnahen“ Sprachgebrauch abgesehen: Hier hat jemand die Maske fallen lassen. Wer selber postfaktisch *fake news* verbreitet, das aber gleichzeitig anderen verbieten lassen will, qualifiziert sich vielleicht für das Amt des Wahrheitsministers Orwell‘scher Prägung. Als selbsternannter Verteidiger des demokratischen Rechtsstaats ist er jedoch eine glatte Fehlbesetzung.

Wir Bürger müssen wachsam sein. Wir wollen das in der Aufklärung vor rund 300 Jahren hart erkämpfte Recht, sagen und schreiben zu können, was wir wollen, auf keinen Fall preisgeben. Die einzige Sanktion desjenigen, der falsche Nachrichten verbreitet, soll weiterhin nur die sein, daß er sich damit blamiert. Gesinnungsschnüffler, Wahrheitsminister und Zensoren indessen brauchen wir nicht.

6. Januar 2017

Ursula unterm Regenbogen

Gesellschaftsveränderung als Auftrag der Bundeswehr

IBUK öffnet Bw für LSBTTIQ* – so ist im korrekten Bürokraten-Neudeutsch das jüngste Vorhaben der Oberbefehlshaberin der Streitkräfte von Absurdistan zu formulieren. Für die weder mit der allen Soldaten vertrauten Abkürzeritis noch mit dem neumodischen Politiksprech vertrauten Leser hier die Auflösung: Die Inhaberin der Befehls- und Kommandogewalt (gem. Art. 65a GG die Bezeichnung des Grundgesetzes für den Bundesminister der Verteidigung) öffnet die Bundeswehr für lesbisch, schwul, bisexuell, transsexuell, transgender, intersexuell, queer und *(steht für alle 384 weiteren Geschlechter) veranlagten, orientierten, sich ständig oder zeitweise so fühlenden und überhaupt irgendwie anders gestrickten Menschen. Die Ministerin hat dazu schon die ersten Schritte unternommen und zunächst einmal die Abgeordneten, Spitzenmilitärs und -beamten entsprechend sensibilisiert. In der modernen Organisationswissenschaft heißt das auch „top-down-approach". Ist ja in einer Armee auch klar. Alles Gute kommt von oben, äh, wird befohlen.

Nach der Öffnung der Bundeswehr für Bewerber auch aus Nicht-EU Staaten, EU-Staaten ohnehin, der Senkung sowohl der intellektuellen als auch der physischen Anforderungen kommt nun konsequenterweise und politisch korrekt die Öffnung für den Personenkreis, der bekanntlich alle Linken und Grünen in unserem Lande besonders am Herzen liegt. Wer das noch nicht so genau weiß, der sollte sich in den Bundesländern umsehen, in denen die Grünen in der Regierung sitzen. Die Sexualdemokratisierung der Gesellschaft, und zwar von Kindesbeinen an, wird dort zügig vorangetrieben.

Und ein weiteres Lieblingsprojekt des künftigen Koalitionspartners ist ja durch die Öffnung der Truppe für Ausländer ohnehin schon auf den Weg gebracht worden: die Internationalisierung der deutschen Bevölkerung (deutsches Volk gibt es ja nicht). Die nur auf den ersten Blick schwierig erscheinende Integration der Kamerad*innen aus fremden Ländern wegen der mangelnden Deutschkenntnisse kann ganz einfach dadurch gewährleistet werden, daß man auf den Gebrauch der deutschen Sprache im Dienst ganz verzichtet. Arbeitssprache in der NATO und der UNO ist ohnehin Englisch. Die Sprachkompetenz gerade der Kamerad*innen mit dem etwas niedrigeren IQ wird natürlich dadurch auf den nötigen Level gehoben, daß man eben nur noch Englisch miteinander spricht. Dann funktioniert das auch in den Einsätzen Seit' an Seit' mit den Kameraden aus Indien oder Kenia. Joe Kaeser, der als CEO von Siemens Englisch zur Arbeitssprache gemacht hat und Günther Oettinger, von dem wir gelernt haben, daß auch englisch mit stärkstem schwäbischen Akzent bedenkenlos vor internationalem Publikum gesprochen werden kann, können hier ja durchaus hilfreiche Hinweise geben.

Der jüngste Vorschlag der Ministerin hat allerdings bei Lichte gesehen durchaus seine Vorzüge. Die stets unterfinanzierte Truppe kann hier nun richtig Geld sparen. Denn nach dem Einzug der LSBTTIQ*-Menschen in die Kasernen kann, ja muß auf teure Parallelstrukturen verzichtet werden. Getrennte Unterkunftsbereiche für die Menschen, die man früher unzutreffend für Männlein und Weiblein gehalten hat, braucht man nicht mehr. Das gilt besonders für die teuren Sanitärräume. Die Einführung der Unisex-Toiletten in öffentliche Gebäude wird gerade von dem neuen Berliner Senat vorangetrieben, der ja bekanntlich einem Gemeinwesen vorsteht, das nur verstockte Konservative für eine versiffte Pleite-City halten, das aber tatsächlich in allen wichtigen Belangen an der Spitze des Fortschritts marschiert, sei es in der Kriminalitätsstatistik, bei der Schuldenhöhe, in der Arbeitslosenstatistik, in der Zahl der Schlaglöcher pro m^2 Straße, bei der Zahl der fehlenden Klassenzimmer und Lehrer, oder im Verschmutzungsranking.

Und ein weiterer Aspekt darf gerade bei einer Armee nicht unter den Tisch fallen. Das Abschreckungspotential einer solchen Truppe kann gar nicht hoch genug eingeschätzt werden. Wie soll sich denn ein Feind auf Soldaten einstellen, von denen er nicht weiß, was sie sind, und die jedenfalls nach der Statistik der WHO (Weltgesundheitsorganisation) zu einem weit überdurchschnittlichen Prozentsatz als lebende biologische Kampfmittel eingestuft werden müssen, weil sie das Aids-Virus in sich tragen. Mit so jemanden möchte man natürlich nicht ins Handgemenge kommen.

Ja, unsere Ursula von der Leine blickt weit voraus. Und so ganz nebenbei können die Grünen für einen ihrer Leuchttürme eine neue Verwendung finden, nachdem er dem nächsten Deutschen Bundestag nicht mehr angehören wird. Denn diese neu konfigurierte Bundeswehr braucht natürlich auch einen dazu passenden Wehrbeauftragten. Volker Beck steht bereit.

15. Januar 2017

Die Selbstgerechten

Bomben auf Dresden und die „Gnade der späten Geburt“

Die unsägliche Debatte in Deutschland um die alliierten Luftangriffe auf deutsche Städte in den letzten beiden Kriegsjahren (1943-1945) ist in diesem Jahr etwas leiser. Schließlich haben wir keinen „runden“ Jahrestag. Die Tonlage indessen bleibt gleich. So hat anläßlich des bevorstehenden 71. Jahrestages der verheerenden Bombardierung von Dresden am 14.02.1945 der dortige Oberbürgermeister erklärt, Dresden „dürfe nicht in einem Opfermythos dastehen“. Denn, so wörtlich: *„Dresden war keine unschuldige Stadt, das wurde wissenschaftlich ausgewertet.“*

Der Mensch, der diese Sätze in die Welt gesetzt hat, ein 45 Jahre alter Politiker namens Dirk Hilbert von der FDP, steht für eine Generation von deutschen Politikern, Publizisten und Historikern, die ihren Vorfahren gegenüber mit Arroganz und Unduldsamkeit auftreten, selbstverständlich mit der Attitüde dessen, der alles besser weiß, selbstverständlich das richtige tut und natürlich, hätte er damals bereits gelebt, den Nazis mutig die Stirn geboten hätte, ach was, diese Bande von Ignoranten Psychopathen locker in die Tonne getreten hätte. Mit einer solchen Persönlichkeitsstruktur, anmaßend, arrogant und ausgrenzend, hat man in jener Zeit glänzende Karrieren hingelegt, etwa in SS und SD. Solchen Leuten gegenüber ist grundsätzlich ein tiefes Misstrauen angebracht.

Den Satz: „Dresden war keine unschuldige Stadt, das wurde wissenschaftlich ausgewertet", muß man sich erst einmal auf der Zunge zergehen lassen. Alleine schon die darin vorausgesetzte Kollektivhaftung einer Stadt für die Untaten ihrer Unterdrücker ist von einer intellektuellen Armut, gleichzeitig aber auch dümmlichen Arroganz, die einem schon den Atem verschlagen kann. Selbst wenn in Dresden wie sonst wo die Nazis geherrscht haben und sich scheußlicher Verbrechen schuldig gemacht haben, was hat das mit der beherrschten und unterdrückten Mehrzahl der Bürger zu tun? Sind diese Nazis, dazu noch offen mit dem Programm ihrer späteren Unterarten, auch nur von einer Mehrheit der Dresdner 1932 gewählt worden? Ja, 1932, denn nach dem 30. Januar 1933 gab es keine freien Wahlen mehr. Waren die 25.000 Menschen, die nach amtlicher Zählung einer handverlesenen Historikerkommission in dieser Nacht von Bomben zerfetzt, von Trümmern erschlagen und im Feuersturm verbrannt sind, schuldig? Falls es einige tausend mehr gewesen sein sollten, was nach seriösen Quellen durchaus gut möglich ist, waren die auch schuldig?

Waren nicht auch in Dresden wie auch sonstwo viele, sehr viele Menschen auf der Seite der vom Regime verfolgten, zum Beispiel der Juden? Man lese die Aufzeichnungen des Dresdner Germanistikprofessors Victor Klemperer und anderer Zeitzeugen. Von einer „schuldigen" Stadt kann keine Rede sein.

Und muß man nicht heute feststellen, daß diese alliierten Bombardierungen nach allgemeiner Auffassung im Kriegsvölkerrecht als

Kriegsverbrechen betrachtet werden? Man lese etwa das gut recherchierte und juristisch überzeugende Buch von Björn Schumacher „Die Zerstörung deutscher Städte im Luftkrieg“, oder den von Lothar Fritze und Thomas Widera herausgegebenen Sammelband über den alliierten Bombenkrieg, herausgegeben vom Hannah-Arendt-Institut für Totalitarismusforschung e.V. Schon der zynische Codename für die erste große Städtebombardierung, nämlich Hamburg vom 24.07. bis 03.08.1943 – Operation Gomorrha – zeugt von der Geisteshaltung, die hinter dem Konzept des sogenannten Morale Bombing stand. Es ging einfach ganz offensichtlich darum, Kultur und Herz des deutschen Volkes nachhaltig zu zerstören, indem man ihm die sichtbaren Zeugnisse seiner Geschichte nehmen wollte. Die Zerstörung der Nürnberger Altstadt am 02.01.1945, selbstverständlich militärisch völlig unsinnig, wie auch als besonders plakatives Beispiel, des Städtchens Pforzheim am 23.02.1945, als unter den alliierten Bomben 98 % der Stadt verbrannten und mehr als ein Fünftel der Einwohner getötet wurden. Oder man lese das erschütternde Buch von Jörg Friedrich „Der Brand“.

Nein, es geht überhaupt nicht darum, ob eine Stadt schuldig war im Sinne dieser selbstgerechten, großsprecherischen und von politischer Korrektheit triefenden Nachgeborenen. Nein, es geht darum, diesen Leuten ihr moralisches Versagen deutlich vor Augen zu führen. Ihnen, denen ein gütiges Schicksal es erspart hat, in jener Zeit aufwachsen zu müssen, ohne Furcht vor der allgegenwärtigen geheimen Staatspolizei, ohne Furcht vor dem Verlust des Arbeitsplatzes wegen politischer Unzuverlässigkeit, ohne Furcht davor, mit leeren Händen vor seinen hungrigen Kindern zu stehen, weil man seine hochmögende Moral über seine banalen täglichen Pflichten Frau und Kindern gegenüber gestellt hat. Und wer nicht glauben will, unter welchem Druck die Deutschen ab 1933 gestanden haben, der lese vielleicht einmal die Akten des Prozesses gegen die SA-Männer, die in der Nacht des 30. Januar 1933 die „Machtergreifung“ auf ihre Weise gefeiert haben. Wie sie die Büros ihrer politischen Gegner und mißliebiger Journalisten in Nürnberg gestürmt und verwüstet haben, die angetroffenen Politiker und Redakteure halb totgeschlagen und dann ins KZ nach Dachau verfrachtet haben. Und wer glaubt, das habe sich damals nicht in Windeseile herumgesprochen, dem ist wirklich nicht mehr zu helfen. Was unsere hochmögenden arroganten Besserwisser mit makelloser Universitäts- und Berufskarriere heute den Deutschen jener Zeit vorwerfen, tun sie gerade selbst. Sie verweigern sich der Wirklichkeit, weil nicht sein kann was nicht sein darf. Urgroßvater war halt ein Nazi. Dem haben die Alliierten zu Recht die Bomben aufs Haupt geworfen.

Natürlich ist die Erinnerung an dieses große Kriegsverbrechen der Briten und Amerikaner auch nicht in anderer Weise zu instrumentalisieren. Irgendwelche Menschenketten oder Gedenkmärsche, seien sie links- oder rechtsdrehend, sind unangebracht. Angebracht ist allein die Trauer um die Opfer und die Suche nach der historischen Wahrheit. Letztere scheint allerdings offiziell nicht sonderlich erwünscht.

6. Februar 2017

Worum es geht

Es ist an der Zeit, die Weltanschauung von Dutschke und Habermas zu überwinden

Wer mit wachen Sinnen die politische Debatte der letzten Jahre verfolgt, dem kann nicht entgangen sein, daß wir uns mitten in einem Kulturkampf befinden. Der Antagonismus zwischen den saturierten Alt-68ern, die heute entweder selbst das maßgebliche Führungspersonal in Politik und Medien stellen, oder schon mit Wohlgefallen auf die in ihrem Geiste erzogenen Nachfolger blicken, und den von ihnen als Rechtspopulisten diffamierten Kritikern ihrer Denkweise und Politik, prägt die Debatte unserer Tage. Ebenso wie die APO der frühen sechziger Jahre, die in der Kulturrevolution von 1968 kulminierte, stellen die Vordenker „rechter" Parteien in Europa – möglicherweise auch die *spin doctors* des neuen amerikanischen Präsidenten – überkommene gesellschaftliche Grundüberzeugungen in Frage. Ebenso wie seinerzeit linke Vordenker das herrschende Gesellschaftsbild und das Demokratieverständnis ihrer Generation in Frage gestellt haben, tun dies heute mit anderen Vorzeichen unabhängige Publizisten und unkonventionelle Politiker.

Peter Kuntze analysiert diesen Vorgang zutreffend, wenn er schreibt: „Was sich seit längerem vornehmlich in Deutschland abspielt, ist der Beginn eines Paradigmenwechsels, die Infragestellung des nach der achtundsechziger-Revolution mit elitär-arroganter Volkspädagogik und politischer Korrektheit durchgesetzten Weltbildes. Daß jetzt der Begriff „Demokratie" ständig mit dem Adjektiv „liberal" verbunden wird, zeigt, worum es geht: die durch Masseneinwanderung, Hofieren selbst skurrilster Minoritäten sowie Umdefinition von Ehe und Familie auf Kosten und zu Lasten der arbeitenden Mehrheit grundlegend veränderte Gesellschaft sollen als nicht hintergehbare Realität festgeschrieben werden. Zugleich wird diese Fragmentierung, die der sophistischen Logik folgt, es sei normal, anders zu sein, unter Beschwörung von „Weltoffenheit" und „Toleranz" als alternativloses Konzept der Moderne dargestellt. Letztlich, so der utopische Traum, sollen alle Nationalstaaten als Finalisierung der Geschichte in einer grenzen- und klassenlosen Weltgesellschaft aufgehen.

Damit beschreibt er präzise das Weltbild, ja die Ersatzreligion unserer herrschenden Eliten in Politik, Publizistik und Geisteswissenschaften. Jedermann weiß, daß innerhalb dieses *juste milieu* keine abweichenden Meinungen geduldet werden. Wir sind zwar zivilisatorisch weiter als in den Jahrhunderten der Inquisition und müssen nicht mehr mit ansehen, wie die Ketzer öffentlich verbrannt werden. Doch jeder weiß, daß er seine wirtschaftliche wie auch soziale Existenz aufs Spiel setzt, wenn er auch nur eines der Axiome des linksliberalen Weltbildes in Frage stellt. Steffen Heitmann, Martin Hohmann, Birgit Kelle, Thilo Sarrazin und Eva Herman seien hier nur beispielhaft genannt. Doch langsam, ganz langsam scheint sich die Welt zu verändern. Das Misstrauen der Bürger gegen Politik und Medien wächst unaufhaltsam. Der offene Rechtsbruch Merkels im Zuge der Flüchtlingskrise 2015, die zynisch-arrogante Verachtung der Leitmedien für die Kritiker der Merkel'schen Politik, die kalte Enteignung von Sparern und Beziehern kapitalgedeckter Renten durch die EZB zugunsten südeuropäischer Korruptionsrepubliken: von allen Seiten sieht sich der hart arbeitende Bürger bedroht und betrogen. Der zugegebenermaßen pauschale Kampfbegriff der Lügenpresse ist ja nicht vom Himmel gefallen, sondern ist nur als die wütende Reaktion auf irgendwie als unlauter empfundenes Verhalten von Politik und Medien zu verstehen. Mitspielen mag dabei auch das Gefühl der eigenen Ohnmacht gegenüber „denen da oben", gespeist auch aus der Erkenntnis, bei weitem nicht zu wissen, was da wirklich vorgeht. Aber gerade dieses „irgendwie" ist ja typisch für den Beginn von Veränderungen. „Irgendwie" gehört ja auch zu den sprachlichen Leitfossilien der sechziger/siebziger Jahre in Deutschland. Aus dem Gefühl, irgendwie laufe da was falsch, wird mit der Zeit die Erarbeitung von Kenntnissen und Wissen. Und aus dem Irgendwie wird dann die präzise Analyse der Wirklichkeit, die Reflexion des Sinnvollen und Wünschenswerten und schließlich der Paradigmenwechsel. Die alten Werte sind dann nicht mehr die Werte der Alten. Der Fortschritt ist nicht mehr der Marsch ins Ungewisse, sondern der Weg zu den zeitlosen Gewissheiten.

Die Revolution ist beendet.

11. Februar 2017

Wer sind wir, und wenn ja, wie viele?

Wir sind: Nicht die Bevölkerung in Deutschland, sondern das deutsche Volk

Die Frau Bundeskanzlerin hat geruht, grundsätzliches von sich zu geben. Für ihren Geschmack wird wohl zu viel darüber geredet, wer eigentlich zu uns gehört, und wer nicht. Sie scheint besonders zu stören, daß viele Deutsche die Leute, die von Frau Merkel eingeladen und willkommen geheißen worden sind, einfach nicht zum deutschen Volk zählen wollen. Darum hat sie ganz in der Tradition ihres Vorgängers Schröder einen Basta-Spruch losgelassen. Und der lautet: „Das Volk ist jeder, der in diesem Land lebt." Jeder, der in diesem Land lebt? Anerkannte, abgelehnte und geduldete Asylbewerber, Leute mit und ohne Papiere, die sich als Kriegsflüchtling ausgeben, oder es vielleicht auch sind. Legal, illegal, sch...egal, lautete früher einmal ein Sponti-Spruch. Kommt alles nicht so genau, irgendwie sind wir doch alle Menschen.

Doch halt, so einfach ist es doch nicht. 2007 hat ein populärer Philosoph eine Betrachtung unter dem Titel „Wer bin ich, und wenn ja, wie viele?" veröffentlicht. Dieser Titel kam mir spontan in den Sinn, als ich diese Sottise unserer Kanzlerin gelesen habe. Wer sind wir, und wenn ja, wie viele? Die Antwort darauf gibt wenig überraschend das Grundgesetz. Art. 20 Abs. 2 Satz 1 GG bestimmt, daß das Staatsvolk der Bundesrepublik Deutschland Träger und Subjekt der Staatsgewalt ist. Das Bundesverfassungsgericht hat in seinem Urteil vom 31.10.1990 festgestellt, das Staatsvolk, von dem die Staatsgewalt in der Bundesrepublik Deutschland ausgeht, werde nach dem Grundgesetz von den Deutschen, also den deutschen Staatsangehörigen und den ihnen nach Art. 116 Abs. 1 GG gleichgestellten Personen gebildet. Die letztgenannte Bestimmung hat heute keine Bedeutung mehr, denn sie betraf Flüchtlinge und Vertriebene deutscher Volkszugehörigkeit, die in den Grenzen des Deutschen Reiches vom 31.12.1937 Aufnahme gefunden hatten. Maßgeblich ist also die Staatsangehörigkeit. Bekanntlich wird man deutscher Staatsangehöriger durch Geburt. Wer von deutschen Eltern abstammt, ist automatisch Deutscher. Dieses Staatsangehörigkeitsprinzip des *ius sanguinis*, wie die Juristen sagen, wird teilweise durchbrochen durch die Regelung, daß auch Kinder ausländischer Eltern, die auf deutschem Boden geboren werden, die deutsche Staatsangehörigkeit erlangen (*ius soli*),vorausgesetzt, ein Elternteil lebt seit mindestens acht Jahren berechtigt in Deutschland. Ferner können Ausländer unter bestimmten Bedingungen, vor allem nach mindestens achtjähriger Aufenthaltszeit und dem Nachweis ausreichender Deutschkenntnisse, auf Antrag die deutsche Staatsbürgerschaft erhalten.

Es besteht also durchaus ein rechtlicher Unterschied zwischen dem deutschen Volk und der Bevölkerung, die sich auf seinem Staatsgebiet aufhält. Es gibt eine Bevölkerung dieses Landes. Diese besteht aus Angehörigen des deutschen Volkes und aus Menschen, die sich dauerhaft auf dem deutschen Staatsgebiet aufhalten. Frau Merkel ist keine Juristin. Sie ist Physikerin. Vielleicht erläutert ihr jemand einmal diese Unterschiede. An Juristen mangelt es ja weder im Kanzleramt, noch in ihrer Fraktion. Zu dieser Erläuterung gehört natürlich die Belehrung darüber, daß die demokratischen Mitwirkungsrechte und damit zum Beispiel die grundsätzliche Entscheidung für oder gegen Zuwanderung, und auch die Art und Weise der Ausgestaltung von Zuwanderung, Sache des Volkes und nicht der Bevölkerung sind. Wer das anders sieht, verwirklicht den Titel des bekanntesten Buches von Thilo Sarrazin: Deutschland schafft sich ab. Der Amtseid der Kanzlerin stünde dem jedoch entgegen. Gemäß Art. 56 des Grundgesetzes lautet er bekanntlich: „Ich schwöre, daß ich meine Kraft dem Wohle des deutschen Volkes widmen, seinen Nutzen mehren, Schaden von ihm wenden, das Grundgesetz und die Gesetze des Bundes wahren und verteidigen, meine Pflichten gewissenhaft erfüllen und Gerechtigkeit gegen jedermann üben werde. So wahr mir Gott helfe." Sie hat ihr Amt also im Interesse des deutschen Volkes auszuüben, nicht im Interesse einer irgendwie hier lebenden Bevölkerung. Sie hat das Grundgesetz zu wahren und zu verteidigen. Und dieses und nicht etwa die Kanzlerin legt eben fest, wer das deutsche Volk ist. Daß man darauf hinweisen muß, kann wohl nur in Deutschland passieren.

27. Februar 2017

Fürst Maasernich

Meinungsfreiheit war gestern, Zensur findet ab sofort statt

Wir leben in einer Zeit der Umwertung von Werten. Das nächste Opfer dieser Entwicklung könnte das Recht sein. Perfider Weise soll nun im Rahmen der Bekämpfung des Unrechts das Recht gefesselt und geknebelt werden. Zu keinem anderen Ergebnis kann kommen, wer den neuesten Geistesblitz unseres Zensurministerleins namens Netzwerkdurchsetzungsgesetz – NetzDG – einer Überprüfung unterzieht. Da sollen nun die Telemediendiensteanbieter – das zielt auf Facebook, Twitter und dergleichen – auf Beschwerden irgendwelcher Personen über angeblich rechtswidrige Inhalte von Texten, die Dritte auf diesen Plattformen einstellen, unverzüglich von solchen Beschwerden Kenntnis nehmen und prüfen, ob der Inhalt rechtswidrig und zu entfernen oder der Zugang zu ihm zu sperren ist, und dann einen – nach Meinung des Prüfers, wer auch immer das ist, welche Qualifikation er hat oder nicht hat, – offensichtlich rechtswidrigen Inhalt innerhalb von 24 Stunden nach Eingang der Beschwerde entfernen oder den Zugang sperren. Der Beschwerdeführer und der Nutzer sind über diese Entscheidung unverzüglich zu informieren. Wer dieser Pflicht nicht nachkommt, muß mit Geldbuße bis zu 5 Millionen € rechnen. Das ganze Verfahren soll von dem Bundesamt für Justiz betrieben werden. Gegen den Bußgeldbescheid kann dann natürlich Einspruch eingelegt werden und auf diese Weise eine gerichtliche Überprüfung herbeigeführt werden.

Die Gerichte werden also nur dann zuständig, wenn ein Bußgeld gegen Facebook und Co. verhängt wird, weil sie einen sogenannten Haßkommentar auf Beschwerde nicht gelöscht haben. Wenn indessen gelöscht wird, hat der Verfasser nach diesem Gesetz überhaupt keine Möglichkeit, sich dagegen zu wehren. Das ist der klassische Fall der Zensur. Wir fallen damit zurück in die Zeiten vor der Paulskirchenverfassung vom 28. März 1849. Fürst Metternich hätte es nicht besser machen können. Man reibt sich die Augen. Ausgerechnet der Justizminister, der von Amts wegen ein Auge darauf haben muß, daß die Verfassung eingehalten wird, ausgerechnet dieser Minister geht daran, ein offensichtlich verfassungsfeindliches Gesetz auf den Weg zu bringen. Ein Verfassungsminister als Verfassungsfeind! Denn es ist völlig klar, daß das Grundrecht aus Art. 5 Abs. 1 GG damit in weiten Teilen praktisch aufgehoben wäre. Zur Erinnerung sei der Text hier wiedergegeben:

„Jeder hat das Recht, seine Meinung in Wort, Schrift und Bild frei zu äußern und zu verbreiten und sich aus allgemein zugänglichen Quellen ungehindert zu unterrichten. Die Pressefreiheit und die Freiheit der Berichterstattung werden gewährleistet. Eine Zensur findet nicht statt.“

Demgemäß wird nach der Rechtsprechung des Bundesverfassungsgerichts dieses Grundrecht von alters her zu den Wesensmerkmalen einer freiheitlichen Rechtsordnung gezählt. Jeder Jurastudent kennt spätestens nach dem dritten Semester das sogenannte „Lüth-Urteil" des Bundesverfassungsgerichts vom 15.01.1958, veröffentlicht im siebten Band der amtlichen Sammlung des Gerichts Seiten 198 ff. Dort heißt es: „Das Grundrecht auf freie Meinungsäußerung ist als unmittelbarster Ausdruck der menschlichen Persönlichkeit in der Gesellschaft eines der vornehmsten Menschenrechte überhaupt (*un des droits les plus précieux de l'homme* nach Art 11 der Erklärung der Menschen- und Bürgerrechte von 1789)....es ist in gewissem Sinne die Grundlage jeder Freiheit überhaupt". Es handelt sich also um einen jener fundamentalen Verfassungsgrundsätze, die das Wesen des freiheitlichen Rechtsstaates ausmachen. Dagegen gerichtete Bestrebungen sind verfassungsfeindlich, was sich gerade aus dem jüngsten Urteil des Bundesverfassungsgerichts in Sachen NPD zum wiederholten Male entnehmen läßt.

Auch wenn man es kaum noch glauben mag, Maas ist Jurist, Volljurist sogar. Man muß also unterstellen, daß er weiß was er tut. Seine Beamten wissen es natürlich auch, sind jedoch weisungsgebunden. D.h., sie müssen jeden Unfug in Gesetzesform gießen und dem Bundestag zur Beschlussfassung vorlegen, den ihr Herr und Meister im Bundesgesetzblatt lesen will. Finster entschlossen – in der Tat finster – alle ihm missliebigen Meinungen zu unterdrücken, meint er einen Sumpf trocken legen zu müssen. Denn diese missliebigen Meinungen gefährden aus seiner Sicht den eigenen politischen Erfolg. Wenn unabhängige Geister unkontrolliert abweichende politische Meinungen millionenfach verbreiten können, dann ist das für ihn unerträglich. Dann wird die politische Landschaft zum Sumpf von Lüge und Hetze. Dieser Sumpf ist für ihn das Internet mit seinen sogenannten sozialen Medien. Doch diese sind in rechtlicher Hinsicht allenfalls mit dem Wirtshaus und dem Marktplatz zu vergleichen, wo auch jeder sagen kann was er will, soweit er damit nicht die Gesetze unseres Landes verletzt. Und da liegt der Hund begraben. Wenn man schon nicht neben jeden Bürger einen Beamten der

Meinungspolizei stellen kann, der ihm das Wort verbietet, sobald es sich ins politisch Unerwünschte bewegt, dann muß man das doch wenigstens auf den virtuellen Marktplätzen und an den elektronischen Stammtischen tun können. Und weil es sich ums politisch Unerwünschte und nicht etwa um Straftaten handelt, braucht man als Zensurminister auch keine Staatsanwälte und Polizeibeamten, sondern eine Gesinnungspolizei mit Stasi-Erfahrung. Denn wenn es tatsächlich um die Ahndung und damit mittelbar die Unterbindung von Straftaten ginge, dann gäbe es keinerlei Gesetzgebungsbedarf. Denn schon nach geltendem Recht sind die Staatsanwaltschaften gehalten, Ermittlungen aufzunehmen, wenn ihnen strafbare Handlungen, auch in den sozialen Medien, angezeigt werden. Der Schutz der Verfassung ist Behörden, Staatsanwaltschaften und Gerichten anvertraut, und nicht obskuren Firmen und Grüppchen, die sich personell aus dem Spektrum linksradikaler Krawallos speisen, sehr zum Wohlgefallen des Zensurministerleins aus dem Saarland und seiner Sirene von der Ostsee. Und es wäre durchaus zu wünschen, daß dies öfter geschähe. Gerade diese Zeitgenossen, die offenbar großen Gefallen daran finden, anonym verbale Fäkalien, politisch verfärbte Schauermärchen und menschenverachtenden Sprachmüll abzusondern, gerade diese Zeitgenossen würden es sich mit der Zeit mehr als dreimal überlegen, mit ihrem Tun fortzufahren, wenn wöchentlich Berichte aus den Gerichtssälen veröffentlicht würden, in denen die soundsovielste Verurteilung eines dieser Vollpfosten zu einer saftigen Strafe im Mittelpunkt stünde. Doch darum geht es unserem modernen Metternich nicht. Ihm geht es vielmehr darum, politisch missliebige Meinungen wie berechtigte Kritik an der Flüchtlingspolitik, der Klimapolitik, oder der Europapolitik der Bundesregierung, zu unterbinden. Und es ist auch offensichtlich, daß diese missliebigen Kommentare in den sozialen Netzwerken häufig zwar unappetitlich, aber eben nicht rechtswidrig sind. Und das ist das Problem der politisch korrekten Volkserzieher vom Schlage Maas und Schwesig.

Als ich heute Morgen erwachte, deuchte es mich, im Traume über dem Justizministerium zu Berlin eine weiße Wolke gesehen zu haben. Darauf saßen zwei Amtsvorgänger des Ministers aus den 40er und 50er Jahren des vergangenen Jahrhunderts und kommentierten beifällig sein neuestes Machwerk. Der Engel Aloysius, Sie wissen schon, der auf dem Weg ist vom Himmel nach München, um der bayerischen Staatsregierung die göttlichen Eingebungen zu überbringen, schwebte vorüber und erschrak darob so sehr, daß er beschloß, sein inneres Gleichgewicht mittels einer guten Maß Bier im Hofbräuhaus wiederherzustellen. Es muß nachhaltig erschüttert sein, denn bekanntlich sitzt er dort noch heute.

16. März 2017

Auf der Zeitreise

Wie ein mutiger Schriftsteller politisch korrekt gemaßregelt wird

Wir sind auf der Zeitreise. Wer unsere Zeit mit wachen Sinnen beobachtet, der muß eine verblüffende Ähnlichkeit mit der Zeit des Vormärz vor 200 Jahren feststellen. Ein Meinungsklima, in dem nur gedeihen darf, was die politisch korrekten Gärtner ausgesät haben, und ausgejätet wird, was in ihren Augen Unkraut ist. Ein aktuelles Beispiel aus der fränkischen Provinz:

In Nürnberg lebt und arbeitet der Schriftsteller Godehard Schramm. Seine Werke werden von vielen gelesen. Seine Sprache ist lebendig, seine Gedanken sind anspruchsvoll. Er ist eben wer. Da hatte sich der Landrat des mit guter Luft, fruchtbaren Äckern und vielen Karpfenteichen gesegneten Landkreises Neustadt/Aisch-Bad Windsheim gedacht, ein Buch aus der Feder des großen Schriftstellers über den kleinen Landkreis könne dessen Entwicklung nur förderlich sein. Deswegen stellte er ihm für ein solches Buch Fördermittel zur Verfügung. Der Dichter nahm das Geld gerne an und schrieb das Buch über Land und Leute. Weil er aber ein sehr freier Geist ist, lacht von den Seiten des Buches nicht nur eitler Sonnenschein. Vielmehr nimmt er sich mit der ihm eigenen Sprachgewalt auch Mißstände vor wie das Unwesen osteuropäischer Einbrecherbanden und den Mißbrauch des Asylrechts durch bloße Wirtschaftsmigranten.

Schließlich bleibt auch die ländliche Idylle des westlichen Mittelfranken davon nicht verschont. So weit, so gut sollte man meinen. Der Schriftsteller hat geschrieben, was man von einem Autor seines Kalibers erwarten darf. Für eine bloße Beweihräucherung hätte es ja ausgereicht, einen Schreiberling aus dem Amt für die Tourismusförderung zu beauftragen. Doch im Deutschland des Jahres 2017 geht das so einfach nicht. Prompt lamentierte eine sogenannte „Bürgerbewegung für Menschenwürde", es handele sich um als Kunst verkleideten Rassismus. Denn der Dichter hatte unter anderem Flüchtlinge „Abhauer aus verschiedenen afrikanischen Ländern sowie aus Syrien", auch „Asyl-Erpresser oder Einwanderungs-Einbrecher, die, mit nichts anderem behaftet als ihrer nackten Existenz, bei der Ankunft uns ihre leibeigene Pistole auf die Brust setzen und uns mit ihrem Schicksal nötigen, Ihnen auf der Stelle ein besseres Leben zu ermöglichen" genannt. Er schreibt ferner von einer „Flut von Einbrechern, die vorsätzlich unsere Grenzen überschreiten und das Land mit Verantwortungsbeschlag zwingen" und weiter: „in dieser heillosen Überflutung, die aus panischer Flucht entsteht, wird das Zurückweisen der Geflohenen immer schwieriger, und viele von ihnen werden empört sein, daß die erhoffte Zuwendung jedem Einzelnen gegenüber nicht mehr möglich scheint."

Das war für politisch korrekte Gutmenschen wie für staatstragende Politiker aller Couleur zu viel. Der wackere Landrat distanzierte sich. Jedenfalls eine eventuelle weitere Auflage des Buches sollte keinen Hinweis mehr auf die Förderung durch den Landkreis enthalten. Ein Altbürgermeister stellte gar juristische Überlegungen an und sinnierte über den Tatbestand der Volksverhetzung. Wohl eher mit Bedauern mußte der Präsident des Bezirkstages feststellen, daß man dem Dichter nachträglich nicht den 2003 verliehenen Wolfram-von-Eschenbach Preis aberkennen und das Preisgeld zurückfordern könne. Das sehe die Satzung nicht vor. Das bayerische Kultusministerium nahm eilends davon Abstand, den Dichter anläßlich eines Empfangs auf der Nürnberger Kaiserburg aus seinem Buch lesen zu lassen. Wo käme denn die bayerische Staatsregierung hin, wenn sie einen Ludwig Thoma unserer Zeit auf das Podium ließe, auf daß er Wasser in den Wein der politischen Harmonie gieße? Souveräne Politiker indessen, die man sich als Demokrat doch wünscht, hätten anders reagiert. Was ihnen an des Dichters Worten nicht gefiel, hätten sie in der Moderation benannt, doch die Freiheit der Kunst aus gegebenem Anlaß betont. Kleine Geister hingegen fürchten offenbar, daß sie selbst der Ketzerei verdächtigt werden könnten, wenn sie den Ketzer nur reden lassen.

Das Meinungsklima in unserem Lande ist in der Tat stickig geworden. Wir sind im Vormärz des 19. Jahrhunderts angelangt. Mit dem Unterschied, daß es nicht mehr förmlicher Karlsbader Beschlüsse bedarf, wie 1819. Metternich indessen ist in allen Köpfen. Der Konformismus liegt wie Mehltau über dem Land. Abweichler werden ausgegrenzt. Das ist eben der Unterschied der Systeme. Die restaurativen Fürstenregime jener Zeit benötigten noch den Zensor, der mißliebige Meinungsäußerungen mit der Schere aus den Gazetten tilgte. Die Demokratie indessen, deren Fundament an sich die Meinungsfreiheit ist, droht in die Diktatur der Mehrheit umzuschlagen, sobald Gedanken und Überzeugungen übermächtig werden und religiöse Qualität annehmen. Dann erscheinen abweichende Meinungen undemokratisch und unmoralisch. Von ihnen muß man sich distanzieren, sie sind wie Unkraut auf dem Acker. Der Gutsherr muß schon gar nicht mehr anordnen, es zu jäten. Die Knechte und Mägde wissen von selbst, daß sie es zu tun haben. Dieses Phänomen hat zu jener Zeit Alexis de Toqueville mit der Wortgewalt des Schriftstellers in seinem Buch über die Demokratie in Amerika beschrieben:

„In Amerika zieht die Mehrheit einen drohenden Kreis um das Denken. Innerhalb dieser Grenzen ist der Schriftsteller frei. Aber wehe, wenn er sie zu überschreiten wagt!... Der Machthaber sagt hier nicht mehr: „Du denkst wie ich, oder du stirbst“; er sagt: „Du hast die Freiheit, nicht zu denken wie ich; Leben, Vermögen und alles bleibt dir erhalten; aber von dem Tag an bist du ein Fremder unter uns. Du wirst dein Bürgerrecht behalten, aber es wird dir nicht mehr nützen; denn wenn du von deinen Mitbürgern gewählt werden willst, werden sie dir ihre Stimme verweigern, ja, wenn du nur ihre Achtung begehrst, werden sie so tun, als versagten sie sie dir. Du wirst weiter bei den Menschen wohnen, aber deine Rechte auf menschlichen Umgang verlieren. Wenn du dich einem unter deinesgleichen nähern wirst, so wird er dich fliehen wie einen Aussätzigen; und selbst wer an deine Unschuld glaubt, wird dich verlassen, sonst meidet man auch ihn. Gehe hin in Frieden, ich lasse dir das Leben, aber es ist schlimmer als der Tod."

Verstärkt wird diese öffentliche Brandmarkung dadurch, daß auf der anderen Seite gehätschelt und hofiert wird, wer auch immer im politischen Mainstream daherplätschert. Selbst politische Flegel, Grimassenschneider und Veralberer, neudeutsch „Comedians" genannt, genießen Beifall und Zuspruch, wenn sie ihre verbalen Fäkalien kübelweise über Leuten ausgießen, deren politische Anschauungen sie nicht mögen. Die Zeit des Vormärz erscheint dagegen kultiviert.

25. März 2017

Vorsichtig formuliert

Der Bundesinnenminister nähert sich – ganz vorsichtig – der deutschen Leitkultur

Er hat es getan. Nicht selbstbewußt-selbstverständlich wie einst Friedrich Merz, nicht bayerisch kraftvoll wie Markus Söder. Nein, vorsichtig-zurückhaltend und die zu erwartenden böswilligen bis dämlichen Reaktionen aus dem linksgrünen Milieu bereits berücksichtigend. Thomas de Maizière hat zehn Thesen zur deutschen Leitkultur aufgestellt. Bemerkenswert daran ist weniger, was er unter deutscher Leitkultur versteht. Bemerkenswert ist vor allem, daß es in Deutschland eine derartig verdruckste und verschwiemelte Diskussion zu diesem Thema überhaupt gibt. Franzosen, Spanier oder Chinesen sollte man erst gar nicht fragen, was sie unter Leitkultur verstehen. Denn einen so akademisch analytischen Begriff für alles das, was sie selbstverständlich und unhinterfragt leben, kennen sie nicht. Ein solcher Begriff konnte sich nur in jenem Deutschland entwickeln, das sich seiner selbst nicht mehr sicher ist, und dessen Volk sich nach Auffassung nicht weniger Politiker und Meinungsführer besser als Bevölkerung begreifen sollte.

Natürlich sind de Maizières Thesen allesamt nicht falsch. Es handelt sich aber nahezu ausschließlich um platte Selbstverständlichkeiten, wie etwa die Beschreibung unserer Umgangsformen und die Ablehnung religiös begründeter Kleidungsvorschriften („wir sind nicht Burka“). Auch dürfte es selbst grünen und linksradikalen Deutschlandhassern schwer fallen, den Aufruf zu Respekt und Toleranz oder die Verortung Deutschlands als kulturell, geistig und politisch dem Westen zugehörig, als Deutschtümelei zu diffamieren. Prügel wird er aber natürlich dafür bekommen, daß er Deutschland als einen christlich geprägten, anderen Religionen freundlich zugewandten, aber weltanschaulich neutralen Staat bezeichnet hat. Auch seinen aufgeklärten Patriotismus werden die Habermas-Adepten mindestens belächeln und die „one world“ Propagandisten als Rückfall in nationalstaatliches Denken verdammen. Daran wird auch sein Hinweis auf die Westbindung Deutschlands, sein Bekenntnis zu Europa sowie ein gemeinsames kollektives Gedächtnis für Orte, Ereignisse und Traditionen als Teil der Leitkultur nichts ändern. Seine Wahrnehmung Deutschlands als Kulturnation, geprägt von Kultur und Philosophie, wird so mancher Propagandist des Grenzenlosen als überheblichen Nationalismus diffamieren, auch wenn völlig klar ist, daß es außer Deutschland natürlich andere von Kultur und Philosophie geprägte Kulturnationen gibt. Vor allem aber sein Ruf nach Integration dergestalt, daß Zuwanderer Kenntnis und Achtung vor der deutschen Leitkultur haben sollen, wird ihm von den Anhängern der „Bunten Republik Deutschland“ übel vermerkt werden. Wenn er den Leistungsgedanken hervorhebt, aber auch ein Bekenntnis zum Erbe der deutschen Geschichte mit allen ihren Höhen und Tiefen ablegt, dann darf dies getrost schon als mutige Aussage in unseren Tagen gewertet werden.

Bemerkenswert ist auch, was der Politiker nicht schreibt. Zum Beispiel, daß die deutsche Geschichte weitaus mehr Höhen als Tiefen aufweist. Oder daß Deutschland in seiner Geschichte Höhepunkte in Kultur und Wissenschaft aufzuweisen hat, die im Weltmaßstab selten erreicht worden sind, denken wir etwa an die Häufung von erstaunlichen wissenschaftlichen Leistungen zu Beginn des 20. Jahrhunderts, die sich in der Zahl der Nobelpreise für deutsche Naturwissenschaftler widerspiegelt. Denken wir auch an die erfolgreiche Verteidigung der abendländischen Kultur gegen den anstürmenden Islam im 18. Jahrhundert. Daß Europa heute nicht aus sog. Gottesstaaten mit vormittelalterlicher Gesellschaftsstruktur besteht, wie sie im vorderen Orient mit expansionistischer Tendenz existieren, ist ja nun einmal vorwiegend deutschen Heeren zu verdanken.

Daß wir allen, die ins Land kommen und bleiben dürfen, unsere ausgestreckte Hand reichen, ist ja schön. Was aber heißt das eigentlich? Müßte man nicht erst einmal sagen, wer bleiben darf? Hier traut er sich nicht recht. Wenn er nämlich nicht bei dem törichten Satz seiner Kanzlerin stehen bleiben will, die von denen schwätzt, die schon länger hier leben, und denen, die noch nicht so lange hier sind, dann muß er doch sagen, wen wir aus welchen Gründen hier haben wollen. Und dann muß gesagt werden, wie man zu dem wird, der alles das verinnerlicht, was deutsche Leitkultur genannt werden kann. Dann darf man sich nicht um die Definition des Volkes, des deutschen zumal, drücken. Es ist doch selbstverständlich, daß ein Volk eben auch eine Abstammungsgemeinschaft ist. Denn die Geschichte erstreckt sich eben über viele Generationen, die Kultur entwickelt sich über viele Generationen und auch die wissenschaftlichen Leistungen entstehen nicht an einem Tage. Umgekehrt wird alles das nicht der verinnerlichen, der von alledem weder etwas weiß, noch dafür irgendein Interesse aufbringt. Er mag einen deutschen Paß haben. Er mag Generationen von Vorfahren haben, die eben auch einen solchen ihr eigen nannten, oder aber Generationen von Vorfahren, die ganz woanders gelebt haben. Der Minister selbst ist ja gewissermaßen das Schulbeispiel dafür, daß es nicht auf die Zahl der Generationen ankommt, die in Deutschland geboren, aufgewachsen und kulturell geprägt worden sind. Auch seine Vorfahren lebten nicht schon im Mittelalter oder zur Zeit Luthers in Deutschland. Doch sie wandelten sich von Franzosen rasch zu Deutschen, denn das wollten sie werden, weil sie hier in Freiheit leben konnten. Jede neue Generation dieser Zuwanderer wuchs so selbstverständlich in der deutschen Kultur auf, daß sie darüber schon gar nicht mehr nachdachte. Zum Beispiel auch nicht darüber, ob man überhaupt seinen Ehepartner unter „denen, die schon länger dort lebten" finden durfte, oder doch nur unter denen, die mit den Eltern oder Großeltern ins Land gekommen waren. Nationale Identität wächst eben in Generationen. Sie kann aber nur wachsen, wenn sie eingepflanzt wird. Die Nation wächst natürlich durch Reproduktion, ungeachtet dessen, daß sie sich auch durch Zuzug ergänzt. Würde allerdings das Wachstum nicht mehr in erster Linie organisch erfolgen, sondern vorwiegend durch Zuwanderung, so würde sich eben die Nation auflösen und etwas anderes entstehen. Es ist undenkbar, daß in einem solchen Falle Kultur, Lebensgewohnheiten und Traditionen unverändert fortbestünden.

Fragen dieser Art stellen sich andere Völker nicht. Sie bleiben uns Deutschen vorbehalten, was unsere Dichter schon erkannten, als es ein nationalstaatlich verfaßtes deutsches Volk noch gar nicht gab. Aus unterschiedlichen Motiven fragten oder forderten sie, wie etwa Ernst Moritz Arndt angesichts des unter Napoleons Knute stöhnenden Volkes. Sein Gedicht „Was ist des Deutschen Vaterland?" mag für die Menschen unserer Zeit nationalistisch klingen, weil sie gar nicht mehr wissen, daß 1813 die Menschen in Deutschland der Wunsch beseelte, endlich doch frei in einem eigenen Staat leben zu können. Nach den Befreiungskriegen konnte dann soweit auch Optimismus entstehen, wie etwa in Heinrich Heines Nachtgedanken aus dem Jahre 1844. „Deutschland hat ewigen Bestand. Es ist ein kerngesundes Land. Mit seinen Eichen, seinen Linden, werde ich es immer wieder finden." Doch wir Deutschen haben uns auch in der Phase der nationalen Einigung Mitte des 19. Jahrhunderts mit uns selbst schwerer getan, als die Italiener oder Polen. Warum das so war und weiterhin auch sein wird, beantwortet uns wie viele andere Fragen auch Johann Wolfgang von Goethe. „Es ist der Charakter der Deutschen, daß sie über allem schwer werden, daß alles über ihnen schwer wird." (Wilhelm Meisters Lehrjahre, viertes Buch, 20. Kapitel). Was

Goethe, im übrigen lange vor der leider nur kleindeutsch gebliebenen Einigung 1871 bereits um 1780 geschrieben hat, scheint heute noch Gültigkeit zu haben. Wenn wir die Herausforderungen unserer Zeit bestehen wollen, die nicht zuletzt aus dem Zusammenprall der Kulturen (Samuel Huntington) herrühren, dann müssen wir diesen Schwermut durch frischen Mut ersetzen.

30. April 2017

Nicht abwehrbereit

Die Verteidigungsministerin versagt auf ganzer Linie – außer bei der „Nazi"-Jagd

„Bedingt abwehrbereit" war die Titelgeschichte im Spiegel 41/1962 über das enttäuschende Abschneiden der Bundeswehr beim NATO-Manöver Fallex 62 übertitelt, was bekanntlich die Spiegel-Affäre ausgelöst hat. Bedingt abwehrbereit, nicht einmal dieses Zeugnis kann man heute der Bundeswehr ausstellen. Daran hat sie selbst am wenigsten Schuld. Nicht abwehrbereit muß man heute leider sagen. Schuld daran trägt der politisch-mediale Komplex unseres Landes, der ersichtlich in der gegenwärtigen Ministerin der hoffentlich niemals nötigen Verteidigung seine Personifizierung gefunden hat.

Ein Symptom dieser Entwicklung ist nun der wirkliche oder auch nur vermeintliche Skandal um jenen Oberleutnant, dem es gelungen ist, die deutsche Asyl- und Flüchtlingsverwaltungsmaschinerie glauben zu machen, er sei ein syrischer Kriegsflüchtling. Statt jedoch den Fokus auf die offensichtlichen Mängel des Systems der Aufnahme, Registrierung und Überführung der Flüchtlinge ins Sozialsystem zu richten, stürzen sich Politik und Medien auf angeblich zutage getretene rechte Umtriebe in der Bundeswehr. Jener Oberleutnant, der bei der Täuschung des Bundesamtes für Migration und Flüchtlinge doch eine beachtliche Pfiffigkeit an den Tag gelegt hat, jener Offizier also soll nicht nur rechtsradikal, vielleicht auch rechtsextrem, unsere Politiker und Journalisten kennen da die Unterschiede auch nicht so genau, sondern auch Teil eines rechten – ja was denn, rechts, rechtsradikal oder doch rechtsextrem – Netzwerks in der Bundeswehr sein. Festgemacht wird das an zwei Dingen. Zum einen wird dem staunenden Volk berichtet, der Offizier habe zum Abschluß seines Studiums an der französischen Militärhochschule eine Masterarbeit vorgelegt, die eindeutig rassistische und rechtsextreme Inhalte habe. Leider sei das trotz eines entsprechenden gutachterlichen Vermerks in der Personalakte des Offiziers nicht nach oben gemeldet worden. Nun werde ich den Teufel tun und auch nur eine Zeile über diese Masterarbeit schreiben, wenn ich sie nicht selbst gelesen, durchgearbeitet und bewertet habe. Ob die Frau Oberbefehlshaberin und ihr Generalinspekteur sie gelesen oder sogar durchgearbeitet haben, weiß ich nicht. Die Kürze der Zeit und die sonstigen vielfältigen Dienstgeschäfte der beiden stehen dem eigentlich entgegen. Allerdings fällt niemandem auf, daß die Arbeit offensichtlich von den Prüfern an der Hochschule angenommen und auch mindestens mit ausreichend bewertet worden sein muß. Denn sonst wäre der Kandidat ja durchgefallen. Zum anderen sind der Frau Oberbefehlshaberin bei ihrem Besuch in der Kaserne Dekorationsstücke wie Helme, Waffen und sonstige Ausrüstungsgegenstände der 1945 untergegangenen deutschen Wehrmacht ins Auge gefallen. Das hat ihr sehr mißfallen, denn aus ihrer Sicht habe die Bundeswehr keinerlei Berührungspunkte mit der damaligen Wehrmacht, allenfalls einzelne Taten damaliger Soldaten im Zusammenhang mit dem Widerstand gegen Hitler seien traditionswürdig. Also nicht einmal einzelne militärische Leistungen in den vielen Gefechten und Schlachten jenes Krieges, auch nicht solche, die seither in praktisch allen Armeen dieser Welt als großartige Leistungen gerühmt werden und deswegen auch aus dem kriegsgeschichtlichen Unterricht für den Offiziernachwuchs dort nicht hinwegzudenken sind. Doch in der Bundeswehr war schon von Beginn an untersagt, die Wehrmacht als traditionsstiftend anzusehen, weil sie wahrheitswidrig als Teil des NS-Systems diffamiert wurde. Denn das war sie ebensowenig wie Reichsbahn, Reichspost oder Justiz. Sie wurde vom Regime benutzt und mißbraucht, Frau Ministerin. Etwas Nachhilfe in Geschichte darf schon sein. Das wurde dann verschärft mit dem Traditionserlaß eines sozialdemokratischen Verteidigungsministers, um dann eine groteske Inszenierung in Gestalt eines veritablen Bildersturms in unseren Kasernen erleben zu müssen, als ein Generalinspekteur – ganz sicher auf Druck der Politik – auf allen Fotos von Wehrmachtssoldaten in Traditionsräumen und auf den Kasernenfluren auch das kleinste Hakenkreuz wegschneiden, überkleben oder sonstwie tilgen ließ. Und nun ist die Wehrmacht endgültig aus dem Gedächtnis der Soldaten zu löschen. Nichts soll an sie erinnern, weswegen konsequenterweise vor der Ausstellung zum 20. Juli 1944 im Berliner Bendlerblock eine nackte Statue steht. Ein Widerstandskämpfer in Wehrmachtsuniform wäre doch zu unpassend.

Wo die Probleme wirklich liegen, wird natürlich verschwiegen. Was Kritiker von Anfang an vorhergesehen haben, wird täglich deutlicher: die Abschaffung der Wehrpflicht war grundfalsch. Diese Armee ist nicht mehr die Armee des Bürgers in Uniform, denn ihr Nachwuchs kommt nicht mehr aus der Breite der Gesellschaft. Gerade in wirtschaftlich prosperierenden Zeiten wie diesen kann die Truppe für die Laufbahnen der Mannschaften und Unteroffiziere kaum qualifizierten Nachwuchs finden. Wir haben es hier leider heute mit dem Typus des bildungsfernen Hilfsarbeiters zu tun. Aber auch für die höheren Ränge findet man nur schwer genügend qualifizierten Nachwuchs. Denn auch hier konkurriert die Bundeswehr auf dem Arbeitsmarkt mit der Wirtschaft. Dort wird weitaus besser bezahlt, und es werden geregelte Arbeitszeiten geboten, von den häufig familienfernen Einsätzen ganz abgesehen. Und das hat gravierende Konsequenzen. Die Mannschaftsdienstgrade und jüngeren Unteroffiziere sind in den Kasernen außerhalb der Dienstzeiten alleingelassen. Wenn Berichte über Trinkgelage, sexuelle Ausschreitungen und Belästigungen, Mobbing und weit überzogene Rituale an die Öffentlichkeit dringen, dann sind das Dinge, die es in der Wehrpflichtarmee nicht gab. Verschärft wird das ganze natürlich auch durch die Öffnung der Armee für Frauen in allen Verwendungen und auf allen Ebenen. Früher lebten die – ausschließlich männlichen – Mannschaften und jungen Unteroffiziere in den Kompaniegebäuden. Aber nicht alleine, denn auch unverheiratete Feldwebel und vor allem die wegen der Wehrpflicht und des attraktiven und wesentlich längeren Dienstes als Soldat auf Zeit für nur zwei Jahre in großer Zahl dienenden Reserveoffiziersanwärter lebten ebenfalls im Kompaniegebäude. Die Mannschaftssoldaten hatten also rund um die Uhr ihre nächsten Vorgesetzten immer in der Nähe. Ausschreitungen dieser Art wurden, wenn sie überhaupt einmal begonnen wurden, von den Feldwebeln oder Fähnrichen, manchmal auch in der Kaserne wohnenden jungen Offizieren, unverzüglich unterbunden. Doch eher wird der Rhein von der Mündung in der Nordsee zur Quelle in der Schweiz fließen, als daß die Politik einen Fehler, einen Kardinalfehler zumal, zugeben wird.

Vielmehr wird die Umwandlung der Armee in ein Panoptikum gesellschaftspolitischer Experimente nur noch konsequenter betrieben. Statt gravierende Ausrüstungsmängel, wie etwa die Untauglichkeit eines neu angeschafften Marinehubschraubers (!) für Flüge über See unverzüglich abzustellen, muß die Einführung des Schützenpanzers Puma zurückgestellt werden, weil erst einmal ausgeschlossen werden muß, daß bei der weiblichen Puma-Besatzung Fruchtwasserschädigungen auftreten. Und außer der Schaffung von gendergerechten Toiletten müssen Schulungen für die Truppe durchgeführt werden, damit es in der Bundeswehr mehr Respekt für Lesben, Schwule und Transsexuelle gibt. Nicht der physisch wie psychisch robuste Kämpfertyp ist gefragt, ob mit oder ohne Bewunderung für seine Vorfahren in der weiland besten Armee dieser Welt, sondern das grün-links konditionierte Sensibelchen mit politisch korrekter Gesinnung. Daß der Sinn und Zweck einer Armee darin besteht, im Gefecht und auf dem Schlachtfeld zu bestehen, könnte die Oberkommandierende von der Leine zum Beispiel von dem – natürlich außer in Deutschland – weltweit angesehenen israelischen Militärhistoriker Martin van Crefeld lernen. Seines Erachtens braucht eine Armee gerade auch durchaus gewaltaffine, aber disziplinierte Soldaten. Im Gefecht zu töten und getötet zu werden, ist ihr Handwerk wie ihr Ethos. Frauen passen seines Erachtens da nicht hinein. Der gilt aber, wie gesagt in Deutschland, als militaristischer Macho, der zur Bundeswehr nach Art der Frau von der Leyen so wenig paßt wie das fränkische Schäufele auf die Speisekarte eines veganen Restaurants.

In Anbetracht der Kosten sollte man sich langsam überlegen, ob man das Ganze nicht einfach läßt. Eine Armee nach dem Motto: Wasch mir den Pelz, aber mach mich nicht naß! ist die vielen Milliarden nicht wert, die sie kostet. Die militärische Kulisse bei Staatsbesuchen ließe sich kostengünstig durch eine Komparsentruppe aus den Babelsberger Filmstudios darstellen. Für das Abspielen der allfälligen Nationalhymnen und Präsentiermärsche könnte man ja auch die Berliner Philharmoniker stundenweise in Uniformen stecken. Das wäre auch ehrlicher. Die allfälligen Bündnisverpflichtungen, insbesondere Truppenstellung in den diversen Konflikten auf dieser Erde, könnte man auch anders erfüllen. Bevor das Bundesverfassungsgericht seinerzeit die Politik auf die glasklare Rechtslage nach dem Grundgesetz hinweisen mußte, damit deutsche Soldaten ins Ausland geschickt werden konnten, hat man ja auch Genscher mit dem Scheckbuch losgeschickt. War sogar billiger. Würde auch zur derzeitigen Politik passen. Die ist ja auch von der billigsten Sorte.

3. Mai 2017

Die Exorzistin

Von der Leyen zerstört die Seele der Bundeswehr

Der Exorzismus, was auf deutsch Teufelsaustreibung heißt, gerät in der katholischen Kirche mehr und mehr in Vergessenheit. Ursprünglich als eigener Ritus geschaffen in Anlehnung an Berichte im Neuen Testament, wonach Jesus durch sein Wort Besessene geheilt hat, indem er den Teufel verjagte, der von ihnen Besitz ergriffen hatte, entwickelte sich daraus in den eher finsteren Jahrhunderten der Kirchengeschichte ein mehr an Aberglauben und Voodoozauber gemahnender Brauch, der zu bizarren Auswüchsen und Praktiken führte. In unserer Zeit wurde das dann reißerisch aufgearbeitet, etwa in Filmen wie „Der Exorzist“, mußte aber gelegentlich auch vor Gericht verhandelt werden, weil Menschen dabei zu Tode gekommen waren.

Der Exorzismus feiert nun fröhliche Urständ, in einem Kontext allerdings, in dem man seine Wiederkehr schlechterdings niemals vermutet hätte. Darf nach Can. 1673 des Codex Juris Canonicus nur ein Priester mit Erlaubnis des Bischofs den Großen Exorzismus ausführen, so hat sich in seiner modernen säkularen Variante die Hohe Priesterin, in Personalunion oberste Befehlshaberin der Bundeswehr, dies selbst vorbehalten. Der Teufel den es auszutreiben gilt, und der sich offenbar in den Leibern vieler ihrer Soldaten festgekrallt hat, dieser Teufel ist der Rechtsextremismus. Den erkennt natürlich nur ein Mensch mit überirdischen Qualitäten, wie wir ihn in der Hohen Priesterin der politisch korrekten Inneren Führung dieser Armee glücklicherweise haben. Was ihre Vorgänger in ihrer menschlichen Beschränktheit jahrzehntelang nicht erkannt haben, springt ihr, deren intellektuelle Fähigkeiten turmhoch aus den Niederungen des geistigen Flachlandes der Generäle, Ministerialbeamten und Professoren ihres Kommandobereichs herausragen, schon bei einer kurzen Visite in den Stuben ihrer Reisigen ins Auge. Ein Wehrmachtsstahlhelm hier, ein Panzerlied dort, ein von wem auch immer eingeritztes Hakenkreuz an jenem Ort, nach Schwefel riecht's: Weiche Satan!

Damit der Teufel aus den Leibern und Hirnen der Reisigen entweicht und sie in reiner Unschuld künftig ihrer Herrin dienen, muß der große Exorzismus zelebriert werden. Erst wenn der letzte Stahlhelm und der letzte Uniformknopf aus Wehrmachtszeiten ihren Weg aus den Traditionsräumen und Lehrsammlungen in die Container des Schrotthandels gefunden haben, erst wenn der letzte Panzer und das letzte Kettenkrad mit dem Balkenkreuz in den Stahlwerken eingeschmolzen worden sind, erst wenn das letzte Soldatenlied jener finsteren Jahre aus den Liederbüchern herausgerissen worden sein wird, erst wenn das letzte militärgeschichtliche Beispiel aus dem Taktikunterricht verschwunden sein wird, und erst wenn junge Soldaten gar nicht mehr wissen, daß es vor der Bundeswehr die Wehrmacht und andere Armeen in Deutschland gegeben hat, geschweige denn, welche militärischen Leistungen sie erbracht haben, erst dann wird der Fürst der Finsternis, der sich perfider Weise in den Mantel der Tradition zu kleiden pflegt, keine Macht mehr über die Soldaten des aufgeklärtesten, demokratischsten und weltoffensten Staates mehr haben, in dem glücklicherweise heute diejenigen leben, die schon länger hier sind, wie auch die, die noch nicht so lange hier sind. Daß dann eben diese Armee alsbald dieselben Krankheitserscheinungen aufweisen wird, wie sie an einem Baum zu beobachten sind, dessen Wurzeln abgeschnitten werden, wird die Hohe Priesterin nicht beirren können. Denn die Reinheit ist das Ziel. Nur in destilliertem Wasser können weder Bakterien noch Fische leben. Doch wo nichts leben kann, kann auch nichts Schlechtes leben. Es lebe das Prinzip.

Mußte man als Mensch, der sich mit der Geschichte, vor allem auch mit der Militärgeschichte zugegebenermaßen etwas intensiver beschäftigt hat, als es Menschen vom Schlage der Frau Oberbefehlshaber lieb sein kann, schon bisher die Traditionspflege in der Bundeswehr, wie sie von der Politik und deren Befehlsempfängern im Ministerium vorgegeben wurde, mit Unbehagen zur Kenntnis nehmen, so ist nunmehr die Grenze des erträglichen weit überschritten. Es war schon bisher falsch, den Umgang mit der militärischen Vergangenheit unseres Landes nach dem Grundsatz zu befehlen, daß nicht die Wehrmacht für die Bundeswehr traditionsbegründend sein kann, sondern allenfalls einzelne herausragende Leistungen von Soldaten der Wehrmacht, insbesondere der militärische Widerstand gegen Hitler. Es wird Zeit, die Traditionspflege der Bundeswehr vom Kopf auf die Füße zu stellen. D.h., daß grundsätzlich nach den Armeen der deutschen Staaten des 18. und 19. Jahrhunderts sowohl die Armee des Kaiserreichs, die Reichswehr der Weimarer Republik und die im Dritten Reich nur noch als Wehrmacht bezeichnete Reichswehr in der Traditionslinie zur Bundeswehr stehen. Ausgenommen davon sind Soldaten, deren Einstellung und Verhalten mit dem Ethos des Soldaten sowohl vor der Hitler-Diktatur als auch danach schlechterdings nicht vereinbar sind. Nur ein solches Verständnis von militärischer Tradition entspricht auch der Tatsache, daß von den rund 18 Millionen Soldaten, die in der Wehrmacht gedient haben, nur ein ganz geringer Prozentsatz Kriegsverbrechen begangen hat, und von einem systemischen Hang zu Kriegsverbrechen ebenso wenig die Rede sein kann, wie von einer gruppenspezifischen

Affinität der deutschen Soldaten zum Nationalsozialismus. Nur ein solches Verständnis von militärischer Tradition gewährleistet auch, daß die herausragenden Leistungen dieser Armee in den Gefechten und Schlachten des Zweiten Weltkrieges für die Bildung des Charakters unserer jungen Soldaten und ihre Ausbildung für den Einsatz nutzbar gemacht werden können, der Daseinszweck jeder Armee auf dieser Erde ist. Und dieser Einsatz heißt Krieg.

Der großen Exorzistin und ihren kleinen Knechten, deren Amtes es ist, die Ketzer auf den Scheiterhaufen der unheiligen Inquisition unserer Tage zu bringen, muß ich noch pflichtschuldigst melden, daß ich nicht nur dem ketzerischen Gedankengut anhänge, welches ich vorstehend ausgebreitet habe. Ich bin dazu noch einer ihrer Reisigen, wenn auch schon lange von den rostigen. Doch ebenso schlechte wie willige Juristen aus ihrer ministerialen Garde könnten angesichts von so viel Unbotmäßigkeit auf die Idee kommen, darob den alten Reservisten zu maßregeln und zu schurigeln. Doch da sage ich mit dem alten Marschall Vorwärts: „Det nehme ick allet uff mir!" Denn auch dem alten Soldaten muß das Gewissen höher stehen, als die Huld seiner Oberkommandierenden.

7. Mai 2017

Die Kulturrevolution hat begonnen

Weg mit der soldatischen Tradition!

Die Studenten, pardon, „Studierenden" der Helmut-Schmidt-Universität der Bundeswehr haben gehorsam ein Foto im Flur ihrer Unterkunft von der Wand genommen, das den Gründer ihrer Universität in jungen Jahren zeigt. Jedoch igitt igitt, in der Luftwaffenuniform der Wehrmacht. Seit die Bundesministerin für die Abwicklung der Bundeswehr zur Entsorgung der Tradition aufgerufen hat, gibt es für karrierebewußte Offiziere kein Halten mehr. Der braune Ungeist muß mit Stumpf und Stiel ausgerottet werden. Da darf nichts mehr übrigbleiben, was die jungen Soldaten vielleicht an die Wehrmacht, dieses „wandelnde Schlachthaus" (Michael Naumann, Beauftragter der Bundesregierung für Kultur und Medien 1998-2001) erinnern könnte. Der Anblick des Gründers ihrer Universität in der Uniform dieser Nazi-Truppe kann ja nur die Geister der Studenten verwirren.

Doch dies ist nur ein besonders bizarrer Auswuchs der Bilderstürmerei, die derzeit in der Bundeswehr stattfindet. Der Ikonoklasmus ist ja nicht von ungefähr ein ursprünglich religiöses Phänomen. Von dem byzantinischen Bilderstreit über den reformatorischen Bildersturm und das islamische Bilderverbot erreichte diese Geisteshaltung mit Krankheitswert die Politik, wo sie beispielsweise in den Bildbearbeitungen kommunistischer Regime ganz unbeabsichtigt die Verlogenheit dieser Ideologie dokumentierte. Mit einer Gründlichkeit, die man bisher auf diesem Felde nur in Diktaturen angetroffen hat, werden nun die Kasernen der Bundeswehr durchsucht, um auch die letzten Reste von Tradition aufzuspüren und zu vernichten. Weil nichts, aber auch gar nichts mehr davon übrigbleiben darf, was Generationen von Soldaten der Bundeswehr als Tradition empfunden haben, dürfen natürlich auch nicht mehr die Lieder gesungen werden, die auch schon die Soldaten der Wehrmacht gesungen haben. Denn „O du schöner Westerwald" ist doch wirklich von nationalsozialistischem Ungeist erfüllt, allerdings haben das Generationen von Soldaten gar nicht bemerkt. Gut, daß da die intellektuelle Leuchtrakete von der Leine das Gefechtsfeld in helles Licht getaucht hat, damit man auch noch den kleinsten Splitter der Stielhandgranate finden und entsorgen kann.

Weil die Ministerin selbst natürlich keinen blassen Schimmer vom Militär, natürlich auch nicht von Bundeswehr, Wehrmacht etc. hat, wird sie sich auch auf diesem Felde nun fachkundig beraten lassen. Die politisch korrekten Historiker aus dem Zentrum für Militärgeschichte und Sozialwissenschaften der Bundeswehr, wie das früher einmal angesehene militärgeschichtliche Forschungsamt nun heißt, werden sie darauf aufmerksam machen, daß der Dienst- und Ausgehanzug der Bundeswehr direkt von der Wehrmachtsuniform abgeleitet ist. So sind die Kragenspiegel der Heeres- und der Luftwaffenuniform identisch mit jenen, die auch schon auf den Uniformen von Heer und Luftwaffe in der Wehrmacht zu sehen waren. Mit der Uniform der Marine werden sich die Bediensteten der chemischen Reinigung, durch die nun die Bundeswehr geschleust wird, wie eine kontaminierte Truppe nach einem Angriff mit B- und C- Waffen, wohl etwas schwerer tun. Denn die Marineuniformen sind bekanntlich weltweit gleich. Als auch kostensparender Weg bietet es sich an, Dienst- und Ausgehanzug ganz abzuschaffen. Funktionskleidung genügt. Am Schreibtisch tut es auch lässiges Zivil. Die militärische Ordnung, Anrede, Gruß und Kommandos sind doch ohnehin Relikte aus der Vergangenheit, die allenfalls Nostalgiker begeistern können. Daimler, Siemens und VW funktionieren doch auch ohne den alten Plunder ganz prima.

Auch wenn in der Bunten Republik Deutschland alles alternativlos ist, was aus dem Berliner Regierungsviertel kommt, so sollte man hier doch ausnahmsweise über eine Alternative nicht nur nachdenken, sondern sie auch umsetzen: die Entsorgung dieser Ministerin.

13. Mai 2017

Wir sind Nordkorea

Die Inquisition kehrt zurück – in die Bundeswehr

Der Meinungsterror in der Truppe nimmt immer häßlichere Formen an. Ganz nach dem Muster totalitärer Staaten wird jede abweichende Meinung und wird jede kritische Äußerung unnachsichtig verfolgt. Säuberungskommandos und Spitzel dürften inzwischen dem letzten noch loyalen Soldaten zeigen, woher der Wind weht. Nicht einmal vor Straftaten wie dem Aufbrechen eines im Eigentum einer dritten Person stehenden Schranks schrecken ihre Schergen zurück. Die Oberbefehlshaberin mit der Ausstrahlung eines Eisschranks hat inzwischen ein Klima geschaffen, gegen das die Verhältnisse unter der (un)heiligen Inquisition, während der Stalin'schen Säuberungen und in Zeiten der allgegenwärtigen Gestapo den antiquierten Charme muffiger Folterkeller ausstrahlen. Was rechtfertigt dieses Urteil?

Einem Offizier war der Kragen geplatzt und verbal deswegen der Gaul durchgegangen, als er von den jüngsten Invektiven seiner obersten Befehlshaberin gegen die Bundeswehr gehört hatte. Aus offenbar gut unterrichteten Kreisen, wie man auf gut Deutsch die Whistleblower auch nennen kann, verlautete der Text, der dem Offizier nun viel Ungemach bereiten wird: „Ich habe es so satt, daß 200.000 Soldaten unter Generalverdacht gestellt werden, wegen zwei Verrückten. Die Ministerin ist bei mir unten durch, das muß man aussprechen oder putschen!" Bemerkenswert ist daran zunächst einmal, daß diese Aussage offensichtlich nicht im Kameradenkreis geblieben, sondern „nach oben" durchgestochen worden ist. Das spricht eben dafür, daß man eine solche Heidenangst vor der Ministerin hat, daß man fürchtet, selbst belangt zu werden, wenn man den Kameraden nicht flugs denunziert. Und dann wird selbstverständlich wegen einer solchen Unmutsäußerung der MAD beauftragt und nimmt auch noch die Ermittlungen auf. Das zeigt des Weiteren, daß in der Führungsetage der Truppe wie auch beim MAD ein hündischer Gehorsam verlangt wird, der es bei Meidung von erheblichen Nachteilen für die eigene Person gebietet, auch wirklich jeden Schwachsinn umzusetzen, den die oberste Befehlshabern äußert oder vielleicht äußern könnte.

Denken darf man dabei nicht, wie der Vorgang deutlich zeigt. Für jeden Menschen bei klarem Verstand ist es offensichtlich, daß es sich bei der zitierten Aussage um eine kräftig formulierte Unmutsäußerung handelt. Nur wer gar nicht denken kann, wird den letzten Halbsatz des Zitats dahingehend interpretieren, daß der betreffende Soldat sich mit Putschgedanken trägt. Wer jedoch ein Minimum an logischem Verständnis hat, der erfaßt sofort, daß in diesem Halbsatz zwei sich wechselseitig ausschließende Alternativen stecken. Entweder muß man aussprechen, daß die Ministerin bei einem selbst unten durch ist, oder man muß putschen. Nun hat der Mann das ja ausgesprochen. Denknotwendig folgt daraus, daß der Putsch für ihn nicht infrage kommt, er ihm vielmehr diese krachende Sentenz vorgezogen hat. Doch im Klima von Inquisition und Hexenjagd, das die Ministerin ihrer Truppe verordnet hat, ist man als Soldat gut beraten, sich so zu verhalten, wie man das zum Beispiel in Nordkorea klugerweise tut. Ob der geliebte Führer etwas kluges oder etwas dummes sagt, ob er rülpst oder furzt, man klatscht demonstrativ und rhythmisch Beifall. Am besten steht man dazu auch auf, damit man nur ja gesehen wird. Sollte Kim Jong un etwas zustoßen, wir könnten seinem Lande helfen. Sein personeller Ersatz übt bereits fleißig.

23. Mai 2017

Die Gouvernante

Die Ministerin verpaßt der Bundeswehr eine chemische Reinigung

Der Skandal um die ministeriell befohlene Gesinnungsschnüffelei in der Bundeswehr nimmt inzwischen groteske Formen an. Der Parlamentarische Staatssekretär im Bundesministerium der Verteidigung hat mit Schreiben vom 30. Mai 2017 an den Vorsitzenden des Verteidigungsausschusses des Deutschen Bundestages eine Liste vorgelegt, welche die „Meldungen der Organisationsbereiche zu der von Herrn Generalinspekteur der Bundeswehr angewiesenen Bestandsaufnahme zum Traditionsverständnis in Kasernen und Liegenschaften der Bundeswehr" tabellarisch wiedergibt. Schaut man sich diese 404 Meldungen näher an, weiß man nicht, ob man lachen oder weinen soll.

Für eine wirkliche oder vielleicht nur listig vorgetäuschte völlige Ahnungslosigkeit sprechen Meldungen über Gegenstände wie

- Fettpresse, Abschiedsgeschenk Fw, Verwendung in Bundeswehr und Wehrmacht
- Weißer Feuerwehrhelm
- Holzbrett mit 3 x Karabiner Martini Henry Mark LI, 2x Mosin Nagant 1938
- Gewehr „Zwilling" Typ unbekannt, Schenkung unbekannt
- Pistole Typ unbekannt, Erinnerungsgeschenk
- 1x, 2x, 4x, französischer Säbel napoleonische Zeit Abschiedsgeschenk Fw

- Säbel, Dolch, Gegenstände sind Privatbesitz, kein Wehrmachtsbezug, Waffen sind stumpf
- Abschiedsgeschenk Hellebarde
- Abschiedsgeschenk Muskete, DeKo-Reproduktion
- Abschiedsgeschenk Steinschloß-Axtpistole Deko-Reproduktion
- Abschiedsgeschenk Speerspitze
- historischer Dolch, zeitliche Einordnung unbekannt, Herkunft nicht nachweisbar
- Mauser C 96 Offizierpistole erster Weltkrieg, Geschenk ehemaliger Soldat der Kp an das Uffz-Korps
- Waffenmodelle älter als 1900
- Urkunden aus Bw- Wettkampf Rommelpreis mit Konterfei Generalfeldmarschall Rommel
- Fotografie „Unteroffiziere der 8. Kp" (1911)
- Bild „Musketier Wacker", 1903/1905
- altdeutscher Schriftzug
- Old English Schriftzug
- Schriftzug, steht über dem Reichstag (toll!, der Verfasser)
- Militärgeschichtliche Sammlung, welche letztmalig im Frühjahr 2017 durch einen Prüfer des militärgeschichtlichen Museums Dresden überprüft wurde.

Soweit die peinlichsten, weil beim besten Willen nicht dem Schnüffelauftrag der Ministerin zuzuordnenden Asservate.

Doch auch Meldungen von ganz anderer Qualität lassen aufhorchen. Denn dabei zeigt sich, wie jedenfalls der Auftrag aufgefaßt worden ist:
- Wandmalerei Entwicklung der Grenadiertruppe: Grenadier um 1720, Grenadier um 1870, Grenadier im Zweiten Weltkrieg, Grenadiere der Bw im Einsatz
- Abbildung: Entstehung Truppengattung vom Ersten Weltkrieg bis heute, dabei auf dem Zeitstrahl ein Ausschnitt der Wehrmacht
- Gemälde (selbst erstellt) zeigt verschiedenste deutsche Tugenden in altdeutscher Schrift: Pflichtbewußtsein, Redlichkeit, Toleranz, Unbestechlichkeit, Fleiß, Gerechtigkeit, Ehrlichkeit, Haltung, Ehre, Sparsamkeit

- Spruch Otto von Bismarck: „Wenn die Deutschen zusammenhalten, so schlagen sie den Teufel aus der Hölle.“
- Zitat Generalfeldmarschall Erwin Rommel: „Eine Schlacht wird von Logistikern geschlagen und entschieden, bevor sie beginnt.“
- Familienfotos Soldat, abgeklebt
- Schautafel aus über die Geschichte der Truppengattung – Bajonett aus der Zeit vor 1945 (Geschenk eines italienischen Truppenteils nach gemeinsamer Übung)
- Exponate (Gemälde, Säbel, Tafelsilber, Pokale, Kunstdrucke, Porträts, Lanzen etc.), die dem vor der Mobilmachung 1939 aufgelösten Kavallerie-Regiment 18 (Wehrmacht), dem Reiterregiment 1 B (Reichswehr) sowie den Vorgängerverbänden des württembergischen Kontingentes (kaiserliches Heer) bzw. Kavallerieregimentern des Königreiches Württemberg (württembergisches Heer) zuzuordnen sind. Ein Exponat weist auf der Rückseite (!),der Verfasser) den handschriftlichen Eintrag „Heil Hitler“ aus dem Jahr 1934 auf.
- Geschichtlich aufgearbeitete Dokumentation des deutschen Widerstandes in der NS-Zeit und mit Originalbildern der handelnden/involvierten Personen (inklusive Adler mit Hakenkreuz) unterlegte Darstellung des Verlaufes des Attentate vom 20.7.1944.
- Aufgehängtes Foto eines Verwandten in Wehrmachtsuniform, keine nationalsozialistischen Symbole erkennbar
- Kasten mit Orden und Ehrenzeichen der Bundeswehr
- Besitzurkunde Eisernes Kreuz Erster Weltkrieg 1917, Geschenk ehemaliger Soldat der Kp an das Uffz-Korps
- Flagge 1873
- Chronik „Feldzüge der Alt-Württemberger (1914-1918)“
- „Die beste Fürsorge für einen Soldaten ist eine harte und fordernde Ausbildung.“ E. Rommel
- Fachliteratur Panzer, Flugzeuge und Hubschrauber von 1900 bis heute
- Kasten mit Erinnerungsgabe Kommandolehrgang französisch Guayana Erinnerung an französischen Kommandolehrgang in Guyana

- Gedenktafel/Gedenkstein, die Truppenteilen der Wehrmacht und hier nahezu ausschließlich der gefallenen Soldaten des Ersten und Zweiten Weltkrieges gedenkt. Alle Tafeln/Steine befinden sich allesamt in einem engen räumlichen Zusammenhang und können als Ehrenhain bezeichnet werden.
- Foto von Kai-Uwe von Hassel in Wehrmachtsuniform im Rahmen einer historischen Fotodokumentation.
- Bordflugzeug ARADO 196 des schweren Kreuzers Prinz Eugen zur Restauration (offizielle Leihgabe des National Museum of Naval Aviation Pensacola an die deutsche Marine)
- Geschichte der Theodor-Heuss-Kaserne von 1917-2008 an einem Zeitstrahl mit Bildern. Ungefähr in den Jahren 1930-32 hängt ein Bild, das ein Musikkorps und eine angetretene Formation im Hof der Kaserne zeigt (mit Stahlhelm), nach hiesiger Bewertung noch Reichswehr sowie ein zweites Bild, welches eine Marschformation in der Kaserne aus größerer Entfernung zeigt (wahrscheinlich 1933-35, Wehrmacht
- In der nachgewiesenen und genehmigten militärhistorischen Sammlung befindet sich eine alte Wehrmachtsuniform aus den dreißiger Jahren. Das Hakenkreuz des Reichsadlers auf der linken Brust wurde unkenntlich gemacht. Der Raum im Kellergeschoß ist der Öffentlichkeit derzeit nicht zugänglich. Des weiteren befinden sich im Kellergeschoß zwei Urkunden (Rommelpreis), auf denen das Porträt von General Erwin Rommel abgebildet ist. Der Preis wurde von einem Amerikaner lange nach 1945 für deutsche Soldaten gestiftet, die in einem Wettkampf (Schießen, Orientieren, Hindernisbahn, usw.) diesen Preis gewonnen haben.
- Gedenktafel für gefallene Pioniere des Ersten und Zweiten Weltkrieges
- Ehrenmal der Kameradschaft der ABC-Abwehr und Nebeltruppe. Diese Einrichtung ist ein Platz des Erinnerns gegen Krieg und Gewaltherrschaft und soll an die toten Kameraden der ABC-Abwehrtruppe sowie die im Zweiten Weltkrieg ums Leben gekommenen Soldaten der Nebel- und Werfertruppe erinnern. Diese Gedenkstätte wurde 1968 durch die Kameradschaft der Nebelwerfertruppe errichtet. Mit Billigung BMVg Fü H I1

vom 14.7.2010 ist das Ehrenmal integraler Bestandteil der Lehrsammlung der ABC-Abwehrtruppe. Auf dem Ehrenmal sind unter anderem die Truppengattungsbezeichnung ABC-Abwehrtruppe, das Eiserne Kreuz, das Wappen der Nebelwerfertruppe sowie das Symbol eines Wehrmachtshelmes angebracht.

- Porträtfoto Urgroßvater in Wehrmachtsuniform
- Rotkreuz Flagge
- Foto von Helmut Schmidt in Wehrmachtsuniform

Damit auch dieser Peinlichkeiten genug. Nur noch eine besonders merkwürdige Position, nämlich eine „Uhr, privater Besitz". Wenn gefilzt wird, dann richtig. Auf privates Eigentum glaubt man keine Rücksicht nehmen zu müssen. Hoffentlich hat der Eigentümer Strafanzeige erstattet.

Bemerkenswert ist zweierlei. Zum einen wurde offensichtlich nach dem alten militärischen Grundsatz: „Melden macht frei!" alles gemeldet, was irgendwie und sowieso auf jeden Fall anrüchig ist, weil es aus früheren Zeiten stammt, ob Hitler oder Napoleon, egal. Nachdem nicht angenommen werden kann, daß die jeweiligen Kommandeure keine Ahnung von dem haben, was sie tun, und etwa zwischen einem Säbel aus dem 19. Jahrhundert und einem SS-Dolch nicht unterscheiden können, kann man in derartigen Meldungen wohl nur den Ausweis einer stillen Opposition sehen, allerdings listig nach der Art des braven Soldaten Schwejk.

Zum anderen zeigt die zweite der obigen Auflistungen, worum es der Ministerin wirklich geht, und was ihre Diener pflichtschuldigst umsetzen: Es geht darum, jegliche Tradition dieser Armee zu kappen. Sie soll allein ihre eigene Tradition pflegen. Dies zeigt ein tiefgreifendes Unverständnis von Geschichte und Tradition überhaupt. Konsequenterweise sollen wir wohl nicht nur im militärischen Bereich, sondern generell unsere Verbindungen zu den früheren Generationen abschneiden. Damit kommen wir dem Wunschbild der One World Propagandisten näher, denen ganz im Sinne der globalen Wirtschaft möglichst einheitlich strukturierte Verbraucher am liebsten sind, die im Hier und Jetzt leben wie das liebe Vieh, und deswegen ausschließlich Konsumwünsche haben und sonst nichts. Menschen indessen, die ganz bewußt auch auf den Schultern ihrer Vorfahren stehen, ihre Kultur und ihre Leistung zu schätzen wissen, und sich aus all diesen Quellen auch eine eigene Meinung bilden, solche Menschen sind sowohl gewissen Politikern suspekt als auch der globalisierten Wirtschaft lästig, weil sie einfach zu unterschiedliche Wünsche haben, zum Beispiel die totale McDonaldisierung und Coca-Colaisierung nicht mitmachen. Oder vielleicht etwas anderes wählen, als es den etablierten Politikern in ihren auch finanziell gut gepolsterten Sesseln lieb ist.

Jens Jessen hat in der ZEIT vom 24.05.2017 zutreffend darauf hingewiesen, daß es ohne die Wehrmacht nun einmal nicht geht. Abgesehen von der Notwendigkeit, die professionellen militärischen Leistungen der Ausbildung nutzbar zu machen, geht es doch vor allem darum, dem mündigen Staatsbürger und Soldaten die Gelegenheit zu geben, die Zeit des Dritten Reiches selbst mit wachem Verstand kritisch zu betrachten und sich eigenverantwortlich eine Meinung dazu zu bilden, die bei gebildeten Bürgern und Soldaten in aller Regel dazu führt, den demokratischen Rechtsstaat einer Diktatur wie sie damals herrschte, mit Herz und Verstand vorzuziehen. In den Augen der Ministerin und ähnlicher Heimsuchungen unseres Volkes ist es jedoch so, daß wir besser in Unmündigkeit gehalten werden, damit die Gouvernanten der *political correctness* ihr unseliges Werk unbeeinflußt und ohne Widerstand selbst denkender Bürger vollenden können.

Principiis obsta! Und weil aktive Soldaten und die Präsidenten der vom Ministerium keineswegs unabhängigen Traditionsverbände sich Zurückhaltung auferlegen müssen, haben wir freien Bürger aufzustehen und Leuten wie dieser unsäglichen Ministerin klar und deutlich ihre Grenzen aufzuzeigen. Demokratie und Meinungsfreiheit sind in Gefahr, nicht etwa durch allenfalls in homöopathischen Dosen vorhandenen Rechtsradikalismus in der Bundeswehr, sondern sie sind in Gefahr durch eine Inquisition, wie wir sie zuletzt im Namen der Kirche hatten. Glücklicherweise ist das ein halbes Jahrtausend her.

Die aktuelle Inquisition indessen muß gebrandmarkt werden als das, was sie ist: Teufelswerk.

6. Juni 2017

Von Demokraten und Spezialdemokraten

Im Kampf gegen AfD und konservative Publizistik ist den Etablierten jedes Mittel recht

Zu den Binsenweisheiten, die in unseren Tagen allerdings besondere Beachtung verdienen, gehört auch die, daß die Politik viel zu wichtig ist, als daß man sie den Politikern allein überlassen könnte. Politiker, die noch nicht ganz vergessen haben, daß sie eigentlich nur Vertreter des Volkes, nicht aber der Souverän selbst sind, ermutigen denn auch dazu, sich mit dem Tagesgeschehen zu befassen und wenn möglich, politisch auch aktiv zu werden. Ohnehin ist die Demokratie die einzige Staatsform, die unseren zivilisierten Vorstellungen von Menschenwürde gerecht wird. Denn untrennbarer Bestandteil der Menschenwürde ist auch die Eigenverantwortlichkeit des Menschen. Sie hat dann auch in sehr früher Zeit im alten Griechenland zu den Anfängen eines demokratischen Staatswesens geführt. Die freien Bürger der dortigen Stadtstaaten bestimmten durch Wahlen und Abstimmungen über die Geschicke ihres Gemeinwesens. Der Schönheitsfehler aus unserer Sicht war allerdings, daß sowohl die Frauen als auch die Sklaven davon ausgenommen waren. Doch wir wollen frühere Jahrhunderte und Jahrtausende nicht an den Maßstäben unserer Zeit messen. Die parlamentarische Demokratie mit ihren repräsentativen Elementen war letztendlich die Notlösung, welche die im Vergleich zu den antiken Stadtstaaten ungeheure Zahl von Bürgern erforderlich machte. Es mögen zwar wenige hundert Athener im alten Griechenland und wenige tausend Bürger eines Schweizer Kantons über einzelne Sachfragen entscheiden können, Millionen von Bürgern eines modernen Staates können das nicht. Deswegen müssen sie schlicht und einfach Bevollmächtigte bestellen, die für sie in ihrem Auftrag das Staatswesen leiten und verwalten. In jüngster Zeit hat allerdings der rasende technische

Fortschritt insbesondere im Kommunikationswesen Möglichkeiten der Mitentscheidung geschaffen, die etwa im 19. und 20. Jahrhundert noch nicht vorstellbar waren. Es ist daher legitim, heute nach erweiterten Möglichkeiten der direkten Demokratie über die bereits existierenden Volksentscheide hinaus nachzudenken. Doch nun genug der Demokratietheorie. Denn das Recht zur Mitgestaltung der politischen Verhältnisse wird in unseren Tagen in einem Ausmaß mißverstanden und auch mißbraucht, das die Mitglieder der verfassunggebenden Versammlung von 1949 sich in ihren schlechtesten Albträumen nicht haben vorstellen können.

Die Rede ist von einem Aktionsbündnis, das unter dem Motto: „Aufstehen gegen Rassismus" dazu aufruft, Wahlkampfveranstaltungen einer demokratischen Partei massiv zu stören, zu behindern und wenn möglich, zu unterbinden. In ihrem Aufruf heißt es nach der einleitenden Behauptung, fast täglich griffen Rassisten und Rassistinnen – so viel Gender muß sein – Flüchtlingsheime an, islamfeindliche Übergriffe nähmen zu: „Währenddessen wird die Alternative für Deutschland (AfD) zunehmend zum Sammelbecken für Fremdenfeindlichkeit und Rassismus. An vielen Orten ist die AfD Zentrum der extremen Rechten geworden. Abgeordnete der AfD verbreiten Naziparolen und hetzen gegen Andersdenkende. Die AfD ist zu einer ernsthaften Gefahr geworden, für all jene, die nicht in ihr rechtes Weltbild passen." Die Verfasser dieses Aufrufs bleiben Belege und Beispiele für diese Behauptung schuldig, natürlich auch für die subtile Behauptung, die AfD sei ihrerseits gewalttätig („ernsthafte Gefahr für all jene die nicht in ihr rechtes Weltbild passen"). In ihrer immerhin 40 Seiten starken Broschüre behaupten die Initiatoren dieses Aufrufs zum Wahlkampf dieser Partei: „Je nach Kontext der Veranstaltung und Strategie der Redner*in, vertritt die AfD dort offen rassistische Positionen oder versucht eher unterschwellig Stimmen zu fangen. Sie fabulieren dann zum Beispiel über Kulturen, die angeblich nicht zusammenpassen oder über angebliche „Bedrohung durch Muslime". Doch auch AfDler*innen, die sich national-konservativ geben, kämpfen Seite an Seite mit bekennenden Rassist*innen und Neo-Nazis. Ein relevanter Teil der Rechten bezieht sich nicht mehr offen auf Rassentheorie, Antisemitismus und den Nationalsozialismus, sondern versteckt seine rassistischen oder sogar faschistischen Ziele unter einem national-konservativen Deckmantel, angeblicher Vereinbarkeit mit dem Grundgesetz und der Theorie des Ethnopluralismus. Dies ist eine rassistische Theorie, die sich nicht auf biologische Abstammung, sondern auf die Zugehörigkeit zu verschiedenen Kulturen bezieht. Die Kombination von offenem Rassismus oder Geschichtsrevisionismus mit ethnopluralistischen und national-konservativen Positionen dient der Relativierung und der Verschleierung rassistischer und faschistischer Ziele. Beides ist entscheidend für das Erfolgsrezept der AfD und schafft erst die Voraussetzung, daß Neo-Nazis in Landesparlamente in den Bundestag einziehen können."

Nun läßt sich zu diesen kruden Behauptungen allerhand sagen. Vor allem fehlt jeder Beleg. Die Technik hinter dieser Argumentation ist offensichtlich: In der Art von Verschwörungstheorien wird den Rednern der AfD unterstellt, nicht zu meinen, was sie sagen. Das Grundgesetz gewissermaßen als Tarnkappe für den „Nazi". Nebenbei bemerkt: Der Ethnopluralismus ist schon per se keine rassistische Theorie, weil er eben nicht an die blutsmäßige Abstammung anknüpft, sondern an die Zugehörigkeit zu einem Kulturkreis. Zum mitteleuropäischen, speziell deutschen Kulturkreis gehört aber unstrittig jeder Mensch, der hier aufgewachsen und kulturell geprägt worden ist, unabhängig davon, woher seine Vorfahren gekommen sind.

Größte Wachsamkeit gegenüber diesen sogenannten Aktivisten ist geboten, wenn man sich betrachtet, in welcher Art und Weise sie vorgehen wollen, und auch tatsächlich vielfach vorgehen. Da wird unter anderem empfohlen: „Infostände ärgern" und gleich erklärt, wie das geht, nämlich durch umzingeln, einmauern und einwickeln, zum Beispiel mit Trassierband. Ein Beispiel aus Limburg an der Lahn wird als Video eingestellt. Darauf ist zu sehen, wie ein Infostand der AfD von sogenannten Aktivisten derart dicht umstellt wird, daß Passanten unmöglich gemacht wird, zu dem Infostand zu gehen, und dort mit den anwesenden Mitgliedern der AfD zu sprechen bzw. sich von ihnen politisches Werbematerial aushändigen zu lassen. Daß es sich hierbei um den Straftatbestand der Nötigung gem. § 240 StGB handelt, muß nicht näher erläutert werden. In ihrer Broschüre versuchen die Verantwortlichen auch die umworbenen künftigen Mitstreiter dadurch zu beruhigen, daß sie behaupten, eine solche Aktion stehe als Kundgebung ihrerseits unter dem Schutz der grundgesetzlich geschützten Versammlungsfreiheit. In der Art des schlechten Juristen wird dann auch eine Entscheidung des Bundesverfassungsgerichts als Beleg hierfür genannt, ohne allerdings deren Sachverhalt mitzuteilen. Das ist aber unbedingt erforderlich, um beurteilen zu können, ob der vom Bundesverfassungsgericht entschiedene Fall mit dem hier gezeigten so weit übereinstimmt, daß man die Grundsätze der Entscheidung jenes Falles auf diesen Fall anwenden kann. Liest man die Entscheidung nach, so stellt man fest, daß in jenem Falle nicht etwa ein Info-Stand einer Partei umstellt und abgeriegelt worden ist, sondern daß lediglich der Beschwerdeführer in der Nähe dieses Standes per Megaphon krakeelt hat. Das heißt also, daß die Verfasser jener Broschüre ihre Adressaten zu Straftaten animieren und ihnen gleichzeitig wider besseres Wissen erklären, es handele sich eben nicht um strafbare Handlungen. Aus der Sicht des Juristen hat derartiges ein ganz besonderes Geschmäckle.

In der Broschüre und dem Internetauftritt wird dann auch empfohlen, Veranstaltungen zu stören. Die „Veranstaltungsortbesitzer“ – für eine solche Begriffsdrechselei hätte mir mein Deutschlehrer seinerzeit sicherlich ein „mangelhaft“ gegeben – sollen die Aktivisten kontaktieren und „zum Absagen überzeugen“ – auch hier muß ich bezweifeln, ob der Verfasser tatsächlich Abitur gemacht hat – , was nach allen Erfahrungen der jüngsten Vergangenheit nichts anderes heißt, als daß man die betreffenden Gastwirte vor die Wahl stellt, entweder über kurz oder lang die Fenster ihrer Lokale neu verglasen zu müssen, oder aber die bereits gebuchte Veranstaltung der AfD mit entsprechenden Kostennachteilen abzusagen. Also ein Aufruf zur Begehung von Straftaten wie Nötigung und Sachbeschädigung. Beschwichtigend wird hinzugefügt, daß die Gastwirte natürlich nicht gemeint seien, sondern man nur gegen die AfD vorgehen wolle. Doch den Gastwirten wird klargemacht: „Wer sich in dieser Situation aber schützend vor die AfD stellt, muß Kritik und Protest ertragen.“ Was darunter zu verstehen ist, kann nach den Erfahrungen in den letzten Monaten nicht zweifelhaft sein. Des weiteren wird dazu aufgerufen, Störaktionen während der Veranstaltungen der Partei durchzuführen, um „Nazis“ zu enttarnen. Nun gibt es in dieser Partei keine Nationalsozialisten, wie jeder weiß. Leute mit Sympathien für die seit 1945 nicht mehr existente NSDAP findet man allenfalls noch in der NPD. Dieser hat das Bundesverfassungsgericht bekanntlich Verfassungsfeindlichkeit bescheinigt, sie jedoch wegen ihrer politischen und wirtschaftlichen Schwindsucht als so ungefährlich eingestuft, daß es eines Verbotes nicht bedarf.

Wenig überraschend wird natürlich auch dazu aufgerufen, allerorten (Toiletten, Schulhöfe, Bushaltestellen etc.) irgendwelche Aufkleber anzubringen. Daß es sich dabei um Sachbeschädigung, § 303 StGB, handelt, ist Jurastudenten bereits in den Anfangssemestern klar.

Bemerkenswert ist vor allem, wer diese in vielerlei Hinsicht rechtswidrige Aktion, die darüber hinaus einen Anschlag auf die politische Kultur in unserem Lande darstellt, unterschriftlich unterstützt. Aus der Politik sind das nicht unerwartet weite Teile der SPD, der Grünen und die Linke. Einzelne Politiker dieser Parteien halten es sogar für angebracht, auch persönlich als Unterstützer aufzuscheinen. Um die wichtigsten zu nennen: Katarina Barley, Ralf Stegner, Manuela Schwesig und Eva Högl von der SPD, Kathrin Göring-Eckardt, Toni Hofreiter und Cem Özdemir von den Grünen, Dietmar Bartsch, Katja Kipping, Petra Pau und Bernd Riexinger von der Linken. Doch auch das Who is Who der Gewerkschaften, beginnend mit Frank Bsirske und einer Vielzahl von Ersten Bevollmächtigten der Einzelgewerkschaften und die unvermeidlichen Vertreter der Kirchen, aber auch Institutionen wie die Katholische Landjugendbewegung Deutschlands e.V. und die jüdische Gemeinde Pinneberg halten es wohl für unverzichtbar, hier aufzuscheinen. Bemerkenswert ist die Zahl von Hochschullehrern verschiedener Disziplinen, darunter angesichts der glatt rechtswidrigen Aktionen des Bündnisses zu meinem nicht geringen Erstaunen der Jurist Prof. Dr. Normen Paech, aber auch Gestalten vom Narrensaum der Gesellschaft wie diverse Bands mit so bezeichnenden Namen wie Narcolaptic, Rantanplan, Schmutzki und der unvermeidliche Linksbarde Konstantin Wecker.

Wenn führende Vertreter zweifellos demokratischer Parteien sich einer solchen Aktion anschließen und damit Aufrufe zu Straftaten unterstützen, dann kann ich nicht umhin, diese Leute nicht mehr in den Reihen der Demokraten zu verorten. Vielmehr handelt es sich um ganz besondere „Spezialdemokraten". Das sehe ich offenbar nicht alleine so. Die Verfassungsschutzbehörden diverser Bundesländer haben mitgeteilt, diese Organisation zu beobachten, worüber sich diese Spezialdemokraten natürlich empören. Man kann nur anregen, dass auch die Staatsanwaltschaften hier einmal genauer hinsehen und sodann die notwendigen Strafverfolgungsmaßnahmen in die Wege leiten.

4. August 2017

Der Fortschritt

Gender Mainstreaming in der Bundeswehr

„Gestern standen wir noch am Abgrund. Heute sind wir schon einen Schritt weiter." Diese gallige Definition des Begriffs „Fortschritt" drängt sich dem unverbildeten Betrachter m/w (geschlechtsneutrale Bezeichnung gemäß AGG*) auf, wenn er/sie Nachrichten aus dem Bundesministerium der Verteidigung und seinen nachgeordneten Dienststellen (von Truppenteilen in diesem Zusammenhang zu schreiben, sträubt sich die Tastatur meines PC) in den Medien zur Kenntnis nimmt. Daseinszweck und Auftrag von Streitkräften ist es, militärische Gewalt möglichst effektiv anzuwenden, gleichgültig, welches politische Ziel der jeweilige Staat damit verfolgt. Der Krieg ist eben nach Clausewitz die Fortsetzung der Politik mit anderen Mitteln. Diese Mittel bereitzuhalten und ggf. auf Befehl der zuständigen staatlichen Autoritäten einzusetzen ist Aufgabe der Streitkräfte. Allein darauf sind sie zu optimieren. Größtmögliche Effizienz auf diesem Gebiet muß angestrebt werden. Alles, was dem entgegensteht, muß unterbleiben. Das gilt im Übrigen als Prinzip für jede Organisation, die in ihrem Umfeld bestehen will. Niemand würde es verstehen, wenn man z.B. in der Werkstoffkunde Forschungen und Experimente etwa aus politischen Rücksichten unterlassen oder in eine bestimmte Richtung lenken würde.

Die Bundeswehr leistet sich nun ein „Stabselement Chancengerechtigkeit, Vielfalt und Inklusion“, angesiedelt direkt im Bundesministerium der Verteidigung. Was ein „Stabselement“ genau ist, bleibt im Dunkeln. Handelt es sich dabei um eine Abteilung, eine Unterabteilung, ein Referat? In das herkömmliche Organisationsschema deutscher Ministerien paßt das nicht. Der Begriff ist offenbar dem politisch korrekten Neusprech entnommen. Diese, sagen wir einmal Organisationseinheit, wird immerhin von einem Oberstarzt (w) geführt, was natürlich einen entsprechenden Unterbau mit sich bringt. Die Kosten hierfür dürften wohl demnächst aus dem Einzelplan 14 des Bundeshaushaltsplanes zu entnehmen sein. Man kann sich dann sicher auch leicht ausrechnen, was man mit diesem Geld bezahlen könnte, etwa im Rüstungs- oder Personalbereich. Ich gehe wohl kaum fehl in der Annahme, daß es sich um den finanziellen Gegenwert eines Zuges Panzergrenadiere handeln könnte.

Was das Ganze soll, hat die Leiterin dieser Stabsstelle in einer „Keynote“ (man lebt ja schließlich auch sprachlich auf Augenhöhe mit der internationalen Wirtschaft, der Wissenschaft sowieso) erläutert. Da heißt es zum Beispiel:

„Vielfalt prägt das Bild der Gesellschaft und muß als Chance verstanden werden. Heterogene Gruppen mit unterschiedlichen Prägungen und Erfahrungshorizonten arbeiten effektiver, verfügen über mehr Innovationskraft und Kreativität. Der Umgang mit Vielfalt im Sinne von Alter, Geschlecht, ethnischer Herkunft, kulturellem Hintergrund, Religion, Behinderung sowie sexueller Orientierung und die Schaffung eines inklusiven und förderlichen Arbeitsumfeldes mit der Möglichkeit zur chancengerechten Teilhabe an Karrieren, ist eine Frage der Organisationskultur, aber insbesondere auch Führungsaufgabe. Dazu gehört die Wertschätzung verschiedener individueller Lebensmodelle sowie die Unterstützung von Mitarbeiterinnen und Mitarbeitern mit Familienpflichten, zum Beispiel mit Angeboten zur Flexibilisierung der Arbeitszeit, zu verschiedenen Arbeitsmodellen und zum ortsunabhängigen Arbeiten. Das Stabselement Chancengerechtigkeit, Vielfalt und Inklusion wurde im Bundesministerium der Verteidigung eingerichtet, um strategische Ziele für die weitere Implementierung des Diversity-Managements in die Bundeswehr zu definieren, Handlungsfelder zu identifizieren und Maßnahmen im Hinblick auf ein strategisches Veränderungsmanagement zu initiieren sowie in der Durchführung zu begleiten."

In diesem ganzen verschwurbelten Neusprech findet sich nicht ein einziges Mal das Wort Soldat. Dafür aber solches Kirchentagsvokabular wie „Teilhabe" und das von den Gender-Lehrstühlen propagierte „Diversity Management", bei dem es im Grunde genommen darum geht, gesellschaftlichen Mikro-Gruppen, vorwiegend solchen, die mit einer absurden Selbstwahrnehmung ihrer Sexualität geschlagen sind, eine weit überproportionale Bedeutung beizumessen. Die Bedeutung dieser Einrichtung wird aktuell dadurch unterstrichen, daß sie offensichtlich außerhalb des Dienstweges angesiedelt ist. So können Disziplinarermittlungen nicht durchgeführt werden, wenn sich Beschwerdeführer an dieses Stabselement wenden. Disziplinarvergehen können dann eben nicht verfolgt werden. Doch der gesellschaftliche Fortschritt kann doch nicht durch irgendwelche kleinlichen Rechtsvorschriften aufgehalten werden!

Vielleicht sollte die Ministerin ihre so definierten strategischen Ziele dadurch fördern, daß ihr famoses Stabselement nun künftig mit einem bunten Motivwagen am „Christopher Street Day" teilnimmt. Gewährleistet wäre damit auf jeden Fall eine nachhaltige Abkehr von unerwünschter Traditionspflege. Ein größerer Gegensatz zu sogenannten Wehrmachtsdevotionalien in Kasernen ist schlechterdings kaum denkbar. Die „Bunte Republik Deutschland" braucht eben auch eine zeitgemäße Militärkultur. Mit der Verfremdung des Eisernen Kreuzes hat die Ministerin ja schon die Richtung gewiesen. Über diesen Zwischenschritt werden wir sicherlich in absehbarer Zeit zur Umwandlung der Streitkräfte in eine staatliche Hilfsorganisation kommen. Der deutsche Militarismus wird dann endgültig auf den Müllhaufen der Geschichte entsorgt.

6. August 2017

Darf man vor dem Islam warnen?

Bei der Islamkritik hört in Deutschland die Meinungsfreiheit auf

Zunächst die Fakten:
Eine Politikerin aus dem Saarland hat öffentlich erklärt, der Islam sei schlimmer als die Pest. Ferner würden Muslime immer stärker und nähmen ein immer größeres Stück von Deutschland ein. Der Sprachgebrauch legt bereits nahe, daß diese Politikerin eine andere Muttersprache als deutsch spricht. Tatsächlich handelt es sich um eine vor 35 Jahren vor dem sogenannten Gottesstaat des Ayatollah Khomeini geflüchtete Dame namens Laleh Hadjimohamadvali. Es wird berichtet, die Staatsanwaltschaft in Saarbrücken ermittle nun gegen diese Politikerin wegen des Verdachts der Volksverhetzung, § 130 StGB. Nun wird man abwarten dürfen, ob politisch korrekt erzogene Jungjuristen dieser Behörde die zitierten Äußerungen tatbestandlich dieser Vorschrift zuordnen, und dann weiter eine rechtswidrige und schuldhafte Tatbestandsverwirklichung annehmen. Letzteres dürfte dann, wenn der Tatbestand bejaht wird, ein Selbstläufer sein, denn die Politikerin gehört einer Partei an, deren namentliche Erwähnung bei politisch korrekten Zeitgenossen mindestens ein leichtes Schaudern bewirkt, bei Christdemokraten, soweit sie noch in die Kirche gehen, eine spontane Bekreuzigung auslöst und im linken Lager von SPD bis Linkspartei vom Ruf nach weiteren Finanzmitteln im „Kampf gegen Rechts“ bis zu Verbotsphantasien alle Torheiten generiert, zu denen unser politisches Personal fähig ist.

Nun wird man bei einer sorgfältigen juristischen Prüfung des Sachverhalts und der Subsumtion unter die erwähnte Strafvorschrift schnell feststellen, daß die wackere Nachwuchspolitikerin sich zwar kritisch über eine Religion geäußert hat, nicht jedoch gegen eine religiöse Gruppe zum Haß aufgestachelt oder gar zu Gewalt- oder Willkürmaßnahmen aufgefordert oder die Menschenwürde anderer dadurch angegriffen hat, daß sie eine religiöse Gruppe, etwa die Muslime, beschimpft, böswillig verächtlich gemacht oder verleumdet hat. Denn die Volksverhetzung muß sich eben gegen eine abgrenzbare Gruppe von Menschen richten. Nicht erfaßt von dieser Strafvorschrift sind Institutionen als solche, wie etwa Kirchen. Noch weniger kann das auf eine Weltanschauung oder Religion als solche zutreffen. Denn das sind keine Personenmehrheiten, insbesondere keine abgrenzbaren, sondern es handelt sich dabei um Gedankengebäude und Überzeugungen. Ob allerdings am Ende die apostrophierten politisch korrekt erzogenen Jungjuristen oder gar die nicht ganz ohne Zutun der etablierten politischen Parteien in ihre Ämter gelangten Bundesrichter das gegen den Wortlaut des Gesetzes anders sehen werden, muß natürlich offen bleiben, kann allerdings beim derzeitigen Zustand unserer Gesellschaft leider nicht ganz ausgeschlossen werden.

Doch wollen wir vom Juristischen einmal Abstand nehmen und uns der Frage zuwenden, ob und inwieweit es sich bei dem Islam überhaupt um eine Religion handelt. Natürlich spielt auch das eine gewisse Rolle für die Beantwortung der Frage, ob kritische Äußerungen über den Islam überhaupt unter § 130 StGB fallen. Doch unabhängig davon scheint es mir wichtig zu sein, diese Frage zu stellen und nach einer Antwort zu suchen. Unter einer Religion dürfte wohl allgemein eine Glaubensüberzeugung verstanden werden, nicht aber ein Gedankengebäude, das mit rationalem Anspruch auftritt. Hinzukommen muß, damit von einer Religion im landläufigen Sinne gesprochen werden kann, eine transzendentale Ausrichtung. Es muß, einfach gesagt, ums Jenseits gehen. Natürlich vor allem um Eschatologie, also die Endbestimmung des Menschen, das Leben nach dem Tod. Dieses Kriterium erfüllt auch der Islam, denn er begründet eine Heilserwartung. Der Mensch wird nach seinem irdischen Dasein in das Paradies oder in die Hölle eingehen. Indessen erschöpfen sich die Lehren des Islam keineswegs in der Eschatologie. Vielmehr legt er den Menschen auf Erden eine Vielzahl von Geboten und Verboten auf, die weit über die traditionell in allen Religionen als gottgefällig und damit die Aufnahme in den Himmel/das Paradies garantierend angesehen werden. Sie sind in Kleidungs- und Speisevorschriften, Regelungen über Erb- und Kaufrecht, Zivilprozeßordnung und das Staatswesen niedergelegt und haben keinerlei transzendentale Wertigkeit. Noch viel weniger trifft das auf die Verpflichtung zur Tötung von Abtrünnigen und Ungläubigen zu, die der Koran an vielen Stellen postuliert. Es handelt sich hier eindeutig um weltliche Gesetzgebung und Staatsorganisation. Insbesondere kennt der Islam anders als alle anderen Religionen keine Trennung von geistlicher und weltlicher Herrschaft. Vielmehr haben die Regelungen des Koran grundsätzlich den Vorrang vor staatlichen Gesetzen und internationalen Abkommen. Das beste Beispiel ist die sogenannte islamische Erklärung der Menschenrechte, die zum einen von den weltweit anerkannten Menschenrechten meilenweit zu Lasten von Freiheit und Menschenwürde abweicht, und zum anderen ausdrücklich feststellt, daß im Kollisionsfall die Regeln des Koran immer vorgehen.

Diese wenigen Überlegungen zeigen bereits, daß es sich beim Islam jedenfalls nicht nur um eine Religion handelt. Vielmehr handelt es sich zum einen um eine Religion, zum anderen um eine Staatsideologie. Man könnte bildhaft gesprochen ein Gebäude sehen, dessen gemauerte Stockwerke den islamischen Staat und seine Gesetze darstellen, dessen Dach jedoch der Glaube an ein Jenseits und das Leben nach dem Tode bildet.

Der Islam besteht also einerseits aus einem Glauben, der im Kern die Elemente enthält, die wir auch in anderen Religionen mit Ausnahme des Konfuzianismus, den man eher als Philosophie bezeichnen muß, vorfinden. Andererseits handelt es sich um eine Staatsideologie, wie etwa den Kommunismus oder die Lehre vom freiheitlichen demokratischen Rechtsstaat. Solche Ideologien genießen nicht den Schutz der Religionsfreiheit. Sie müssen sich vielmehr dem Wettbewerb der

Meinungen stellen, jedenfalls in einem freien Land. Um auf den Ausgangsfall zurückzukommen: Niemand wird annehmen, eine Ideologie wie etwa der Marxismus- Leninismus sei passiv beleidigungsfähig. Noch weniger wird man angesichts abfälliger Äußerungen und Bewertungen über eine solche Ideologie prüfen, ob hier der Tatbestand der Volksverhetzung erfüllt sein könnte. Wenn jedoch geäußert wird, der Islam sei schlimmer als die Pest, so ist das mindestens im Hinblick auf das staatsideologische Element dieser Religion/Ideologie von der Meinungsfreiheit gedeckt. Nachdem in rechtlicher Hinsicht Meinungsäußerungen stets dahingehend auszulegen ist, daß bei Mehrdeutigkeit die rechtskonforme Version zu unterstellen ist, muß zugunsten der eingangs genannten Politikerin angenommen werden, daß sie die staatsideologischen Elemente des Islam gemeint hat. Nebenbei bemerkt ist der zweite Teil der Äußerung, wonach die Muslime immer stärker werden und „ein immer größeres Stück von Deutschland einnehmen“ zwar eine Tatsachenbehauptung, doch auch mit einem starken Meinungselement. Den Wahrheitsbeweis kann die Politikerin sicherlich ohne weiteres antreten. Die rasante Zunahme des muslimischen Bevölkerungsanteils ist so offensichtlich, daß man von Allgemeinkundigkeit ausgehen muß. Denknotwendig nehmen Muslime damit auch „ein immer größeres Stück von Deutschland ein“, womit doch nur gemeint sein kann, daß sie immer größere Teile unseres Landes bewohnen. Was daran Volksverhetzung sein soll, erschließt sich nicht, selbst wenn man sich noch zu sehr bemüht, der Dame einen juristischen Strick zu drehen.

Bleibt noch zu sagen, daß es dringend notwendig ist, die Doppelnatur des Islam nicht nur zu erkennen, sondern auch in der breiten Öffentlichkeit zu thematisieren. Nur dann wird künftig die reflexhafte Privilegierung aller noch so unsinnigen Verhaltensweisen wie Ganzkörperverhüllung, Frauenbadetage sowie Verweigerung der Aufnahme von Speis und Trank von Sonnenaufgang bis Sonnenuntergang, egal ob man dehydriert oder vor Schwäche nicht arbeiten und lernen kann, von Schlimmerem ganz zu schweigen, vielleicht unterbleiben. Wir sind Deutschland, nicht Saudi-Arabien oder der Iran.

10. August 2017

Was Hänschen nicht lernt...

Hände weg von unseren Kindern!

Die klassische Familie ist für sehr viele linke Zeitgenossen nichts anderes als ein Hort der Unterdrückung, mehr noch der Abrichtung von Kindern im Sinne der bürgerlich-kapitalistischen Gesellschaft. Diesen Unsinn haben wir seit 1968 auf der Universität und in den Medien tausendfach gehört. Zwischenzeitlich haben jedoch die die Propagandisten dieser Politik den Marsch durch die Institutionen erfolgreich absolviert. Nun können sie daran gehen, schon die Jüngsten in ihrem Sinn zu manipulieren. Wie so viele zwischenzeitlich zu offiziellen Programmen der Vereinten Nationen, der Europäischen Union und der einzelnen Staaten aufgestiegene absurde Ideen hat nun auch die Indoktrination schon der kleinsten Kinder programmatischen Status erlangt. In einer Broschüre der Bundeszentrale für die gesundheitliche Aufklärung, die sie zusammen mit dem WHO Regionalbüro für Europa herausgegeben hat, findet sich eine sogenannte Matrix. Sie gibt vor, welche Themen in Kita, Kindergarten, Grundschule und weiterführenden Schulen unterrichtet werden sollen. Man kann auch sagen, was den Kindern von Geburt an (!) eingetrichtert werden soll. Wer mit einer milden Form von Masochismus geschlagen ist, der kann sich auch selbst durch das verquaste Soziologengeschwurbel dieser Broschüre quälen. Wer sich das nicht antun will, dem sollten die nachstehenden Beispiele genügen. Zum Speien reicht es allemal.

Altersgruppe 0-4 Jahre

„Verschiedene Möglichkeiten Mitglied einer Familie zu werden (zum Beispiel Adoption).“ Also soll von Beginn an die aus leiblichem Vater, leiblicher Mutter und deren gemeinsamen Kindern bestehende Familie als eine Möglichkeit von mehreren vermittelt werden. Dann findet man es später ja normal, daß man vielleicht zwei Väter und keine Mutter hat.

„Vergnügen und Lust, den eigenen Körper zu berühren, frühkindliche Masturbation.“ Wohlgemerkt, von Geburt an!

„Entdeckung des eigenen Körpers und der eigenen Genitalien. Bewußtsein für Geschlechtsidentität entwickeln."

„Positive Haltung zum eigenen biologischen und sozialen Geschlecht." Wer es noch nicht weiß: Das sogenannte soziale Geschlecht ist ein Kernelement der Gender-Theorie. Kurz gesagt, man wird nicht als Junge oder Mädchen geboren, abgesehen davon, daß es mindestens 384 Geschlechter gibt. Vielmehr ist die geschlechtliche Identität Ergebnis eines gesellschaftlichen Prozesses. Mit anderen Worten: es wird einem nur eingeredet, ein Mann oder eine Frau zu sein.

„Das Recht, Geschlechtsidentitäten zu erkunden." Nach den vorstehenden Zitaten handelt es sich dabei kaum nur um die harmlosen „Doktor-Spiele" kleiner Kinder.

„Soziale Rollen und kulturelle Normen oder Werte. Normen zu Nacktheit." Bitte konzentriert weiter lesen. Es geht immer noch um die Altersstufe von 0-4 Jahren!

„Sexuelle Gefühle (Nähe, Lust, Erregung) als Teil allgemeiner menschlicher Gefühle".

„Freundschaft und Liebe zum Menschen des gleichen Geschlechts, Unterschied zwischen Freundschaft und Liebe." Weil die geschlechtliche Identität ja Ergebnis eines gesellschaftlichen Prozesses ist, kann man also auf diese Weise frühzeitig die Weichen in Richtung Homosexualität stellen. Da braucht es dem Herrn Beck von den Grünen und den ehemaligen Lehrern der Odenwald-Schule und anderer Horte der Pädophilie um den Nachschub an Lustknaben nicht bange zu sein!

Altersgruppe 4-6 Jahre

„Körperliche Veränderungen, Menstruation und Ejakulation." Ja, Sie lesen richtig. Das soll bereits Vierjährige interessieren.

„Entscheidung über Elternschaft und Schwangerschaft, Unfruchtbarkeit, Adoption, Grundbegriffe der Empfängnisverhütung, verschiedene Methoden der Empfängnisverhütung.“

Altersgruppe 6-9 Jahre

„Geschlechterrollen.“ Hier taucht natürlich wieder ein Zentralbegriff des Feminismus und der Gender-Theorie auf. Wir sind nicht Frauen oder Männer, wir spielen Rollen.

„Erste sexuelle Erfahrungen, Gender-Orientierung, Lust, Masturbation, Orgasmus. Unterschiede zwischen Geschlechtsidentität und biologischem Geschlecht.“ Also auch hier wiederum Gender pur und die Belästigung kleiner Kinder mit sexuellen Dingen, mit denen sie körperlich noch nichts anfangen können.

Wer Kinder im zarten Alter, die noch kein natürliches Interesse an Erotik und Sexualität haben können, mit derartigen Dingen traktiert, richtet in ihren Seelen Schaden an. Vor Etablierung der Achtundsechziger in den Universitäten und Ministerien, vor allem aber in undurchsichtigen internationalen Gremien, hätte jeder, der Kinder mit diesen Dingen belästigte, einen höchst unangenehmen Termin beim Staatsanwalt, ein Gerichtsverfahren und anschließend eine empfindliche Strafe erhalten. Wir indessen sind ja schon viel weiter. Wir leben ja in Absurdistan, der besten aller Welten.

26. August 2017

Wahrheit

Gesellschaftsveränderung mittels Sprachmanipulation

Im Zeitalter von „fake news“, postfaktischen Behauptungen, „Lügenpresse“ und sonstigen Zumutungen an den gesunden Menschenverstand sucht man nach Erklärungen für all den Unfug, der einem als endgültige Wahrheit verkauft wird. Wer verstehen will, warum etwa der Zuzug von hunderttausenden ungebildeten, unqualifizierten und unverschämt auftretenden Wirtschaftsflüchtlingen Deutschland gut tun soll, der muß sich mit der Gedankenwelt der Leute auseinandersetzen, die über ein geisteswissenschaftliches Studium auf ihre Sessel in Politik und Medien gekommen sind.

Zu den Säulenheiligen dieser Leute gehört ganz sicher Jürgen Habermas, der Haus- und Hofphilosoph der achtundsechziger Generation. Von ihm kann man zum Beispiel lernen, was Wahrheit ist. Natürlich ist das nicht die Wirklichkeit, also das was tatsächlich existiert und geschieht. Nein. Ich zitiere:

„Wahrheit nennen wir den Geltungsanspruch, den wir mit konstativen Sprechakten verbinden. Eine Aussage ist wahr, wenn der Geltungsanspruch der Sprechakte, mit denen wir, unter Verwendung von Sätzen, jene Aussage behaupten, berechtigt ist."

Also ist wahr, was die jeweilige politische Absicht stützt. Zuwanderung bereichert die Gesellschaft, weil man Zuwanderung grundsätzlich will. Es ist eben berechtigt, Zuwanderung zu wollen, weil sie die Gesellschaft verändert, natürlich zum Positiven. Zuwanderer bringen Lebensweisen mit, die unsere Gesellschaft positiv verändern, wie etwa den Verzicht auf den Leistungsgedanken zu Gunsten der Solidarität. Die Phantasie linksgrüner Intellektueller ersetzt mittels der Habermas'schen Wahrheitsdefinition die Wirklichkeit durch den Wunsch. Wer also gegen unbegrenzte Zuwanderung argumentiert, leugnet die Wirklichkeit. Alles klar?

26. August 2017

Das Entsorgungsproblem

Die Sprachpolizei verwarnt nicht jeden

Der Aufreger der Woche scheint die Äußerung Alexander Gaulands zu sein, man könne Aydan Özoguz nach Anatolien entsorgen, nachdem sie sich in der Thüringer Provinz davon überzeugt habe, daß es doch etwas spezifisch Deutsches außer der Sprache gebe. In meinem letzten Beitrag über die Sendung von Frank Plasberg und sein peinliches Tribunal über eben diesen Vorgang habe ich schon meine Verwunderung darüber ausgedrückt, daß man diese Formulierung zwar Herrn Gauland vorhält, nicht jedoch anderen. So zum Beispiel dem von Gauland zitierten SPD-Politiker, der Frau Merkel entsorgen wollte.

Nun hat ja der *iudex maximus* des deutschen Strafrechts Thomas Fischer gewissermaßen *ex cathedra* verkündet, bei dieser Äußerung von Herrn Gauland handle es sich um Volksverhetzung. Er soll bereits dieserhalb Strafanzeige erstattet haben. Denn es muß ja erst einmal ein Strafverfahren geführt werden, an dessen Ende er zu seinem Leidwesen nicht mehr als oberster Richter die Verdammung des Angeklagten zu schwerem Kerker für mindestens zehn Jahre verfügen kann, bevor feststeht, daß es sich um eine Straftat gehandelt hat. Auch soll bereits irgendwo in unserem schönen Land eine Staatsanwaltschaft prüfen, inwieweit hier eine Straftat vorliegt.

Wenn der Großmeister des Strafrechts einen Vorgang öffentlich subsumiert und zur Straftat erklärt, dann reizt es mich als einen aus dem juristischen Fußvolk, darüber juristische Überlegungen anzustellen. Nun beginnt die Arbeit des Juristen am Sachverhalt, wie man als Referendar gelernt hat. Für unseren „Fall" heißt das, daß wir zunächst einmal den Sprachgebrauch daraufhin zu überprüfen haben, was denn das eigentlich heißt. Wer seinen eigenen Sprachkenntnissen nicht so ganz traut, schaut ja im Duden nach. Unter dem Eintrag „entsorgen" finden sich da zwei Definitionen, nämlich: 1." von Müll, Abfallstoffen befreien" und 2. „(Abfallstoffe) beseitigen". Würden wir es dabei belassen, dann könnte man in der Tat die Verwendung dieses Begriffes auf einen Menschen als rechtlich zumindest problematisch ansehen und in die Prüfung eintreten, ob § 130 StGB – Volksverhetzung – vorliegen könnte. Indessen kann man es dabei nicht bewenden lassen, sondern muß untersuchen, in welchem Kontext diese Vokabel umgangssprachlich, vielleicht sogar auch hochsprachlich benutzt wird. Letzteres, weil man ja Politikern und Medien unterstellen muß, sich für gewöhnlich beruflich der Hochsprache zu bedienen. Da hilft ein Blick in die Medien weiter.

Spiegel Online am 4.4.2015, Überschrift „Korrupte Politiker werden entsorgt". Im Text weiter: „Natürlich gibt es korrupte Abgeordnete und Lobbyisten, aber die halten sich meist nicht lange in Brüssel und werden entsorgt." wird da ein Lobbyist zitiert.

Welt 4.2.2015: Überschrift „Wenn Flachpfeifen in der Wirtschaft entsorgt werden", Autor: Hans Zippert. „So konnte die FDP drei ihrer erfahrensten Flachpfeifen verklappen". Naja, das Entsorgen von Altöl oder sonstigem Giftmüll auf hoher See nennt man verklappen. Und weiter: „Eigentlich ist es aber für die Parteien ein Segen, ausgebrannte oder unfähige Mitglieder diskret in der Wirtschaft entsorgen zu dürfen."

- Süddeutsche Zeitung 17.10.2010: Überschrift „Entsorgt in Brüssel", Autor Martin Winter. „So trägt Oettingers Ernennung die klassischen Züge Merkel'scher Problementsorgung."

- Spiegel Online, 9.9.2014. Autor Christian Rickens. „Der polnische Ministerpräsident gibt sein Amt auf, um nach Brüssel zu wechseln. In Deutschland wäre so ein Schritt undenkbar. Wir entsorgen in der EU lieber unsere politische B-Prominenz." Es ging damals um den Wechsel des seinerzeitigen polnischen Ministerpräsidenten nach Brüssel als Ratsvorsitzender.

- FOCUS Online 29. 7. 2002. Autor Michael Hilbig. „In Schröder-Manier haben die Grünen ihre Skandalfigur ruck, zuck entsorgt." Es ging dabei, mancher erinnert sich noch, um Cem Özdemir und seine Bonusmeilen, gerne auch an friends and family verteilt und seinen Kredit vom Rüstungslobbyisten.

- FAZ Online 30.4.2014, Autor Peter Carstens: „Pädophiler LKA-Beamter – sanft entsorgt." Ein Bericht in der Edathy – Affäre, der aufzeigte, daß das Pädophilen-Milieu bis in die Reihen der Polizei reichen kann.

- n-tv 18.12.2014, Bericht von Christian Rothenberg zur Edathy-Affäre. „Zurück bleibt das Bild einer Partei, die einen ihrer Genossen notfalls ohne Skrupel entsorgt.“

- Report Mainz, 4.5.2009, Autor Ulrich Neumann. In diesem Artikel werden gleich alle entsorgt – Schröder, Steinmeier, Müntefering, und zwar in der Art „wie die Bayern den Klinsi“. Stoiber, Kohl und Merz hat die Merkel entsorgt. Die Grünen wollen gerne die Künast und den Trittin entsorgen und die ganze FDP gleich mit usw.

- Der Tagesspiegel vom 12.11.2012: Siegmar Gabriel wird zitiert: „Es gebe jetzt das gemeinsame Ziel von SPD und Grünen, nicht nur die Regierung Merkel abzulösen, sondern rückstandsfrei zu entsorgen.“ Rückstandsfrei, das deutet nun auf Problemmüll hin. Auf das Bundeskabinett angewendet, sicherlich starker Tobak.

Wir sehen also, daß jedenfalls im politischen Sprachgebrauch fleißig entsorgt wird, und zwar nicht Müll aller Art, sondern Menschen. Ja, auch wenn es manchmal schwer fällt zu glauben: Politiker sind Menschen. Und beim Entsorgen sind alle munter dabei, ob das „Sturmgeschütz der Demokratie“, wie sich der Spiegel gerne nennen ließ, als seine Leser noch wußten, was ein Sturmgeschütz ist. Oder ob es der Süddeutsche Beobachter, pardon, die Prantlhausener Nachrichten sind, ob hinter dem Blatt immer ein kluger Kopf steckt, wie die FAZ jahrzehntelang ganz unbescheiden für sich warb. Ob es die Volksbildungsanstalt öffentlich-rechtliches Fernsehen ist: Politiker werden entsorgt, sprachlich jedenfalls, wenn sachlich nichts anderes geschieht, als die Ablösung von ihren Ämtern.

Die philologische Prüfung der Vokabel ergibt also, daß sie ersichtlich zwei Bedeutungen hat. Zum einen die, welche der Duden zutreffend beschreibt. Da geht es eben um die Entsorgung von Abfall. Aber sie hat eine weitere Bedeutung. Sie wird offensichtlich metaphorisch benutzt, wenn Politiker und Journalisten einen Sachverhalt sprachlich aufpeppen wollen. Es will sich ja niemand nachsagen lassen, langweilig daherzureden oder zu schreiben. Somit komme ich in rechtlicher Hinsicht zu dem Ergebnis, daß der Sprachgebrauch des Herrn Gauland betreffend Frau Özoguz sich im Rahmen des üblichen bewegt. Politik und Medien benutzen die Vokabel nun einmal metaphorisch. Daß dies dem *iudex maximus emeritus* des deutschen Strafrechts nicht aufgefallen ist, verwundert doch stark. Noch mehr, daß so kurz nach dem Verlassen des hohen Richterstuhls der juristische Scharfsinn des Großmeisters so nachgelassen hat. Daß Herrn Plasberg das nicht aufgefallen ist, wollen wir mal damit erklären, daß er von der Juristerei nichts versteht. Aber er hätte ja mal einen fragen können, der sich mit sowas auskennt. Doch dann hätte er ja sein politisch korrektes Tribunal nicht veranstalten können. Herr Gauland kann unbesorgt sein. Dem Tribunal des Herrn Plasberg wird kein wirkliches Tribunal nachfolgen.

31. August 2017

Si tacuisses, philosophus mansisses

Ein Justizminister blamiert sich als Jurist

Es kann kein wohlmeinender Mensch gewesen sein, der unserem Zensurministerlein geraten hat, sich öffentlich zu Rechtsfragen zu äußern. Denn um eine Rechtsfrage geht es, wenn die Verfassungswidrigkeit einer politischen Partei beurteilt werden soll. Am juristischen Hochreck des Verfassungsrechts hat Heiko Maas nun die Riesenfelge zu turnen versucht. Geworden ist daraus eine klägliche Bauchwelle mit armrudemdem Absturz statt einem Abgang in den Stand. Angesichts der juristischen Qualifikation und Expertise dieser Verlegenheitslösung für das angesehene Amt des Bundesjustizministers verwundert das auch nicht.

Zur Sache: In einem Namensbeitrag für die Frankfurter Rundschau – wer, wenn nicht ein seit Jahrzehnten treu zur SPD stehendes Blatt könnte sich auch dafür zur Verfügung stellen – vom 10.09.2017 unternahm es dieser famose Jurist, der geneigten Leserschaft auszudeutschen, daß und warum die AfD jedenfalls in Teilen verfassungswidrig sei. Denn das Programm dieser Partei mißachte an mehreren Stellen die verfassungsmäßige Ordnung. Sogar die Würde des Menschen sei für sie antastbar.

Das ist starker Tobak und bedarf daher einer überzeugenden Begründung. Nun hat das Bundesverfassungsgericht bereits im SRP-Urteil vom 23.10.1952 die Mindestprinzipien der freiheitlich-demokratischen Grundordnung der Bundesrepublik Deutschland definiert. Das sind die Achtung vor den im Grundgesetz konkretisierten Menschenrechten, vor allem vor dem Recht der Persönlichkeit auf Leben und freie Entfaltung, die Volkssouveränität, die Gewaltenteilung, die Verantwortlichkeit der Regierung, die Gesetzmäßigkeit der Verwaltung, die Unabhängigkeit der Gerichte, das Mehrparteienprinzip, die Chancengleichheit für alle politischen Parteien mit dem Recht auf verfassungsmäßige Bildung und Ausübung einer Opposition. Verfassungswidrig im Sinne von Art. 21 Abs. 2 GG ist eine Partei aber erst, wenn sie mit Gewalt gegen diese Grundordnung vorgeht oder Gewalt als Mittel propagiert. Im KPD-Urteil vom 17.08.1956 heißt es daher: „Es muß vielmehr eine aktiv kämpferische, aggressive Haltung gegenüber der bestehenden Ordnung hinzukommen. Sie muß planvoll das Funktionieren dieser Ordnung beeinträchtigen, im weiteren Verlauf diese Ordnung selbst beseitigen zu wollen." Gemäß Art. 79 Abs. 3 GG kann der Gesetzgeber nicht einmal mit verfassungsändernder Mehrheit die Gliederung des Bundes in Länder, die grundsätzliche Mitwirkung der Länder bei der Gesetzgebung oder die in Art. 1 und 20 niedergelegten Grundsätze ändern. Das ist die sogenannte Ewigkeitsgarantie des demokratischen, föderalen Rechtsstaates.

Wenn der Rechtskandidat im Staatsexamen prüfen soll, ob eine politische Partei verfassungswidrig ist, muß er sich also an diese Vorgaben halten, wenn er das Examen bestehen will. Schauen wir also, was der Bundesjustizminister zu diesem Thema schreibt.

Zu Beginn schwurbelt er unverbindlich weit weg vom Wortlaut des Grundgesetzes über dessen Entstehungsgeschichte und sein angebliches historisches Wertefundament. Davon wolle jene Partei nichts wissen, weil sie im Geschichtsunterricht angeblich den Schwerpunkt auf das 19. Jahrhundert und die Befreiungskriege legen will. Identitätsbildend solle jene Epoche des Nationalismus sein, in der Preußen-Deutschland Kriege gegen Dänemark, Österreich und Frankreich vom Zaune gebrochen habe. Nun findet sich davon im Wahlprogramm der AfD für die Bundestagswahl kein Wort. Was übrigens daran verfassungswidrig sein könnte, in den Schulen wieder mehr über die Zeit zu lehren, in der Deutschland sich einerseits zum Nationalstaat, und andererseits auch zur Demokratie entwickelte, bleibt wohl das Geheimnis des Juristen Heiko Maas.

Seine Behauptung, das Grundgesetz sei als bewußter Gegenentwurf zur Nazibarbarei geschaffen worden, deswegen sei auch seit 1949 das „vereinte Europa" als Staatsziel im Grundgesetz verankert, würde ihm in der Prüfungsklausur sicherlich einen dicken roten Strich und einen strengen Kommentar des Prüfers einbringen. Denn im Grundgesetz von 1949 fand sich nichts von alledem. Art. 24 legte ursprünglich nur fest, daß der Bund durch Gesetz Hoheitsrechte auf zwischenstaatliche Einrichtungen übertragen könne und er sich zur Wahrung des Friedens einem System gegenseitiger kollektiver Sicherheit einordnen könne. Erst Jahrzehnte später nach Schaffung der Europäischen Union wurde die heutige Fassung des Art. 23 GG eingeführt. Danach wirkt die Bundesrepublik Deutschland zur Verwirklichung eines vereinten Europas bei der Entwicklung der Europäischen Union mit. Wie dieses vereinte Europa verfaßt sein soll, legt das deutsche Grundgesetz naturgemäß nicht fest. Bekanntlich gibt es in Deutschland und Europa sehr unterschiedliche Vorstellungen von der Rechtsnatur des vereinten Europa, ob Bundesstaat oder Staatenbund. Im Wahlprogramm der AfD heißt es dazu: „Die Zukunft Europas liegt nicht in der EU in ihrem jetzigen Zustand und auch nicht in ihrer weiteren Zentralisierung, sondern in einem Europa souveräner Staaten, die partnerschaftlich zusammen arbeiten." Was daran auch nur im Ansatz verfassungswidrig sein soll, ist beim besten Willen nicht nachvollziehbar. Der Prüfer wird also in der Klausur nicht nur die unzutreffende Darstellung der Verfassungsgeschichte, sondern auch eine abwegige verfassungsrechtliche Beurteilung des zu prüfenden Wahlprogramms rügen.

Ausdrucksstark und begründungsschwach fährt unser Rechtskandidat weiter und schreibt: „Der Rassenwahn der Nazis hatte zur Ermordung von 6 Millionen Juden geführt. Dieses Menschheitsverbrechen vor Augen, wurden 1949 die Religionsfreiheit und das Verbot der Diskriminierung wegen des Glaubens oder der religiösen Anschauungen in den Artikeln 3 und 4 des Grundgesetzes festgeschrieben." Da wirft unser Prüfling einiges durcheinander. Rasse und Religion sind zwei verschiedene Dinge. Auch sind der Gleichheitsgrundsatz, Art. 3 GG, und die Religionsfreiheit (genau genommen: Freiheit, seine Religion auszuüben), Art. 4 Abs. 3 GG, zwei verschiedene Regelungsbereiche. Rassenwahn und Holocaust haben auch nicht die Mütter und Väter des Grundgesetzes dazu bewogen, die Religionsfreiheit einzuführen. Vielmehr findet sich diese bereits in Art. 135 der Weimarer Reichsverfassung, wo es heißt: „Alle Bewohner des Reichs genießen volle Glaubens- und Gewissensfreiheit. Die ungestörte Religionsausübung wird durch die Verfassung gewährleistet steht unter staatlichem Schutze. Die allgemeinen Staatsgesetze bleiben hiervon unberührt." Auch dieser Abschnitt der Arbeit des Rechtskandidaten dürfte vor dem Auge des Prüfers keine Gnade finden.

Im folgenden echauffiert sich der Verfasser darüber, daß die AfD pauschal das Verbot von Minaretten und Muezzinrufen fordert. Nun kann man Zweifel daran haben, ob eine solche Forderung, auch in einem Wahlprogramm, besonders klug ist. Indessen kann man keinesfalls diese Forderung für verfassungswidrig halten. Auf die Definition der Verfassungswidrigkeit ist nochmals hinzuweisen. Art. 4 Abs. 3 GG unterfällt eben nicht der sogenannten Ewigkeitsgarantie des Art. 79 Abs. 3 GG. Der Verfassungsgesetzgeber kann mit Zweidrittelmehrheit Gesetze beschließen, die insoweit die Religionsausübungsfreiheit einschränken, als sie beispielsweise öffentliche Bauvorschriften so gestalten, daß etwa die orientalische Bauform der Moschee mit Minaretten nicht zugelassen ist. Im übrigen zeigt die religiöse Praxis der Muslime in Deutschland seit Jahrzehnten, daß Moscheen nicht zwingend diese orientalische Bauform haben müssen. Auch dieser Passus aus der Feder des Prüflings wird ihm keine Punkte bringen.

Wo im Wahlprogramm der AfD unser Zensurministerlein einen Passus gefunden haben will, wonach Untersuchungshaft auch ohne Vorliegen von Haftgründen verhängt werden können soll, bleibt wohl sein Geheimnis. Der reklamierte Verstoß gegen die Garantie der Menschenwürde in Art. 1 des Grundgesetzes kann also nicht aufgefunden werden. Ob auch jede staatlich angeordnete Freiheitsentziehung auch ohne richterliche Entscheidung immer gegen das Grundgesetz verstoßen würde, ist eine ganz andere Frage. Wir wollen sie hier nicht weiter prüfen. Erinnert sei nur an die vorläufige Festnahme durch Polizeivollzugsbeamte.

Die Forderung, das Waffenrecht zu lockern, um den Bürgern damit mehr Sicherheit zu geben, sieht der juristische Überflieger gar als Angriff auf den Rechtsstaat an, selbstverständlich im Kontext ebenfalls verfassungswidrig. Für so viel Kreativität bekommt man allerdings keinen Ehrendoktor, sondern in der Prüfung null Punkte.

Besonders aufzustoßen scheint dem Politiker, der sich auf das Glatteis der Juristerei begibt, die Forderung der AfD in Ziff. 7.2 ihres Wahlprogramms, wonach sie das vom Grundgesetz geschützte und bewährte Leitbild der Ehe und traditionellen Familien mit Kindern bewahren und stärken will. Wo der Verfasser im Übrigen die Forderung nach einem Ministerium, das die Bevölkerungsentwicklung nach wissenschaftlichen Kriterien koordiniert, gefunden hat, bleibt im Dunkeln. Was daran aber verfassungswidrig sein soll, noch viel mehr. Daraus auch noch ableiten zu wollen, die Partei wolle vorschreiben, wie viele Kinder wir bekommen sollen und dürfen, ist schon abenteuerlich. Inwieweit das vor allem die in der Tat von unserem Grundgesetz garantierte freie Lebensgestaltung des einzelnen nur berühren soll, erschließt sich nicht. Sicher ist das Familienbild der AfD ein anderes, als das der diversen Propagandisten von Gender and Diversity, wonach Familie so ziemlich alles ist, was mehr als zwei Personen umfaßt.

An und für sich sollte man über diese Auslassungen eines leibhaftigen Bundesjustizministers mit beiden juristischen Staatsexamina den sprichwörtlichen Mantel des barmherzigen Schweigens breiten. Indessen hat dieser juristische Rohrkrepierer ein hohes Staatsamt inne, in dessen Zuständigkeitsbereich die Gerichte und die Vorbereitung der Gesetzgebung fallen. Erstaunlicherweise ist die Zahl seiner politischen und medialen „Follower", um einmal diesen Begriff zu gebrauchen, erheblich. Mir scheint es daher durchaus geboten zu sein, die juristische Blamage auch öffentlich zu machen.

11. September 2017

Arg daneben, Herr Professor!

Heribert Prantl benimmt sich daneben

Er ist offenbar so etwas wie eine Ikone des linksliberalen Milieus. Edelfeder des Süddeutschen Beobachters, *magna cum laude* promovierter Jurist, ehemaliger Rechtsanwalt, Staatsanwalt und Richter, Honorarprofessor an einer deutschen Universität, Ehrendoktor einer theologischen Fakultät, mit Preisen und Auszeichnungen überhäuft, Dauergast in den Talkshows der öffentlich-rechtlichen Fernsehanstalten. Diese geballte Kompetenz, gepaart mit einem zur Schau getragenen Sendungsbewusstsein als Verteidiger des gesellschaftlichen Fortschritts, ruft die schrankenlose Bewunderung im *juste milieu* hervor.

Doch sind die Flügel, die ihn hoch zur Sonne zu tragen scheinen, doch nur eingebildet. Wie Ikarus aus der griechischen Sage muß er abstürzen, wenn er das menschliche Maß verliert. Mit anderen Worten, sich über seinesgleichen allzusehr erhebt. Eine Kostprobe davon konnte man gestern abend in der Talkshow von Anne Will erleben. Abgesehen davon, daß er zum eigentlichen Thema des Abends – Machbarkeit der sogenannten Jamaika-Koalition – nichts Erhellendes beitragen konnte, spielte er sich als Verteidiger der Rechtsordnung auf, wobei er sich nicht nur im Ton vergriff, sondern sich auch als Jurist blamierte.

Als Markus Söder zu Recht meinte, man müsse doch wenigstens konsequent das Recht durchsetzen und rechtskräftig abgelehnte Asylbewerber, besonders solche, die sich Straftaten zuschulden kommen haben lassen, konsequent abschieben, rastete der Kämpfer für das Gute, Wahre und Schöne aus. „Das legt bei uns der Rechtsstaat fest, Herr Söder! Es gibt Abschiebungs-Hindernisse, und die setzen nicht Sie fest, zum Teufel noch mal! Die Art und Weise, wie Sie nach Afghanistan abschieben lassen, aus Bayern, ist eine Sauerei!“ Das Ganze in einer Mischung aus Empörung, Oberlehrergehabe und Kasernenhofton. Als der so gescholtene Söder versetzte: „Reißen Sie sich mal zusammen. Was ist denn das für ein Ton?“ blaffte er zurück: „Der Ton ist ein rechtsstaatlicher Ton!“

Nun war der Ton nicht rechtsstaatlich – kann ein Ton rechtsstaatlich sein? – sondern ungehörig. Vor allem aber lag der Herr Professor hier auch fachlich daneben. Offensichtlich will oder kann er nicht zwischen der Anwendung geltenden Rechts, was Aufgabe der Behörden und der Gerichte ist, und der Schaffung neuen und Änderung geltenden Rechts, was Aufgabe der Parlamente, mithin der Politiker ist, unterscheiden. Leider läßt es das in Deutschland geltende Recht offenbar zu, daß sich auch rechtskräftig abgelehnte, ja sogar rechtskräftig strafrechtlich verurteilte Asylbewerber oder Kriegsflüchtlinge nach der Genfer Flüchtlingskonvention auf Umstände berufen können, die einer Abschiebung entgegenstehen, auch zum Beispiel dann, wenn sie keine Papiere (mehr) haben. Nun ist es Aufgabe des Gesetzgebers, erkannte Fehler und Schwachstellen in den geltenden Gesetzen zu korrigieren. Ja, Gesetzgebung ist von alters her nichts anderes, als die Reaktion des Staates auf aktuelle Probleme. Genau deswegen muß angesichts der Komplexität und des stetigen Wandels unserer Welt ständig an den Gesetzen gearbeitet und geändert werden. Ein Jurist sollte also ohne weiteres das eine vom anderen unterscheiden können. Die Entscheidung über eine Abschiebung nach geltendem Recht ist eben etwas grundlegend anderes, als die Änderung alten oder gar Schaffung neuen Rechts. Natürlich ist der Gesetzgeber nicht völlig frei, sondern an die Verfassung gebunden. Damit gehen Zeitgenossen vom Schlage eines Herrn Prantl auch gerne hausieren und wollen den Leuten weismachen, genau deswegen könne man gegen solche Misstände auch als Gesetzgeber nichts unternehmen. Nun dürfte allgemein bekannt sein, daß selbst das Asylgrundrecht keinesfalls unumstößlich in der Verfassung steht. So wurde es 1993 erheblich eingeschränkt. Die Einreise aus einem sicheren Land in Europa nach Deutschland läßt das Recht auf Asyl in Deutschland entfallen, um ein Beispiel zu nennen. Selbstverständlich kann der Gesetzgeber auch das Grundgesetz ändern, nur eben mit qualifizierter Mehrheit. Aber genau das ist ja die Aufgabe der Politiker, daß sie notfalls auch mit verfassungsändernder Mehrheit das geltende Recht den Herausforderungen unserer Zeit anpassen. Natürlich gibt es auch die absolute Grenze der Menschenwürde. Indessen ist es kein Wesensmerkmal der Menschenwürde, etwa trotz rechtskräftiger Gerichtsentscheidungen und strafgerichtlicher Verurteilung in Deutschland bleiben zu dürfen, noch weniger, weil man seinen Paß weggeworfen hat.

Doch hat dieser *praeceptor Germaniae*, als der sich Prantl offenbar versteht, hier nur sein wahres Gesicht gezeigt. Es geht nicht um das Recht. Es geht darum, den vermeintlichen gesellschaftlichen Fortschritt auf Biegen und Brechen durchzusetzen. Daß es dem linken Milieu in Deutschland als Ausweis des gesellschaftlichen Fortschritts gilt, möglichst alle Mühseligen und Beladenen dieser Erde mit offenen Armen zu empfangen, zu behausen und zu speisen, ist nicht zu übersehen. Wer es wagt, sich dem so verstandenen Fortschritt in den Weg zu stellen, darf auch schon mal niedergebrüllt werden. Und das Recht hat selbstverständlich der guten Absicht zu weichen. Daran ist allenfalls richtig, daß das Recht generell dienende Funktion hat. Wir müssen allerdings darauf achten, daß es nicht den Falschen dient, denn das hatten wir schon mal.

2. Oktober 2017

Das Märchen vom unbegrenzten Anspruch auf Asyl

Eine Klarstellung zum Asylrecht

Nun verkündet einerseits Herr Seehofer, der bislang offenbar unbegrenzte Zuzug von Flüchtlingen werde künftig zwar keine Begrenzung erfahren, die Obergrenze heißt, dennoch würden künftig nicht mehr als 200.000 Flüchtlinge, Asylbewerber, geduldete Ausreisepflichtige und sonstige Personen, bei denen ein Abschiebungshindernis besteht, jährlich in Deutschland aufgenommen werden. Andererseits werden die selbsternannten Verteidiger der Humanität, von den Grünen über die Kirchen zur SPD und den Medien nicht müde, dem staunenden Volk zu erklären, daß aus Rechtsgründen eine Begrenzung der Zuwanderung gar nicht möglich sei. Tatsächlich wird uns der sogenannte Asylkompromiß der Unionsparteien nicht einen Zuwanderer weniger bescheren, von der zu erwartenden noch schlechteren Regelung in einem „Jamaika"-Koalitionsvertrag einmal ganz abgesehen. Dabei werden die juristischen Kategorien munter durcheinander geworfen.

Am liebsten operiert man mit der Vokabel Asyl, weil man da tatsächlich mit einem Artikel des Grundgesetzes argumentieren kann. Nun steht wirklich im Grundgesetz, daß Menschen, die vor politischer Verfolgung fliehen, in Deutschland einen Anspruch auf Asyl haben. Weil das nun einmal im Grundgesetz steht, suggerieren diese Leute gerne, damit sei unabänderlich festgeschrieben, daß es eine Begrenzung, insbesondere eine sogenannte Obergrenze, für die Asylgewährung nicht geben könne.

Das ist in mehrfacher Hinsicht falsch. Zunächst einmal muß man festhalten, daß in der Tat mit dem Asyl nur eine von mehreren Fallgestaltungen der Zuwanderung rechtlich geregelt ist. Das ist die individuelle politische Verfolgung gemäß Art. 16a des Grundgesetzes, der den Anspruch dieser Menschen auf Gewährung von Asyl regelt. Er gehört zunächst einmal nicht zu den unabänderlichen Artikeln des Grundgesetzes. Unabänderlich sind tatsächlich nur Art. 1 (Menschenwürde) und 20 (demokratischer, föderaler Rechtsstaat). Genau deswegen konnte der ursprüngliche Text des Artikels 16 GG im Jahre 1993 auch geändert werden. Seither kann Deutschland Asylbewerber abweisen, die aus einem sogenannten sicheren Drittland nach Deutschland einreisen. Damit kann Deutschland praktisch jeden Asylbewerber abweisen, der auf dem Landweg nach Deutschland kommt. Denn Deutschland ist ausschließlich von solchen Staaten umgeben, in denen diesen Menschen auch nicht ansatzweise politische Verfolgung droht. Bemerkenswert ist im übrigen, daß diese Änderung des Grundgesetzes im Jahre 1993 anlaßbezogen erfolgt ist. Denn damals kam eine ungeheure Zahl von Asylbewerbern aus den Nachfolgestaaten des zerfallenen Jugoslawien, was zu erheblicher Unruhe im Lande geführt hatte. Vor allem aber kam aus diesem Grunde eine dezidiert rechte Partei in den Landtag von Baden-Württemberg, nämlich die Republikaner. Der Schrecken, der den etablierten Parteien dadurch in die Glieder gefahren war, war nun groß genug, das bis dahin als geheiligt gepriesene Asylrecht zu beschränken. Leider war dieses Erschrecken wohl nur eine einmalige Erscheinung. Denn es steht kaum zu erwarten, daß der Einzug der AfD in den Deutschen Bundestag eine entsprechende Reaktion der etablierten Parteien nach sich ziehen wird. Denn dies ist ja auch nach dem Einzug dieser Partei in eine Reihe von Landesparlamenten nicht geschehen.

Es ist also lediglich eine Frage des politischen Willens, ob und in welchem Umfang man das Asylrecht in der Verfassung einschränkt. Überhaupt ist es ja die dümmste Ausrede der Politik, sich auf bestehende Gesetze, und sei es die Verfassung, zu berufen. Denn die Änderung der Gesetze, auch der Verfassung, ist allein den Politikern als gewählten Abgeordneten möglich, und das ist auch ihre Aufgabe. Grundsätzlich sollte man das auch als Unverschämtheit bewerten, denn die meisten Bürger sind über diese rechtlichen Gegebenheiten nicht oder nicht sicher informiert. Sie sind daher die idealen Opfer für politische Lügner. Wer die Bürger seines Landes derart unverschämt belügt, offenbart damit ein seltsames Demokratieverständnis. Der ehrliche Umgang mit den Bürgern erfordert es, die Wahrheit zu sagen. Dann muß man eben, wenn man das Asylrecht nicht ändern will, das den Leuten auch sagen, und nicht behaupten, man könne das nicht. Die Bürger werden im Laufe der Zeit in den Wahlen schon dafür sorgen, daß dann solche Politiker gewählt werden, die bereit sind, notfalls auch die Verfassung zu ändern, und zwar in ausreichender Zahl. Davor hat man offenbar Angst.

Es lohnt sich natürlich auch ein Blick auf die rechtliche Situation in unseren Nachbarländern. Österreich kennt ein verfassungsmäßiges Grundrecht auf Asyl nicht. Gleiches gilt für die Schweiz. Auch Frankreich kennt ein solches Grundrecht nicht, vielmehr kann nach der französischen Verfassung der Staat mit anderen europäischen Staaten entsprechende Abkommen schließen. Wohlgemerkt, er kann. Ähnlich ist die Rechtslage in Großbritannien. Auch die Niederlande kennen ein individuelles Grundrecht auf Asyl nicht. Vielmehr wird dort auf einfach gesetzlicher Grundlage geprüft, ob jemand politisch verfolgt ist und zwar nach einem sehr strengen Maßstab. Die Verfahren dauern auch nicht wie in Deutschland jahrelang, sondern nur wenige Wochen. Unsere osteuropäischen Nachbarn kennen ein solches Grundrecht ebenfalls nicht. Ihre generell ablehnende Haltung gegenüber Asylsuchenden und Flüchtlingen muß hier nicht referiert werden. Es handelt sich bei allen diesen Ländern durchweg um demokratische Rechtsstaaten. Nirgendwo steht geschrieben, daß Deutschland verpflichtet ist, in punkto Humanität den Vorreiter bis zur Tollheit zu geben.

Was die Kriegsflüchtlinge angeht, die einen Schutzstatus nach der Genfer Flüchtlingskonvention haben, so ist das eben kein verfassungsmäßig garantiertes Grundrecht. Deutschland hat sich durch seinen Beitritt zur Genfer Flüchtlingskonvention von 1951 in der Neufassung von 1967 lediglich verpflichtet, unter den dort genannten Kautelen Flüchtlinge aufzunehmen. Das ist eben ein völkerrechtlicher Vertrag, der natürlich auch ein Kündigungsrecht vorsieht, und dessen Umsetzung in die Wirklichkeit von Land zu Land sehr verschieden ausfällt.

Was die sonstigen Rechtsgründe angeht, die einer Abschiebung entgegenstehen oder eine Duldung begründen, so handelt es sich dabei durchweg um sogenanntes einfach gesetzliches Recht in Deutschland. Natürlich wird insoweit auch immer mit der Menschenwürde und den Menschenrechten argumentiert. Indessen gilt auch hier, daß es jedem Land frei steht, insoweit strenge oder großzügige Gesetze zu erlassen. Nichts kann die Politiker daran hindern, die Gesetzeslage so zu verändern, daß die Gerichte dann in aller Regel behördliche Entscheidungen bestätigen müssen, die eine Verlängerung des Aufenthalts untersagen und eine umgehende Abschiebung verfügen.

Wenn dies dennoch nicht geschieht, so fehlt es schlicht und einfach am Willen, jedenfalls am Willen der Mehrheit. Wer dennoch weiterhin Politiker wählt, die keine wirkliche Begrenzung der Zuwanderung wollen, und uns über die Gründe dafür auch noch dreist belügen, dem ist nicht zu helfen. Für diese Leute gilt der Brecht'sche Merksatz: „Nur die allerdümmsten Kälber wählen ihre Metzger selber!"

11. Oktober 2017

Wer sind wir – und wenn ja, warum?

Das deutsche Volk in der Verfassung

Der umtriebige Philosoph David Richard Precht hat 2007 mit dem bewußt absurden Titel „Wer bin ich – und wenn ja, wie viele", eine populäre Einführung in die Philosophie anhand einfacher Fragen zum Leben geschrieben, die zum Bestseller geworden ist. Eine an sich einfache Frage sollte an sich auch die nach dem Wesen eines, vor allem unseres Volkes sein. Daß sie nicht so einfach ist, jedenfalls für uns Deutsche, zeigen die teils absurden Äußerungen deutscher Politiker und Intellektueller. Wie einfach sie zu beantworten sein könnte, zeigt ein Blick auf andere Völker, denen schon eine solche Fragestellung absurd vorkommt. So findet man in der französischen Verfassung keine Definition des Staatsvolks, sondern nur des Staatsbürgers. Und man wird auch bei einem Chinesen eher Erstaunen hervorrufen, wenn man ihn fragt, wer denn eigentlich zum chinesischen Volk gehöre. Von den Völkern, die nach Unabhängigkeit streben, wie die Kurden, will ich erst gar nicht sprechen, ebensowenig von den Vorstellungen des türkischen Möchtegern-Sultans Erdogan, wonach zum türkischen Volk selbstverständlich auch deutsche Staatsbürger türkischer Herkunft gehören. Also fragen wir: „Wer sind wir – und wenn ja, warum?"

Die Antworten reichen auf der Skala von ganz links „Deutschland, du mieses Stück Scheiße!" was Linksextremisten in Anwesenheit einer Vizepräsidentin des Deutschen Bundestages auf einer Demonstration lauthals skandieren, ohne daß diese prominente Vertreterin eben dieses deutschen Volkes die Demonstration umgehend unter Protest verläßt, bis zur Programmatik der rechtsextremen, wenn auch wegen Ungefährlichkeit nicht verbotenen NPD. Dazu später. Besonders irritierend ist die an Dümmlichkeit kaum noch zu überbietende Äußerung der amtierenden Bundeskanzlerin, wonach das Volk jeder ist, der in diesem Lande lebt, oder, anders ausgedrückt, diejenigen, die schon länger hier leben, und diejenigen, die neu hinzugekommen sind. Dümmlich sind diese Sprüche unter anderem deswegen, weil von einer Bundeskanzlerin erwartet werden muß, daß sie das Grundgesetz wenigstens in groben Zügen kennt. Auch dazu später.

Auf die zitierten Parolen der Linksextremisten, die sich bei jeder Gelegenheit öffentlich wünschen, „Bomber-Harris" möge doch wieder deutsche Städte in Schutt und Asche legen, will ich nicht näher eingehen, denn ich bin kein Psychiater und verstehe deswegen nichts von Geisteskrankheiten. Wir wollen es also dieser Profession überlassen, ob man solche Leute nun in einer geschlossenen Anstalt verwahren muß, oder ob man sie allenfalls im offenen Vollzug, in politikwissenschaftlichen Seminaren vielleicht, behandeln soll.

Am anderen Ende der Skala stehen die Anhänger des „völkischen" Gedankenguts, wie es die NPD propagiert. Sie definiert das deutsche Volk ausschließlich genetisch, wenn sie erklärt: „Während man die Staatsangehörigkeit theoretisch wechseln kann, bleibt man seinem Volk, in das man hineingeboren wird, ein Leben lang verbunden. Millionen Menschen nichtdeutscher Herkunft sind durch Einbürgerung mittlerweile deutsche Staatsbürger geworden – mit gleichen staatsbürgerlichen Rechten und Pflichten. Für uns Nationaldemokraten gehören sie aber weiterhin nicht zum deutschen Volk. (Das würde Erdogan auch unterschreiben, natürlich nur im Hinblick auf Türken, der Verf.) Auf der staatspolitischen Ebene hält die NPD Ermessenseinbürgerungen für möglich." Dieses Konstrukt enthält einen ins Auge fallenden Denkfehler. Denn ein Volk besteht generell nicht ausschließlich aus solchen Menschen, die über die Generationen bis zu Adam und Eva zurück „in es hineingeboren" worden sind. Vielmehr sind in Laufe der Jahrhunderte und Jahrtausende immer wieder Menschen hinzugekommen, die sich dort Wohnung genommen, geheiratet und Kinder bekommen haben, die wiederum das gleiche getan haben. Entscheidend ist, daß sie im Meer des Volkes, in das sie eingetaucht sind wie der Regentropfen aus der Wolke und der Wassertropfen aus der Flußmündung, Teil dieses Volkes geworden sind, vor allem, weil sie es auch wollten. Anders verhalten sich im Allgemeinen die muslimischen Zuwanderer in die europäischen Länder, die sich in abgeschotteten Parallelgesellschaften organisieren. So dürfte selbst der „deutscheste" NPD-Funktionär den deutschen Innenminister Thomas de Maiziére fraglos zum deutschen Volk zählen, obgleich seine Vorfahren erst im 17. Jahrhundert aus Frankreich nach Deutschland eingewandert sind.

Der Bundeskanzlerin und ihren Nachbetern in den Redaktionen sei nun erklärt, was das deutsche Volk nach unserer Verfassung ist. Nach der Definition des großen Verfassungsjuristen Georg Jelinek ist der Staat eine Gemeinschaft von Bürgern, das Staatsvolk, auf einem abgegrenzten Staatsgebiet mit einer Herrschaftsorganisation, der Staatsgewalt, wie das auch jüngst der Präsident des Bundesverfassungsgerichts noch einmal hervorgehoben hat. Doch auch das setzt einfach voraus, daß es ein Staatsvolk gibt, erklärt aber nicht, was denn dieses Staatsvolk ausmacht. Auch das Grundgesetz selbst spricht an vielen Stellen, zum Beispiel gleich in seiner Präambel, in seinem sogar mit verfassungsändernder Mehrheit nicht veränderbarem Art. 20 Abs.

2 und in Art. 116 Abs. 1, der die Definition des Deutschen enthält, vom deutschen Volk bzw. deutscher Volkszugehörigkeit. Offensichtlich gibt es danach einerseits ein deutsches Volk, andererseits eine deutsche Staatsangehörigkeit. Beides muß nicht identisch sein, denn: „Deutscher im Sinne dieses Grundgesetzes ist vorbehaltlich anderweitiger gesetzlicher Regelung, wer die deutsche Staatsangehörigkeit besitzt oder als Flüchtling oder Vertriebener deutscher Volkszugehörigkeit oder als dessen Ehegatte oder Abkömmling in dem Gebiete des Deutschen Reiches nach dem Stande vom 31. Dezember 1937 Aufnahme gefunden hat." Also gibt es Deutsche, die nicht die deutsche Staatsangehörigkeit haben. Demgemäß ist auch die Eigenschaft des deutschen Volkes gesetzlich definiert, nämlich in § 6 Abs. 1 BVFG (Bundesvertriebenengesetz). Dort heißt es: „Deutscher Volkszugehöriger im Sinne dieses Gesetzes ist, wer sich in seiner Heimat zum deutschen Volkstum bekannt hat, sofern dieses Bekenntnis durch bestimmte Merkmale wie Abstammung, Sprache, Erziehung, Kultur bestätigt wird." Das Bundesverfassungsgericht hat in seinem Urteil vom 31.10.1990 auch grundlegend festgestellt, was das Staatsvolk der Bundesrepublik Deutschland ist. Anlaß dazu gab eine Regelung im schleswig-holsteinischen Wahlgesetz vom 31.2.1989, wonach auch Ausländer, nämlich Dänen, Iren, Niederländer, Norweger, Schweden und Schweizer unter bestimmten Bedingungen wahlberechtigt sein sollten. Dieses Gesetz hat das Bundesverfassungsgericht für nichtig erklärt, weil es mit dem Grundgesetz nicht vereinbar war. Der Verfassungssatz: „Alle Staatsgewalt geht vom Volke aus" (Art. 20 Abs. 2 Satz 1 GG) enthalte – wie auch seine Stellung und der Normzusammenhang belegten – nicht allein den Grundsatz der Volkssouveränität. Vielmehr bestimme diese Vorschrift selbst, wer das Volk sei, das in Wahlen, Abstimmungen und durch besondere Organe der Gesetzgebung, der vollziehenden Gewalt und der Rechtsprechung (Art. 20 Abs. 2 Satz 2 GG) Staatsgewalt ausübe: es sei das Staatsvolk der Bundesrepublik Deutschland. Das Volk, von dem die Staatsgewalt in der Bundesrepublik Deutschland ausgehe, werde nach dem Grundgesetz von den deutschen Staatsangehörigen und den ihnen nach Art. 116 Abs. 1 gleichgestellten Personen gebildet. Die Zugehörigkeit zum Staatsvolk der Bundesrepublik werde also grundsätzlich durch die Staatsange-

hörigkeit vermittelt. Auch andere Regelungen des Grundgesetzes, die einen Bezug zum Volk aufwiesen, ließen keinen Zweifel daran, daß Staatsvolk das deutsche Volk sei. Sei also die Eigenschaft als Deutscher nach der Konzeption des Grundgesetzes der Anknüpfungspunkt für die Zugehörigkeit zum Volk als Träger der Staatsgewalt, so werde auch für das Wahlrecht, durch dessen Ausübung das Volk in erster Linie die ihm zukommende Staatsgewalt wahrnehme, diese Eigenschaft vorausgesetzt. Dies bedeute keineswegs, daß dem Gesetzgeber jede Einwirkung auf die Zusammensetzung des Volkes im Sinne des Art. 20 Abs. 2 Satz 2 GG verwehrt wäre. So überlasse das Grundgesetz, wie Art. 73 Nr. 2 und Art. 116 belegten, die Regelungen der Voraussetzungen für Erwerb und Verlust der Staatsangehörigkeit und damit auch der Kriterien, nach denen sich die Zugehörigkeit zum Staatsvolk des näheren bestimmten, dem Gesetzgeber. Das Staatsangehörigkeitsrecht sei daher auch der Ort, an dem der Gesetzgeber Veränderungen in der Zusammensetzung der Einwohnerschaft der Bundesrepublik Deutschland im Hinblick auf die Ausübung politischer Rechte Rechnung tragen könne. Es treffe nicht zu, daß wegen der erheblichen Zunahme des Anteils der Ausländer an der Gesamtbevölkerung des Bundesgebietes der verfassungsrechtliche Begriff des Volkes einen Bedeutungswandel erfahren habe. Hinter dieser Auffassung stehe ersichtlich die Vorstellung, es entspreche der demokratischen Idee, insbesondere dem in ihr enthaltenen Freiheitsgedanken, eine Kongruenz zwischen den Inhabern demokratischer politischer Rechte und den dauerhaft einer bestimmten staatlichen Herrschaft Unterworfenen herzustellen. Das sei im Ausgangspunkt zutreffend, könne jedoch nicht zu einer Auflösung des Junktims zwischen der Eigenschaft als Deutscher und der Zugehörigkeit zum Staatsvolk als dem Inhaber der Staatsgewalt führen. Ein solcher Weg sei durch das Grundgesetz versperrt. Es bleibe unter diesen Umständen nach geltendem Verfassungsrecht nur die Möglichkeit, auf eine derartige Lage mit entsprechenden staatsangehörigkeitsrechtlichen Regelungen zu reagieren, etwa dadurch, daß denjenigen Ausländern, die sich auf Dauer in der Bundesrepublik Deutschland niedergelassen haben, sich hier rechtens aufhalten und deutscher Staatsgewalt mithin in einer den deutschen vergleichbaren Weise unterworfen sind, der Erwerb der deutschen

Staatsangehörigkeit erleichtert wird. Damit ist auf die Einbürgerung verwiesen. Die Einbürgerung von Ausländern ist nicht nur in den typischen und klassischen Einwanderungsländern, wie etwa den USA und Kanada, ein Weg, die Zugehörigkeit zum Staatsvolk zu erlangen. Vielmehr ist sie grundsätzlich überall möglich. Sie setzt aber immer voraus, daß einbürgerungswillige Ausländer sich angepaßt haben, was nicht nur durch Sprachkenntnisse und Rechtstreue zum Aufnahmestaat, sondern immer auch durch langjährigen legalen Aufenthalt nachzuweisen ist.

Die soziologischen Voraussetzungen für diese rechtliche Wertung konnte die Partei der Kanzlerin „derer, die schon länger hier leben und derer, die neu hinzugekommen sind", früher einmal in ihren Parteiprogrammen noch zweifelsfrei benennen: „Der Mensch wächst aus der Gemeinschaft von Mann und Frau. Sie bilden die Familie. Die Familie weitet sich aus zur Sippe, Gemeinde und schließlich zum Stamm und Volk. Das Wesensmerkmal des Volkes besteht also nicht in einer quantitativen Vielheit von Menschen. Das wäre Masse. Volk ist mehr. Volk ist eine qualitative Vielheit von Menschen in folgenden Übereinstimmungen: Sie haben eine Blutsverwandtschaft, sie leben in einem bestimmten Raum, sie sprechen dieselbe Sprache, unter Umständen und in den meisten Fällen haben sie auch die gleiche Geschichte." (CDU/CSU – die weltanschaulichen Grundlagen und Ziele, 1954). Das paßt nahtlos in die Definition des Grundgesetzes. Die Kriterien, die zum Eintritt in diese Gemeinschaft berechtigen, und dem Staat damit ermöglichen, die Voraussetzungen für den Erwerb der Staatsbürgerschaft über die Geburt hinaus zu regeln, beschreibt das Grundsatzprogramm der CDU aus dem Jahre 2007: „Der Zusammenhalt unserer Gesellschaft hat sein Fundament in unserer Zusammengehörigkeit als Nation. Unsere gemeinsame Sprache, unsere Geschichte sowie das Leben und Handeln in einem wieder vereinten Nationalstaat begründen ein patriotisches Zusammengehörigkeitsgefühl. Wir bekennen uns zu unserer schwarz-rot-goldenen Fahne und zu unserer Nationalhymne als Symbole unserer Demokratie. Die Nation ist eine Verantwortungsgemeinschaft für die Vergangenheit, für die Gegenwart und für die Gestaltung der Zukunft. Jeder, der zu uns kommt und auf Dauer bei uns bleiben will, ist aufgefordert, sich mit diesem Land und seiner Geschichte vertraut zu machen und dadurch seinen Platz in unserem Land zu finden." Damit ist jeglicher Beliebigkeit im Sinne eines Merkel'schen: „Das Volk ist jeder, der in diesem Land lebt", die Grundlage entzogen. Das deutsche Volk ist eben mehr als die Summe der deutschen Staatsangehörigen. Deutscher kann sein, wer nicht deutscher Staatsangehöriger ist. Wer deutscher Staatsangehöriger werden will, muß sich in die deutsche Schicksalsgemeinschaft eingliedern wollen, die durch gemeinsame Sprache, Kultur und Geschichte definiert ist.

22. Oktober 2017

Preußen verläßt das Reich des Bösen

Die Deutschen dürfen Preußen endlich im Licht der historischen Wahrheit sehen

Seit dem Ende des Zweiten Weltkrieges schien es international wie national einen Konsens darüber zu geben, daß Preußen insgesamt eine historische Fehlentwicklung sei, die den Charakter der Deutschen als autoritätsgläubig und militaristisch bestimmt und somit den Weg für Hitler gebahnt habe. Wenn die Deutschen in die Gemeinschaft der zivilisierten Nationen zurückkehren wollten, dann müßte ihnen alles Preußische ausgetrieben werden. Folgerichtig erließ der Alliierte Kontrollrat am 25. Februar 1947 sein Gesetz Nr. 46 zur Auflösung des preußischen Staates. Seine Präambel lautet:

„Der Staat Preußen, der seit jeher Träger des Militarismus und der Reaktion in Deutschland gewesen ist, hat in Wirklichkeit zu bestehen aufgehört. Geleitet von dem Interesse an der Aufrechterhaltung des Friedens und der Sicherheit der Völker und erfüllt von dem Wunsche, die weitere Wiederherstellung des politischen Lebens in Deutschland auf demokratischer Grundlage zu sichern, erläßt der Kontrollrat das folgende Gesetz:
Art. I
Der Staat Preußen, seine Zentralregierung und alle nachgeordneten Behörden werden hiermit aufgelöst."

Christopher Clark führt dazu in seinem Werk „Preußen, Aufstieg und Niedergang 1600-1947 „ aus: „Das Gesetz Nr. 46 des Alliierten Kontrollrats war weit mehr als ein bloßer Verwaltungsakt. Indem sie Preußen von der europäischen Landkarte tilgten, fällten die alliierten Behörden zugleich ihr Urteil über dieses Land. Preußen war kein deutsches Land wie jedes andere, auf einer Stufe mit Baden, Württemberg, Bayern oder Sachsen. Preußen war der eigentliche Ursprung der deutschen ‚Krankheit', die Europa ins Unglück gestürzt hatte. Preußen war der Grund, warum Deutschland den Pfad des Friedens und der politischen Moderne verlassen hatte. ‚Das Herz Deutschlands schlägt in Preußen', sagte Churchill am 21. September 1943 im britischen Parlament. ‚Hier liegt der Ursprung jener Krankheit, die stets neu ausbricht.' „

Generationen von Deutschen sind seither mit der Gewißheit aufgewachsen, daß das Preußentum ein Irrweg der Geschichte gewesen sei, ja daß der Gang der Geschichte die preußische Idee von Gesellschaft und Staat widerlegt habe. Folgerichtig ließen die Schulbücher ebenso wie Literatur und Film kein gutes Haar an Preußen. War dies schon in der Nachkriegszeit unübersehbar, so wurde dies nach 1968 noch verstärkt, soweit das überhaupt noch möglich war.

Umso erstaunlicher ist es, daß sich seit wenigen Jahren ein Sinneswandel andeutet. Historiker wie Christopher Clark, dessen zitiertes Buch 2007 erschienen ist, gehen vorsichtig an eine Neubewertung des Phänomens Preußen. Einen großen Schritt hin zu einer sachlichen Beurteilung, ja in Ansätzen sogar Wertschätzung Preußens geht nun der Historiker Frank-Lothar Kroll, Hochschullehrer und Vorsitzender der Preußischen Historischen Kommission. In dem monatlich erscheinenden populärwissenschaftlichen historischen Magazin „G/Geschichte" aus dem Bayard Media Verlag, das mit einer gedruckten Auflage von 50.000 einen für diesen Gegenstand beachtlichen Leserkreis erreicht, bewertet er Preußen so:

„Es basierte auf Autorität, Hierarchie und Eliteformung ebenso wie auf dem typisch preußischen Stil der < Freiheit in der Gebundenheit des Dienstes> mit seinem Ethos bewußter Hinordnung auf ein überpersönliches Ganzes, auf den Staat und auf die Gemeinschaft als Ausdruck des kollektiven Besten. Solche Charakterzüge stehen derzeit nicht unbedingt hoch im Kurs, sie wirken beinahe wie ein Kontrastprogramm zu unserer Gegenwart. Doch das ist nur die eine Seite. Zum Mythos Preußens und zu den lang andauernden Prägekräften seines Herrscherhauses gehörten auch andere Leitgrößen – allen voran eine äußerst tolerante Asylpraxis, die Flüchtlingen aus ganz Europa Aufnahme gewährte, Minderheiten jeglicher Art und Herkunft achtete und Preußen zu einem der beliebtesten Einwanderungsländer der frühen Neuzeit machte. Anders als in den meisten größeren Reichsterritorien lebten in Preußen seit dem frühen 17. Jahrhundert zahlreiche religiöse Kleingruppen auskömmlich miteinander, seit 1685 fanden nahezu 20.000 zumeist hochqualifizierte reformierte Glaubensflüchtlinge aus Frankreich den Weg nach Brandenburg-Preußen. Daß die Hohenzollern ihre sprichwörtlich gewordene Religionstoleranz dabei wesentlich aus Gründen des staatlichen Nutzens gewährten, verweist auf den spezifisch preußischen Charakter dieser Tugend.

Neben dem Toleranzprinzip bildet der Komplex Militär und Krieg einen zweiten mythenschaffenden Bestandteil hohenzollerscher Politik. Forscher haben zwar gelegentlich errechnet, daß Preußen in der Teilnahme an allen seit dem 17. Jahrhundert geführten Kriegen signifikant weit hinter Frankreich, England, Russland und selbst Spanien zurückstand. Trotzdem gilt das Land bis heute als Hort des neuzeitlichen Militarismus. Richtig ist hieran, daß der Hohenzollernstaat 1740, im Todesjahr des Soldatenkönigs Friedrich Wilhelm I., das viertgrößte stehende Heer Europas unterhielt, obwohl das Land flächenmäßig damals nur den 10. Platz, an Einwohnerzahl gar nur die 13. Stelle einnahm. Das war nur möglich, weil alle Kräfte auf die Bedürfnisse der Armee ausgerichtet waren.

Daß militärische Verhaltensformen die Gesellschaft vollständig durchdrungen hätten und, wie oft behauptet, das gesamte Sozialgefüge militarisiert war – davon kann gleichwohl nur sehr bedingt die

Rede sein. Vielmehr bot der Militärdienst, der die einfachen Soldaten sozialisierte, gerade für die unteren Bevölkerungsschichten mannigfache Möglichkeiten, sich von alten, ständisch gebundenen Abhängigkeiten zu befreien und Selbstbewußtsein zu sammeln. So gesehen besaß der Armeedienst im alten Preußen eine emanzipatorische Komponente. Auch wenn die vermeintliche Militarisierung des Hohenzollernstaates vielerorts gefürchtet oder verachtet wurde, so wußten viele ausländische Beobachter ein anderes Charakteristikum Preußens sehr zu schätzen, das woanders – namentlich in Frankreich und in Russland – lange Zeit schmerzlich vermißt wurde: die Rechtsstaatlichkeit. Sie band die Obrigkeit bereits im 18. Jahrhundert an Gesetz und Recht – Friedrich der Große begann seine Herrschaft 1740 nicht zufällig mit der Abschaffung der Folter als erstem Schritt zu einer Justizreform.

Freilich ließ der König das willkürlich gehandhabte Instrument herrscherlicher Machtsprüche weiterhin bestehen, weil er – fälschlicherweise – glaubte, dadurch richterlichen Machtmißbrauch korrigieren zu können. Erst das 1794 in Kraft getretene ‚Allgemeine Landrecht für die Preußischen Staaten' hat die Rechtsstaatsidee in allen Provinzen des Landes weitgehend realisiert.

Eine weitere Kontinuität in der Herrschaftsausübung der Hohenzollern ist das oft unterschätzte, tatsächlich jedoch beachtenswerte kulturpolitische Engagement. Förderung der Kunst und Wissenschaft, Ausgestaltung der Akademien und Universitäten – all das nahmen die Hohenzollern nach dem militärisch-politischen Zusammenbruch des alten Preußen 1806/1807 vermehrt in Angriff. Geprägt vom Kulturstaatsideal des deutschen Idealismus und der Romantik führte vor allem Friedrich Wilhelm IV. sein Land in der ersten Hälfte des 19. Jahrhunderts zu einer nie da gewesenen künstlerisch-kulturellen Blüte. Dieser König trat nicht nur als großzügiger Mäzen hervor, sondern wirkte auch selbst als schöpferisch begabter, keineswegs dilettierender Baukünstler. Er hat das Erscheinungsbild vieler Orte und Regionen Preußens mit geformt. Das traf selbst für den letzten preußischen König, Kaiser Wilhelm II. zu. Sein Eifer für den Ausbau des preußisch-deutschen Kulturstaates galt zahlreichen Feldern wissenschaftlichen, akademischen und universitären Forschens und wurde in der Spannweite von keinem zeitgenössischen Monarchen übertroffen.

Toleranz, Rechts-und Kulturstaatlichkeit, Sozialisation durch militärische Disziplin, Bildungspflege und Wissenschaftsförderung: All diese Stichworte bezeichnen – neben manchen unleugbar vorhandenen Schattenseiten – herausragende Kontinuitäten im politischen Stil der Hohenzollern. Und diesem Stil kann, verglichen mit anderen deutschen und europäischen Fürstenhäusern, keineswegs Rang und Bedeutung abgesprochen werden.“

Daß inzwischen Friedrich der Große auch weithin nicht nur als Feldherr und Eroberer, sondern auch als Schöngeist, Komponist, Schriftsteller und Förderer der wirtschaftlichen und sozialen Entwicklung seines Staates gesehen wird, rundet das Bild ab. Es scheint nicht mehr unrealistisch und vermessen, wenn man erwartet, daß Preußen wieder zu einem selbstverständlichen Pfeiler der nationalen Identität wird. Der von Kroll apostrophierte typisch preußische Stil der Freiheit in der Gebundenheit des Dienstes mit seinem Ethos bewußter Hinordnung auf ein überpersönliches Ganzes, auf den Staat und auf die Gemeinschaft als Ausdruck des kollektiven Besten als kollektiver Charakterzug der Deutschen unserer Zeit könnte dazu beitragen, den Herausforderungen gerecht zu werden, vor denen sie nun stehen. Und nur dann haben sie die Chance, auch weiterhin in einem von Toleranz, Rechts- und Kulturstaatlichkeit geprägten Land zu leben.

12. November 2017

déjà vu

Sit in, teach in – wie 1968!

Am 16.11.2017 bemächtigten sich Mitglieder des SDS (Sozialistisch-Demokratischer Studierendenverband) des Mikrofons in einem Hörsaal der Leipziger Universität, kurz bevor der Jurist Prof. Dr. Thomas Rauscher seine zivilrechtliche Vorlesung beginnen wollte. Der mit Mitgliedern und Sympathisanten des SDS überfüllte Hörsaal hörte dann nicht den Professor, der vergeblich versuchte, seine Lehrveranstaltung durchzuführen. Vielmehr las ein Student vom Blatt eine Philippika gegen den Hochschullehrer ab, der es gewagt hatte, in der Öffentlichkeit seine politische Einstellung insbesondere zu Fragen der Migration zu kommunizieren. Das allein hätte den Zorn der Jungakademiker nicht hervorgerufen. Vielmehr fühlten sie sich bemüßigt, ein derartiges *„teach in“* im Stile der achtundsechziger Studenten zu veranstalten, weil Prof. Rauscher aus ihrer Sicht „rassistisch“ argumentiert. Das darf wohl an einer heutigen Universität niemand, auch nicht privat. Dankenswerterweise haben die Leipziger SDSler ein Video dieser Veranstaltung ins Internet gestellt. So kann sich jeder selbst ein Bild davon machen, wessen Geistes Kinder diese Studenten, pardon „Studierenden“ sind. Das Gestammel ihres Sprechers strotzt vor Impertinenz und Ignoranz. Der Jubel seiner Kommilitonen belegt überdeutlich, daß wir inzwischen an unseren Hochschulen eine Generation von Studenten haben, die völlig kenntnis- und wissensfrei die Gymnasien verlassen hat. Denn nur so kann man erklären, daß derartiger Unsinn, wie ihn jener Möchtegern-Dutschke dort vom Stapel gelassen hat, auch noch den Beifall seiner Kommilitonen findet.

Wenn man in den Jahren nach 1968 in Deutschland studiert hat, und sich dieses Video betrachtet, dann ist das ein klassisches déjà vu Erlebnis. Auch die Selbstbezeichnung dieser linksradikalen Flegel – SDS – erinnert an die gleichnamige Studentenorganisation der achtundsechziger Zeit, aus der letztendlich die Grünen erwachsen sind. Allerdings stand damals SDS noch für „Sozialistischer Deutscher Studentenbund“. Heute ist man auf dem damals eingeschlagenen Weg schon etwas weiter. Deutsch entfällt. Studenten gibt es auch nicht mehr, nur noch „Studierende“. Dieser politisch korrekte Sprachmüll verdankt sein Dasein ausschließlich der Okkupation der deutschen Sprache durch die Ideologie des Feminismus, der in seinem Gleichheitswahn nicht dulden will, daß Bezeichnungen männlich oder weiblich sind, sondern verlangt, daß sie „geschlechtsneutral“ sein müssen. Das ist schon deswegen blödsinnig, weil Sprache und Biologie nun einmal zwei unterschiedliche Felder sind, die nichts miteinander zu tun haben. Damit beweisen diese Leute auch nur, daß unsere Schulen und Hochschulen inzwischen auf dem Niveau einer kongolesischen Klippschule angekommen sind.

Symptomatisch für unsere Zeit ist auch, daß die Leitung der Leipziger Universität nichts anderes zu tun hatte, als schleunigst der Forderung jener studentischen Flegel nachzukommen und den Hochschullehrer zu maßregeln. Wohlgemerkt, nicht etwa dafür, daß er seinen Lehrverpflichtungen nicht nachgekommen wäre, sich überhaupt irgendwelche Unkorrektheiten im Dienst hätte zu Schulden kommen lassen. Nein, seine politischen Überzeugungen, die er außerhalb der Universität privat äußert und kommuniziert, sind für diese Nachfahren der Achtundsechziger, die inzwischen erfolgreich den „Marsch durch die Institutionen" absolviert haben, ein Ärgernis.

Es ist zu wünschen, daß der Professor sich nicht einschüchtern läßt. Sollte die Universität tatsächlich dienstrechtliche Maßnahmen verhängen, so ist zu wünschen, daß er sich dagegen juristisch zur Wehr setzt. Die Gerichte haben dann Gelegenheit, den Damen und Herren der Universitätsleitung rechtsverbindlich darzulegen, daß in Art. 5 Abs. 1 des Grundgesetzes die Meinungsfreiheit für jedermann statuiert ist, und daß diese nach der Rechtsprechung des Bundesverfassungsgerichts das konstituierende Element der Demokratie ist. Ob das dann diese politisch korrekten Lemuren* beeindrucken wird, will ich einmal offen lassen. Den studentischen Pöbel wird es natürlich nicht interessieren.

* Bei den alten Römern die Seelen der Verstorbenen, deren Wiederkehr man fürchtete. Die Wiederkehr von Dutschke und Konsorten wünschen wir auch nicht.

18. November 2017

Klare Kante gegen Nazi-Verbrecher, egal wie alt

Für sog. Nazi-Verbrecher gelten die Regeln des Rechtsstaats nicht

Das Oberlandesgericht Celle hat entschieden, daß der nun 96-jährige Oskar Gröning ins Gefängnis muß. Haftunfähigkeit liege nicht vor, andere Gründe stünden dem Vollzug der zuerkannten Freiheitsstrafe auch nicht entgegen. (Anm. über den Fortgang des Verfahrens: Das Bundesverfassungsgericht hat das im Januar 2018 gebilligt.) Dazu einige Anmerkungen.

Gröning war von 1942 bis 1944 als SS-Unterscharführer (entspricht Unteroffizier) im KZ Auschwitz eingesetzt. Ihm oblagen buchhalterische Tätigkeiten hinsichtlich der Erfassung von Wertgegenständen der dort zur Vernichtung eingelieferten Juden. An den eigentlichen Vernichtungsmaßnahmen war er nicht beteiligt. Das genügte jedoch dem Landgericht Lüneburg im Jahre 2015 zur Verurteilung zu einer Freiheitsstrafe von vier Jahren wegen Beihilfe zum Mord in wenigstens 300.000 Fällen. Denn er sei ja Teil des Lagersystems gewesen. Zur Ursächlichkeit seines Tatbeitrages sei nicht erforderlich, daß er an den Morden selbst beteiligt gewesen sei, etwa wenigstens dergestalt, daß er die Unglücklichen als Wachmann an der Flucht hinderte. Nach dieser Logik müßte man auch die damaligen Putzfrauen verurteilen, soweit sie nicht selbst Gefangene waren und man ihrer noch habhaft werden kann. In den sechziger Jahren des vergangenen Jahrhunderts, als die Richter noch selbst das NS-Regime erlebt hatten, war das noch anders. In den berühmten Auschwitz-Prozessen wurden ausschließlich solche Angeklagte verurteilt, die selbst mit Hand angelegt hatten. Der Lagerzahnarzt indessen, dem es oblag, die Wachmannschaften zahnmedizinisch zu versorgen, wurde vom Vorwurf der Beihilfe zum Massenmord freigesprochen. Man hat den Eindruck, daß der Eifer, auch noch den allerletzten NS-Täter zu verurteilen, mit zunehmendem zeitlichem Abstand zu jener Zeit exponential zunimmt. Man will es, so scheint es, den Generationen der Eltern und Großeltern zeigen, wie man mit den Nazis umzugehen hat. Wenn man schon nicht mehr selbst Widerstand gegen Hitler leisten kann, weil man leider dazu reichlich verspätet geboren ist, so will man doch den Alten zeigen, was sie, verdammt noch mal, zu tun gehabt hätten.

Das gilt natürlich auch für die Strafvollstreckung. Alter schützt eben nicht vor dem Knast, jedenfalls nicht bei einem „SS-Schergen“. Ob man beispielsweise einen 96-jährigen Großbetrüger, der einen Schaden von, sagen wir einmal sechs Millionen Euro angerichtet hat, ebenfalls zum Haftantritt vorladen würde, wage ich zu bezweifeln. Zuständig dafür ist die Staatsanwaltschaft, die den Weisungen des Justizministers Folge zu leisten hat. Wie das in einem solchen Fall abläuft, der von politischer Bedeutung ist, haben meine Kollegen und ich als Verteidiger des ehemaligen Wehrmachtsleutnants Scheungraber erlebt. Dieser Hinweis sollte genügen.

Nun ist die Frage nach Sinn und Zweck der Strafe so alt wie das Denken der Menschen über grundsätzliche Dinge des Lebens, also die Philosophie. Schon Platon und ihm folgend viele große Denker haben sich damit befaßt. Montesquieu sagte: „Jede Strafe, die sich nicht als absolute Notwendigkeit erweist, ist Tyrannei.“ Darauf aufbauend hat der italienische Jurist Cesare Beccaria (1738-1794) klassisch formuliert, das Recht zu strafen, beruhe allein auf der Notwendigkeit, das Gemeinschaftsgut des öffentlichen Wohls zu verteidigen. Alles andere sei Mißbrauch der Macht und keine Gerechtigkeit. Zweck der Strafe könne daher nur sein, den Täter zu hindern, seinen Bürgern erneut zu schaden und alle anderen abzuschrecken, es erstmals zu tun. Kurz und prägnant in Latein: *„Punitur ne peccetur“*, statt: *„Punitur, qia peccatum est.“* Diese Erkenntnisse sind im Laufe der Jahrhunderte von den Philosophen und Juristen fortgeschrieben worden und Allgemeingut geworden. Sie finden sich auch im Niedersächsischen Strafvollzugsgesetz, dessen § 5 – Vollzugsziele – lautet:

„In Vollzug der Freiheitsstrafe sollen die Gefangenen fähig werden, künftig in sozialer Verantwortung ein Leben ohne Straftaten zu führen. Zugleich dient der Vollzug der Freiheitsstrafe dem Schutz der Allgemeinheit vor weiteren Straftaten.“

Nun fragt man sich, ob es bei einem Mann von 96 Jahren, der sich gut sieben Jahrzehnte lang nichts hat zuschulden kommen lassen, nötig ist ihn zu befähigen, künftig in sozialer Verantwortung ein Leben ohne Straftaten zu führen. Und man fragt sich weiter, ob die Allgemeinheit durch den Vollzug der Freiheitsstrafe an einem 96-jährigen Verurteilten vor weiteren Straftaten dieses alten Mannes geschützt werden muß. In diesen Fragen spiegelt sich die ganze Absurdität dieses Vorganges.

Der Fall zeigt wieder einmal, daß unsere ansonsten unbefangene und peinlich korrekte Justiz in politisch brisanten Verfahren – und was ist in Deutschland schon brisanter als ein Verfahren gegen NS-Täter? – sich der Macht des Zeit"geistes" nicht entziehen kann. Anders gewendet: Der Ungeist des NS-Regimes, dem man so konsequent entgegen treten will, dieser Ungeist hat Spuren in der deutschen Psyche hinterlassen, die sich im Ergebnis ungewollt deutlich zeigen. Das ist die Kraft, die stets das Gute will und stets das Böse schafft, um die Worte Mephistos aus Goethes Faust einmal zu wenden. Wenn wir der politischen Klasse unseres Landes einmal das reine Herz des Toren Candide unterstellen, so sollte sie vielleicht ausnahmsweise einmal auf den Volksmund hören, der da sagt: „Gut gemeint ist selten gut!"

30. November 2017

Willkommen in Absurdistan

Der ganz normale Wahnsinn, zusammengefaßt in wenigen Meldungen aus Deutschland

Die Krawalle – schon das ist eine verniedlichende Vokabel für eine Orgie von Straftaten – anläßlich des G-20 Gipfels in Hamburg sind schon fast vergessen. Die heute gestartete Razzia in verschiedenen Städten ruft sie wieder in Erinnerung. Warum nicht auch die Brutstätte der Hamburger Linksextremisten, die sogenannte Rote Flora, durchsucht wird, bleibt offen. Daß es einen solchen Schandfleck in einer deutschen Stadt überhaupt noch gibt, bleibt ebenfalls eines der großen Rätsel unserer Zeit. Vielleicht ist einfach die Sympathisantenszene zu groß und einflußreich. Sie reicht ja weit in bürgerliche Berufe hinein. Man erinnert sich noch an diesen zauseligen Flegel mit Anwaltszulassung, aber in szenetypischem Rockeroutfit, der damals vor laufenden Fernsehkameras von sich gab: „Wir haben gewisse Sympathien für solche Aktionen, aber bitte doch nicht im eigenen Viertel, wo wir wohnen. Also, warum nicht irgendwie in Pöseldorf und Blankenese?“ Ob und mit welchen Konsequenzen berufs- und strafrechtlich gegen ihn vorgegangen werden wird, bleibt abzuwarten.

Typen wie diese Schande für seinen Berufsstand begrüßen natürlich solche Vorgänge wie die Krawalle anläßlich des jüngsten Bundesparteitages der AfD. Wenn da die Antifanten etwa einem Delegierten gewaltsam den Zutritt zum Veranstaltungsort zu verwehren suchen und ihm dabei das Handgelenk brechen, dann kommt da natürlich „klammheimliche Freude“ auf. Den Leitmedien unseres Landes ist so etwas allerdings keine Meldung wert. Verletzt jedoch eine offensichtlich verkrachte und verwirrte Existenz einen Bürgermeister leicht mit einem Messer, nicht ohne ihn vorher zu beschimpfen, weil er Flüchtlinge unterbringt, ihm aber das Wasser abdreht, dann wird das in der Presse breitgetreten und von den einschlägig bekannten Politikern werden Spekulationen darüber angestellt, daß auch diese Tat letztendlich auf die angebliche Hetze der AfD gegen die Merkel'sche Flüchtlingspolitik zurückzuführen ist.

Die Grünen sind dann flugs dabei, wenn das linksradikale Gesindel sich darüber beklagt, daß die Polizei einigermaßen energisch eingeschritten ist. So ist die Fraktionssprecherin der Grünen im niedersächsischen Landtag für „Antifaschismus“ (ein solches Amt gibt es offenbar tatsächlich!“) mit der Forderung hervorgetreten, es müsse sowohl parlamentarisch als auch straf- und verwaltungsrechtlich dringend überprüft werden, ob nicht der Polizeieinsatz zur Sicherung des AfD-Parteitages überzogen gewesen sei. Denn der Wasserwerfereinsatz bei kühlen Temperaturen – oh Gott, da wird sich doch nicht ein wackerer Antifant erkältet haben? -, ein Beinbruch und „überlange Schmerzgriffe“ seien nun einmal fragwürdig.

Wenn allerdings die Wohnhäuser von AfD-Politikern mit Farbbeuteln beworfen werden, wie jüngst in Lüneburg, oder gar Brandsätze fliegen, wie gegen die Wohnhäuser von Politikern wie Uwe Junge, Frauke Petry oder André Poggenburg, dann hört man von den Grünen nichts, jedenfalls keine Verurteilung. Welche Gefühle da wirklich vorherrschen, kann man nur raten. Klammheimliche Freude ist ja per definitionem innerlich.

Weniger sensibel sind die Grünen, wenn es um ihre Schutzbefohlenen geht, die „Menschen, die uns geschenkt worden sind", wie ihre Spitzentörin Göring-Eckardt uns seinerzeit mit verzücktem Lächeln erklärt hat. So zum Beispiel in Richtung auf die vorwiegend aus Afrika illegal eingewanderten Drogendealer im Görlitzer Park zu Berlin. In diesem Guckkasten bundesdeutscher Zustände treiben seit Jahren Drogendealer aus Afrika und andere Kriminelle unbehelligt von Behörden und Polizei ihr Unwesen. Der – selbstverständlich grün regierte – Bezirk Friedrichshain-Kreuzberg widmet sich diesem Problem nun aus seiner besonderen Perspektive. Mit einer umfangreichen Ausstellung möchte das Bezirksmuseum Verständnis für afrikanische Drogendealer wecken. Dazu paßt natürlich, daß eine weitere grüne Spitzentörin, ihre ehemalige Berliner Landesvorsitzende, das an den Berliner Schulen geltende Neutralitätsgesetz kippen und künftig außer Schülerinnen auch Lehrerinnen mit Kopftuch an den Berliner Schulen sehen will. Da will natürlich der evangelische Landesbischof nicht nachstehen und schlägt in die gleiche Kerbe.

Überhaupt kennt die sogenannte Kultursensibilität bei uns keine Grenzen. Insbesondere dann, wenn der Wahnsinn in Gestalt der Kunst oder was dafür ausgegeben wird daherkommt, ist alles möglich. So findet derzeit – natürlich auch in Berlin – eine sogenannte Märtyrer-Ausstellung statt, in der ein sogenanntes Künstlerkollektiv sich mit den Biografien und vor allem den Toden von „Märtyrer*innen" – Genderdeutsch ist da natürlich Pflicht – auseinandersetzt. In eine Reihe gestellt werden so unterschiedliche historische Gestalten wie Sokrates, Rosa Luxemburg, Martin Luther King, Pater Maximilian

Kolbe, aber auch Mohammed Atta, einer der Attentäter des 11. September 2001 sowie Ismail Omar Mostefai, einer der Bataclan Attentäter von Paris. Die famosen Künstler ebenso wie die Ausstellungsleitung finden nichts dabei, wenn „möglichst wertungsfrei" Menschen gezeigt werden, die „aus religiösen oder politischen Gründen wegen ihrer Überzeugungen getötet worden sind bzw. ihr Leben opferten." Das selbsternannte Künstlerkollektiv möchte damit „die Komplexität des Begriffes Märtyrer veranschaulichen." Der Skandal liegt darin, daß ein staatliches Museum solchen Wirrköpfen nicht von vornherein sagt, daß es einen fundamentalen Unterschied zwischen dem Altruismus und der Empathie des wirklichen Märtyrers wie etwa Pater Maximilian Kolbe oder auch Martin Luther King einerseits und dem verblendeten Haß von Massenmördern wie Atta oder Mostefai gibt. Eine wertungsfreie Darstellung solcher Personen ist schlicht nicht möglich. Erst recht nicht in einer öffentlich zugänglichen Ausstellung, die ja alleine schon wegen Veranstalter und Örtlichkeit geeignet ist zu suggerieren, zwischen Märtyrern und Verbrechern gebe es Berührungspunkte oder gar teilweise Übereinstimmungen.

Vielleicht erleben wir aber nur seit Jahrzehnten einen schleichenden Niedergang unserer Kultur. Alle Protagonisten der behandelten Ereignisse sind Absolventen deutscher Universitäten. Wie heruntergekommen unser Bildungswesen ist, läßt sich ja nicht nur daran, sondern zum Beispiel auch an dem Umstand festmachen, daß wir inzwischen mehr Lehrstühle für die Pseudowissenschaft von *„Gender and Diversity"* haben, als etwa für Biologie. Dafür verlassen allerdings heute schon knapp 20 % der Schüler die Grundschule mit unzureichenden Lesefähigkeiten. Statt in die personelle und sachliche Ausstattung von Schulen und Hochschulen zu investieren, veruntreuen unsere Politiker Steuergelder in Milliardenhöhe, um „den Menschen, die uns geschenkt worden sind", ein Leben zu ermöglichen, von dem sie in ihren Herkunftsländern allenfalls träumen konnten.

Absurdistan, das klingt nach einem Land im Orient. Wir sind auf dem besten Weg dahin.

5. Dezember 2017

Was uns wirklich bereichert

Mit der Einwanderung von Moslems kommen auch Inzucht und Erbkrankheiten

Mit der unkontrollierten und unbegrenzten Zuwanderung aus den Dörfern Anatoliens und den arabischen Wüsten kommen Probleme zu uns, die wir vorher nicht, zumindest nur sehr selten hatten. In den archaischen Gesellschaften, die sich nun auch bei uns etablieren, ist die Ehe unter nahen Verwandten verbreitet. Teils deswegen, weil es in jenen Gesellschaften darauf ankommt, dem Sohn eine Braut mit ordentlicher Mitgift und der Tochter einen Mann, der sie zu ernähren vermag, zu geben, teils weil aus religiösen Gründen die Eheschließung mit sogenannten Ungläubigen ausscheidet. Häufig fällt beides auch zusammen, auch und gerade nunmehr hier in Deutschland, wo die Einwanderer aus jenen Teilen der Welt in Ghettos leben, die ausschließlich von Muslimen bewohnt werden. Bestärkt werden sie darin von ihren geistlichen Autoritäten, denn sie erklären Ihnen, der Koran schreibe das auch vor. Beispielhaft sei dazu ein Dialog auf einer muslimischen Website (Islam Forum – Die Wahrheit im Herzen) zitiert:

Frage: Ist es richtig, daß der Prophet (Allahs Frieden und Segen seien auf ihm) davon abriet, Cousinen zu heiraten? Ist dies lediglich der letzte Ausweg für eine Heirat?

Antwort: Alles Lob gebührt Allah. Es gibt in der islamischen Religion für einen Mann keinen Einwand dagegen, eine Frau aus seinem Verwandtenkreis zu heiraten, außer al Maharim (diejenigen Frauen, die zur Heirat verboten sind), die Allah in der Surat al Nisa‘ genannt hat (ungefähre Bedeutung): „Verboten (zu heiraten) sind euch eure Mütter, eure Töchter, eure Tanten väterlicherseits, eure Tanten mütterlicherseits, die Nichten, eure Nährmütter, die euch gestillt haben, eure Milchschwestern, die Mütter eurer Frauen, eure Stieftöchter, die sich im Schoß eurer Familie befinden von euren Frauen, zu denen ihr eingegangen seid, – wenn ihr jedoch nicht zu ihnen eingegangen seid, so ist es keine Sünde für euch, deren Töchter zu heiraten – und (verboten zu heiraten sind euch) die Ehefrauen eurer Söhne, die aus euren Lenden sind, und, daß ihr zwei Schwestern zusammen (zur Frau) nehmt, außerdem, was bereits geschehen ist, gewiß, Allah ist allvergebend und barmherzig."

Da Allah uns die Verwandten nennt, mit denen eine Heirat verboten ist, wissen wir, daß es keine Bedenken gegen die verbleibenden Familienmitglieder gibt. Weiterhin ist es keine Bedingung, daß dies der letzte Ausweg zu einer Heirat ist, wie in der Fragestellung gesagt wurde. Zu den bekanntesten Beweisen dieser Tatsache gehört, daß der Prophet (Allahs Frieden und Segen seien auf ihm) seine Tochter Fatima mit Ali (möge Allah mit ihnen zufrieden sein) verheiratete, und dieser war der Sohn des Onkels ihres Vaters, sowie die Heirat des Propheten (Allahs Frieden und Segen seien auf ihm) mit Zainab bint Jahsch (möge Allah mit ihr zufrieden sein), die die Tochter seiner Tante (d.h. seine Cousine) war, und es gibt noch viele weitere solcher Beweise.

Es sollte vielleicht noch eine andere Frage gestellt werden, nämlich: „ist es für einen Muslim besser oder wünschenswert jemanden zu heiraten, mit dem er nicht verwandt ist?"

Die Antwort auf diese Frage variiert von Fall zu Fall, und vielleicht ist es vorzuziehen, jemanden zu heiraten, mit dem man nicht verwandt ist, beispielsweise wenn jemand vorhat, neue soziale Beziehungen oder Bindungen einzugehen und die Heirat mit einer anderen Familie daher als förderlich einzuschätzen ist, um die gesellschaftlichen Beziehungen zu erweitern."

Islam Q&A, Scheikh Muhammed Salih al-Munajjid

Hier erklärt also ein islamischer Geistlicher mit der ihm eigenen religiösen Autorität die Ehe zwischen Cousin und Cousine nicht nur für unbedenklich, sondern ausdrücklich als Allah wohlgefällig und verweist insoweit auch auf das persönliche Beispiel des Propheten, der eine solche Ehe innerhalb seiner Familie selbst geschlossen und eine weitere gestiftet habe. Die Erkenntnisse der Humangenetik, wonach zweifelsfrei der Inzest, aber auch die Ehe zwischen Cousin und Cousine zur Inzucht mit allen ihren negativen Folgen führt, spielen für den Islam offensichtlich keine Rolle. Die Lebensweise des frühen Mittelalters auf der Arabischen Halbinsel ist Richtschnur, denn es war eben die Lebensweise des Propheten und seiner Familie, und sie prägt selbstverständlich auch den Koran. Die Folge kann man gerade in solchen muslimischen Ghettos wie man sie in Berlin, aber auch etwa in Duisburg vorfindet, in den Arztpraxen studieren. Die Zahl der Kinder, die dort mit genetischen Defekten vorgestellt werden, wächst. Die Kosten für das deutsche Gesundheitswesen kann man ahnen. Daß derartige Gesellschaften sich auch durch einen signifikant niedrigeren durchschnittlichen IQ „auszeichnen", ist auch keine Überraschung. Daß hier eine Änderung eintreten könnte, weil man mitten in einer aufgeklärten Gesellschaft lebt, ist absolut nicht zu erwarten. Denn gerade die muslimischen Einwanderergesellschaften, und das gilt auch für die hier lebenden Türken in der dritten und vierten Generation, schotten sich von der deutschen Mehrheitsgesellschaft ab. Sie sind nur an deren wirtschaftlichen Ressourcen interessiert, wollen aber ansonsten ihr archaisches Gesellschaftsmodell weiter leben.

Dazu gehört natürlich auch die für uns verstörende Unterwürfigkeit gegenüber familiären und religiösen Autoritäten. Ein gutes Beispiel für diese geradezu byzantinische Kriecherei ist ja auch der oben zitierte Text. Jedes Mal, wenn der Prophet erwähnt wird, muß dem eine unterwürfige Lobpreisung folgen. Der Muslim hat sich eben der religiösen Autorität, seinem Gott ohnehin, nur auf Knien zu nähern. Islam heißt eben Unterwerfung.

Ein deutscher Bundespräsident und eine deutsche Bundeskanzlerin haben erklärt, der Islam gehöre zu Deutschland. Ob dahinter Absicht oder schlicht nur Dummheit steckt, ist gleichgültig. Tatsache ist jedoch, daß wir von Leuten regiert werden, die ihrer Aufgabe nicht gewachsen sind. Das Groteske daran ist, daß ausgerechnet die Leute, die sich für gebildet, weltoffen und tolerant halten, sich stets und ständig für eine

Religion in die Schanze werfen, die an Rückständigkeit, Engstirnigkeit und Intoleranz nicht zu übertreffen ist. Auch das bestätigt die Analyse, wonach Inkompetenz und Ignoranz offenbar die Voraussetzungen für die Vergabe politischer Spitzenämter sind. Vielleicht dämmert das den Deutschen so langsam, hoffentlich nicht zu langsam.

7. Dezember 2017

Parallelen

Die immer gleichen Ursachen der Völkerwanderungen

Die Vokabel Flüchtling (dummdeutsch: Geflüchtet*er) ist sicher das politische Reizwort unserer Zeit. Im Sprachgebrauch der Medien wie der Politik bezeichnet sie Menschen, die aus fremden Ländern kommen um hier zu bleiben, vor allem wegen unseres weltweit einzigartigen Sozialstaates. Dessen Leistungen garantieren den Einwanderern, seien sie legal oder illegal in unser Land gekommen, für den Rest ihres Lebens ein Dach über dem Kopf, ein festes und ausreichendes Einkommen sowie eine medizinische Versorgung auf einem Niveau, das in ihren Heimatländern allenfalls den Angehörigen der meist auch noch sehr dünnen Oberschicht zur Verfügung steht. Mit anderen Worten: man macht sich auf ins Paradies.

Nun wissen wir spätestens seit der Dystopie „1984“ von George Orwell, daß die Sprache das wirksamste Instrument zur Manipulation der öffentlichen Meinung und damit der Gewährleistung politischer Herrschaft ohne demokratische Legitimation ist. Die Umwertung der Wortbedeutung zieht die Umwertung des damit beschriebenen Begriffs nach sich. Sie ist klassisch geworden an der Bezeichnung des für die Verbreitung der regierungsamtlichen Lügen zuständigen Ministeriums als Wahrheitsministerium. Joseph Goebbels hätte sich sicherlich grün und blau darüber geärgert, daß er darauf nicht selbst gekommen war, wenn er diesen Geniestreich des Schriftstellers noch zu Lebzeiten zur Kenntnis genommen hätte. Die Umbenennung seines Ministeriums für Volksaufklärung und Propaganda in Wahrheitsministerium wäre über Nacht erfolgt.

Was tatsächlich von statten geht, ist die Auswanderung aus bitterarmen, jedoch überbevölkerten Regionen dieser Erde in die reichen und prosperierenden, aber von einem Rückgang ihrer Bevölkerung geprägten Länder Mittel, -West und Nordeuropas. Es drängt sich die Parallele zur Auswanderung aus Europa im 18. und 19. Jahrhundert auf. Die Parallele bezeichnet in der Geometrie zwei in gleicher Richtung und in gleichem Abstand voneinander verlaufende Linien. Diese Linien liegen eben nicht übereinander, so daß sie sich decken. Identisch ist nur die Richtung, in der sie verlaufen. Sie unterscheiden sich durch den Abstand voneinander. Und genau deswegen ist das Bild der Parallele auf diese zeitlich weit auseinanderliegenden, inhaltlich jedoch in vielerlei Hinsicht gleichen Auswanderungsbewegungen durchaus zutreffend. Natürlich sind auch inhaltliche Unterschiede deutlich sichtbar, die eben den Abstand zwischen beiden Linien ausmachen.

Beginnen wir bei den identischen Merkmalen beider Auswanderungsbewegungen. Die wirtschaftliche Not in Europa war seinerzeit immens und hatte auch klar feststellbare Ursachen. Nicht nur Mißernten, die teilweise auf Naturkatastrophen zurückzuführen waren, sondern vor allem auch eine Bevölkerungsentwicklung, mit der die Nahrungserzeugung nicht mehr Schritt halten konnte, stellten viele Menschen vor die Alternative, entweder zu verhungern oder auszuwandern. Daß daneben auch in Einzelfällen politische Verfolgung, etwa aus religiösen Gründen wie im Falle der Quäker, eine Rolle spielte, gehört ebenfalls zu den Parallelen.

Doch ebenso wie die Ähnlichkeiten beider Auswanderungsbewegungen fallen die Unterschiede ins Auge. Können die Auswanderer aus den Armutsregionen dieser Erde in den reichen europäischen Ländern auf die Alimentierung aus öffentlichen Kassen nicht nur hoffen, sondern diese ganz gewiß erwarten, so gab es das für die Auswanderer des 18. und 19. Jahrhunderts nicht. Das gelobte Land Amerika hielt für sie zwar die grenzenlosen Weiten eines weithin unbesiedelten Landes, jedoch nicht einen Cent an staatlichen Leistungen bereit. Seine Regierung erhoffte sich von den Einwanderern einen tatkräftigen Beitrag zum Aufbau und der Entwicklung des Landes. Außer der politischen Freiheit hielt das gelobte Land keinerlei Wohltätigkeiten für seine Neubürger bereit. „Der ersten Generation den Tod, der zweiten die Not, der dritten das Brot“ war das geflügelte Wort für das, was die Auswanderer erwartete. Es war ihnen jedoch Verheißung genug, denn die Alternative war ja Elend und Not für alle Generationen nach ihnen in der alten Heimat.

Eine weitere Parallele soll hier nicht unerwähnt bleiben, auch wenn es vor allem in Deutschland als gesellschaftlicher und politischer Selbstmord gilt, auf diese hinzuweisen. Die Besiedelung des amerikanischen Kontinents durch Einwanderer aus Europa ging einher mit der Ausrottung, zumindest aber Marginalisierung der Ureinwohner. Deren Kultur war mit der Lebensweise der Einwanderer nicht kompatibel. Die Einwanderer waren auch nicht bereit, sich den Indianervölkern gesellschaftlich und kulturell anzupassen, geschweige denn sich politisch zu integrieren oder gar unterwerfen. Und genau das muß man doch feststellen, wenn man die Einwanderung aus Afrika und dem Orient in unsere europäische Zivilisation mit wachen Augen betrachtet. Diese Einwanderer sind nicht bereit, ihre Kultur und Gesellschaftsordnung aufzugeben, oder auch nur der unseren anzupassen. Deswegen schotten sie sich auch von der Mehrheitsgesellschaft ab, nicht ohne jedoch stets fordernd aufzutreten, und zwar nicht nur in wirtschaftlicher Hinsicht. Wenn zum Beispiel Männer aus diesen Ländern nicht bereit sind, etwa die Anordnung einer Polizeibeamtin zu befolgen oder eine Lehrerin mit Handschlag zu begrüßen, wenn von Behörden verlangt wird, „Frauenbadetage“ in Schwimmbädern einzuführen, womöglich noch mit verhängten Fenstern, wenn gefordert wird, daß die Gemeinschaftsverpflegung in Kindergärten, Schulen und Kantinen an religiösen Speisegeboten ausgerichtet wird, dann sind das Ausprägungen des Wunsches, Gesellschaftsordnung und Kultur der Aufnahmeländer den eigenen Vorstellungen zu unterwerfen. Konnte man im frühen Mittelalter noch Länder mit militärischer Gewalt unterwerfen und ihre Bevölkerung töten oder versklaven, so muß man mangels ausreichender militärischer Stärke heute subtiler vorgehen. Die morsche und brüchige innere Verfassung der west,

-mittel- und nordeuropäischen Gesellschaften ermöglicht auch eine schleichende Übernahme. Die osteuropäischen Gesellschaften sind nicht betroffen, zum einen, weil sie jenen Zuwanderern mit Recht nicht wirtschaftlich attraktiv erscheinen, zum anderen jedoch auch, weil sie noch innerlich gefestigt sind und keine Bereitschaft zeigen, sich fremden Kulturen auch nur anzupassen.

Betrachtet man die immensen Kosten der ungebremsten Zuwanderung, die alleine für Deutschland mit jährlich 30-50.000.000.000 zu beziffern sind – Tendenz steigend -, betrachtet man die Ausbreitung der mitgebrachten archaischen Kultur bei gleichzeitiger Abschottung von der vorgefundenen abendländisch-aufgeklärten Kultur, was jedoch erstaunlicherweise in weiten Teilen der politisch-medialen Klasse akzeptiert, bisweilen sogar enthusiastisch begrüßt wird, dann kommt einem doch das Wort von Bertolt Brecht in den Sinn: Nur die allerdümmsten Kälber wählen ihre Metzger selber.

10. Dezember 2017

Was ist der Bundeskanzlerin wichtig?

Merkel sind die Deutschen weniger wichtig

Am 26. September 2016 wurde in Dresden ein Sprengstoffanschlag auf eine Moschee verübt. Es handelte sich um eine jener Hinterhofmoscheen, die im wesentlichen einen Gebetssaal und zusätzlich eine Wohnung für den Imam aufweisen. Äußerlich erwecken sie eher den Eindruck einer bescheidenen Lagerhalle oder Werkstatt. Der Anschlag war glücklicherweise sehr stümperhaft ausgeführt worden. Es entstand ein Brandschaden in Gestalt von Schwärzungen der Außenwand rund um die Tür, welche durch die Explosion etwas eingedrückt wurde. Der Imam und seine Familie hielten sich zum Zeitpunkt der Explosion in der über dem Beetsaal gelegenen Wohnung auf. Verletzt wurde gottlob niemand.

Eine Woche darauf besuchte Bundeskanzlerin Angela Merkel den Imam und seine Familie, um ihnen ihre Anteilnahme zu versichern.

Am 18. Dezember 2016 überfiel ein islamistischer Terrorist einen polnischen Lkw-Fahrer, tötete ihn und raste anschließend mit seinem Lastzug in den Weihnachtsmarkt vor der Gedächtniskirche in Berlin. Dabei tötete er weitere elf Menschen und verletzte etwa 80 Menschen, zum Teil schwer. Bundeskanzlerin Angela Merkel empfing die Hinterbliebenen und Verletzten **ein Jahr später.** Tags darauf nahm sie an einem Gedenkgottesdienst in der Gedächtniskirche teil.

Der Amtseid des deutschen Bundeskanzlers lautet:

„Ich schwöre, daß ich meine Kraft dem Wohle des deutschen Volkes widmen, seinen Nutzen mehren, Schaden von ihm wenden, das Grundgesetz und die Gesetze des Bundes wahren und verteidigen, meine Pflichten gewissenhaft erfüllen und Gerechtigkeit gegen jedermann üben werde. So wahr mir Gott helfe."

Wann hilft er ihr endlich?

22. Dezember 2017

Halbwahrheiten zur Erbauung

Kennen die christlichen Kirchen das achte Gebot nicht mehr?

Die Weihnachtsbotschaften von den Kanzeln und in den Medien befaßten sich nicht unerwartet mit dem Flüchtlingsthema. Die Weihnachtsgeschichte, vor allem das Bild der Heiligen Familie, die vergeblich an die Türen der hartherzigen Menschen klopft, bei den einfachen Hirten auf dem Felde jedoch Aufnahme findet, ausgerechnet von den Königen aus der Fremde beschenkt wird und dann vor dem Kindermörder Herodes fliehen muß, das alles liefert offenbar reichlich Bildmaterial, um die Aufnahme der Einwanderer unserer Tage zur Christenpflicht hochzustilisieren. In den Medien finden wir ausschließlich rührselige und beschönigende Flüchtlingsgeschichten. Da wimmelt es von fleißigen Handwerkern aus dem Orient, integrationsbeflissenen Jünglingen aus Afghanistan, mal in der Bäckerlehre und mal im Deutschkurs. Hier eröffnet ein Koch aus Syrien ein Spezialitätenrestaurant, dort plant ein Ingenieur aus dem Irak eine Wohnanlage. Keine Rede indessen ist, weder von der Kanzel, noch im „Tatort" oder einer Flüchtlings-Doku, von illegaler Einwanderung, von jungen Männern ungeklärter Herkunft und unbestimmten Alters, die ihre Papiere weggeworfen haben, und deren Smartphones nicht ausgelesen werden dürfen. Keine Rede ist davon, in welch großem Umfang Menschen hierher kommen, die selbst nach unseren weitherzigen Gesetzen kein Recht darauf haben, hier aufgenommen zu werden, und damit an unserem, im weltweiten Vergleich sehr hohen, Lebensstandard teilzuhaben. Keine Rede ist davon, daß die Kosten für die legalen wie auch illegalen Zuwanderer sich jährlich im Bereich von mehreren Milliarden Euro belaufen, die natürlich für andere Zwecke, wie etwa sozialen Wohnungsbau oder die Sanierung baufälliger Schulen, nicht mehr zur Verfügung stehen. Nach einer Meldung der WELT aus dem Februar dieses Jahres kosten uns allein die sogenannten „unbegleiteten minderjährigen Flüchtlinge" jährlich 4 Milliarden Euro. Das ist dann wohl das Weihnachtsopfer der Deutschen, freiwillig oder unfreiwillig.

Schauen wir uns zunächst einmal die Zahlen an. Die Statistik des Bundesamtes für Migration und Flüchtlinge (BAMF) für die Monate Januar bis November 2017 weist folgende Zahlen aus:

- Entscheidungen über Anträge insgesamt: 578.995
- Anerkennung gemäß Art. 16a GG: 4.066
- Anerkennung als Kriegsflüchtling gemäß Art. 3 I AsylG: 115.415
- subsidiärer Schutz gem. § 4 AsylG: 94.621
- Feststellung eines Abschiebehindernisses § 60 AufenthG: 38.129
- Ablehnung als unbegründet oder offensichtlich unbegründet: 223.108
- sonstige Erledigungen: 103.656

Somit haben nur rund 20 % der Antragsteller wirklich Anspruch auf Asyl oder ein für die Dauer des Krieges in ihrer Heimat begründetes Bleiberecht, denn selbst der sogenannte subsidiäre Schutz geht schon über die Verpflichtungen hinaus, die nach der Genfer Flüchtlingskonvention völkerrechtlich bindend sind.

Zählt man die unbegründeten Anträge und die sonstigen Erledigungen, hinter denen sich freiwillige Ausreisen, Abschiebungen, aber auch massenhaftes Untertauchen verbergen, dann kommt man doch auf ca. 56 % unbegründeter oder gar aussichtsloser Anträge. Und nimmt man nur die Ablehnungen als unbegründet oder gar offensichtlich unbegründet, dann machen sie immerhin 38,5 % der Anträge aus.

Warum in aller Welt sprechen weder die Geistlichen von den Kanzeln noch die Journalisten in den Medien von diesen Zuwanderern, die keinerlei Recht darauf haben, von uns aufgenommen zu werden, von denen, die ganz offensichtlich unsere Behörden betrügen wollen, indem sie über ihre Identität falsche Angaben machen, ganz zu schweigen? Gerade den Geistlichen der christlichen Konfessionen sollte doch bewußt sein, was in der Bibel steht. „Denn wir sehen darauf, daß es redlich zugehe nicht allein vor dem Herrn, sondern auch vor den Menschen“ schreibt Paulus im 2. Korintherbrief, Kapitel 8 Vers 21. Und das je nach Zählung achte oder neunte Gebot, das der Herr dem Moses auf dem Sinai in Stein gemeißelt übergab, lautet ja bekanntlich: „Du sollst nicht falsch Zeugnis reden wider deinen Nächsten.“ Und daran schließt sich das Gebot: „Du sollst nicht begehren deines Nächsten Haus“, was man ja ganz sicher denjenigen entgegenhalten kann und soll, die sich unter Vorspiegelung falscher Tatsachen von uns Wohnung geben lassen. Auch sollten die Bischöfe von den Kanzeln herab daran erinnern, daß „das Brot der Lüge dem Menschen süß schmeckt, hernach jedoch füllt sich sein Mund mit Kieseln“ (Sprüche 20, 17). Nun ist bekanntlich eine halbe Wahrheit eine ganze Lüge. Auch wenn es Weihnachten ist: dem „Bodenpersonal Gottes“ muß das in Erinnerung gerufen werden. Der Mißbrauch der Weihnachtsgeschichte als Richtschnur für den Umgang mit der zum größten Teil illegalen Masseneinwanderung muß daher einmal zum Gegenstand einer Bußpredigt im Stile eines Abraham a Santa Clara gemacht werden, auch und gerade vor den Ohren der deutschen Bischöfe beider Konfessionen. Doch ein solcher Bußprediger wird sich leider in Deutschland nicht finden lassen.

Statt den Weihnachtsbotschaften des Bodenpersonals Gottes zu lauschen, wollen wir uns lieber weiter an das Original halten. Außerdem die bescheidene Bitte nach oben richten, im kommenden Jahr wenigstens hin und wieder den Geist auszusenden, auf daß er unsere Regierenden erleuchte. Finster genug ist es ja in ihren Hirnen.

26. Dezember 2017

Inhaltsverzeichnis